与最聪明的人共同进化

CHEERS

HERE COMES EVERYBODY

风险投资史

[英]塞巴斯蒂安·马拉比 著
Sebastian Mallaby

田轩 译

THE POWER LAW

浙江教育出版社·杭州

你对风险投资了解多少？

- 指数法则是风险投资中一项最普遍的规则，有时也被称为"二八定律"，以下哪项不符合指数法则的含义？

  A. 赢家的收益会以不断增加的指数级速率增长

  B. 80% 的财富由 20% 的人持有

  C. 风险投资基金中最佳投资所带来的回报等于或超过所有其他投资的总回报

  D. 股票价格呈正态分布，投资人既不会赚很多，也不会亏很多

- 阿瑟·洛克被称为硅谷的"风险投资之父"，以下哪件关于他的事不是真的？

  A. 他的童年过得颇为艰难，因此养成了冷淡又克制的性格

  B. 推动成立仙童半导体，让"八叛将"得以自由发挥才能

  C. 推动成立英特尔，并且推行"人人有股权"的商业文化

  D. 他最初不愿意投资苹果，后来也没有了对苹果的投资机会

- 以下哪家投资公司最先从内部孵化创新型的初创企业？

  A. 红杉资本

  B. 凯鹏华盈

  C. 阿克塞尔

  D. 老虎基金

扫描左侧二维码查看本书更多测试题

扫码鉴别正版图书
获取您的专属福利

扫码获取全部测试题及答案，
一起更多了解风险投资的故事

THE POWER LAW

各方赞誉

塞巴斯蒂安·马拉比所著的《风险投资史》一书充分阐释并强调了风险投资中的指数法则，这一法则启示我们：只投最好的，摒弃平庸的。

彼得·蒂尔

PayPal创始人，畅销书《从0到1》作者

敢于冒风险的"短钱"是很常见的，股市的炒家大抵如此，而敢于冒风险的"长钱"则是稀缺的。这本书讲的便是放眼长期的风险投资人的故事。

田轩教授是研究风险投资及创新的大家，愿意花时间翻译本书，实乃业界幸事！此书案例栩栩如生，我作为从事风险投资近20年的老兵，读来兴趣盎然，也推荐给你。同时，一个念头在我脑海中挥之不去：为什么我们的投资界存在这么多厌恶风险、倾向于刚性兑付的"短钱"？如何鼓励更多敢于冒风险的"长钱"出现？

刘二海

愉悦资本创始及执行合伙人

这本书不仅生动展现了风险投资行业从硅谷起源到在中国崛起的演变过程，展示了风险投资人为初创企业带来的催化剂般的改变，而且辩证地讨论了风险投资在重塑社会方面所发挥的作用。

我是这段历史的亲历者。无论作为创业者还是投资人，作为阿里巴巴的前首席技术官还是风和集团的创始人，我都深刻感受到风险投资对应用科学商业化的巨大贡献，并且这一贡献在不断发展。通过在创业者、创意、市场和资本之间建立联系，风险投资人让人才和思想更自由地流动，编织出极富生命力的创新网络。正如马拉比所写，风险投资塑造了创新，而不仅仅出现在了有创新的地方。

吴炯
风和集团创始合伙人，阿里巴巴前首席技术官

风险投资是投资人与创业者共同推动创新和价值创造的冒险历程。这个过程中有极其激动人心的成功和失败，伴随着无数的传奇故事。本书不但按照风险投资行业发展的历史，分阶段带领读者经历风险投资行业从20世纪70年代的硅谷成长，到跨越大洋来到中国蓬勃发展的历程，而且提供了非常多历史瞬间的细节描述，让读者如同沿着时间轴回到那一个个激动人心的时刻去体验那些成与败，洞悉因与果。我曾担任书中多次提到的硅谷传奇机构凯鹏华盈中国基金主管合伙人近10年，阅读本书更是感慨万千。本书的译者是对中美风险投资和创业有深入研究的老友田轩教授，他的专业性使得本书描述的风险投资这个小众而专业的领域的故事得到了精准易懂的中文体现。

周炜
创世伙伴资本CCV创始主管合伙人，凯鹏华盈中国基金前主管合伙人

从IDG资本、华登国际率先在中国开展风险投资业务算起，风险投资在中国已经历近30年发展。此刻，中国风险投资行业正处在一个转折点：从投资商业模式转向投资科技领域。中国的投资界正在适应新的市场环境，大家都在思考变革、转型，而《风险投资史》的出版，正好给大家一个学习、总结、改进的契

机。感谢田轩教授翻译这本新书。让我们重温历史，以史为鉴，开拓创新，在新时代中前进。

倪正东
清科集团创始人、董事长

从任职于软银中国到创办汉理资本，我从事风险投资 20 多年，很少看到较系统介绍美国硅谷式风险投资，包括这个行业成长简史、里程碑式投资案例（雅虎、苹果、谷歌、Facebook 等）以及成功风险投资基金发展的书籍。

《风险投资史》恰恰填补了这方面的空缺，加深了我们广大创业者与创投人对硅谷式风险投资的了解，更坚定了我们发展中国式创业投资的决心。同时，我也期待将来有更多记录中国本土创投行业发展历程的书与读者见面。

钱学锋
汉理资本董事长，A 轮学堂创办院长

未来无法被预测，只能由那些勇敢到看起来有些疯狂的创始人，最优秀的技术人才和愿意相信最不可能的小概率事件、具有逆向思维的风险投资人一起去反复实验、探索和实现。回想我们从天使轮开始支持的最优秀的科技企业理想汽车、云鲸智能等，都是在初期饱受巨大的质疑。

如今，金融市场可能面临过去 30 年来最大的风险和动荡，作为风险投资人，是选择更加安全谨慎的策略，还是坚信指数法则，去选择支持那些看似最不可能实现的想法和最勇敢疯狂的创始人，是我们要做的时代选择。能否拥有最具有创新力的科技企业，也是每个国家和地区在日益激烈的地缘政治下，要想变得更加富裕和强大必须回答的战略命题。

黄明明
明势资本创始合伙人

本书的一个关键词是"指数法则"，即幂律分布。我们对世界的假设往往服从正态分布，而真实世界却经常是服从幂律分布的，这意味着小概率事件可能会

发生，并且发生之后影响巨大。也许正是因为有了幂律分布规律，世界才不那么平淡乏味。

　　风险投资是驱动全球经济发展的核心推动力之一，是基于指数法则的一个行业，在风险投资基金的投资组合中，一般是少数被投资案例创造了绝大多数的价值和回报。同样，在整个行业中，也是少数的基金和投资人取得了行业中绝大多数的利润。因为押注于高失败率、高赔率的初创公司，风险投资的创始人及其所投资的想法在大众看来最初往往都不太靠谱，但正因如此，他们的成功也显得更为传奇。

　　本书是对风险投资这一行业从诞生到发展再到繁荣的全景式记述。作者塞巴斯蒂安·马拉比是写财经史最知名的作家之一，他之前撰写的《富可敌国》《格林斯潘传》等都是脍炙人口的佳作。由于从业人数少，保密性强，风险投资历来是一个神秘的行业，甚至很多年轻的从业者也对行业往事由来所知不多。本书将风险投资机构、投资人、创业公司、科技进步等几条主线交织在一起，于对这一行业感兴趣的读者而言，可谓权威著作之一。

戴雨森

真格基金管理合伙人

　　很难想象，如果没有风险投资行业的崛起，全球创新产业在今天会是一番怎样的景象。虽然很多风险投资大师和被投企业先后走下了神坛，但是风险投资行业的崛起对现代市场经济体系的迭代、进化起到了关键性的作用。系统化地发掘和评估这个行业对全球创新产业和相关经济体带来的贡献，而不是像很多其他专著那样只是讲故事，是本书的一大独特之处。尤其是对于当下的中国而言，风险投资行业快速崛起之后，消除急功近利之弊病和呼吁创新环境的进一步完善同等重要，在本书诸多精彩而真实的案例和条理清晰的分析中，我们可以找到重要的启示和清晰的答案。

杨宇东

第一财经总编辑

风险投资对美国和全球的科技创新与产业升级而言，都起到了关键性的推动作用。要完整了解风险投资的起源和发展，金融历史学家塞巴斯蒂安·马拉比的这本《风险投资史》就是必读书，其中有关硅谷投资传奇的故事让人心驰神往，和中国相关的风险投资实战更让人心潮澎湃。这些真实的历史清晰地阐述了风险投资是如何在市场竞争中不断支持创新、追求成长并创造价值的。

何刚

《财经》杂志主编，《哈佛商业评论》中文版主编，《巴伦周刊》中国联创人

阅读这本书是一种愉悦的享受，同时又给人以深度的启发。书中内容涉及很多知名风投案例的内幕细节，生动丰富有趣，令人回味无穷。对于风险投资从业者和创业者来说，这是一本不可多得的有现实意义的参考书。

林军

雷锋网创始人

2022年，在中国，风险投资的处境变得更加微妙。市场见证着巨大的红利消退，文化一再地被祛魅，有限合伙人、普通合伙人、企业家，乃至所有人的关系都在被重构。在普遍丧失耐心的时候，人们不免会将"风险资本是否真的有价值"这种根本性命题摆上台面。会有这种焦虑的发问，是因为人类总是比自己以为的更加健忘一点，而从这个角度看，《风险投资史》的阅读价值就浮现出来了。它是我们与过往一小段商业历史的连接器，也恰好能够抚慰人心，告诉我们，过去没那么好，现实没那么坏，进而让我们接受不完美但想必更有趣的未来。

董力瀚

投中网总编辑

THE
POWER
LAW

推荐序

从风险投资的历史看其未来

李丰

峰瑞资本创始合伙人

今年十一假期,我有幸读了田轩院长的译作《风险投资史》。在当前的中国、世界局势和波动起伏的一、二级市场投资环境下,译者以其专业背景和能力,在当下倾心翻译这本书,意义非凡。这本书非常值得花时间来细品,不只是与金融、创业投资有关的人,各行各业的读者应该都能从中受到启发。

作为一名在股权投资行业从业十余年的投资者,我对风险投资的历史与脉络较为了解,即便如此,读完本书后我仍然受益良多。书中有许多跟我从前的理解不完全一样的新知,也有我曾经只略知皮毛而没来得及仔细探究的事实。我在此举几个小例子。虽然我们大抵知道50多年前风险投资是从硅谷开始的,但直到看完这本书,我才了解到,风险投资在硅谷发展的初期,投资者介入企业的程度超乎想象。介入之深体现在两个层面。在股权层面,投资者习惯以极低的估值,出少量的钱,占据公司较多的股份,有时甚至直接控股。在企业管理层面,当时普遍的情况是投资者乐于帮公司寻找一位首席执行官，来与当时的技术创始人搭档，顺理成章地，投资者可以深度参与企业的运营与决策。

这与我们今天熟悉的股权投资市场的通行状况不太一样。与之相关的小故事也很有意思。比如，今天我们熟知的为保护创始人决策权或者说为避免投资者过度介入公司而设置的同股不同权机制，最早是由谷歌开创的，后来被Facebook（脸书）沿用并推广开来。这两家生于硅谷、享誉全球的科技企业，曾主导改变了当年的投资行业规则。此外，今天无比火热的生物科技投资，也并不是新鲜事物。早在20世纪70年代，硅谷就已经有成功案例了。如今全球闻名的生物制药企业基因泰克（Genentech），在成立之初，就凭其疯狂的想法以及突破性的技术创新，获得风险投资的青睐。类似的小故事，在书中不胜枚举，也引人入胜。作者与译者通过这样的叙事方式，将美国风险投资流动的历史铺陈在了我们眼前。

在当下中国与全球金融市场起起落落的背景下来看这本书，我们或许可以选取一些其他的思考角度，比如产业周期、金融周期与经济周期。接下来我会逐一展开。不过这仅代表我的个人建议，供读者参考，也希望能够代表田轩教授的一点良苦用心。

先来看产业周期。产业周期，即在生产力发展过程当中，不同的行业所经历的起起伏伏的发展机遇。如果拿产业周期来看硅谷，有几个有意思的地方。

首先，作为风险投资的历史起源地，硅谷位于美国的西海岸，与美国20世纪70年代最重要、最繁华的东海岸相隔遥远，也不靠近当时已经相当繁华的工业化城市——不管是金融中心、生产中心，还是钢铁中心、汽车中心。为什么会是这样？经历了两次世界大战的美国，在20世纪70年代，处于其制造业最强盛的阶段，在大规模地横向扩张。换句话说，建厂，建更多的厂，通过增加工厂数量来提升企业生产规模。在这样的大背景下，芯片与半导体这个新兴的技术领域，多少显得有点"非主流"。它高度集成化、科技化，其发展思路与以往的规模化生产方式截然不同。这么看，它从美国另一端的西海岸起步，也在情理之中。

其次，当下中国的风险投资格外关注跟实体经济有关的新科技，包括芯片、机器人制造，也包括生物材料、新药研发。其实从这本书里，我们可以看到，风险投资在硅谷起步的时候，最早的硅谷风险投资家也是从投资实体经济中的新产业方向开始的，比如设计、发明、制造芯片与半导体相关的硬件，不管它是一台计算机，还是一台路由器。这跟中国今天一级市场的投资热点有相似之处。

随着美国风险投资行业的发展成熟，到了20世纪90年代，风险投资行业开始拥抱我们常说的互联网产业周期，也就是芯片、半导体等技术创新所带来的数字化应用开始井喷的阶段。书中记录了许多互联网创业的故事，以及这个周期里早期投资一战成名的故事。这些轰轰烈烈的故事背后，一个频繁被提起的话题是互联网投资所带来的超额回报。

获得超额回报是早期风险投资的重要命题。回顾风险投资在美国发展的两个明显阶段，我们发现其获得超额回报的方法并不相同。风险投资在硅谷起步初期，侧重于投资芯片、半导体等偏实体经济的方向，主要通过较低估值、较高股权占比（通常超过1/3或接近1/2，甚至超过1/2）叠加新产业所带来的生产力提高，来获得超额回报。到了互联网高速发展阶段，风险投资所获得的超额回报，则与互联网的轻资产的特点高度相关。轻资产意味着其扩张不涉及生产制造，也不受一些物理条件的约束。这使得互联网企业可以极快地达到规模效应，并进一步产生网络效应，也就是"越大越好，越好越大"，最终实现在特定行业里的垄断地位。互联网企业从创立到发展再到垄断，可以发生在一个极短的周期，这意味着参与投资的基金可以在极短的时间内获得超预期的回报。

今天，虽然美国创投圈诞生了非常多的新事物，不管是web3.0、元宇宙，还是NFT，它们都在借助纯数字建立基于虚拟经济的商业模式，但是，从美国最近的经济政策来看，它又回到了希望投资能够更多与实业结合的行业的产业周期。在中国，脱虚向实的趋势更加明显。2015年以来，尤其是2018年推出科创板之后，我们鼓励新科技更多地与实体经济结合。

再来看金融周期。大约50年前，风险投资作为一种创新的金融模式，诞生在硅谷，而非当时的金融中心纽约，有其独特的金融背景。在制造业快速横向扩张的阶段，支撑其发展的金融模式主要是银行贷款。在这方面，没有哪里比彼时的金融中心纽约更有优势了。风险投资是一种与银行贷款完全不同的金融模式，它通过直接向初创企业注资以获得一定的股份，其所投资金的价值跟初创企业的价值增长正相关。这种创新的金融模式，以全新的方式支持并陪伴着硅谷的新产业、新科技成长，自身也因此成功在硅谷立足并得到长足发展，其与原来的金融中心纽约的分离也就好理解了。

此外，关于金融周期，如果你细心观察或者通过读这本书，你会发现一级市场与二级市场在周期性上并不完全相同，也不完全相反。一级市场，通常指风险投资，二级市场，相当于我们常说的股票市场。何谓一、二级市场的周期不完全相同？一个有趣的事实是，美国的一级市场萌芽并崛起于其二级市场一蹶不振的时候。20世纪70年代，美国乃至全球都处于经济发展的萧条期。受布雷顿森林体系的瓦解、中东战争、石油危机等因素影响，美国经济遭遇挑战，美国的二级市场也相当惨淡。同一时期，在硅谷进行金融创新的一级市场投资者们，通过投资新科技与新产业，获得了远高于当时二级市场的回报。这个特殊的起点，也使得越来越多的资金开始关注并投入一级市场。不过，一二级市场也不是完全相反，它们也会经历相同的周期。还是以美国为例，2000年互联网泡沫在二级市场破裂之后，美国的一级市场也从当年一年募集1 000亿美元，迅速回落到了一年募集不到300亿美元。

从书中我们可以读到，即便有时一二级市场处于相同的周期，与二级市场相比，一级市场的"寒冷期"往往更短，其从"寒冬"里恢复的速度通常更快。我想这大抵是因为总有足够多的小企业和足够多的新科技与新机会，会在经济不好的时期破土而出。它们的生命力和创新力，让一级市场充满了投资机会。前面提到的20世纪70年代美国经济处于萧条的周期，凑巧是美国芯片半导体产业与风险投资行业共同稳步增长的时期，这就是一个佐证。

2022年中国的风险投资市场正处于大家称之为"寒冬"的阶段。我们有理由相信，新的技术突破与创新机遇也在诞生。从政策来看，中国正在推动更多的实体领域通过应用新科技来产生新的突破和新的生产力。

除了产业周期与金融周期，还有一个更大的周期值得探讨，也就是经济周期。

我们把书中所描述的美国风险投资发展史放到大的经济周期背景下来看。在20世纪70年代，美国经历了几件重要的事：一是美元与黄金脱钩，也就是我们所说的布雷顿森林体系瓦解。二是由于能源危机和中东战争，美元再次借助石油与大宗商品，变成全球的强势货币。在此基础上，从20世纪80年代开始，美国推动了全球化体系的建立。

透过美国风险投资过去这40多年的发展，我们也能够感受到经济周期的影响。比如说，得益于全球化的深化，人们采用新技术、新模式与新产业的速度比以前快得多。最早从硅谷发展起来的与芯片半导体以及相关硬件的生产制造，也借着那一轮的全球化陆续迁移到了全世界多个区域，而且在这个过程中进行了不止一次的转移。

最后，我们试着站在当下的经济周期来看中国与美国。美国如今希望四五十年前从美国挪出去的重要产业能够部分回到美国；而中国从最初在全球化分工中以承接低附加值产业为主，到如今中国的芯片半导体、生物科技等相关制造产业接连站上了产业链中附加值和科技含量较高的水平和位置。接下来，不管逆全球化是否会发生以及影响几何，也不论中美关系如何变化，看起来在当下与未来的长经济周期，中美重点争夺的都是谁能掌握高端制造业中最核心的部分。这背后的机遇与挑战并存，也有着可观的风险投资机会。

以上是我阅读田轩教授的这本译作时的一些思考，供读者们参考借鉴。这本书带给我的思考是宝贵的，作为做了十多年股权投资的从业者，我相信这本书对当今中国风险投资行业的影响也是非常深远的。

THE
POWER
LAW

译者序

寻找非理性时代的理性答案

当我为《风险投资史》写下译者序时，全球资本市场正在经历规则逆转、风云巨变。2022年3月，曾经被奉上神坛的中概股再次迎来了血雨腥风的至暗时刻：随着美国证券交易委员会"预退市"名单的公布，多只中概股股票价格创历史新低，短短3个交易日的股价总跌幅接近30%。曾经是中概股"领头大哥"的阿里巴巴仅用2个交易日，就跌回了8年前的开盘价。

从2020年4月瑞幸咖啡财务事件，至2021年7月滴滴事件达到高潮，再到2022年3月中概股集体遭到"地狱级血洗"，不到两年的时间，中概股跌去了近10万亿元人民币（约1.37万亿美元）的市值——接近世界第二大经济体中国2021年全年GDP的10%。紧随其后，美股市场弥漫着的丢盔弃甲的崩溃情绪迅速扩散，中国A股市场和港股市场也是血流漂杵，一片哀鸿。

"塞下秋来风景异"，在这场史诗般的抛售背后，风险投资行业作为二级资本市场的直接利益相关者，成为风暴殃及的池中之鱼——他们今后的投资退出之路必将异常艰辛。面对这样一个风声鹤唳、草木皆兵的市场，投资人们过去几十年积累的对互联网公司的价值认知遭遇了严峻挑战。当波澜变成巨浪，撞向海滩，冲击礁石，形成更多的波涛时，面对不再平静的海洋，风险投资该如何调整航向继续前行？

著名的爱尔兰剧作家萧伯纳曾说："理性的人适应世界；非理性的人让世界适应自己。"（The reasonable man adapts himself to the world; the unreasonable one persists in trying to adapt the world to himself.）或许，在非理性时代，走近这样一群向来以野性、反常规、不受时间束缚为行为准则的风险投资群体，并破解他们与世界相处的独特指数法则，会让我们找到走出时代迷雾的答案。

《华尔街日报》曾经把风险投资称为"人类最后的希望"。长久以来，在云谲波诡的金融世界里，风险投资一直是神话般的存在，甚至在大多数人的眼中，能够点石成金、翻云覆雨，似乎掌握着改变风向与创造巨额财富的武器。风险投资人架起梦想与现实之间的桥梁，从无数天马行空的构想中识别出有价值的种子，然后不惜一切人力、物力和财力悉心栽培，最后他们会牵着"它"的手，把"它"交给更适合的人，功成身退。巨额的财富在时间的"矿场"中形成，经济也随资本之帆不断更新前行的航向。

关于风险投资创造的"神话"，已出版的著作有很多，但关于风险投资真实运作的故事却鲜被提及。事实上，风险投资行业作为一个独特且自洽的社会网络，是推动社会进步的强大引擎，并且这股力量比人们通常认识的要强大得多。这本书可以帮助你打开风险投资神话般的外壳，如穿越时间的虫洞般，窥见其中关于人性、时代、财富甚至资本善恶的秘密。作者塞巴斯蒂安·马拉比作为美国外交关系委员会保罗·沃尔克国际经济高级研究员、《金融时报》前编辑、《华盛顿邮报》的专栏作家，曾两度入围普利策奖，后因《富可敌国》与《格林斯潘传》①而享誉中国市场。马拉比的文字似乎有一种神奇的魔力，将浩荡的历史在戏剧化的演绎中展示得栩栩如生。正如世界银行前行长、美国前常务副国务卿罗伯特·佐利克（Robert Zoellick）所形容的那样，马拉比"有一种罕见的能力，他能将权力人物的故事，与对重要机构挑战的洞见交织成文，叙述流畅，技艺高超"。

这本书从风险投资先驱阿瑟·洛克（Arthur Rock）的故事讲起，洛克推动仙童半导体公司（Fairchild Semiconductor）成立，造就了硅谷诞生的神话；接着讲到以实干的积极行动主义作为投资原则的红杉资本和凯鹏华盈的传奇故事；再讲到软银集团的孙正义凭借新型风险投资模式"成长型投资"在互联网泡沫破灭时期力挽狂澜，到包括启明创投、今日资本等一众深耕中国市场的机构崛起。我们从中可以看到，风险投资群体沿着时代的脉络拾级而上，完成从自由主义风格向家长式风格的转变，再回归本源，建立更具全球视野的、以更复杂的网络结构连接的庞大的新工业商业体系。书中一个个鲜活的领军人物和投资故事的背后，是一幅伴随着过去 60 年时代之轮转动的资本众生相：先入局者的开拓、彷徨、衰落、新生与新生代挑战者的创新、张狂、跌落相互交织，风险投资机构一路伴随着汗水、苦水、泪水前进，看似信马由缰，却又暗藏螺旋向上的行业发展逻辑，成长、创造、癫狂、守望……

更重要的是，被作者誉为"现代资本主义第三大体系"的风险投资，在颠覆安逸与创造新生的同时，也暗藏着许多不为人知的隐秘角落：因重视增长的核心而导致治理的缺失，类似优步（Uber）、WeWork（众劳联合办公）等公司的丑闻无不警示着人们：我们至今对风险投资也只是一知半解。

---

① 《富可敌国》一书基于对对冲基金行业领军人物 300 多个小时的真实访谈，完整再现了对冲基金从开始出现到成长壮大的鲜为人知的历程，将对冲基金大亨们的传奇人生娓娓道来。《格林斯潘传》一书重现了格林斯潘从害羞少年成长为"全球经济沙皇"的个人传奇历程，同时诠释了全球金融体系内在变迁逻辑和发展过程，揭秘了经济政策背后的利益纠葛及风云故事。两本书的中文简体字版由湛庐引进、分别由北京联合出版公司和浙江人民出版社于 2016 年和 2019 年出版。——编者注

特别当如今全球通胀失控、经济增长乏力、宏观调控如同"走钢丝"的警钟敲响时，走近风险投资、读懂风险投资、改善风险投资、用好风险投资，对于世界尤其对于中国来说尤为重要。当下的中国身处一个历史性的复杂周期之中，大国关系进入微妙时代，疫情的阴霾还未散去。激发经济增长的新一波内生活力正有待被挖掘释放。谁将成为开拓中国新一轮发展周期的先驱？或许作为时代风向标的风险投资行业可以再次大显身手。

从1998年时任民建中央主席成思危先生在中国人民政治协商会议第九届全国委员会第一次会议上提交的"一号提案"开始计算，2022年是中国风险投资市场铿锵前行的第24个年头。从投资金额上看，中国风险投资市场已经成为仅次于美国的世界第二大风险投资市场。昔日我们熟悉的红杉资本、IDG资本风采依旧，如今本土风险投资机构也在中国风险投资市场大有作为。中国本土的风险投资人在市场的风云变幻中不断学习，逐渐形成了自己的特色，在"募投管退"的每个环节既接轨世界，又独树一帜。他们用中国思维，抓中国机会，同时随着市场的扩大逐渐走向专业化、规范化，并派生出很多独特的投资形式。在2021年全球最活跃的十大风险投资机构和投资企业中，就有3家中国公司入围，它们分别是红杉中国、腾讯、高瓴集团。并且，与以往将投资重心放在电子商务等行业不同，2021年中国风险投资的重心在于半导体、生物科技和信息技术等领域。毋庸置疑，风险投资将对中国科技创新从数量到质量的转型起到重要的引擎作用。

然而，事实上，作为来自美国风险投资市场的舶来物，中国风险投资市场的根基相对薄弱，对照美国风险投资发展史，中国风险投资的发展实际上跳过了一段初探、调整的艰辛历程。美国的风险投资行业始于1946年，最初其投资重心集中于半导体、计算机、生物技术等"真正的技术"领域，直到20世纪90年代才转向软件和在线服务领域，美国风险投资行业为了适应现代工业社会的创新步伐，走出了一条从粗犷野蛮到运作成熟的探索之路。而风起于1999年的中国风险投资浪潮，实际上是基于美国已完成的技术和实战积累，迎来的大爆发。

过去没有完整经历的成长艰辛，终归要补回来。相比于由婴儿期一步步成长而起的成熟的美国风险投资行业，由于文化、经济体制的特殊性，如今中国风险投资行业面临着核心困境：更快、更短却没有更精。中国风险投资行业最显著的特征是，有限合伙人机构化不足导致存续期过短。进入由要素驱动向创新驱动转型的中国经济发展新时期，整个社会需要更多"耐心"的资本，需要对失败有更高的包容，才能滋养出创新的沃土，从而助力中国经济平稳走上高质量发展之路。

2009年成立的创业板为中国风险投资行业带来了"黄金十年"。2019年的科创板、紧随其后创立的北京证券交易所以及未来全板块注册制的推行，为中国风险投资市场的新一轮爆发吹起了"东风"。如何继续推进制度专业化、规范化，用好中国思维、抓住中国机会、走出中国道路，是站在风口的中国风险投资行业面临的新挑战。无论是新一轮的开疆拓土，还是基于过去成功经验的守正创新，在"后疫情时代"，作为旧经济增长模式的革命者，中国风险投资行业的未来无疑与中国的经济发展不可分离。着眼长期、把握好进取和贪婪之间的尺度、回归金融服务实体经济的本源，对标国际上成熟的资本市场，中国风险投资行业显然还有很长的路要走。

先行者煎熬着走过的每一步脚印，无论如何，都能对当下境遇有所启发。希望这本书能够帮助风险投资行业从业者、政策制定者充分了解成熟的风险投资运作方式的细节，对于中国风险投资的过去、现在和未来产生更加科学、深入的思考，提出更优化的解决方案。当然，这本书对于那些对金融行业感兴趣的普通读者来说也颇有益处——或许你无法直接获得如何进行成功投资的答案，但书里那些鲜活的成功与失败的案例，一定对你在人生抉择、投资理财等各方面的科学决策以及更精准地洞悉人性方面有所启迪。

THE
POWER
LAW

中文版序

风险投资的力量，未来还看中国

  能够为《风险投资史》中文版写下这篇序言，我感到很高兴也很荣幸，因为中国在风险投资史上扮演着一个特殊的角色。中国已经证明了风险投资能够在其传统总部硅谷之外蓬勃发展，这有着极其重要的意义。中国以这种方式向全世界表明，世界各地的人都能够打造变革性的技术公司。这不仅令人兴奋，而且具有革命性的意义。

  从 20 世纪 80 年代初到 21 世纪 10 年代初的近 30 年以来，硅谷一直在主导着科技行业。波士顿周围的工程产业集群是美国第二次世界大战后军工复合体的所在地。该地在 20 世纪六七十年代一直处于科技行业领先地位，拥有着一批航空航天和武器制造商，以及数字设备公司（Digital Equipment Corporation）和王氏公司（Wang Laboratories）等计算机公司。从 20 世纪 80 年代起，日本开始成为科技行业的有力竞争者。日本开始在内存芯片、电视和其他消费电子产品等领域处于全球领先地位。然而，硅谷所创造的高价值的技术公司比任何竞争对手都要多。硅谷不仅是个人电脑（苹果公司）、先进的微处理器（英特尔）以及互联网技术（3Com 和思科）等领域的开拓者，还是互联网建设的主导者——从网景浏览器到谷歌搜索引擎，再到社交媒体巨头 Facebook。

为什么硅谷能独占鳌头？这并不是因为它在基础科学研究方面存在巨大优势。一直以来，麻省理工学院在工程和硬科学领域都排在斯坦福大学之前。正如我在《风险投资史》中所述，硅谷之所以能够取得成功，是因为它最善于将基础科学领域的技术创新转化为能够盈利的公司，即便许多创新原本来自其他地方。此外，硅谷的优势也许并非仅仅出自"文化"，毕竟，文化是一个神秘而又模糊的概念。实际上，硅谷的优势来自一种风险友好型且极富实践性的特殊融资方式：风险投资。

在《风险投资史》英文版出版后的半年里，我一直在向世界各地的听众朋友们强调这一见解。当我在向欧洲、非洲以及亚洲部分地区的听众演讲时，经常有人告诉我：硅谷的成功是这些地区永远也无法企及的，因为硅谷文化有其独特和神奇之处。这些来自美国以外的人经常以一种敬畏和惊叹的口吻指出："当硅谷的创业公司失败时，其创始人会将其视为一种学习经验；而当我们国家的创业公司失败时，我们只会将其视为失败。"

我理解这种文化宿命论，但我从两个方面做了回应。首先，看看硅谷的历史。其次，看看中国。

早在 20 世纪 50 年代，当硅谷的科技行业刚刚开始起步时，既没有"失败是一种学习经验"的概念，也没有多少创业文化的存在。彼时，美国由大公司、大工会等大型组织所主导，而不是由勇敢的初创公司所主导。在那个时代，有一本名叫《组织人》(The Organization Man) 的著作，该书的书名一语道破了美国当时的官僚主义文化和反创业文化。毫不奇怪，1957 年成功创立了硅谷第一家芯片制造公司——仙童半导体（Fairchild Semiconductor）的 8 位科学家在当时被人们称作"八叛将"。离开原来的公司去创立一家竞争对手公司，这种行为在当时被视为是一种背叛。

正是仙童半导体公司背后的投资家阿瑟·洛克率先打破了这种偏见，并最终创造了一种环境。在这种环境之中，企业家得以大胆尝试，经历成长、失败以及重新来过，而不再被视为"叛徒"。1961年，也就是在洛克筹集资金启动仙童半导体公司4年后，他成功创办了第一家位于西海岸的风险投资公司。洛克旨在向任何有着突破性科技产品想法的人提供资金，并通过向其提供实际商业建议的方式来予以支持。多亏了洛克，如今的工程师们无须将他们的整个职业生涯都耗在某家大型企业里，他们现在有了一个替代方案。在风险投资的帮助下，这些工程师可以选择离开等级森严的公司，创办自己的企业。

当洛克凭借第一家风投公司赚取了惊人的利润之后，其他投资人很快就开始纷纷效仿起他的模式。1972年，红杉资本和凯鹏华盈开始运作。当这两家风投公司也大获成功之后，更多的模仿者蜂拥而至，创造了硅谷第一波风险投资热潮，从1977年一直持续到1983年。正是在这几年里，硅谷的企业赶超了来自日本和波士顿的竞争对手们。事实证明，新兴的风险投资业能够为试验新想法、打造新产品的创业者提供最肥沃的土壤。从大公司的等级制度中解放出来之后，创业者们可以迅速开发原型，并通过试图出售它们来获取利润。如果失败了，他们的初创企业就会被迅速关闭掉。但通常来说，风险投资人仍愿意支持他们的下一个想法。

想要理解风险投资的力量，不妨设想以下场景：一家大公司研究部门的某位工程师有了一个很棒的想法。他的老板可能并不愿意支持这个想法。老板既可能担心这个想法不会带来任何结果，也可能担心与之恰恰相反的情况：该想法会带来一项创新产品，从而将客户从公司的现有产品中夺走。商业思想家克莱顿·克里斯坦森（Clayton Christensen）将这种担心称为"创新者的窘境"。在一个没有风险投资的世界里，这位沮丧的工程师别无选择，只能放弃他的想法，而经济也就可能永远无法从该想法的潜力中获益。然而，在一个有着大量风险投资家的世界里，这位工程师可能会在咖啡馆、聚会场所或体育场里遇到一位投资家。二人之间的谈话可能会按以下方式展开：

工程师：我在一家大公司工作。我有一个很酷的想法，但我老板并不喜欢这个想法。

风险投资人：你应该从那家大公司辞职，自己成立一家初创公司。

工程师：但我缺乏资金。

风险投资人：别担心，我来投资。

工程师：但我以前从未创立过公司。

风险投资人：别担心。我已经帮几十位企业家创办了公司，我会告诉你该怎么做。

工程师：但想要打造出我所设想的产品，我需要6位伟大的工程师来帮我，我不知道去哪里找这些工程师。

风险投资人：我的风险投资公司有一个数据库，里面有这个城市所有工程师的信息。

工程师：但那些伟大的工程师为什么会选择冒险加入我的小型初创公司？毕竟，初创公司都是有风险的。大多数都会失败。

风险投资人：这倒是真的，但这事好办。我会告诉这些工程师不用担心，因为我的投资组合中还有其他初创公司。如果你的公司失败了，我会在其他公司中为他们找到工作。

我们能从这一设想的场景对话中了解到什么？这段对话表明：虽然创业总是艰难且有风险的，但如果有风险投资人的参与，创业就会变得不再那么令人生畏。谷歌的长期首席执行官埃里克·施密特（Eric Schmidt）曾告诉我，当初他决定加入谷歌时，谷歌尚且是一家年轻的公司，而且其创始人拉里·佩奇（Larry Page）和谢尔盖·布林（Sergey Brin）似乎认为30岁以上的人存在着智力方面的不足。施密特之所以同意冒这个险，只因为风险投资人约翰·杜尔（John Doerr）向他保证：如果谷歌没能成功，施密特可以在杜尔的另一家公司出任首席执行官。换言之，施密特之所以愿意承担失败的风险，并非出自"硅谷文化"，而是源于风险投资人所给出的具体激励措施。

总而言之，硅谷的创业环境之所以如此充满活力，这全都归功于风险投资。但如果这种模式仅适用于硅谷，那么我们可能会将其视为一段与世界上其他地区没什么关系的奇怪发展史。在打破这一观点上，中国发挥了至关重要的作用。因为中国科技产业之所以大获成功，同样存在着类似风险投资的参与。硅谷并非一个孤立的、毫无借鉴意义的案例，因为中国也走了相同的道路。

诸如红杉资本、IDG 资本、经纬创投（Matrix Partners）和高盛等西方金融公司，将风险投资的方法带到了中国。在中国，几乎所有早期面向消费者的科技公司都曾从中受益，如百度、阿里巴巴、腾讯、新浪、搜狐、网易、携程等。然而，正如我在《风险投资史》中所述，中国投资者很快就掌握了风险投资业务，不再需要西方的助力。红杉资本中国基金创始及执行合伙人沈南鹏和今日资本的创始人兼总裁徐新等人，开始主导中国的风险投资业务。他们是互联网公司发展浪潮背后的力量，投资的公司包括京东和美团等。但从全球角度来看，真正重要的是：中国的风险投资领导者正在效仿硅谷模式。他们证明了风险投资完全可以在一个不同的国家运作得非常好。

由于中国的榜样力量，风险投资现在正准备向全世界推广开来。风险投资模式在以色列、印度和欧洲的一些地区已经获得了蓬勃的发展，在东南亚和拉丁美洲地区也展现出强劲的势头，在非洲地区也逐渐有了萌发之势。这将带来全球创新创业活动的蓬勃发展。在如今这样一个充斥着坏消息的世界里，这种发展令人欣慰。

THE POWER LAW

目 录

推 荐 序 从风险投资的历史看其未来

李丰
峰瑞资本创始合伙人

译 者 序 寻找非理性时代的理性答案
中文版序 风险投资的力量，未来还看中国

引　　言
来一场九死一生的登月式冒险   001

第 1 章
"八叛将"集体出走，一场革命正在酝酿中   017
    创造力和商业野心合于一体   019
    有天赋的人急需得到解放   023
    各显神通，"冒险投资"领域开启早期实验   026
    是行业的开拓者，也是失败的实践者   030

　　　　　解放资本推动仙童半导体成立　　　　　　　　　　　　033

第 2 章
颠覆股权秩序，新的风险投资文化蔚然成风　　　043

　　　　　至少增长10倍，只投野心勃勃的初创企业　　　　　049
　　　　　具有管理魔力的企业家不会失败　　　　　　　　　051
　　　　　股权即正义　　　　　　　　　　　　　　　　　　057
　　　　　英特尔诞生，特权掌握在创始人手中　　　　　　　060

第 3 章
亲自消除"白热化风险"，实干主义投资风格占据主导　　063

　　　　　"野性创始人"呼唤新型投资人　　　　　　　　　065
　　　　　让投资标的变得风险可控，才拿自己的钱去冒险　　070
　　　　　一家无人问津的公司赢得胜利　　　　　　　　　　072
　　　　　以创业者的方式亲自塑造创新　　　　　　　　　　074
　　　　　从内部孵化真正的创意　　　　　　　　　　　　　077
　　　　　一个更惊人的项目在曲折中诞生　　　　　　　　　080

第 4 章
听到关于苹果的风声了吗？现在正是投资的时机　　089

　　　　　最出色的风险投资人也会犯下代价高昂的错误　　　092
　　　　　硅谷的第一位天使投资人出现　　　　　　　　　　095
　　　　　人们窃窃私语：苹果将是赢家　　　　　　　　　　098
　　　　　是什么成就了它的巨大成功　　　　　　　　　　　101

第 5 章
西海岸投资风格斩获的近 40 倍回报　　105
　　谁是你认为最优秀的人　　108
　　在风险投资人占主导的游戏中打败他们　　112
　　横跨东西海岸的融资风波　　116
　　有些秘密分享出来才更有价值　　120
　　在激烈斗争中爆炸式增长　　122
　　它不仅是一家成功的公司，还是整个行业的主宰者　　130

第 6 章
狂妄的雄心与有准备的头脑　　133
　　"即兴投资人"带来灾难性失败　　137
　　不打无准备之仗　　142
　　指数法则不可阻挡　　146
　　超越华丽的"信息高速公路"　　147
　　创造 100 倍市盈率奇迹　　159

第 7 章
迄今为止最大的风险投资本垒打　　165
　　他们告诉投资人，雅虎是免费的　　168
　　如果你不接受这 1 亿美元，我将投向你的对手　　172
　　发起投资闪电战，在数字时代点石成金　　176
　　竞争者出现，风险投资理念回溯本源　　179
　　从 eBay 获取 10 亿美元回报　　182

第 8 章
他们的公司叫作谷歌   **193**

"让我先给你们开张支票吧"   197
"即使投错19家,只要第20家是雅虎,就没关系"   198
保持强势,主动追逐两大资本猎物   200
拒绝外部首席执行官,打破奎茂公式   206
创造三个不可能   210
在互联网泡沫破灭下大肆扩张的互联网公司   212

第 9 章
反传统的风险投资模式不断涌现   **217**

"你不应该投资我的十大理由"   219
风险投资市场暗流涌动   223
Paypal 与 X.com 开启血腥斗争   224
不干涉、高风险、极度反传统,蒂尔效应愈演愈烈   233
开辟风险投资空白地带   240

第 10 章
到中国去,在那里掀起资本新浪潮   **249**

史上最成功的投资案例与最差的退出时机   254
"这样他就没时间去见其他投资人了"   258
"除非你要成立南鹏投资基金,否则没理由说不"   260
一场可称壮观的合并,造就了一家比 Paypal 大 10 倍的公司   263

第11章
Facebook搅动投资风云　　　　269
　　风险投资行业在苦苦挣扎　　　　271
　　Facebook爆炸式流行　　　　275
　　专家型投资人躬身入局　　　　278
　　"古老的魔法"不再重演　　　　283

第12章
成长股权兴起，"全球套利"时代来临　　　　297
　　他愿意冒数亿美元的风险，放弃对公司的任何话语权　　　　300
　　"中国是世界上最有前途的数字市场"　　　　304
　　成长型投资蓬勃发展　　　　312
　　"我们的口号是'由企业家帮助企业家'"　　　　315

第13章
是什么让红杉资本不断取得成功　　　　327
　　红杉资本成功公式的理性与柔软　　　　331
　　让今天的明星企业家去寻找下一个　　　　336
　　入股条纹支付，开始主导风险投资行业　　　　345
　　拯救在亚洲的实验性投注　　　　349
　　成长型投资策略大获成功　　　　353
　　向对冲基金领域进军　　　　359

第14章
当音乐停止时，硅谷面临一场洗牌   369

    血液诊疗和泽尼菲特陷入泥潭   371
    WeWork在资本哄抬中恶性膨胀   374
    孙正义挥斥近千亿资本"捕猎"独角兽   378
    基准资本领投优步的A轮融资   381
    后期投资人在独角兽牌局中肆意妄为   385
    独角兽的公司治理彻底崩溃   388
    卡兰尼克被驱逐，优步得到挽救   399
    科技界渴望迎来转机   404

结   语   风险投资，国家力量经久不衰的支柱   407
致   谢   429
译者后记   433
附   录   435

THE POWER LAW

引 言

来一场九死一生的登月式冒险

　　帕特里克·布朗（Patrick Brown）大步走进位于斯坦福大学校园内的自家院子，附近就是风险投资公司总部云集的帕洛阿尔托沙丘路。在他家屋后的小沙丘上，54岁的布朗教授伏在地上，透过圆圆的眼镜凝视着植物，他身穿T恤衫、头发蓬松，像在侦察、收集可能携带重要线索的样本一样，小心翼翼地挖掘着野生三叶草的根。寻常的园丁们可能无法预料，这些三叶草根茎的价值很快就会达到300万美元。

　　布朗是世界顶尖的遗传学家之一。他所在的实验室在1995年发表了有关DNA微阵列的开创性研究成果，这项研究有助于区分生物体中的正常组织和癌组织。他是美国国家科学院和国家医学科学院的院士，也获得过霍华德·休斯奖，该奖项保证为获奖者提供不附带任何条件的研究经费。但他在小沙丘上寻找三叶草的行为与遗传学研究无关。那一年是2010年，布朗教授正利用教师休假时间策划如何让肉类工业垮台。

布朗的一位朋友无意中的一句话使他开启了这番探索。布朗有着敏锐的环境保护意识，他一直担心占用世界 1/3 土地的畜牧业会导致严重的温室气体排放、水体退化和生物多样性丧失问题。他认为，地球显然需要一种更好的食物来满足 21 世纪不断增长的人口的需求。布朗教授的一位朋友偶然间提到："如果你能做出一种比牛肉汉堡更好吃的素食汉堡，神奇的自由市场将帮助你驱逐肉类工业。那些乐于尝试新鲜事物的餐厅会供应这种好吃的素食汉堡，甚至连麦当劳也会效仿，很快你就可以将肉类从食物系统中剔除出去了。"布朗越想这个主意就越激动。他想，"我当然可以做出比牛肉汉堡更美味的素食汉堡！"为什么没有人把这当作解决问题的办法？"大家察觉到我们的食物系统具有严重的破坏性，但坚信它永不会改变，"布朗怒气冲冲地说，"他们想，'这系统糟糕透了，但没办法改变。'"

梦想越大胆、越不可能，才越好

在人类历史上的大多数地方和大多数时刻，布朗的顿悟都会显得无关紧要。但布朗本人后来回忆，他"有幸生活在风险投资行业的中心"，因为斯坦福大学位于硅谷的核心地带，其高尔夫球场恰恰围绕沙丘路的边缘延展。布朗正带着明确的目标挖掘院中的植物：三叶草的根中含有亚铁血红素，正是这种携带铁元素的分子流淌在动物血液的血红蛋白中，使血液呈现红色。如果布朗可以展示三叶草中的亚铁血红素能模仿带血肉的特性，风险投资人很有可能会资助其成立一家植物肉汉堡公司。布朗用剃须刀片将三叶草根切碎，将它们混合起来提取汁液并培养提取物。他很快就有了制作素食汉堡所需要的原料，这种素食汉堡中所用的植物肉的气味、煎烤时发出的滋滋声、滴油的样子和挤压的手感都十分像 A 级牛肉。"我虽然没有太多数据，但已经有足够的资料能够去和风险投资公司交涉，在硅谷，风险投资公司的数量简直多到离谱，我可以向它们寻求投资。"

布朗的一位科学家朋友提到过，经营科斯拉创投（Khosla Ventures）的风险投资人维诺德·科斯拉（Vinod Khosla）一向对环境友好型清洁技术项目感兴趣。他没提到的是，科斯拉也是硅谷最令人振奋的信条的"传道者"：他相信只要能激发出发明家的雄心壮志，大多数社会问题都可以通过技术解决方案得到改善。"所有的进步都来自'非理性的人'和那些'具有创造力的不愿适应世界的人'。"他折中引用萧伯纳和马丁·路德·金的名言道[①]。他补充道："大多数人都认为那些听起来不可能实现的想法算不上重要，但我认为唯一重要的就是那些听起来不可能实现的想法。"因此，如果你要向科斯拉推销一项发明，它最好不要属于科斯拉眼中的"增量创新"，像"将两张卫生纸合并成一张"这样的"创新"还远远不够。**科斯拉想要激进的梦想，越大胆、越不可能越好。**

布朗骑着自行车来到科斯拉的办公地点，这是一座由玻璃和木材组成的具有设计感的时尚建筑。他准备了一套幻灯片，事后他承认"回想起来是挺荒唐的"。第一张幻灯片阐述了他的目标：消灭整个肉类行业。他那副圆圆的眼镜与他富有远见的神情看起来非常相配，使他肖似约翰·列侬和史蒂夫·乔布斯。

科斯拉的眼睛很大，脸部轮廓分明，有一头浓密的灰色短发。他用顽童似的目光盯着来访者，愉快地回应道："这是不可能的目标！"但科斯拉暗自想："只要有1%的成功机会就值得一试。"

布朗解释了他打算如何淘汰牛肉在汉堡中的应用。他将复制牛肉汉堡这项挑战分解为几个维度：气味、硬度、口感和外观。一旦你分别分析每个维度，这个看似不可能实现的目标就被拆解为一系列可以解决的问题。例如，三叶草根的汁液滴到热炭上的效果恰似鲜血，它们在烤架上被烧得滋滋作响时会从红色变成棕

[①] 萧伯纳在《致革命者的箴言》（*Maxims for Revolutionists*）中写道："理性的人适应世界，非理性的人让世界适应自己，因此，所有的进步都来自非理性的人。"马丁·路德·金也曾在其著作《爱的力量》（*Strength to Love*）中说过："人类的救赎掌握在具有创造力的不愿适应世界的人手中。"——译者注

色。这就如同弗兰肯斯坦博士遇到了雷·克洛克（Ray Kroc）①，如果这个想法实现，就再也没有人会吃牛肉馅夹心的汉堡了。

科斯拉在脑海中迅速思考着布朗提出的方案，他觉得布朗不需要证明这个方案的有效性。相反，关键在于他能否提出这个想法绝不成立的理由来反驳布朗。但科斯拉越是听布朗的话，就越相信这是个不错的主意。

接下来，科斯拉审视了布朗的人格魅力。他喜欢宣扬尤达大师②式的投资方法：赋予那些感受到力量的人权力，让他们利用自己的才能取得成功。科斯拉认为布朗作为遗传学家显然才华横溢。他准备好了要闯入一个新领域，不会被既有成见所左右。此外，布朗显然也具有与他的智力水平一样令人敬佩的决断力：他准备为此放弃他的学术地位——作为斯坦福大学教授的声望，以及霍华德·休斯基金会提供的丰厚的研究基金。**总而言之，布朗符合科斯拉心目中理想创业者的标准。他有令人惊叹的才智、冒险的意愿和值得称道的傲慢与天真。**

还有一个科斯拉在意的问题：即使布朗能生产出美味的植物肉汉堡，他会创造出同样丰厚的利润吗？**科斯拉通常会把资金投向如登月般九死一生的项目，但投资的低成功率必须与未来的巨额回报相平衡。如果公司兴旺发达，科斯拉希望获得至少比他的投资高出 10 倍的回报。除非成功值得拥有，否则不值得为此冒险。**

布朗在最后一页幻灯片上展示了所有无法引起科学家兴趣的世俗的市场数据。他实事求是地指出："这个项目用十分老旧的技术就能实现，但它的全球市场规模预计可以达到 1.5 万亿美元。"科斯拉理解了布朗的想法。如果植物肉饼

---

① 弗兰肯斯坦博士是英国作家玛丽·雪莱（Mary Shelley）在小说《弗兰肯斯坦》（*Frankstein*）中塑造的人物，他是一个生物学家、科学怪人。而雷·克洛克是麦当劳的创始人，他将麦当劳成功经营成连锁餐厅。此处将布朗博士比作弗兰肯斯坦，喻指其研究一旦成功，将给麦当劳带来巨大冲击。——译者注
② 《星球大战》系列作品中的角色，教导他人如何使用力量。——译者注

能在味道、硬度和烤制时的状态上提供像牛肉一样的体验，满足人的期待，那么它的潜力是巨大的。布朗看着科斯拉的眼睛，告诉他："如果你给我这笔钱，我保证会让你比现在富有得多。"

科斯拉就这样押注了300万美元在布朗的公司上，布朗恰当地将其命名为"不可能食品公司"（Impossible Foods）。在2018年重述这个故事时，科斯拉高兴地宣布不可能食品公司自2010年以来的进展：其年收入很快将超过1亿美元。但科斯拉着重强调的主要信息不只是收入，科斯拉说："可以想象，如果布朗失败了，他会因为自称可以消灭肉类行业的狂妄言论而受到嘲笑。"他继续说，但是这种嘲弄是错误的。尝试后失败与根本没去尝试，哪一个更好？你会选择哪个？理性的人，诸如那些具有良好适应性的人、缺乏傲慢或天真品质的人，经常因不敢尝试而放弃人生的重要使命。在科斯拉看来，不管布朗的公司进展如何，他都应该被誉为英雄。当狂热的发明家们刚想象到能带来真正重大变化的项目时，这些项目肯定会听起来荒唐、离谱。但高成功率的项目不值得被赞颂，因为这些项目肯定无法改变人类的困境。

这是由指数法则统治的领域

科斯拉自己就是个非理性、颇具创造力又不愿适应世界的人。作为一个印度男孩，他拒绝跟随父母皈依宗教，拒绝跟随父亲的脚步参军，也拒绝包办婚姻。在结婚那天，他给手表设好闹钟，要求婚礼仪式中的宗教部分必须在30分钟内结束。他一拿到工程学学位就去了美国，在卡内基梅隆大学继续深造工程学。之后，他把目光投向斯坦福大学商学院。得知需要两年工作经验才能获得入学资格后，他同时做了两份工作，并在一年后宣称自己已达到要求。在取得商科学位后，科斯拉于1982年与三位计算机科学家合作创立了太阳微系统公司（Sun Microsystems），其制造的强大的工作站在计算机发展史上留下了印记。科斯拉自命不凡，性格中多有令人不快之处，很快就被解雇了。后来他成了一名风险投资人。

科斯拉加入了著名的凯鹏华盈公司，发现了真正适合自己的职业。他缺乏理性和耐心的性格与他认为一切都有可能、一切都应顺应自己意愿的决心，让他兼具暴君和梦想家的特性。他后来在加利福尼亚州的海岸买下了一个拥有47栋小屋的村庄，尽管他从未抽出时间在那里过夜，但还是为阻止公众进入海滩打了一系列官司并败诉。同样，他对传统思维的蔑视体现在一系列令人眼花缭乱的投资中，经常赔钱，但有时也能创造巨额财富。当他遇到帕特里克·布朗时，他对风险的偏好、对傲慢性格的热爱和对看似不可能实现的想法的追求，都使他将指数法则奉为圭臬。

指数法则是风险投资中一项最普遍的规则。生活中的许多现象都是呈正态分布的：数据集里面几乎所有的观测值都集中在平均值附近。比如，美国男性的平均身高为177.6厘米，2/3美国男性的身高与平均值相差不到7.6厘米。当你在 x 轴上画出身高，在 y 轴上画出男性具有此身高的概率时，你会看到一条钟形曲线（见图0-1）：一名男性的身高是平均值的概率最大，而其身高值出现的概率会随着远离平均值而下降。遇到一个身高与平均值相差25.4厘米的男性，即身高不到152.2厘米或超过203厘米的概率非常小。离平均值越远，曲线细尾的概率值会越小，直至为零。

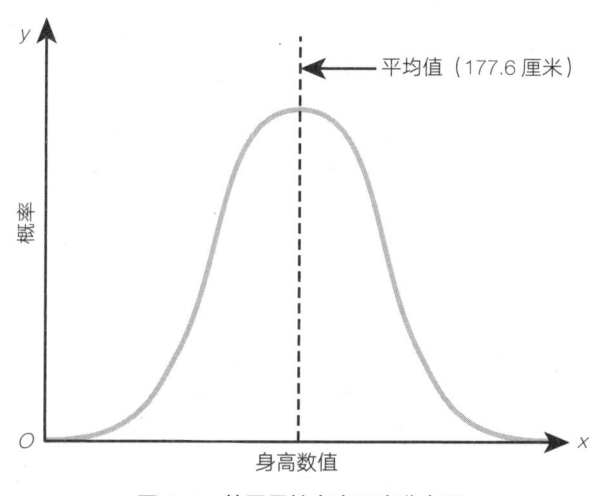

图 0-1　美国男性身高正态分布图

然而并非所有现象都遵循这种规律。展示美国人财富而非身高的分布图看起来就会很不一样。如图 0-2 所示，有一些人非常富有，拥有的财富远超财富统计的中位数，因此在财富分布图最右侧的曲线和 x 轴之间会有一条长长的肥尾。因为非常富有的人数量众多，其富有程度足以影响整个国家财富的平均水平，所以平均值被拉向中位数的右侧：平均值大于中位数，不像在正态分布中，平均值等于中位数。此外，在正态分布中，你可以在不太影响平均值的情况下从样本中去除最大的异常值：如果一位身高 213.3 厘米的 NBA 球星走出电影院，其余 99 名留下看电影的男性的平均身高只会从 177.6 厘米降至 177.2 厘米。相反，在偏态分布中，异常值会产生显著影响。如果杰夫·贝佐斯（Jeff Bezos）走出电影院，留下来的人的平均财富将大幅下降。

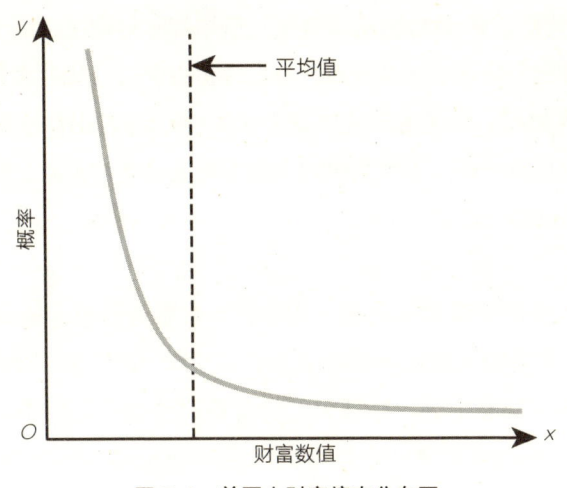

图 0-2 美国人财富偏态分布图

这种偏态分布有时被称为"二八定律"：80% 的财富由 20% 的人持有，80% 的人居住在 20% 的城市中，或者 20% 的科学论文占被引用过的论文的 80%。事实上，数字 80 或 20 并没有什么神奇之处，也可能是 10% 的人拥有 80% 或 90% 的财富。无论精确的数字是多少，这些偏态分布都是指数法则的例子。之所以称之为指数法则，是因为**赢家的收益会以不断增加的指数级速率增长，它们向上爆**

发的速度远超线性进程。一旦杰夫·贝佐斯获得了巨大的财富，他变得更加富有的概率就会倍增；一篇科学论文被引用的次数越多，它的知名度就越高，吸引更多人引用的可能性也就越大。每当遇到呈指数级增长的异常值时，你就从正态分布"统治"的领域切换到了指数法则"统治"的领域——从一个事物平稳变化的世界切换到一个急剧变化的世界。一旦你跨越了危险的边界，那么最好开始用不同的方式思考。

在金融领域，人们尤其需要重新思考。专注于货币、债券和股票市场的投资人通常假设价格的变化呈正态分布：价值会上下波动，但极端波动是不寻常的。当然，正如金融危机所展示的那样，极端情况是可能发生的。但在1985年到2015年间，标普500指数在7 817个交易日中的7 663天与开盘价相比波动都不到3%。换句话说，在98%的交易日里，市场都非常稳定。由于这些广泛交易的市场中的价格变化接近于正态分布，投机者会集中精力从大多数时间发生的非极端波动中获取利润。就像电影院中身高213.3厘米的NBA球星只能轻微影响电影院内的平均身高一样，出乎意料的大幅价格波动非常少见，影响力也十分有限，不足以大幅撼动平均值。

现在想想风险投资带来的回报。霍斯利-布里奇公司（Horsley Bridge）是一家投资公司，其持有股权的风险投资基金在1985年至2014年间支持了7 000家初创企业。这些交易中的一小部分，也就是那些仅占总资本配置中5%的投资创造了这段时间内霍斯利-布里奇公司全部回报的60%。放在大背景下分析，2018年标普500指数中表现最好的5%的子行业[①]市值只占指数总市值的9%。其他风险投资人报告了更偏态的回报：支持新兴科技企业的创业孵化器Y-Combinator（以下简称"YC"）[②]，计算发现其2012年3/4的收益来自其押注的

[①] 子行业通常由5～10家公司组成。
[②] 《YC创业营》（*The Launch Pad*）一书首度揭秘了知名创业孵化器YC及硅谷创业教父保罗·格雷厄姆撼动互联网创业模式的幕后故事，本书中文简体字版由湛庐引进、浙江人民出版社于2014年出版。——编者注

280家公司中的2家。风险投资人彼得·蒂尔（Peter Thiel）写道："风险投资的最大秘密是最佳投资所带来的回报等于或超过整只基金的其他投资的总回报。"基准资本（Benchmark Capital）的比尔·格利（Bill Gurley）曾经评论道："风险投资甚至不是全垒打级别的生意，而是大满贯赛事级别的。"

这意味着风险投资人需要很有野心。著名的对冲基金选股人朱利安·罗伯逊（Julian Robertson）曾说过，他寻找的是可能在3年内价值翻一番的股票，他认为那些股票能创造"令人惊叹的"回报。但如果风险投资人以此作为投资原则，则十有八九会失败，因为在指数法则下出现的价值只翻一番的创业公司数量相对较少，他们要么完全失败，要么创造数十倍甚至数百倍的回报。大多数公司都完全失败了，在这种情况下他们的股票价值将变为零——这对股市投资人来说是一场不可想象的灾难；但每年也会有少数不同寻常的企业获得"大满贯"，对风险投资人而言唯一重要的就是拥有这些企业的一部分股权。[①]

当现代风险投资人选择支持飞行汽车、太空旅游或撰写电影剧本的人工智能系统开发等项目时，他们遵循的就是指数法则。他们的工作是展望未来，寻求大多数人认为遥不可及的高风险、高回报。"我们可以治愈癌症、痴呆及所有导致衰老和代谢衰退的疾病，"彼得·蒂尔对渐进主义不屑一顾，他热情地说，"我们可以发明更快地从地球表面的一个地方移动到另一个地方的方法，甚至可以研究出如何彻底逃离地球，并定居于新的星球。"当然，投资绝不可能的事情是浪费资源，但更常见、更贴近人类本性的错误是投资时过于胆小。选择支持他人可以复制的明显想法，看似安全，实则很难从中获利。

[①] 基准资本的前合伙人安迪·拉赫列夫（Andy Rachleff）估计，根据20世纪90年代末的研究，美国每年只有12～18家初创企业将在未来达到1亿美元或以上的收入。这些收入远超1亿美元水平的公司为投资人带来巨额回报，其回报倍数会超过40倍。

风险投资的唯一目的是赢得头奖

让我们把话题说回维诺德·科斯拉。在创办自己的风险投资公司前，他在凯鹏华盈工作了20余年，学会了不去担心是否会血本无归，毕竟自己可能损失的只是本金。相比之下，科斯拉所关心的是那些能带来数十倍、数百倍回报的"赌注"。在20世纪90年代中期，他坚持特别大胆和逆向思维的投资观，投资了许多开发网络设备的初创公司。他认为，随着互联网时代的到来，消费者不会满足于仅仅将传统电话线的负载量增加2倍或3倍。他们会强烈地期望带宽技术实现跨越式发展，例如创造出能处理1 000倍数据流量的路由器。当电信公司对这一科幻小说般的言论嗤之以鼻时，科斯拉开始启动公司，使这种设想变为可能。

科斯拉支持的初创企业大多都被遗忘了，如瞻博网络（Juniper）、西亚拉系统（Siara）、塞伦特公司（Cerent），但它们充分展现了风险投资人所青睐的投资领域，展现了风险投资人是如何创造财富和推动人类社会进步的。在现有电信公司计划进行增量升级时，尽管科斯拉对人们将如何利用那些额外带宽还没有明确的设想，但他坚持大步跃进的想法。当时还没有人设想到创立社交媒体或视频网站，数码摄影也还只是一个概念，但科斯拉已看到其他突破性技术所带来的一切。在半导体发明后，可以将个人电脑互联起来的以太网电缆也被发明出来，伴随着互联网技术的发展，网络设备的使用率逐渐上升，然后呈指数曲线状爆炸式增长。这就是创新的指数法则，伴随它而来的还有风险投资组合中金融投资的指数法则。科斯拉认定互联网的发展将遵循类似的模式：在20世纪90年代上半叶得到稳步应用，之后其发展曲线会依据指数法则变得几乎垂直于x轴，意味着它将出现惊人的加速增长。

结果显而易见，科斯拉支持的这批公司不仅取得了成功，而且是巨大的成功。通过发明新一代提升带宽的硬件和软件，它们在爆炸式增长的市场上占据了巨大的份额。科斯拉的第一个头奖是制造网络路由器的瞻博网络：他投资了500万美元，为凯鹏华盈赚到了70亿美元，这是他初始投资金额的1 400多倍，创造了当时最高的风险投资收益率。科斯拉又向网络设备公司西亚拉系统投入了数百万美元，收获了 15 亿美元的回报。在塞伦特的案例中，他邀请占行业主导地位的路由器巨头思科公司与他共同投资。塞伦特当时正在进行同步网络光纤设备的开发，并致力于促进语音数据处理技术发展。但思科拒绝了，称塞伦特的目标太遥不可及，科斯拉于是独自投资 800 万美元，招聘了第一批工程师，并担任首席执行官。然后他进行了成功的"复仇"。塞伦特的技术一经证明可行，思科就向该公司提出了两次收购报价：1998 年 12 月为 3 亿美元，次年 4 月为 7 亿美元。但科斯拉相信指数法则，知道赢家往往会继续赢下去。他大胆地拒绝了思科，看着塞伦特的收入呈指数级增长。4 个月后，1999 年 8 月，科斯拉被告知思科在准备下一次出价，这次是 70 亿美元。当消息传到了他那里的时候，他正在海拔 2 500 米的秘鲁安第斯山脉的马丘比丘度假。科斯拉登上直升机，然后换乘飞机，第二天早晨在美国圣何塞吃早餐时同意了这笔交易。

一些资料显示，科斯拉是硅谷的顶级风险投资人，他赚取了巨额财富，也十分擅长挥霍财富。他在世界范围内为自己在斯坦福大学附近的住宅寻找建筑师，并将大量资金投入周围的葡萄园建设里。但真正驱动着科斯拉的是他年轻时表现出的矛盾主义：为什么他的父母一定要去神庙？为什么他不能自由选择工作地点和爱慕何人？为什么一切都不能改变？而且，正如帕特里克·布朗想要消灭整个肉类行业一样，科斯拉也对自己的工作提出了非同寻常的主张。他认为风险投资不仅是一项业务，还是一种心态，一种哲学，一种进步理论。他喜欢说，7 亿人享受着 70 亿人想要的生活方式。**大胆的创新者在更大胆的风险投资人的激励下，能够开辟满足人类愿望的最佳途径。**

正如我们不久后将看到的，风险投资人往往无法一一兑现他们言过其实的断言。重要的是，你也可以不必全盘接受科斯拉的主张。风险投资人应对高风险高回报项目的方法确实代表了一种独特的了解世界的方式，让硅谷以外的人们可以从中学习。举例来说，政府、金融机构和公司投入大量精力预测未来，主要是通过对过去的模式进行统计分析，因为人们往往认为，在没有得到明确预测的情况下，投入资源似乎是不负责任的。但在风险投资人看来，传统社会科学家严格的数据分析可能是蒙眼布，而不是望远镜。只有在没有太多内容可预测的情况下，人们才能从过去的数据中推断出未来，而如果明天只是今天的延伸，为什么还要费心预测呢？那些为发明家创造财富、变革人类工作方式、扰乱地缘政治平衡或改变人际关系的重大变革，是无法根据过去的数据推断预测出来的，因为这些变革具有彻底的破坏性。或者说它们将产生于一种过于复杂而无法预测的力量，这些力量来自修补匠、黑客和傲慢梦想家的原始汤①。你能知道的只是10年后世界将发生令人兴奋的变化。成熟、舒适的社会，应该由能够分析每一种可能性、管理每一种风险的人主导，应该能够接受无法预见的明天。未来可以通过反复的、风险投资支持的实验被探索发现，但它无法被预测。

什么样的实验可能会有成果？在这个问题上，硅谷以外的人也可以从科斯拉身上学到一些东西。大多数人可能认为，每个领域的专家都会推动前沿知识不断发展。但是，正如我们从科斯拉对帕特里克·布朗的投资中看到的，这种观点太理想化了。**专家也许最有可能推动知识进步，但激进的新想法往往来自"门外汉"**。"如果我要建立一家医疗保健公司，我不会招聘有医疗保健专业背景的首席执行官，"科斯拉说，"如果我要建立一家制造业公司，我不会招聘有制造业背景的首席执行官。我想要真正聪明的人从头开始重新思考这些假设。"毕竟零售创新并非来自沃尔玛，而来自亚马逊；媒体创新并非来自《时代周刊》或哥伦比亚广播公司，而来自YouTube（油管）、Twitter（推特）和Facebook；太空创新并非来自波音，而来自埃隆·马斯克的太空探索技术公司（SpaceX）；下一代汽车并非来自通用汽车和大众汽车，而来自马斯克的特斯拉。科斯拉感叹道："我想不出在过去的三四十年里有哪一项重大的创新来自专家。想想看，这不是很令人震惊吗？"

---

① 一种生物起源假说，即原始地球环境中含有各种无机物的"汤"在外界催化下产生出有机物，并最终产生原始细胞。——译者注

一些人将探索未来最好的方式比作一场特立独行的登月式冒险,此处还有另一种洞见。由于诺贝尔奖获得者罗纳德·科斯(Ronald Coase)的研究,经济学界早就认识到现代资本主义的两大体系:通过价格信号和公平交易合约来协调经济活动的市场,以及通过组建由自上而下的管理者领导的大型团队来运营业务的企业。但经济学家较少关注科斯拉所处的中间地带,即介于市场和企业间的风险投资网络。然而,相较于市场和企业,如今风险投资网络值得更密切的关注。通过科斯拉式特立独行的投资方式,他们在应用科学领域取得了比任何竞争对手都要大的进步:就取得的成就而言,其投资的公司超过了集中式的企业研发单位,超过了在车库里敲敲打打的孤立个人,超过了政府挑选的技术高手们。风险投资人支持的初创企业已是硕果累累:他们改变了人们工作、社交、购物和娱乐的方式,以及人们获取信息、使用信息和思考问题的方式。

风险投资人之所以能产生这种非同凡响的影响力,是因为他们可以将企业的优势与市场的优势结合起来。他们将资金、大客户和有才华的员工提供和引荐给有前途的初创企业,并将成熟企业组建团队、分配资源和制定战略愿景的模式运用到初创企业中。同时,由于他们的网络是流动的和不定型的,他们也具有市场的灵活性。沙丘路的风险投资人们可以为具有新商业理念或科学突破的初创企业提供多重支持:他们可以塑造它、扩展它,将它的名字传到合适对象的耳朵里。但当一轮风险投资资金耗尽时,就是创业公司接受市场检验的时候了。如果没有下一批热情的买家购买初创企业的股权,价格信号规律就会起作用:风险投资人将退出在该公司的投资,避免因支持似乎不可能成功的投机性研发而造成的资源浪费。由于这种对价格信号规律的周期性服从,风险投资人善于识别失败,也善于在看到成功的早期指标后加倍下注。**他们结合企业策略和对市场的尊重,在罗纳德·科斯强调过的两大体系之上加入了代表现代资本主义的第三大体系。**

过去几年,随着风险投资行业在三个维度的扩张,曾经被低估的风险投资网络的重要性变得尤其显著。首先,从全球来说,风险投资行业已经从硅谷的据点向外扩展，在亚洲国家、欧洲国家及美国的主要城市建立了繁荣的前哨基地。其次，从行业来说，随着风险投资支持的技术越来越广泛地应用于从汽车到酒店的所有行业，风险投资行业已经广为传播，在新领域中开疆扩土。最后，从投资阶段来说，硅谷在风险投资的支持下涌现出大批数十亿美元量级的公司后，这些公司又在风险投资的支持下成功推迟了上市的时间，也就是说，风险投资得以扩散到公司初创阶段之外的生存阶段。早在1997年，亚马逊在成立3年后就上市了，当时它的市值只有4.38亿美元。截至2020年我撰写本书时，480多家估值超过10亿美元的独角兽公司似乎还并不急于上市。世界上许多最具活力和开拓性的公司都是由风险投资人和其他私人技术投资人拥有、管理或托管的。

风险投资人如何思考，又为何如此重要

我希望通过这本书达成两个明确的目标。其一是揭示风险投资人的投资心法。市面上已经有几十本关于硅谷的历史类图书，主要关注的都是发明家和公司创始人，而深入了解、介绍那些为公司带来资金和发展助力的风险投资人的书要少得多。通过对从苹果、思科到WhatsApp（瓦次艾普）、优步等著名公司成长史的重构，本书展示了风险投资人如何同初创企业产生联系并为之带来催化剂般的改变，以及为什么风险投资与其他类型的投资相比如此不同。举例来说，大多数金融机构都是基于定量分析来分配稀缺资本的，但风险投资人更加重视对人才的发掘与吸引，很少费工夫研究电子表格中的数据。大多数金融机构都会通过预测公司的现金流来评估公司价值，但风险投资人经常在初创企业有可供分析的现金流之前就支持他们。大多数金融机构都会在短时间内通过交易将盈利变现，但风险投资人会在公司创立后获取相对较少的股权并一直持有。当然，最根本的区别是，其他金融机构会从过去推断趋势，规避极端"尾部事件"的风险，而风险投资人希望彻底抛开过去，只关心小概率的尾部事件。

其二是评估风险投资人的社会影响力。一方面，他们自己经常宣称自己"正在让世界变得更美好"。有时确实如此：不可能食品公司的创立就是一个例子。

另一方面，尽管电子游戏和社交媒体可以娱乐大众、传递信息、解决阻碍亲人见面的距离问题，比如让奶奶能欣赏到她在远方的孙子的照片，但它们也是人们沉迷网络、传播虚假新闻的罪魁祸首。风险投资人的夸夸其谈和其实践之间的差距也很容易受人指摘。2020年4月，在新冠肺炎疫情大肆蔓延的阵痛中，风险投资人马克·安德森（Marc Andreessen）高调宣扬说"是时候重振我们的经济了"，他问："高速列车、高耸的单轨、超级高铁和飞行汽车在哪里？"但安德森的风险投资公司在次月却投资了会员邀请制社交媒体应用程序Clubhouse（克拉布豪斯）。与此同时，风险投资行业无尽无休的声明与其狭隘的单一文化现状形成了鲜明对比。在这一行业女性的参与度严重不足：截至2020年，女性投资合伙人只占投资合伙人总人数的16%。种族多样性则更为有限。风险投资公司只有约3%的合伙人是黑人。正因为风险投资在重塑社会方面发挥了巨大的作用，它必须变得更加多元化，无论是在其雇用的投资人方面，还是资助的初创企业方面。最后也是最能说明问题的是，风险投资人必须考虑他们作为科技公司管理者的作为，因为这是该行业职能的核心所在。他们支持建立新兴创业公司的成绩足以让人引以为傲，而他们在管理市值数十亿美元的独角兽公司方面却并不太成功，比如他们对致力于提供办公空间解决方案的公司WeWork和出行服务巨头优步的管理便很难称得上是成功的。

尽管当下的公众普遍反对科技巨头垄断，而风险投资支持设立的诸多成功创业公司有效对抗了垄断，但简而言之，风险投资人远非十全十美。直到最近，经济学家还通过考查国家层面的差异来解释为什么一些地区比其他地区更富有。得出的结论是，成功的国家受益于健全的法制、稳定的物价和受教育程度较高的民众等。然而，一个更紧迫且显而易见的问题是：为什么一个国家内部的一些地区，例如硅谷能成为创新的中心和繁荣的源泉，远远超过其他地区，它们是怎么做到的？为了正确地回答这个问题，我们需要更新罗纳德·科斯的体系框架，这意味着我们必须像研究市场和企业一样深入地研究风险投资网络。在地缘经济竞争日益激烈的形势下，拥有最具创意的创新中心的国家可能发展得最为繁荣，最终也可能变得最为强大。在收入不平等程度加剧的形势下，能够培育更丰富的区域多样性的国家将更幸福、更稳定。除了加大对大型科技企业的监管力度之外,对政府而言更重要的是,尽一切可能培育科技初创企业。

不管风险投资人有什么缺点,他们都是充满活力的创业集群的重要组成部分。在硅谷的任何一天,数以百计的风险投资人都在追逐着身穿 T 恤衫的年轻人,他们是连接市场与企业的枢纽、促进其沟通的纽带,他们会在程序员对初创企业的招聘要约抱有疑虑时,为初创企业提供背书,或向持怀疑态度的客户保证初创企业产品的可靠性。本书的论点是,这种活跃的将资源连接起来的举动很大程度上解释了不同地区为何存在创造力上的差异:通过在创业者、创意、客户和资本之间建立联系,风险投资人将聚在一起的聪明人转化为创新网络。传统的经济增长模式需要为这一现象让位,这也解释了为何中国能崛起为顶级科技强国。此外,与竞争对手美国相比,中国的风险投资行业具有一项优势,即它对女性更开放。

但这些是我在书的结尾处才想去讨论的议题,在那之前,我们不如先去全面地了解风险投资人——了解他们如何思考以及他们为何如此重要。如果没有这个特别的金融家部落,圣克拉拉谷的果园可能永远不会与硅有所关联,也可能永远不会像今天一般创造出惊人的财富。

THE POWER LAW

Inside Silicon Valley's Venture Capital Machine

第 1 章

"八叛将"集体出走，
一场革命正在酝酿中

The Power Law

Venture capital frees scientists to do things they would not have tried before. This is the power of liberation capital.

风险投资让科学家自由地
做从未尝试过的事。
这就是解放资本的力量。

Inside Silicon Valley's Venture Capital Machine

成功常由伟人铸就，在硅谷也不例外。探寻这个奇迹般的创新地区的起源时，有些人会追溯到 1951 年，也就是斯坦福大学工程学院院长弗雷德·特曼（Fred Terman）创建斯坦福工业园区的那年。还有人认为故事开始于 5 年后，当时半导体之父威廉·肖克利（William Shockley）离开东海岸，在特曼的斯坦福工业园区创办公司，第一次把硅带到硅谷。但最令人信服、最能说明硅谷为何拥有如此独特力量的起源故事始于 1957 年夏天，当时肖克利公司的 8 名年轻博士研究员奋起反抗，集体出走。肖克利的资历、名声，甚至他得以获得诺贝尔奖的成就都没能阻止他们："八叛将"受够了肖克利的高压领导，决心另谋高就。正是这种背叛行为创造了硅谷的神奇文化，打破了关于等级、权威和"忠诚工作几十年，最终戴着金表退休"的传统职场观念。

创造力和商业野心合于一体

1957 年的背叛行为是由一种最初被称为"冒险资本"（adventure capital）的新金融形式促成的。这种新金融形式的理念是，对大胆发明有鉴赏力的投资人，可以支持那些因太过冒险和贫穷而无法获得传统银行贷款的技术人员，以换取获得巨大回报的机会。对"八叛将"及其公司仙童半导体的资助,可以说是发生在西海岸的第一起此类冒险,这改变了当地的历史,创造了一种新的金融形式。在仙童半导体获得140万美元的融资后,人们知道了只要有伟大的构思和坚定的抱负,硅谷的任何团队都可以自行从公司出来进行创业,并且他们通常会创造出最理想的组织形式。受惠于新金融环境,工程师、发明家、创业者和艺术梦想家能够相遇、结合、分离、竞争,可能同时也开展着合作。冒险资本可能成为背叛资本,可能成为团队建设资本,也可能只成为实验资本,但无论从哪个角度看,有天赋的人都得到了解放。一场革命正在酝酿中。

解放资本的出现能解释大多数人到现在都还没意识到的事情。为什么硅谷能建立其优势?人们或是认为原因在于硅谷发源于斯坦福大学的所在地,或是认为硅谷的发展受益于一些军事合同,或是认为硅谷本身具有某种西海岸反主流文化的嬉皮士特质。这些说法一向没什么说服力,而解放资本就是回答这一问题的新视角。毕竟斯坦福大学并不比麻省理工学院更杰出,麻省理工学院位于哈佛大学附近,它创造了比硅谷早期能聚集到的任何机构都更强大的研究集群。同样,我也承认斯坦福大学的部分科研成果受益于军事研究资金:U-2侦察机的胶卷就是在附近的美国国家航空航天局艾姆斯研究中心加工的。但20世纪50年代的著名军工复合体就坐落在五角大楼和马萨诸塞州坎布里奇之间的东海岸,范内瓦·布什(Vannevar Bush)是这一军工复合体的代表性人物,他是麻省理工学院工程学院的院长,也是富兰克林·罗斯福在第二次世界大战期间的首席科学顾问。数百万美元的联邦资金流向波士顿周围由五角大楼支持的研究中心,到60年代末,从这些实验室中分离出的科技创业公司超过了100家。换句话说,如果与军方的关系决定了应用科学中心的地理位置,那么坎布里奇应该成为宇宙的中心。[①]

如果斯坦福大学和军事合同都不能解释硅谷的崛起,那么声称"是当地的

---

① 事实上,硅谷是在20世纪70年代末和80年代才超过了波士顿地区,当时联邦资金和军事采购已经变得不那么重要了。

西海岸反主流文化让人们得以创造空前新技术"的理论又如何呢？年轻的史蒂夫·乔布斯曾为东方神秘主义着迷，他光着脚到处走，在公司卫生间里洗脚，并坚持说他的果食主义饮食法①不能采用常规的清洗方式。乔布斯的朋友、摇滚音乐家波诺（Bono）说："创造21世纪的人是像乔布斯这样来自西海岸的行为反叛的嬉皮士，因为他们眼光独到。"这个故事的某些版本在硅谷广为流传，那里的居民通常认为自己富有、时髦且具有影响力。硅谷的人们坚持平等、分享、开放的价值观，嬉皮士的反企业氛围使他们乐于向他人分享自己的创意和想法，而不是急于请律师申请专利。他们坚持平等主义，对不修边幅的创业者也持开放态度，因为他们很可能会从这些创业者身上看到或感觉到某些有潜力改变一切的东西。如今，你仍然可以在硅谷看到反主流文化的痕迹，比如那些因受嬉皮士喜爱而流行的凉鞋款式，即使鞋的材质已经由新一代尼龙取代了易磨损的皮革……但从文化角度我们并不能解释硅谷为何如此独特，毕竟世界上其他地区也没有像硅谷支持者们想象的那样守旧。举例来说，黑客文化实际上起源于麻省理工学院的铁路模型技术俱乐部（Tech Model Railroad Club），该俱乐部由一群痴迷于火车模型背后技术的麻省理工学院本科生组成，但他们基于共享原则拒绝将所开发的编程代码变现，并在之后将注意力转移到了研究TX-0计算机上。有种说法是TX-0计算机过分令人着迷，以至于麻省理工学院的校领导考虑把它扔掉，不然"人们将不再洗漱、不再吃饭、不再社交，当然也不再学习"。同样，出生于英国、现居日内瓦的万维网发明者蒂姆·伯纳斯-李（Tim Berners-Lee）不仅拥有创造性的想象力，而且秉持着对商业的反物质主义蔑视。他拒绝从自己的发明中获利，甚至曾在一份公开声明中写道："如果你对使用（我写的）代码感兴趣，请给我写邮件。"在芬兰，林纳斯·托瓦兹（Linus Torvalds）创造了Linux操作系统的基本框架并将之无偿捐赠。简而言之，硅谷之外的地方并不缺少创新，也不缺乏反主流文化和反商业化主张。

---

① 果食主义饮食法主张只食用水果、坚果和自然掉落的蔬菜果实。他们认为，植物同样是生命，食用根、茎、叶、花同样是摧残生命。——编者注

真相是，硅谷与众不同的天赋并不在于它的发明能力、反主流文化或其他方面。① 许多地区都诞生了足以改变世界的发明。比如：第一只晶体管发明于1947年，不是在硅谷，而是在新泽西州的贝尔实验室；第一台个人电脑是在新墨西哥州由爱德华·罗伯茨（Edward Roberts）发明的微型计算机牛郎星（Altair）；万维网的第一个前身，网络管理软件地鼠（Gopher）是由美国明尼苏达大学发明的；第一个浏览器软件是由伊利诺伊大学的马克·安德森开发的；第一个搜索引擎阿尔奇（Archie）是由位于蒙特利尔的麦吉尔大学的艾伦·埃姆蒂奇（Alan Emtage）发明的；第一个基于互联网的社交网站SixDegrees.com由安德鲁·温里奇（Andrew Weinreich）创建于纽约；第一款智能手机西蒙（Simon）是由弗兰克·卡诺瓦（Frank Canova）在IBM位于佛罗里达州博卡拉顿市的实验室开发的。没有单一地区会在发明领域占绝对优势，即使硅谷也是一样。然而，所有这些突破性创意都有一个共同点——它们并未成功引爆市场。硅谷，却有一种让奇迹发生的魔力，那就是将创意转化为轰动一时的产品。

如何解释这种魔力？1995年《时代周刊》一篇文章的标题呼应了波诺的话：《我们都应归功于嬉皮士》。**事实上，硅谷的独特之处在于它既具备反主流文化，又对财富有着坦率的渴望。** 波诺熟识的那些行为叛逆的发明家从不羞于赚取巨额财富。在硅谷，反而是那些按部就班追求职业晋升的人会被波希米亚人嘲笑，被其轻蔑地形容为"市侩庸俗"；天赋异禀的人也看不起这种努力，他们认为那种获得成功的方式慢得可怜。许多人身上体现出这一矛盾文化的两面性，史蒂夫·乔布斯就是其中之一。他是个非常谦逊的平等主义者，不会要求在公司停车场预留老板车位，同时又会傲慢无礼地占用其他司机指定的车位。他的合作意识很强，愿意与竞争对手公开分享知识产权；同时他的竞争意识也很强，个性偏执且控制

---

① 还有一种关于硅谷优势来源的不怎么有说服力的理论强调了天气。虽然加州的天气确实不错，但我们对其天气是否能吸引工程学人才并不确定。史蒂芬·列维（Steven Levy）在其有关早期程序员的经典著作《黑客》（Hackers）中写到，吸引麻省理工学院的工程师到圣弗朗西斯科"绝非易事，因为黑客通常不喜欢在加州生活所不可避免的一些事，尤其是驾车出行和休闲日光浴"。

欲强。正是这种自由开放的创造力和积极进取的商业野心的结合，真正定义了硅谷，在这里，充满想象力的幻想会孕育出重塑社会和文化的企业。

有天赋的人急需得到解放

当然，我们很难精准追溯到硅谷这种自相矛盾的文化从何而来。一些人将其归因于19世纪狂热的先锋物质主义者在圣弗朗西斯科发起的淘金热，这场热潮使受旧等级制度排挤的个人创业者获得财富，并催化了创业精神的爆发，李维斯牛仔裤就诞生于这个时期。其他人则强调，是加利福尼亚州的教育和经济繁荣为进步、开放的思想和专注于工作的狂热态度提供了养分。事实上，解放资本为这种文化的诞生提供了另一种滋养，一种比以往更值得关注的驱动力。通过帮助人才"兑现"天赋，将想法转化为产品，以及将非传统实验和硬性商业目标相结合，这种独特的金融形式所培育的商业文化充分激发了硅谷的发展活力。早些时候，美国以摩根大通为主导的金融行业擅长将企业塑造成强大的寡头公司；在20世纪80年代，迈克尔·米尔肯（Michael Milken）发起的利用"垃圾债券"为兼并企业提供资金的举措引发了"企业买卖热"和大刀阔斧削减成本的风潮[①]。风险投资也以类似的方式在工业文化中打上了自己的烙印，使硅谷成为世界上有史以来在应用科学领域最持久多产的熔炉。多亏了风险投资，"八叛将"得以离开威廉·肖克利，成立仙童半导体，并开启了硅谷的传奇发展之路。惊人的是，截至2014年，硅谷有7%的科技上市公司都可以追溯到与仙童半导体的关联。

在求助于解放资本的前一年，肖克利半导体实验室的年轻研究员们发现他们

[①] 20世纪70年代，受宏观环境影响，许多债券的信用等级下滑为"垃圾级"。所有人都急于抛售这些债券，但米尔肯看到了垃圾债券中藏着的机遇，最终他垄断了美国垃圾债券市场，并使高回报的垃圾债券成为抢手的投资产品。在此基础上，米尔肯还发明了垃圾债券的新玩法，即让小公司借助发行垃圾债券从市场上得到足够的资金，以此大量买进大公司股权，由于大公司信誉良好，小公司可将大公司的资产与未来现金流作为偿还债务的保证，最终以轻撬重，实现"杠杆收购"，这在当时掀起了企业并购的热潮。——编者注

的老板既是个科学天才，又是个疯狂的暴君。当肖克利招募他们时，他们为被选中而感到荣幸：接到这位伟大科学家的电话"就像拿起电话与上帝交谈"。肖克利很英俊，戴着眼镜，稍稍后移的发际线彰显着教授派头。他不仅是半导体之父，还是个颇具冷幽默感的出色表演家：为了吸引学生的注意力，他常在开课时承诺会探讨一个"热点课题"（get into a hot subject），接下来，他便会玩一个一语双关的小把戏——他翻开一本书，学生们会看到一股青烟从书里升腾出来，原来这便是他之前所提及的热点（hot subject）。但当这些年轻的新成员来到这位"神明"身边时，他的缺点就暴露出来了。肖克利会公开解雇员工，在公司布告栏上公布员工工资，还嘲笑过一位接受低微薪水条件的科学家。他雇用了他能找到的最聪明的研究人员，但很快就开始贬低他们，有时还嘲笑员工："你确定你有博士学位吗？"当他团队的一些成员大胆地提出要发表学术论文时，肖克利的反应轻蔑又自负。他写下一些关于自己提出的理论的笔记，然后告诉他们："来，把它充实起来发表去吧。"后来，一位年轻研究员说："我认为'暴君'一词都不足以形容肖克利。"

1957年5月，在肖克利创办半导体实验室15个月后，他的资助人来拜访他。一年前，当肖克利需要资金时，风险投资还几乎不存在。所以肖克利求助于南加州贝克曼仪器（Beckman Instruments）的创始人阿诺德·贝克曼（Arnold Beckman）。贝克曼把肖克利半导体实验室设为贝克曼仪器公司的分部，希望看到它快速发展，并创造盈利。现在，他要求肖克利增加商业化产出，同时改善管理不善的情况。肖克利对此轻蔑地回应："如果你不喜欢我们做的事情，我可以带着这群人到别处去寻求支持。"他抱怨着，然后冲出了房间。

看着他们的老板对贝克曼大吼大叫，肖克利的年轻研究员们意识到自己面临抉择。20世纪50年代是大公司、大工会和大白领阶层的时代。1956年的畅销书《组织人》宣布了一种新美国人的存在，即温顺的、没有个性的"有组织的人"。该书有一章的标题是"科学家的官僚化"，与标题相对应的现象使得当时科学研究和科技发展也逐渐迟滞。肖克利的研究员们面临一个选择：要么屈从于时代，在令人窒息的管理者手下毫无成效地煎熬；要么抓住他情绪失控带来的机会，寻求自己的出路。在肖克利与贝克曼的对峙结束后，研究员们聚在一起吃午餐，他们决定向贝克曼诉苦，要求他向肖克利施压。"该死！"一名研究员愤恨道，"我们要么做点什么，要么以后别再谈这事了！"

后来成为仙童半导体研发主管的戈登·摩尔（Gordon Moore）被选为团队的代表与贝克曼沟通。摩尔秃顶，浓密的眉毛藏在20世纪50年代流行的眉线框眼镜后，但这掩盖不住他不卑不亢的好品质。研究员们的午餐会结束后，摩尔从同事家借电话打给贝克曼，他告诉贝克曼："你不需要将肖克利的威胁当真。"他指的是肖克利情绪失控时放的狠话："肖克利没法像他所想的那样在这个阶段带走整个团队。""实验室的发展情况不太好，是吗？"贝克曼紧张地问。"是的，情况真的不好。"摩尔回答。

贝克曼同意与摩尔和其他研究员见面，在几轮讨论后，他承诺站在他们这边对抗他们的老板。尽管肖克利很有科学天赋，但他在扼杀公司发展——有时，资本要想前进，就需要好好地"把大人物拉下马"。贝克曼向研究员们保证，肖克利将被逐步卸下管理职责，他在公司的角色将仅限于顾问。

然而没过几天，贝克曼就失去了勇气。这是他投资的公司，他可以随心所欲地改变令自己不快的决定；他不像现代风险投资人，没有人要求他对资本回报率负责。这期间，东海岸的一位颇有名望的科学家来电向贝克曼抗议，声称肖克利会因为降职而被毁掉，这通电话足以动摇贝克曼的想法。贝克曼想着，虽然肖克利是个暴君，但毕竟是个获得过诺贝尔奖的暴君，并且未来他也许可以改过自新。于是，贝克曼通知年轻的研究员们，要求他们与肖克利握手言和。

体会了从内部改变公司的困难后，研究员们重新考虑了自己的选择。他们都很优秀，能轻易另谋高就，但他们知道，只有作为一个团队团结在一起，才最可能有所成就。与此同时，考虑到如果维持团队的完整意味着他们要在肖克利手下煎熬，这个前景就不太令人愉快了。在最近一起事件中，这位暴君竟然要求他的员工接受测谎仪测试。

某个晚上，在他们思考自己的困境时，研究员们突然想到了一个可能的解决办法。尤金·克莱纳（Eugene Kleiner）是团队中唯一一个超过30岁的成员，他通过父亲与纽约一家投资公司建立了联系。克莱纳写信给父亲的投资顾问寻求帮助，他在信中询问，肖克利的研究员团队准备离开公司，是否有金融公司愿意借助自己的社会关系，找到一个愿意雇用整个团队的雇主？

各显神通，"冒险投资"领域开启早期实验

在故事的这个阶段，"八叛将"中还没有一个人想过他们能创办一家新公司，因为那时几乎没人听说过有风险投资基金愿意支持一群年轻不知名的科学家创业。更重要的是，这种做法不符合当时金融界的一贯偏好。1929年美国股票市场崩盘和随后的大萧条摧毁了一代投资人的风险偏好，大型资本管理公司，如富达（Fidelity）和保诚（Prudential），更希望投资低风险项目以保全资本，而非去冒险。金融家们购买公司股权时，更倾向于选择安全成熟的公司，最好是那些拥有足够运营资本的公司，即使公司破产了，股东还有指望获利。当时比较有代表性的是，传奇投资人本杰明·格雷厄姆在一个名叫沃伦·巴菲特的年轻雇员的帮助下，寻找那些股价比其现金、资产和应收账款价值低至少1/3的公司，他们买入这类公司的股票并在股价向公司价值靠拢后变现股权获利。在一次成功的收购中，巴菲特以每股45美元的价格买下了马萨诸塞州新贝德福德联合街铁路公司（Union Street Railway）的大批股票，该公司在银行里的现金如果平摊到股票发行量上，则每股价值120美元。我们由此可以看出，投资人更倾向于在如此巨大的安全边际下找到物美价廉的交易，高风险的科技企业在投资人眼中声名狼藉。1952年，《财富》评论道："如果约翰·汉考克人寿保险保单持有人得知自己的钱被用于投资科技类小公司，他们会感到震惊。"

当然，并非所有投资人都过分谨慎，但那些例外既分散又鲜为人知。1949年，一位名叫阿尔弗雷德·温斯洛·琼斯（Alfred Winslow Jones）的富于幻想的社会学家创建了第一家对冲基金公司，他一直默默无闻，直到20世纪60年代他的投资方法才受到广泛的追捧与效仿。比琼斯早3年，东海岸的两个富有家族——惠特尼家族和洛克菲勒家族，已经开始在主业之余涉足对高风险初创企业的投资，但他们的动机是爱国和慈善，而不是直接追求盈利。在西海岸，圣弗朗西斯科的一群金融家会定期邀请创业者在非正式午餐中推介初创企业，但在肖克利的"八叛将"想要结队出走时，这一投资人午餐俱乐部才刚起步。冒险投资领域最值得关注的早期实验是由美国研究与发展公司（American Research and Development，下简称"ARD"）主导的，它被认为是现代风险投资的先行者。但ARD专注于波士顿地区，而且"八叛将"根本没听说过它。就像惠特尼家族和洛克菲勒家族一样，它也充满了为公众服务的动机。而且，正如我们即将看到的，它后来并没有成为风险投资人的典范。

约翰·海·惠特尼（John Hay Whitney）的基金是冒险资本早期实验的例证之一。[1] 正如1951年《纽约客》的人物特写所说，惠特尼被一种"震撼人心的社会良知"所支配，这是由于他在第二次世界大战期间的经历。被德军俘虏后，他说他是为自由而战，德军士兵反驳说美国并不比德国更自由，他看到一些被俘的美国士兵点头表示同意。战后他胆战心惊地回到家乡，将自己的名字从收录美国上层阶级成员的登记簿《社会名流录》（Social Register）中删除，并创建了一个基金会来解决社会问题。作为他努力的一部分，他成立了一只500万美元的基金为企业家提供资本，以维护自由企业精神。但是，惠特尼公司（J. H. Whitney & Company）在运营5年后，只投资了18家企业，他的成功案例包括一家早期

---

[1] "风险投资"一词意外出现于杜邦公司总裁拉莫特·杜邦（Lammot du Pont）1938年在美国参议院调查失业和救济委员会发言的时候。杜邦说道："'风险投资'指的是投资于企业，不期望马上获得回报，主要着眼于最终回报的资本。"旧金山的投资银行家琼·威特（Jean Witter）在1939年向美国投资银行家协会发表演讲时也使用了"风险投资"一词。但那时"风险投资"一词还未流行起来，而是直到20世纪60年代才得到广泛使用。

的建筑材料珍珠岩制造商和美汁源橙汁的生产商真空食品公司（Vacuum Foods）。此外，在前 5 年里，惠特尼公司在投资回报上的表现只比标普 500 指数好一点，但收益稳定性远不及标普 500 指数。事实上，根据金融家用于自我衡量的风险调整标准，该基金无法证明其存在的合理性。

《纽约时报》称惠特尼的基金为一家"纽约投资银行"，惠特尼的自尊心和他在第二次世界大战中被强烈唤起的良知，使他对那些把他和普通银行家相提并论的评论感到愤怒。有一天，恼怒的惠特尼要求同事们想出一个更好的公司简介。一个人应答说："我认为我们应该把风险投资（risk）的内涵纳入公司描述中。"另一个人说："我认为我们公司最有趣的方面是敢于冒险（adventure）。""那将我们公司叫作'私募风险投资公司'（Private Venture Capital Investment Firm）如何呢？"第三个人提出。"风险投资"（venture）这个词是"冒险投资"（adventure）一词的另一种说法，在某些圈子里已经在使用了。"就是它！"惠特尼表示赞同，并将自己的想法很快透露给《纽约时报》的编辑们。到了 1947 年，报纸会偶然提到"风险投资"一词。但尽管惠特尼做了很多努力，他在语言上的创新并没有变得广泛流行。直到 1962 年，那些自称风险投资人的先驱科技投资人还会遭遇茫然、困惑的目光。

1946 年 4 月，洛克菲勒家族开始从事与惠特尼家族类似的活动，旨在解决新公司缺乏资金的问题。"我们想做的与旧体制相反，旧体制的主张是，除非某个领域或想法被证明绝对安全，否则绝不投入资金，"主要发起人劳伦斯·洛克菲勒（Laurance Rockefeller）说，"但我们正把资金投入许多欠发达地区。"他的基金相继资助了一家非洲的棉纺厂、一家南太平洋的渔业公司、一家宾夕法尼亚州的直升机公司，以及一个长岛的电影项目。洛克菲勒得意扬扬地说："资本不再仅仅用于盈利，而是会去它能发挥最大作用的地方。"也许正因如此，他的收益不佳。1961 年，《巴伦周刊》的报道称，洛克菲勒兄弟基金会在 15 年的运营中投资了 900 万美元，仅获得了 4 000 万美元的回报，但标普 500 指数在此期间暴涨了 600%。

早期西海岸的业余风险投资人获得了不错的回报。里德·丹尼斯（Reid Dennis）是出席圣弗朗西斯科投资人午餐俱乐部的 6 名投资人之一，他因对录音机先驱制造商安派克斯公司（Ampex）的早期投资收益颇丰。因其先进的技术，安派克斯引起了歌手宾·克罗斯比（Bing Crosby）的注意，尽管他更喜欢在星期日下午打高尔夫球而不是进行广播节目直播。"我对磁带录音技术一窍不通，"丹尼斯后来回忆起当时的想法，"但我认为，这项技术的用处远不止录制宾·克罗斯比的声音。"于是在 1952 年，刚从商学院毕业的丹尼斯把他所有的积蓄，总共 15 000 美元都押在了安派克斯上。他对妻子说："如果这家公司优秀到能得到我的支持，那么如果发生什么事，它应该也能找到其他人来支持自己。"安派克斯获得了巨大成功，在 1958 年上市，丹尼斯赚了大约 100 万美元——用风险投资人后来的说法，这是近 67 倍的回报。"我意识到这是一种相当不错的谋生方式，"丹尼斯开心地想，"所以我开始四处寻找其他高科技公司，看看有没有什么投资机会。"

安派克斯的成功为丹尼斯在圣弗朗西斯科的投资人团体中赢得了声誉，这反过来又支持了投资人午餐俱乐部的创建，俱乐部成员们标榜自己是一个"集团"。从 1957 年开始，有五六名常客聚集在金融区的山姆餐馆或杰克餐馆，这些餐馆的"比目鱼很不错，酸面包也很新鲜"。山姆餐馆很受欢迎，因为它有用胶合板作为隔断的小隔间，让人产生能保护隐私的幻觉，即使胶合板的厚度只有 0.3 厘米。男人们会嚼着酸面包，听恳求资助的创业者说出自己的想法，然后指示他站在外面的人行道上等待"判决"。如果一切顺利，他们会握握手，投资人们将承诺给创业者 8 万或 10 万美元的投资，接下来创业者还可能从俱乐部的追随者和依附者那里获得更多资金。丹尼斯回忆说："我们基本都是在这个行业中成长起来的，后来人们把这种投资方式称为'风险投资'。"尽管圣弗朗西斯科的投资人午餐俱乐部的确有一些成功的投资事迹，但它在 20 世纪 50 年代末至 60 年代初只对大约 24 个项目进行了投资，平均每年资助 5～6 个项目。它后来被正式命名为"西部风险投资人协会"（Western Association of Venture Capitalists），那时它在投资上的成就才真正显现出来。

是行业的开拓者，也是失败的实践者

在冒险投资的所有早期实验中，波士顿的实验毫不意外地在战后几年处于领先地位。考虑到麻省理工学院处在军工复合体的核心位置，人们自然会将加速该地区经济发展的任务押注在资助其实验室的技术研发上。这一使命的实现需要一位合适的领军人物。于是，一群新英格兰精英——其中包括麻省理工学院校长和波士顿联邦储备银行行长，决定求助乔治斯·多里奥特（Georges Doriot），一个蓄着军人式胡子、行事风格也如军人一般的风度翩翩的法国移民，他在哈佛商学院授课。在波士顿元老们的祝福下，多里奥特于1946年开始执掌ARD。

多里奥特是军工复合体的代表性人物。在第二次世界大战期间，他曾负责美国军需部队的技术采购，他在这个职位上支持过各种创新产品的研发——防寒鞋、防水织物，以及以他的名字为启发命名的轻质塑料盔甲多伦（Doron）。因此他完全具备能力和经验去决定如何投资波士顿地区由五角大楼支持的实验室衍生的新兴高科技公司。他时常督促投资团队定期参观实验室，有时会把地铁代币放在桌子上并告诫坐在桌子后面不动的年轻人："去麻省理工学院就一个代币的路程。"多里奥特的一项早期成功是投资高压工程公司（High Voltage Engineering Corporation），那是从麻省理工学院的实验室分离出去的一家生产发电机和核粒子加速器的公司，旨在向通用电气这样的公司发起挑战。

1957年，既是投资人午餐俱乐部创建的那年，也是"八叛将"成立仙童半导体的那年，同年，多里奥特做出了一个改变ARD命运的决定。他资助了数字设备公司，这家公司由麻省理工学院的两位教授创立，他们曾在军方支持的林肯实验室协助开发TX-0计算机。作为军方建造的设备，TX-0计算机展示了晶体管是如何取代了真空管的；而数字设备公司开发该技术的前提是他们认为晶体管也能给民用电脑带来革命。对现代风险投资人来说，这种愿景有着极大的吸引力：创始人来自前沿研究实验室，他们提出要将一项已被证实的技术商业化。但在20世纪50年代的金融环境下，即使是最有影响力的科学家也很难筹到资金，多里奥特最大限度地利用了这种情况，向数字设备公司创始人提出了在后来的标准下会被创业者视为侮辱的提议。ARD将提供7万美元投资和3万美元贷款，以换取数字设备公司70%的股权，多里奥特的态度也颇为强硬，不接受议价，要求对方"要么接受，要么放弃"。由于别无选择，麻省理工学院的教授们接受了这一提议，甚至当多里奥特设法将持股比例提高到77%时，他们也没提出抗议。在掌握了这么多股权后，多里奥特得以在教授们获得成功时大赚一笔。1972年ARD停业时，它已经从对数字设备公司的投资中赚取了3.8亿美元，如果将通货膨胀等因素考虑在内，这相当于今天的23亿美元。这是一笔巨大的财富，在ARD于1946—1972年获得的总收益中占大约80%。这是对指数法则的一次早期验证。

按照多里奥特的传记作者斯宾塞·安特（Spencer Ante）[①]的说法，多里奥特被一些人视为"风险投资之父"。像惠特尼一样，多里奥特也在努力使自己与普通投资人有所区别，作为一名商学院教授，他在界定风险投资的使命时更有洞察力和说服力。在一次操着浓重法国口音进行的演讲中，**他宣称野心勃勃但并不引人注目的项目常常会获得极大回报，投资人必须耐心地等待长期回报的成熟；前景最好的行业是先进的技术，而不是橙汁或亚洲渔业。他像后来的风险投资人一样，明白自己的任务不仅是提供资金，还要向创业者提供管理建议，帮助其招聘人才，并提供从营销到融资等方方面面的助力。**他举办技术博览会来宣传他所投公司的产品，并建议数字设备公司像珠宝商展示胸针那样在紫色天鹅绒上展示电路板样品。被投公司接入ARD的关系网络也是多里奥特提供的投后服务的一部分，一位创业者在谈到ARD组织的出席人数众多的年度会议时表示："好的创业公司将在这一平台得到展示。"在会议上，创业者和投资人会在一起交流。"（在会议中）建立关系网、寻求引荐机会，所有这些都非常重要。当你失去自信时，任何能帮你保持自信的东西都是有价值的。"

[①] 斯宾塞·安特在《完美的竞赛》一书中首次全面介绍了拥有深远影响力和超凡魅力的伟大人物乔治斯·多里奥特的传奇人生。本书中文简体字版由湛庐引进、中国人民大学出版社于2009年出版。——编者注

多里奥特谈起自己与创业者的合作关系时,想法出奇地新颖、超前。他认为,**创业者们年轻、任性、勇敢,而风险投资人的作用是贡献智慧和经验。创业者们才华横溢,反复无常,有时又敏感脆弱。**"风险投资人必须随时待命,为推动公司发展提供帮助,包括给出建议并在必要时说服、劝阻和鼓励他们。"和后来的风险投资人一样,多里奥特强调创业者才是公司的舵手和灵魂人物。"要寻找有创造力的人,他们必须对所做的事情具有远见卓识。"他建议道,同时风险投资人要始终相信"创意和它的发起者、创造者"。但不必多说,多里奥特对"有远见的创业者"的崇敬和尊重并未阻止他将创业者 77% 的成果收入囊中。在这一点上,多里奥特也预演了未来风险投资行业偶尔会出现的虚伪的一面。

然而在其他方面,多里奥特与其说是风险投资行业的开拓者,不如说是失败的实践者:他是一个误入歧途、带领追随者陷入迷津的先驱。ARD 是第一家从机构投资人那里筹集资金的风险投资公司,但多里奥特没有像未来的风险投资人那样将 ARD 建立为合伙企业,而是将其建立为上市公司,这一决定使他陷入监管困局。ARD 在向雇员授予股票、期权,向被投公司追加投资,以及决定投资回报的计算方式方面受到诸多限制。[①] 在 1964 年,美国证券交易委员会的人员在没有预警的情况下出现在波士顿的约翰·汉考克大厦,突袭了 ARD 的办公室,宣布对其进行为期两天的调查。多里奥特气恼地说:"他们以为我们除了接待他们之外没别的事可做吗?"在突袭调查 ARD 之后,美国证券交易委员会声称数字设备公司的估值是其收购成本的 100 倍,需要重新调整。"他们总在问'估值是不是太高了?是不是太低了?到底哪里出错了?'"多里奥特愤怒地抗议道,"我有 20 余年的从业经验,但他们派来两个人在这里花上两天时间调查后,就敢断言我们不知道自己在做什么,这让我很恼火。"多里奥特将他写给监管机构的信件存档,其中一个文件夹上标着"律师意见——不要寄出"。

---

① 上市公司结构的税收效率也低于合伙企业结构。如果 ARD 持有一家公司 10% 以上的股份,则需要为所持股份的资本收益缴税;然后,当 ARD 将收益作为股息支付给投资人时,投资人将面临再次征税。相反,合伙企业是传递实体,这意味着其收益只需缴税一次。

除了对公司结构做出了糟糕的选择外，多里奥特还蔑视金钱激励，他认为这有损自身作为榜样的号召力。他总是维护 ARD 由最初的地区发展使命衍生而来的公共服务责任。他高傲地宣称："资本收益是一种奖励，而不是工作的目标。"他拒绝为年轻的副手们支付慷慨的薪水，总是告诉他们做生意不是为了赚钱，而是为了报效国家。而且，他承诺永不放弃表现不佳的被投公司，即使它们占用了本可以更有效地配置到其他地方的资本，在多里奥特心里，停掉一家被投公司在道德上就像在战场上抛弃了一名受伤的战友。因为多里奥特拒绝将金钱与成功挂钩，他的员工和投资人对他都感到厌倦。他们对精神上的"收入"很满意，但也想要财务上的收入。查尔斯·P. 韦特（Charles P. Waite）曾是 ARD 的一名员工，他曾努力帮助一家被投公司发展至上市，他回忆说："我为这家公司做出了巨大的贡献。首席执行官的净资产从 0 涨到了 1 000 万美元，而我只涨薪了 2 000 美元。"就华尔街的投资人而言，他们将 ARD 视为畸形的慈善企业，并认为其股票价值低于其所投公司股权的价值。例如，1955 年，ARD 的股票交易价格仅为其净资产的 65%。

ARD 没能给华尔街留下深刻印象，也没催生出大批行业模仿者，这无疑是一种讽刺。多里奥特的确带领 ARD 投资了几家令人激动的成长型企业；多亏了数字设备公司和指数法则，他使 ARD 初始投资人的股本翻了 30 多倍，胜过标普 500 指数。然而，在 ARD 的整个存续过程中，它自身的股票表现却如同本杰明·格雷厄姆和沃伦·巴菲特所钟爱的那些惨遭低估的成熟企业一般暮气沉沉。由于受到了华尔街的蔑视，如果清算或兼并到其他公司，ARD 对其所有者将更有价值。由此，它在 1972 年被清算了。

解放资本推动仙童半导体成立

在金融形势如此恶劣的 1957 年 6 月，肖克利手下年轻的研究员们策划了他们的反叛。当时，ARD 还没有为数字设备公司提供资金；圣弗朗西斯科的投资人午餐俱乐部才刚起步；乐善好施的富有家族惠特尼家族和洛克菲勒家族刚在富有异国情调的海外地点和美国东海岸资助了古怪的项目。毫不意外，肖克利的研究员们想象不到去筹集资金创办自己的企业。相反，尤金·克莱纳在写给他父亲的投资顾问的信中表达了一个不同的愿望：不满肖克利的研究员团队希望被"一家能提供良好管理的公司"聘用。这封信是由克莱纳的妻子罗斯录入的，注明日期是1957年6月14日。然后她把信寄给了纽约的海登斯通公司（Hayden Stone）。

为克莱纳的父亲服务的投资顾问正准备从海登斯通退休，所以他把这封信传给了一个叫阿瑟·洛克的年轻MBA。洛克身材消瘦、沉默寡言，眼睛经常被遮挡在大号眼镜后面，他显然不是个勇于创新、敢于冒险的人，特别是涉及浮夸的新型投资方式的时候。与惠特尼家族和洛克菲勒家族不同，他在纽约州罗切斯特市的贫困家庭中长大，是说意第绪语的移民的孩子，曾在父亲的小杂货店里卖过汽水。与多里奥特不同，他没有军事技术方面的经验，甚至连军旅方面的经验也不多；在一段悲惨的军旅生涯中，他为要向他认为"不太聪明"的上级汇报而感到愤怒。也许是因为他的童年过得颇为艰难——他患过小儿麻痹症，因而在体育运动中表现得很差，还因此被同学整蛊嘲笑，这些遭遇让洛克的性格冷淡到极点。做交易的金融家本应该圆滑世故，但洛克对傻瓜毫无耐心，而傻瓜总是自以为是。

然而幸运的是，洛克正是接收克莱纳来信的最佳人选。他两年前为通用晶体管公司（General Transistor）筹集了一笔资金，那是第一家生产用于助听器的锗半导体的独立制造商。在投身这个新兴行业后，洛克领会到肖克利在科学界享有的神圣地位：凭借肖克利的地位，所有绝顶聪明的人都愿意被他雇用。而这恰恰说明克莱纳和他的同事们是行业一流的人才。与此同时，克莱纳和他的同事们即将反叛的事实也说明他们显然既有资质，也有性格。**一个精英团队和一项潜在的突破性技术的结合将会带来明显的商机**，这个商机的前景类似于1957年夏天多里奥特投资的数字设备公司。

1957年6月20日，洛克给克莱纳打了长途电话，向他表示自己对此事有兴趣。第二天，洛克给克莱纳写了一封信，力劝克莱纳把团队聚在一起，以期与之面对面地商谈。下一星期，洛克飞到圣弗朗西斯科，与他同行的还有海登斯通的一位热情的合伙人，名叫阿尔弗雷德·"巴德"·科伊尔（Alfred "Bud" Coyle）。

洛克和科伊尔在圣弗朗西斯科的一家餐馆与克莱纳和他的伙伴们会面并共进晚餐。华尔街的这两位来访者明白研究员们想要摆脱肖克利令人窒息的监管，并继续进行团队合作，同时进一步了解到他们想留在圣克拉拉谷，因为已经在那里买了房子。但洛克和科伊尔提出了一种新颖的方法来达到这些目标——一种研究员们无法想象的方法。

"你们应该自己开公司。"洛克直白地说。通过自立门户，研究员们将能够独立在他们选择的地点工作，更重要的是，他们将成为公司的创始人，从而拥有自己创造性的"魔法"所带来的成果。作为一个来自平民阶层、白手起家的不合群的人，洛克对最后一点持明确态度：他认为只有这样，某种正义才得到了伸张。

洛克的提议让研究员们好一番消化。"我们都惊呆了，"一位名叫杰伊·拉斯特（Jay Last）的研究员后来回忆道，"洛克向我们指出，我们可以创办自己的公司。这是我们从未想过的。"

在听到洛克的提议时，曾向阿诺德·贝克曼发起申诉并失败的研究员戈登·摩尔也有着类似的反应。多年后，当作为两家标志性硅谷公司——仙童半导体和英特尔的联合创始人而声名大噪时，摩尔仍然竭力将自己描述为一个"偶然的创业者"。"我不是那种会轻易说'我要开公司'的人，"他回顾道，"像我这样'偶然的创业者'，要么是掉进了机会里，要么是被人推进去的。"1957年6月下旬，在圣弗朗西斯科的那家餐馆里，是洛克用力地"推"了他一把。

洛克还回忆起了一些谈话中的细节。回想起那次晚餐，他想起是在他提到研究员们能够获得公司所有权时，他们的态度才有所改变的。"他们似乎振作了一点。"洛克后来说，他也为研究员们没有多里奥特的那种爱国使命感负担和惠特尼的那种良心上的不安而默默感到庆幸。他认可自己看待事物的方式，也认为研究员们对金钱激励有所反应是有益的。

对自立门户的讨论接着转向实际问题。研究员们表示他们需要 75 万美元来启动事业，但洛克和科伊尔反驳说，他们需要至少 100 万美元。洛克和科伊尔表现出的信心超乎常理，毕竟要想成立一家未经测试的公司，融到 100 万美元以上的资金不是一件容易的事。但来自华尔街的这两位投资顾问的虚张声势赢得了研究员们的信任。有了七位数资助计划的承诺，研究员们的所有顾虑都逐渐消失了。

接下来的问题是由谁来领导这支团队。克莱纳曾在给海登斯通的信中坦言，在当时共有 7 人的研究员团队中，"没人有成为高层管理者的抱负"。当研究员们计划加入一家管理良好的公司时，这没问题；但如果他们的新目标是独立创办公司，那么研究员们就需要找一个能聚合团队的领导者。说服投资人为一个没有像样的首席执行官领导的松散企业投资是不可能的。

在肖克利半导体实验室里的年轻人中，罗伯特·诺伊斯（Robert Noyce）显然是领头人。他有魅力，又爱恶作剧，身材挺拔，他就是那个把肖克利的招聘电话比喻为与上帝交谈的工程师。但诺伊斯一直为是否加入反叛团队而苦恼，他还没有参加过反叛团队的会议。作为来自艾奥瓦州小镇的公理会牧师家庭的孩子，他很担心背叛肖克利的伦理问题。据一位研究员说，诺伊斯当时扪心自问："上帝会怎么想？"

洛克和科伊尔说服这 7 人着手劝说诺伊斯。他们为研究员们勾画出了自由的蓝图，作为回报，研究员们必须亲自招募一名团队主管。研究员们指派团队成员谢尔登·罗伯茨（Sheldon Roberts）打电话给诺伊斯。这通电话一直持续到深夜，诺伊斯在急切和谨慎的心情之间摇摆不定。最后，由于100多万美元融资方案的诱饵吊在他面前，诺伊斯同意和其他人一起与科伊尔和洛克见面。

第二天，罗伯茨开着家里的旅行车来接诺伊斯。他们巡行于各位同伴的住宅之间，在洛斯拉图斯、帕洛阿尔托和芒廷维尤停车，每停一站都接上一个同伴。然后，他们向圣弗朗西斯科市中心的克里夫特酒店进发，前往充满艺术风格装饰的红木大厅，洛克和科伊尔正在那里等候。当会议开始时，洛克就知道这次交易的薄弱环节已经得到了解决：罗伯特·诺伊斯是个天生的领袖，他的眼睛里闪烁着耀眼的光，并且他的同伴们也愿意让他代表自己发言。

没有其他理由不继续下去了。科伊尔拿出10张崭新的钞票，提议在场的每个人各自在钞票上签名。科伊尔说，这些钞票将是"他们彼此的合同"。**这预示着，以信任为基础，看似非正式，实际上却建立在金钱上的合作机制，将在未来几年成为硅谷的标志。**

与多里奥特的ARD不同，科伊尔和洛克没有现成的资金来资助初创企业。他们通过临时召集有意愿的投资人组成联盟来支持初创企业，而科伊尔和洛克的资本只占总量的一小部分。现在，洛克为了筹集他承诺给"八叛将"的100多万美元，草草写下了约35个潜在投资人的名字。ARD和洛克菲勒兄弟基金会都在名单上，一些有兴趣投资半导体行业的科技公司也名列其中。

开始筹集资金后，洛克很快意识到自己的想法是多么激进。ARD和洛克菲勒兄弟基金会等投资集团找了各种借口拒绝投资，他们一想到要开一张这么大额的支票给一个没有管理经验的团队就感到不安。与此同时，洛克联系的科技公司也提出了反对意见：他们可以考虑出资成立一个新的子公司，就像贝克曼为肖克利做的那样，但不愿在没有控制权的情况下支持"八叛将"。他们的另一层顾虑在于，支持肖克利的"八叛将"创立新公司，并允许他们持有新公司股权将开创一个颠覆性的先例，可一旦开了这个先例，如果投资人自己的员工也要求持有公司股票该怎么办？洛克认为这些年轻的研究员拥有自己研发的成果是公平的，而其他投资人却只看到了麻烦。在20世纪50年代的企业文化中，组织人的身份特点在于会本能地服从。因此管理者认为，员工的忠诚应当是免费提供的，为什么要用股票期权去换呢？

在接触了35名潜在投资人后，洛克一分钱也没筹到。后来科伊尔推荐了谢尔曼·费尔柴尔德（Sherman Fairchild），一个继承了一大笔遗产的花花公子，自称是个"游手好闲的人"，同时也是个科学爱好者。就像惠特尼家族和洛克菲勒家族的人一样，费尔柴尔德已经足够富有，他对获得更多的钱作为回报不感兴趣。但与惠特尼家族和洛克菲勒家族不同，他可能会对投资新的半导体公司感兴趣。

1957年8月下旬，诺伊斯和克莱纳飞到纽约。他们来到费尔柴尔德在曼哈顿的联排别墅，别墅内装有玻璃墙和由电动开关控制的高科技百叶窗。在最初的几句寒暄后，诺伊斯释放出了洛克在他身上看到的天赋。诺伊斯用炽热的目光盯住费尔柴尔德，向他解释说，未来将建立在硅和线路组成的设备上，也就是建立在普通的沙子和金属上，这些材料几乎不需要任何成本。巨额利润将流向用这些基本元素和物质制造晶体管的公司，而费尔柴尔德将会成为支持赢家的有远见的人。这是那些富有感染力的创业者在硅谷反复发表的"呼唤伟大"宣讲中的一种版本，费尔柴尔德被说服了。

现在只剩下敲定交易条款了。洛克曾向这支研究员团队承诺让他们有机会拥有自己的公司，他也尽了最大努力。研究员们被要求每人出资500美元，以换取初创企业的100股股票。他们费了些力气才凑齐了这笔钱，毕竟500美元是他们两三个星期的工资，诺伊斯不得不打电话给父母，问祖母能否借给他这笔钱。在海登斯通方面，公司以与创始人相同的价格购买了225股股票，另有300股被存起来，它们将在未来被用于招聘高级管理人员。因为尽管诺伊斯很有领导力，但费尔柴尔德认为他只是"临时领袖"。每位创始人只掌握了不到10%的公司股权，当新的管理人员出现时，这一份额可能会降至 7.5%。与此同时，费尔柴尔德的仙童摄影器材公司（Fairchild Camera）几乎为仙童半导体提供了所有的初始资本——约 140 万美元，这让"八叛将"和海登斯通提供的 5 125 美元相形见绌。但由于仙童摄影器材公司的资金是以贷款而非股权投资的形式提供的，创始人们的所有权并没有因此而被稀释。

从表面上看，"八叛将"收获颇丰，但费尔柴尔德的资金支持以一些不透明的小字条款作为条件，"八叛将"所掌握的控制权与股权数据并不十足匹配。毕竟考虑到其他 35 名投资人都直接拒绝了洛克，费尔柴尔德的谈判代表手中握有大把筹码。试想一下，既然 ARD 的乔治斯·多里奥特能以 10 万美元攫取数字设备公司 77% 的股权，如果费尔柴尔德付出 140 万美元却得不到足够回报的话，那似乎就会显得太愚蠢了。表面上，"八叛将"与费尔柴尔德达成了一项协议，并获得了公司所有权，但实际并非如此。仙童摄影器材公司给出的贷款其实并不是一笔单纯的贷款，还附带了以 300 万美元购买新公司全部股权的期权。同样，"八叛将"获得的所有权也并非真正的所有权，因为仙童摄影器材公司可以通过表决权信托控制公司主体业务。洛克已经尽了最大的努力来履行他的诺言，但他不能创造奇迹。

如果说洛克最初的目的只是把人才从令人窒息的管理者手中解放出来，那么结果要比他想象的成功和辉煌得多。最初几个月，8 名研究员只能在车库里工作，后来搬到了一栋缺少电力、还未竣工的建筑里。他们没被这些困难吓倒，他们会把电线接到附近的电线杆上，以此装配出一台简易的电锯。当时是在冬天，人们可以看到卷发、瘦高的多面手维克·格里尼奇（Vic Grinich）在外面与坏天气斗争，他戴着手套、帽子、围巾，叼着烟斗，拿着接在电线上的加热炉。他们创造了平等、自由、轻松的工作氛围：仙童半导体的公司战略是在非正式的自由讨论中敲定的；其销售会议的特色是吃布朗尼蛋糕和喝威士忌；即使刚从研究生院毕业的新员工也有权做出重大的采购决定；随着天气转暖，公司的"临时领袖"诺伊斯时常穿着短裤就来上班。

公司成立6个月后，洛克前往加州查看情况，他有数个动机。不考虑费尔柴尔德的小字条款，海登斯通持有仙童半导体略高于1/5的股份，同时洛克在寻找更多对西海岸科技公司的投资机会。此外，洛克对这8位研究员颇有好感。他31岁，和他们是同龄人，他和这些喜欢周末去山里度假的单身汉关系密切。尽管童年患小儿麻痹症的经历给他留下了创伤，但他坚持将自己训练成了一名优秀的滑雪和登山爱好者。因此，去内华达山脉度假也成为洛克拜访西海岸的好理由。

1958年3月26日，星期三，洛克和诺伊斯共进晚餐。第二天，他激动地给科伊尔发了一份备忘录："我得到了很多内部消息，事情的进展显然比我们所有人预想的都更好。"随后，仙童半导体顺利地完成了第一笔销售，以每只150美元的价格向IBM运送了100只晶体管。每只晶体管仅含有价值2到3美分的材料，加上价值大约10美分的劳动力，营业利润率非常可观。与此同时，诺伊斯和他的同伴们正在以在肖克利的管理下永远不可能达到的速度推动前沿科技的发展。这个团队正在尝试将半导体中的非金属元素进行重新组合，这让诺伊斯有了制造更具创新性和革命性的集成电路开关和扫描仪的想法。此外，所有努力付出都自然地带有商业色彩。诺伊斯后来回忆，在仙童半导体成立前，研究员们每天穿着白大褂将自己关在实验室里；但在仙童半导体，他们会出去和客户交流。甚至在开发出第一批晶体管前，他们就已经结识了生产军用航空电子设备的潜在买家，并弄清楚了什么样的设备会有市场。虽然贝尔实验室、德州仪器等其他公司的研究团队可以在科学卓越性方面与仙童半导体相匹敌，但仙童半导体更关注市场：他们想知道什么产品有用，什么产品会使公司的权益价值上升。

仙童半导体有了个开门红，诺伊斯因此十分开心。洛克在给科伊尔的备忘录结尾开玩笑说："你会很高兴地得知，我的胳膊是在接收分红支票时不小心骨折的。"仙童半导体在成立第二年的表现甚至更好。诺伊斯和他的同事们想出了一个革命性的方法，使得将多个晶体管组合在一个微小的集成电路中成为可能。1959年，仙童半导体接到了价值650万美元的订单，是前一年订单价值的13倍。

这家年轻公司的税后利润已经达到约 200 万美元，鉴于其高企的营业利润率，随着销售量的增加，投资人完全有理由期待意外的暴利。事实上，公司的利润前景太诱人了，于是仙童摄影器材公司决定行使其期权，支付了商定的 300 万美元以购买仙童半导体的所有股权。

对于"八叛将"来说，这是个苦乐参半的时刻。他们每人可以得到近 30 万美元，足足是他们两年前投入资金的 600 倍，相当于他们在肖克利半导体实验室大约 30 年的薪水。但与此同时，仙童摄影器材公司才是最大的受益方：它以 1.5 倍的市盈率收购了一家增长速度惊人的公司。如果按比例计算，1959 年 IBM 的股票价格是其收益的 34～51 倍。鉴于仙童半导体当时正处于极速的扩张期——从 1959 年初到 1960 年初，其员工人数从 180 人激增至 1 400 人，它的市盈率应该接近 IBM 最高的市盈率水平，约为 50 倍。这意味着，凭借其约 200 万美元的收益，在公开交易中仙童半导体的股票价值可以达到约 1 亿美元。换句话说，由于 140 万美元的初始投资，费尔柴尔德获得了一笔超乎寻常的巨大财富。"八叛将"拼命工作总共才赚了 240 万美元，而费尔柴尔德轻易就拿走了 40 多倍的回报。

从洛克的立场来看，是时候进行下一步动作了。他的公司和"八叛将"一样赚取了 600 倍回报，得到了接近 70 万美元的可观利润，但洛克觉得，他本可以做得更好。是他全力促成了这笔交易，大部分利润却流向了费尔柴尔德。他试图支持这 8 位研究员真正掌握其研究成果的所有权，但只取得了部分胜利。然而他还要证明，解放资本的意义远不止把一个团队凝聚在一栋由成员所有的房子里。**解放资本应该释放人才，强化激励，打造出新的应用科学和商业文化。**

风险投资箴言

- 硅谷的独特之处在于它既具备反主流文化，又对财富有着坦率的渴望。

- 野心勃勃但并不引人注目的项目常常会获得极大回报，投资人必须耐心地等待长期回报的成熟。

- 寻找有创造力的人，他们必须对所做的事情具有远见卓识。

- 一个精英团队和一项潜在的突破性技术的结合将会带来明显的商机。

- 解放资本应该释放人才，强化激励，打造出新的应用科学和商业文化。

The Power Law

THE
POWER
LAW

Inside Silicon Valley's
Venture Capital Machine

第 2 章

颠覆股权秩序，
新的风险投资文化蔚然成风

The Power Law

Most start-ups would fail, The winners would have to win big enough to make a success of the portfolio.

大多数初创公司都会失败，
赢家必须赢得足够大的胜利
才能使投资组合取得成功。

Inside Silicon Valley's Venture Capital Machine

如果说解放资本成就了"八叛将"和仙童半导体，那么在接下来的10年，由解放资本造就的两个新进展则塑造了现代风险投资行业。首先，科技投资人接受了只进行股权投资的限时基金①的构想，舍弃了其他形式。其次，科技投资人设计出了一种适合风险投资组合特点的新的风险管理方式。与其他投资人不同的是，风险投资人不能将风险分散到股票、债券和房地产上，他们只能对少数科技初创企业进行大量、集中的押注。**具有讽刺意味的是，20世纪60年代正是金融学教授将多元化作为现代投资组合理论基石的时代，而阿瑟·洛克和他的模仿者却在当时即兴创造出了一种完全不同的风险承担方式：无金融投资（finance without finance）。**

资金筹措方式在这一时期得到了创新，这个问题多年来一直困扰着政策思想家。1955年，当时还是新锐管理大师的彼得·德鲁克指出一个20世纪中叶资本主义的悖论。当时，发展迅猛的养老基金管理着"小人物"的钱，掌握了越来越多大型上市公司的实际所有权，却没有投资小企业。也就是说，资本的来源正在

---

① 即在有限的时间内进行投资，到时间期限后进行清算的基金。——编者注

大众化，但创业者们获取资金的途径却没有因此改变，因为充当小人物代理人的大型养老基金没有切实可行的方法来仔细核算初创企业，然后给予投资。结果就是，创业者们难以找到融资，他们最可能的资金来源是成熟企业的留存利润，因此贝克曼仪器公司资助了肖克利，仙童摄影器材公司资助了"八叛将"。但这种资助形式存在偏见。德鲁克惋惜地说，老牌企业"自然会投资于它们熟悉的领域"，因此"（它们）可能不得不放弃更有前途的领域的企业"。德鲁克还总结道，有"明显的迹象"表明美国经济"没有得到风险投资的充分滋养"。

德鲁克已经确定了问题所在，但他和其他政策思想家都没有找到解决方案。他赞赏过他眼中发展前景良好的投资公司——乔治斯·多里奥特执掌的ARD。他畅想道："最终，我们可能会有很多家投资公司，有些专注于一个地区，有些专注于一个行业。"但正如我们已经看到的，ARD的上市公司结构为它带来了令人筋疲力尽的监管负担，而且由于ARD被设立为开放式公司而非限时基金公司，所以它缺乏紧迫感。多里奥特并没有推动成功企业从其他投资人那里筹集额外资金以快速扩张，而是满足于让它们通过利润再投资的方式增长。得益于德鲁克的认可，ARD吸引了不少模仿者。那些模仿者运用着与ARD如出一辙的投资模式，却没有一家取得成功。

还有一些变革者接受了德鲁克的分析结论，但选择了另一种解决方案。1958年，在苏联发射第一颗人造卫星斯普特尼克号的刺激下，美国政府承诺为新型风险投资实体，即小企业投资公司（Small Business Investment Company，下简称"SBIC"）提供补贴。① 补贴政策十分慷慨，包含低息贷款和税收优惠。但就像各

---

① 小微企业作为美国经济的重要基石、科技创新的"主力军"，扩大其融资来源和提升其发展效率成为美国政府政策制定的重点。1953年《小企业法案》（*Small Business Act*）实施后，美国国会于同年设立了小企业管理局（Small Business Administration），旨在降低美国小微企业融资成本，为他们提供资金支持。随着小微企业发展，小企业管理局在很大程度上无法满足小微企业融资的需求，美国国会在1958年通过了《小企业投资法案》（*Small Business Investment Companies Act*），开始实施SBIC计划。——编者注

国政府后来提供的大多数针对风险投资的激励措施一样，SBIC获得补贴是有条件的。要获得最高额的援助，SBIC管理的资金规模不得超过45万美元，这让SBIC不足以留住称职的专业人士。同时，SBIC无法用分配股票期权的方式来支付投资人员的酬劳，也不能向被投公司投资超过6万美元，这使得初创企业很难获得创业所需的足够资本。就连SBIC计划的负责人理查德·凯利（Richard Kelley）也对此感到愤怒，他抱怨说："这些规则是在法律基础上制定的，而制定它们的人根本不了解商业。"

SBIC面对的限制并没有阻止有抱负的投资人投身其中。1962年，上过多里奥特管理课程的哈佛商学院毕业生比尔·德雷珀（Bill Draper）和皮奇·约翰逊（Pitch Johnson）建立了美国国内第12家SBIC，他们将办公室开设在帕洛阿尔托。两人组成了一对不可思议的搭档：德雷珀又高又瘦，眉毛像毛毛虫；而约翰逊曾是大学田径明星，身材魁梧。两人都出身于富裕家庭，家庭给予了他们足够的支持，使他们凑齐了15万美元自有资金，从而有资格从SBIC计划中获得30万美元的低息贷款。怀揣着到达监管上限的45万美元资金，两位合伙人租了两辆一样的庞蒂亚克汽车，前往圣克拉拉谷种植着李子和杏的果园，也即硅谷所在地。

他们的投资方法并不特别复杂，专门在两条赛道上来回寻觅：一条是商业，另一条是工业。当他们发现名称中带有"electro-"或"-onics"的公司标志时[①]，他们会在这些公司周围简陋的停车场停下，推开门向前台打招呼，然后问道："公司总裁在吗？""我看看他在不在，"前台接待员往往会如此回答，接着问道，"你说你们是做什么的来着？风险投资？"

德雷珀和约翰逊非常勤奋，他们都在接下来的几十年里成了成功的风险投

---

① 由于电子技术的发展，许多公司的创始人会取用"electronics"一词中的"electro-"或"-onics"来组成自己公司的名字。——编者注

资人，但他们对 SBIC 形式的公司的经营成果仅算得上是一般。由于监管机构施加的限制，他们只得寻求机会用 6 万美元的许可投资额买下一家公司尽可能多的股权：他们的第一笔交易获得了装配线磅秤制造商光子系统公司（Illmitronic Systems）25% 的股份。接受这种条款的创业者不太可能有多大成就。"公司没什么进展，"德雷珀后来在提到光子系统公司时写道，"它对创业者来说是收入尚可的谋生工具，但对风险投资人来说是笔糟糕的投资。"德雷珀和约翰逊对初创企业伊智公司（Electroglas）的投资进一步体现了 SBIC 结构的缺点。当伊智公司陷入困境时，德雷珀和约翰逊想采纳新策略并投入新资本来支持它。但投资额的监管上限令他们无法注入额外资金，限制了他们对公司战略的影响力。经过在金融行业 3 年的实践探索，德雷珀和约翰逊解散了他们的公司，并通过出售被投公司的股权获得了一般程度的利润。

大多数 SBIC 的表现比德雷珀和约翰逊的公司还要糟糕。它们除了在投资方面受到限制外，更为致命的是，它们从政府那里筹集的资金成本并不低，补贴政策也只是看起来慷慨。来自政府的大笔贷款听起来很有吸引力，但贷款必须被还清，并且即使公司接受补贴后贷款利率仍有 5%。这会产生严重的影响，即 SBIC 不得不要求被投的初创企业产生足够高的股息，以负担贷款利率。这与科技投资的想法背道而驰：科技企业在开始销售产品前通常需要至少一年的研发期，然后如果能证明产品是成功的，企业一般希望将每一美元的收入都再次投入生产，在被竞争对手抄袭之前提高销售成果。因此，SBIC 对股息的需求使它们与其本应支持的成长型科技企业产生矛盾。政府的本意是促进创新，但却提出了一种无法促进科技企业创新的投资工具。

由于这种设计缺陷，大多数 SBIC 都放弃了对科技企业的投资。到 1966 年，只有 3.5% 的 SBIC 从事应用科学领域的业务，这违背了 SBIC 计划的初衷。事实上，SBIC 计划不仅是不合格的公共政策，SBIC 的商业表现也不尽如人意。由于不得不回避有前途但伴有风险的科技企业，导致投资业绩萎靡不振，它们很快就发现自己很难筹到资金。在 20 世纪 60 年代初期，SBIC 的发展达到巅峰，占所有风险投资的 3/4 以上。但到了 1968 年，政府和彼得·德鲁克都没预见到的一个新"竞争对手"——私人有限合伙企业这种风险投资公司的新型组织形式使 SBIC 相形见绌。

至少增长 10 倍，只投野心勃勃的初创企业

新竞争对手崛起于 1961 年，当时阿瑟·洛克退出了纽约的股票经济业务。他厌倦了交易上市公司股票的工作，尤其是 20 世纪 50 年代后期的牛市让人很难找到价格有吸引力的成长型股票。因此，洛克决定在可能有好交易的地方开设办公室，他选中了加利福尼亚州，打算在那里寻找"更具风险性又名不见经传的公司"。抵达圣弗朗西斯科后，洛克与汤米·戴维斯（Tommy Davis）开始通力合作。戴维斯出生和成长于美国南部，帅气的他和洛克一样对技术充满热情。"过去的人通过在全国范围内铺设铁轨获得财富，"戴维斯评论道，"而我相信我们这一代人的财富会来自人的头脑。"

戴维斯和洛克着手改变对科技企业的融资方式。1961 年以前，戴维斯曾担任克恩县土地公司（Kern County Land Company）的科技投资代表，这是一家位于加利福尼亚州中央山谷的石油、畜牧业和房地产企业。这与彼得·德鲁克的观察相符，即初创企业资金的主要来源是已具规模的公司的留存利润。但是，正如德鲁克所料，克恩县土地公司很快命令戴维斯在投资时避开公司熟悉领域之外的高风险性电子企业。洛克则在海登斯通遭遇了另一番挑战。海登斯通的办事程序是首先确定一家要投资的企业，然后毫无章法地到处打电话寻找愿意出资的投资人。公司几乎没有专门的资金池来为初创企业提供资金，投资资金非常稀缺，导致议价权掌握在投资人手中。像德鲁克预言的一样，创业者处于不利地位。

为了填补资本市场的这一空白，戴维斯和洛克将自己的公司设立为有限合伙企业，他们的一个存续时间很短的竞争对手德雷珀-盖瑟-安德森公司（Draper, Gaither & Anderson）也使用了相同的公司结构。他们不是先定下要投资的初创

企业，然后再寻找机构投资人，而是先筹集资金，这使得寻找机构投资人不再是必要的。作为两个活跃的普通合伙人，戴维斯和洛克各自出资 10 万美元作为基金的初始资本。然后，他们放弃从 SBIC 计划中获得贷款，而是从约 30 个有限合伙人那里筹集了不到 320 万美元。这种规模和结构的美妙之处在于戴维斯和洛克的合伙企业现在拥有比 SBIC 多 7.5 倍的战备资金，足以为被投公司提供足够的资本以帮助其实现积极增长。同时，合伙企业通过将有限合伙人的数量控制在法定门槛 100 人以下来躲避监管雷达，避免了曾困住 SBIC 和多里奥特执掌的 ARD 的限制条件。[①] 此外，戴维斯和洛克一开始就承诺在 7 年后清算他们的基金，回避了竞争对手们的另一个弱点——缺乏紧迫感。这种规模和结构的另一个重要之处在于，普通合伙人可以在基金中管理自己的资金，这是对谨慎投资的一种健康的激励方式。但同时，他们只能在有限的时间内部署有限合伙人的资金，因此需要精心考虑如何投资，在谨慎和进取中找到平衡。

事实上，这只基金的所有设计都是为了支持如同"八叛将"一般极具发展潜力但备受束缚的成长型人才。与 SBIC 不同的是，戴维斯-洛克公司纯粹以股权而非债务的形式筹集资金。资金提供者，即有限合伙人，懂得不去期待获得股利，因此戴维斯和洛克可以自由地投资野心勃勃的初创企业，并将所有资金用于扩张其业务。作为普通合伙人，戴维斯和洛克也有充分动机去优先扩张其业务，因为他们能获得的酬劳是基金资本增值部分的 20%。同时，洛克煞费苦心地将这种把股权作为财务收益的思维方式推广给被投公司的员工。在目睹了员工持股对仙童半导体早期文化的影响后，他相信向管理者、科学家和销售人员授予股票和期权是有用的。总之，在戴维斯-洛克公司发展轨道上的每个人——有限合伙人、普通合伙人、创业者和他们的关键员工，都能以股权的形式得到酬劳。这个

---

① 美国《1940 年投资公司法》(*The Investment Company Act of 1940*) 要求企业披露其投资组合的详细信息。该法案还禁止普通合伙人进入初创公司的董事会，并限制对单一企业的投资不得超过该企业股权的 10%，而只要将有限合伙人数量控制在 100 人以下，有限合伙企业就可以免受该法案的监管。

做法与 ARD 完全不同，ARD 所投公司的扩张几乎不能给基金管理者带来任何财务收益。

戴维斯-洛克公司通过建立这种激进的股权文化，开创了一种新的利益分配方式，预示着股权分配新秩序的建立。在 ARD，多里奥特仅以 10 万美元的资本就夺取了数字设备公司 77% 的股份，给创始人留下了微薄的 23%。在戴维斯-洛克公司设想的新秩序中，情况一定会有所不同。考虑到各公司间存在不可避免的差异，创始人通常可以保留初创企业约 45% 的股份，员工获得约 10% 的股份，而风险投资公司则满足于拥有剩余的 45% 股份，这 45% 的股份将在有限合伙人和普通合伙人之间分配。通常有限合伙人将保留风险投资基金收益的 80%，相当于拥有被投公司资本收益的 36%，戴维斯和洛克将分享剩下的 9%，这意味着他们将得到创始人所得收益的约 20%。简而言之，有限合伙人会获利更多，但也不会多得离谱。洛克后来打趣地说："我可不想成为墓地里最富有的尸体。"

具有管理魔力的企业家不会失败

1961 年 10 月 10 日，戴维斯-洛克公司存档了其合伙企业证书。该证书显示，其外部投资人包括仙童半导体 8 位创始人中的 6 位，其中有些人已经成为洛克滑雪旅行和远足冒险的伙伴。海登斯通也进行了注资，不止如此，就连海登斯通的几位因洛克高明的投资决策而变得富有的客户也注资了。戴维斯和洛克这两位性格截然不同的普通合伙人在圣弗朗西斯科蒙哥马利街宏伟的砖墙建筑拉斯大厦的 16 层租了一间办公室。位于走廊尽头的办公室门上只挂着一个写着"1635"的小门牌，预示着他们将低调地支持低调的初创企业。

戴维斯和洛克提出了一种新型风险管理方法，这种方法在后来的风险投资人中引起了共鸣。当时，在金融学中占据主流地位的现代投资组合理论强调多元化，通过持有暴露于各种不相关风险的资产组合，投资人可以降低其持有资产的整体波动性并提高其风险回报率。但戴维斯和洛克无视了这一主张，他们决心集中押注于十几家公司。虽然这会带来明显的风险，但有两个方法可使风险变得可控。首先，通过购买一家公司近一半的股权，戴维斯-洛克公司将获得该公司的董事会席位并对其战略制定和实施拥有发言权：在不布局多元化资产的情况下，风险投资人可以通过对其资产行使一定的控制权来管理风险。其次，戴维斯和洛克坚持只投资雄心勃勃、具有高增长性的公司——这些公司的价值在未来5到7年内至少会上涨10倍。对于控诉这一原则过于严格的批评者，戴维斯反驳说："风险投资的决策标准本就应如此严格，否则便是不明智的。"他解释说，**风险投资必然是高风险的，大多数初创企业都会失败。因此，赢家必须赢得足够大的胜利才能使投资组合取得成功**。"在我看来，靠投资小公司来试图确保投资安全的效果完全适得其反。"戴维斯坚持说。尽管他们没有使用"指数法则"这个词，但戴维斯和洛克显然注意到了指数法则的逻辑，他们认为**管理风险的最佳方法就是无所畏惧地接受它**。

在20世纪60年代初期，当合伙企业提出这一愿景时，**学术界正在将金融学定义为一门定量科学。但是在戴维斯和洛克看来，风险投资必然是主观的**。正如洛克曾经写给戴维斯的信中所说，对科技初创企业的判断将"来自个人经验或直觉"。市盈率等投资中需要考虑的量化指标无关紧要，因为最有前途的企业在寻求资金时可能还没有盈利。它们同样也缺乏构成成熟公司"账面价值"的实物资产，例如建筑、机器、库存和车辆，因此在公开市场中使用量化标准来评估它们毫无意义。总之，**风险投资人不得不在没有其他金融家使用的令人放心的评估标准的情况下押注初创企业，他们别无选择，只能进行无金融投资**。

戴维斯和洛克放弃了传统的考量指标，他们选择其他信息作为参考。他们在对人才的审视中发现了所需要的信息，虽然这听起来不像是投入资本的可靠依据，但他们并不在意。戴维斯曾经大胆地解释，**风险投资的核心原则可以用四个字概括：投对的人**。洛克习惯跳过商业计划中的财务情况预测，直接翻到后面去看创始人的简历。他在1962年对圣弗朗西斯科的哈佛商学院俱乐部说："从长远看，对所有公司而言最重要的因素一定是管理者，我相信在应用科学领域尤其是这样。"他认为，**科技初创企业唯一的资产，也是投资他们的唯一可能原因，就是人才**，洛克喜欢称之为"知识账面价值"（intellectual book value）。"如果你投资的是知识账面价值，那你最好非常重视那些有希望将知识变现的人。"洛克告诫道。

后来的风险投资人多数都具有工程师背景，与他们不同，戴维斯和洛克没有接受过评估创业者的技术理念所需的培训。为弥补这一不足，戴维斯和洛克向基金的有限合伙人寻求建议，因为合伙人中有一部分在运营科技初创企业。但戴维斯和洛克相信自己揆情度理的能力对于其做出理智的投资决策颇有助益，洛克尤其相信，他对人的直觉是他作为投资人的优势，他害羞的性格恰恰使他十分擅长聆听。在承诺支持一位创业者之前，他会与之多次会面。他会对创业者提出开放式问题："你最欣赏谁？你从哪些错误中吸取了什么样的教训？"然后他会耐心等待他们的回答。自相矛盾、一厢情愿以及假意逢迎的说辞会使洛克决意放弃投资。相反，如果创业者表现出一以贯之的睿智、坚韧不拔又脚踏实地的品质和坚定的决心，洛克会立刻抓住机会投资。洛克经常自问："这些创业者是否能看清事情的本质，还是只会看到自己想看到的？他们会立即放下手中的事去做一些对企业有帮助的事，还是只想享用自己的晚餐？"他回想道："当我与创业者交谈时，我评估的不仅是他们的动机，还有他们的性格和品质。我非常相信人带来的影响力，所以我认为与创业者交谈比过度了解他们想要做的事情重要得多。"

这种对人高度重视，而对投资目标开发的产品或所在市场不那么看重的评估标准，在戴维斯-洛克公司的第一笔投资中得到了显著的体现。在做出第一笔投资之前，两位合伙人已就回避计算机行业的初创企业达成共识，因为IBM在这个行业占据绝对的主导地位，新进入的公司很难生存。但戴维斯在开工的第一天，就接到了在克恩县土地公司认识的一位投资顾问的电话。那位投资顾问显然很兴奋。他极力夸赞一位名叫马克斯·帕列夫斯基（Max Palevsky）的数学家，将帕列夫斯基的公司愿景吹捧为"最令人兴奋的构思"。

戴维斯坐在他空荡荡的办公室地板上听着电话。他希望这个消息是真的。他当初离开克恩县土地公司的原因便是希望摆脱公司保守风格的束缚，投资于一些具有美好愿景的高风险项目，未曾预料到恰恰是从克恩县土地公司投资顾问的口中听到了让他梦寐以求的消息。他很快就激动起来，"我忍不住高声呐喊。"戴维斯后来回忆道。然后他想到一个问题："等一下，这家伙要干什么？""制造计算机。"投资顾问回答。在几年后回顾这次对话时，戴维斯会做沮丧倒下状来表达他复杂的心情。他当时认为，这位创业者听起来非常勇敢，但挑战IBM是无谋之举。

出于对那位投资顾问的尊重，戴维斯同意与这位数学家见面。戴维斯一见到帕列夫斯基，就发现他显然很特别。他是一个俄罗斯粉刷匠的儿子，在芝加哥的贫民窟长大，然后一路跳级进入当地的知名大学学习逻辑学，后来顺利进入计算机行业。在行业中做出一些成绩之后，当时的帕列夫斯基年近不惑但充满能量，他干劲十足地向戴维斯展示着对计算机市场的新愿景。由于半导体的出现，制造计算机不再需要笨重昂贵的真空管，帕列夫斯基有信心使计算机性能比IBM的更胜一筹。比起帕列夫斯基的履历和愿景，戴维斯更看重的是他展现出的活力。戴维斯后来说，当自己赛马时，总是喜欢支持那些胜负欲很强的马，他对人的判断也是一样的。在他看来，帕列夫斯基对自己计划中的公司充满热情，尽管他害怕坐飞机，却还是飞遍全美国寻找投资；不辞辛苦，似乎靠糖果和肾上腺素就能维持生命。

戴维斯打电话给洛克，后者甚至还没有收拾好东西从纽约搬过来。戴维斯气喘吁吁地解释道，他找到了一个不错的投资对象，一家将与IBM竞争的全新的计算机公司，他们必须共同支持这家企业。电话线的另一端陷入了沉默。最后洛克说："天啊，我的合伙人未免太天真了。"

然而洛克一见到帕列夫斯基也被他征服了，尤其让洛克印象深刻的是帕列夫斯基的热情随和。他会开玩笑、说话讨喜且极富魅力，并且经常能激发出别人最好的一面，是个跟肖克利的性格完全相反的人。洛克相信，具备管理魔力的企业家不会失败，他后来回顾道："如果帕列夫斯基所制定的策略效果低于预期，他也完全有能力制定出另一种策略。"

戴维斯－洛克公司正式向帕列夫斯基的新公司科学数据系统公司（Scientific Data Systems）投资了25.7万美元。这次投资的结果超出他们的想象：科学数据系统公司是20世纪60年代发展最快的计算机制造商。到1968年戴维斯和洛克关闭合伙企业时，他们在该公司的股权价值达到了6 000万美元，**这足以证明一项大胆的投资可以推动整个投资组合取得成功的观点是合理的。**

由于戴维斯和洛克非常看重创业者的品质，他们会以尊重对方为前提，在投资后尽职尽责，充分行使投资人的权力。他们会利用其董事会席位的权力反对那些可能为其基金带来风险的公司决策，拒绝让创业者浪费资金，让公司管理者保持紧迫感，有时还会突然严厉质问"这项决策能带来什么好处"，来提醒创业者反思那些考虑不周的提案。洛克担任了科学数据系统公司的董事会主席并尽其所能地为公司提供帮助，例如监管公司人才选拔工作，审查公司账目以确保其反映业务的真实状况。帕列夫斯基感念洛克的贡献，后来将他描述为"一个稳健的掌舵人"。当1969年施乐公司出价收购科学数据系统公司时，帕列夫斯基仰仗洛克对财务细节的出色掌握，请他参与谈判。虽然施乐最终支付的价格未及10亿美元，但这笔交易仍是20世纪60年代以来金额最大的公司收购案之一。

1968年6月30日，戴维斯和洛克关闭了他们的合伙企业。得益于对科学数据系统公司及一家名为特利丹（Teledyne）的国防承包商的成功投资，他们不到340万美元的初始资金现在价值近7 700万美元，回报率高达2 260%；这一表现在当时轻松超越了沃伦·巴菲特，以及"对冲基金之父"阿尔弗雷德·温斯洛·琼斯。戴维斯和洛克在基金资本增值中获得的酬劳加上从股权升值中获取的收益可达近1 000万美元——相当于今天的7 400万美元。有限合伙人的信件相继而至，其中有人说："亲爱的汤米和阿瑟，你们作为戴维斯－洛克公司的投资经理，在 7 年期间创造了极其辉煌的纪录，我作为有限合伙人无法用言语表达我的感激之情。"

1966 年，《财富》的一篇文章报道了阿尔弗雷德·温斯洛·琼斯令人垂涎的回报收益，刚刚起步的对冲基金行业发展迅猛十足。两年后，戴维斯－洛克公司引起了同样的关注，对风险投资行业也产生了类似的积极影响。《洛杉矶时报》的杰出人物专栏中有一期专门展示了戴维斯和洛克穿着西装打着领带的照片，照片中戴维斯胸前的口袋里探出一角时髦的手帕。同时《福布斯》提出了很多读者都想知道的问题："如何才能变得像阿瑟·洛克一样成功？"在回答这个问题时，洛克阐述了他以人为本的投资理论，并提到，在与戴维斯分开后，自己的新目标是寻找一位更年轻的合伙人一起推出新基金。不久后，来自全美各地求职者的信纷纷涌来，洛克最终聘用了其中一位名叫迪克·克拉姆里克（Dick Kramlich）的波士顿年轻人。与此同时，戴维斯也推出了自己的新合伙企业梅菲尔德风险投资公司（Mayfield Fund）。随着风险投资业的发展，竞争对手开始大量涌现：两位年轻挑战者，比尔·汉布雷克特（Bill Hambrecht）和乔治·奎斯特（George Quist）创立了风险投资基金兼科技投资银行汉布雷克特－奎斯特银行，该银行后来在硅谷发挥了核心作用。一位名叫伯特·麦克默特里（Burt McMurtry）的得克萨斯工程师退出了电子行业，尝试成为风险投资人，他的职业生涯在投资太阳微系统公司和微软获得成功后达到顶点。在纽约，洛克菲勒家族通过创建以戴维斯－洛克公司为模板的专用基金文洛克创投（Venrock Associates），正式进入风险投资行业。华尔街的大型银行也加入进来，聘请 MBA 毕业生为风险投资部门工作。在圣弗朗西斯科，非正式的投资人午餐俱乐部演变成西部风险投资人协会。在标志性的 1969 年，价值 1.71 亿美元的私人资本流入风险投资行业，规模相当于 50 个新的戴维斯－洛克公司。

因为其他投资模式的失败，已获成功的戴维斯－洛克模式得到重点关注。在波士顿，乔治斯·多里奥特的副手比尔·埃尔弗斯（Bill Elfers）因长期对 ARD 的上市公司结构有难以平息的不满，叛逃成立了一家名为格雷洛克（Greylock）

的戴维斯-洛克风格的合伙企业。到 1972 年，ARD 被清算。此后资金不再流向 SBIC，一些此前发展得较好的 SBIC 公司，例如收购了德雷珀和约翰逊创立的 SBIC 萨特山创投（Sutter Hill），偿还了他们的政府贷款，并通过招募私人有限合伙人的方式，模仿了戴维斯-洛克公司的股权文化。与此同时，仙童半导体的命运印证了彼得·德鲁克对企业风险投资陷阱的观察，命运之神似乎喜欢回到原点的结局令人感叹。

股权即正义

在《时尚先生》杂志的一篇著名文章中，故事大师汤姆·沃尔夫将"八叛将"中充满魅力的领袖罗伯特·诺伊斯描述为"硅谷之父"。诺伊斯来自一个公理会牧师家庭，他成长于位于美国中西部的艾奥瓦州格林内尔市，当地平等的社会结构和平坦的土地相互呼应。当诺伊斯搬到加利福尼亚州时，他带着格林内尔市的平等主义观念而来。在经营仙童半导体时，他本能地希望老板和员工是平等的、没有任何阶级的划分。公司不会为管理层预留停车位，不会建立豪华的行政餐厅，更不会限制员工的会议发言权。他希望在公司创造公平的竞争环境，希望每一位员工都拥有强烈的职业道德感并相信公司的发展与自己息息相关。

沃尔夫在分析中表述说，仙童半导体的东海岸老板，即费尔柴尔德永远无法理解这种平等主义的道德观。东海岸保留着陈旧的企业组织形式：像国王和领主、封臣和士兵一样，规章制度和特权确定了阶级的边界。仙童半导体的员工对这种不平等的阶级观念感到愤怒，然而东海岸的管理者们却毫不理会这些，继续享受着豪华轿车和戴着大檐帽的司机的服务。仙童半导体的员工在功能性的小隔间里工作，这些小隔间的装饰风格十分质朴，勉强比仓库的隔间好一些；然而东海岸的经理们却在豪华的办公室里工作，雕刻花纹的镶板、假壁炉、写字台、围手椅、皮革装订的书和更衣室应有尽有。除了价值观和企业文化上的冲突之外，东西海岸还存在着实际的利益冲突。西海岸的研究员们认为，帮助企业发展的人应该得到股票奖励。但东海岸的老板过于贪婪和短视，不愿意分享酬金。

尽管沃尔夫讲述的故事十分精彩，但事实上，洛克比诺伊斯和沃尔夫更早、更本能地察觉到这种冲突，也正是洛克确保了西海岸的平等主义取得胜利。在与"八叛将"初次会面后，洛克就意识到，拥有自己公司的股权对他们来说是一种强有力的激励，这就是为什么他将仙童半导体设计成让所有人都拥有股权的公司结构。在费尔柴尔德行使其期权并获得公司全部股权后，诺伊斯及团队继续忠诚地为其服务，但洛克很快意识到让公司快速发展的"魔法"已经被破坏了。他最喜欢的远足伙伴，即"八叛将"的两名成员杰伊·拉斯特和让·霍尼（Jean Hoevni）对公司的变化和他们不再拥有股权这一事实感到不满。拉斯特说他现在感觉自己"只是在另一个半导体实验室为别人打工的人"。

洛克听了朋友们的委屈，敦促他们将命运掌握在自己的手中。等待毫无意义，他们应该拥有自己的研究所带来的经济成果。既然洛克解放了他们一次，无疑可以再次解放他们。他建议拉斯特和霍尼与特利丹谈谈，这家公司是戴维斯-洛克公司投出的第二成功的项目。

过了一段时间，什么也没发生。拉斯特和霍尼似乎太胆怯，不敢采取行动。因此，洛克亲自与特利丹的老板亨利·辛格尔顿（Henry Singleton）交谈，强调了仙童半导体的研究员才是它最不可或缺的财富。他在圣诞节时给仙童半导体的办公室打了个电话，致电对象正是装扮成圣诞老人的拉斯特。洛克鼓励这位摇摆不定的圣诞老人，告诉他现在就该抓住时机，还用上了后来猎头爱用的"勇敢者还是胆小鬼"式的激将法。洛克告诉拉斯特，亨利·辛格尔顿正坐在电话旁，期待着他的电话，他应该快点儿打电话。

拉斯特适时地拨通了辛格尔顿的电话，并同意在位于洛杉矶西部的特利丹公司总部与辛格尔顿会面。他答应带霍尼一起去。

霍尼讨厌坐飞机，所以两位研究员穿上他们所谓的谈判服——西服套装，开车南下。经过几小时的讨论，拉斯特和霍尼得到了能获得大量特利丹公司股权的承诺，交易几乎已经达成。两人兴高采烈地回到车里，开车到莫哈韦沙漠东部的老妇人山。他们身着西服，从后备厢中取出喇叭和发声器，坐在沙漠中央吹喇叭，庆祝新年和阿瑟·洛克为他们争取的新未来。

既然洛克已经证明，工程师可以不止一次地从具有压迫性的管理者手中被解放出来，仙童半导体的命运就注定了。拉斯特和霍尼很快说服了另外两人——谢尔登·罗伯茨和尤金·克莱纳，跟他们一起去特利丹，罗伯茨和克莱纳也从特利丹获得了合理的股权。之后在仙童半导体内部又发生了更多的叛逃：1965年底，在填写仙童半导体的离职问卷时，一位特别有活力的研究员用大写字母潦草地写着"我要变得非常富有"。1967年春天，连诺伊斯的高级助理都辞职了，他还带着35名仙童半导体的员工一起跳槽到其主要竞争对手美国国家半导体公司（National Semiconductor）。留在仙童半导体的意志消沉的员工们每星期都会聚在当地一家名为"沃克马车轮"的酒吧，抱怨着："好了，今天是星期五，这星期国家半导体公司又挖走了谁？混球！"

到1967年底，仙童半导体的老板费尔柴尔德终于从沉睡中醒来。受洛克的影响，他们意识到拒绝向有才华的研究人员提供股权是站不住脚的。然而，尽管公司现在批准了给员工的期权计划，但收效甚微，而且为时已晚。人才流失，公司亏损，在为费尔柴尔德工作10年之后，就连诺伊斯也不愿再忍受这些状况。1968年4月，他去找戈登·摩尔——唯二留在仙童半导体的"八叛将"之一，表达了他想离开的想法。

当诺伊斯与肖克利分道扬镳时，他会为自己的前景感到担忧，因为当时没有人想到自己能创办一家新公司。但10年后的现在，西海岸的环境已经变了。有才能的人没必要一定选择温顺地跳槽；创业者不需要再从大企业主那里获得投资。由于戴维斯-洛克公司的成功，那些还没有资产或利润，只有人才和抱负的初创企业也可以获得资金支持。彼得·德鲁克发现的资本市场缺口已被堵住。

诺伊斯给洛克打了个电话。他有很多风险投资人可供选择，但他还是选择了洛克，因为洛克曾为仙童半导体提供过巨大的帮助。并且由于科学数据系统公司和特利丹的成功，洛克声名鹊起。诺伊斯解释说他要退出仙童半导体，并正在筹划一家新公司。洛克只问了一句："你怎么花了这么久才做决定？"诺伊斯说他需要250万美元，比仙童半导体或科学数据系统公司在成立之初筹集的资金要多得多。"没问题。"洛克痛快地承诺道。在那通电话的几个星期后，诺伊斯和摩尔退出了仙童半导体。阿瑟·洛克再次解放了他们。

英特尔诞生，特权掌握在创始人手中

接下来发生的事进一步让人才得到了他们应得的回报，也让资本家有了自知之明。为了给被诺伊斯和摩尔称为英特尔的新公司筹集资金，洛克制订了一项颠覆仙童半导体模式的商业计划。**英特尔的融资计划不是旨在给予投资人特权（在仙童半导体的案例中，该权利包括买下整个公司的期权），而是为创始人提供特权**。诺伊斯和摩尔各自以每股1美元的价格购买了24.5万股，同样，洛克本人也以每股1美元的价格购买了1万股。外部投资人将投入250万美元，但他们将只能以每股5美元的价格进行投资，这意味着即使他们投入了5倍的资金，也只能控制与创始人相同数量的股权。依照洛克的标准做法，一批股票被预留出来，用以奖励员工，但这次奖励范围更大。在洛克其他的被投公司里，只有关键的工程师、经理和销售人员会获得股票和期权，但在英特尔，所有员工都得到了一些股票。

1968年10月16日，洛克开始募集外部资金。他刚从戴维斯-洛克公司的基金清算退出，因而缺乏自己管理的资金池。但现在他可以毫不费力地找到投资人。在洛克最初列的名单中，32个人中只有一个拒绝投资，其余的人都为自己能接到洛克的电话而感到十分幸运。马克斯·帕列夫斯基参与了进来，洛克菲勒家族的风险投资基金文洛克创投也参与了，想要弥补其不太成功的首投。"八叛将"的其他6名成员也入股了，在诺伊斯的推动下，他那规模不大的母校格林内尔学院也受邀参与了进来。与此同时，经过充分考虑后，谢尔曼·费尔柴尔德被从投资人名单中剔除了，这给了那些之前未能参与进来的潜在投资人创造了机会，他们争相加入"名额争夺战"：一位海军上将反复给摩尔的妻子打电话，希望能够参与投资。现在不是投资人在选择公司，而是公司创始人在选择投资人。由戴维斯－洛克公司开创的商业文化转变已蔚然成风。

洛克在这些发展中应得多少功劳虽值得商榷，但他目前所得的荣誉，肯定无法完全地概括他所做的贡献。在硅谷的文化中，公司的创始人总是受到很多崇拜，汤姆·沃尔夫也通过其精妙的讲述，将诺伊斯在艾奥瓦州小镇的出身渲染为西海岸平等主义、人人有股权的商业文化的起源。但我们见证了阿瑟·洛克为仙童半导体的创立所提供的助推力，正是洛克让那些有才能的研究员看到了拥有自己研究成果的可能性，正是洛克和戴维斯展示了有限合伙制风险投资公司和激进的股权文化为初创企业带来的发展潜力，他挖走了让·霍尼和杰伊·拉斯特，推动费尔柴尔德式的企业风险投资模式加速走向失败。此外，在制订英特尔员工持股计划时，很可能是洛克提议为所有人提供机会，而且显然是他设计了计划的细节。在1968年8月的一封信中，洛克阐述了他的想法，他描述了一个平衡投资人和员工利益的方法，即英特尔应该避免向短期员工提供股权，而是将股权授予所有做出长期承诺的人。他明智地点拨道："那些未做出长期承诺的人在得到股权后只会在短时间内离开公司，不会为公司做出任何贡献。"如果没有洛克有见地的忠告，英特尔的员工持股计划就不会在硅谷成为标准，因为它无法长久持续。

正如汤姆·沃尔夫所强调的那样，诺伊斯确实是西海岸平等主义文化的代表，洛克也同样痛恨等级制度。他曾是被霸凌的、身患疾病的小镇男孩，也曾是蔑视军队森严的等级制度的青年。他在机会第一次出现时就将自己从东海岸的公司管理中解放了出来。他干脆利落，实事求是，直言不讳，拥有敏锐的洞察力，和诺伊斯一样反感装腔作势和自命不凡的人。如果汤姆·沃尔夫当初选择书写的是洛克的而非诺伊斯的传奇经历，那么在他的笔下，硅谷平等主义文化必然起源于风险投资人，而非创业者。毫无疑问，真相就在两者中间，风险投资人与创业者缺一不可。

> **风险投资箴言**
>
> - 在缺乏资产多元化的情况下，风险投资人可以通过对其资产行使一定的控制权来管理风险。
>
> - 风险投资的核心原则可以用四个字概括：投对的人。科技初创公司唯一的资产，也是投资他们的唯一可能原因，就是人才。
>
> - 管理风险的最佳方法就是无所畏惧地接受它。
>
> - 避免向短期员工提供股权，而是将股权授予所有做出长期承诺的人。
>
> The Power Law

THE POWER LAW

Inside Silicon Valley's Venture Capital Machine

第 3 章

亲自消除"白热化风险",
实干主义投资风格占据主导

T h e　　P o w e r　　L a w

**Venture capitalists create innovation,
Not just show up for it.**

风险投资人塑造了创新，
而不只是消极地出现在有创新的地方。

Inside Silicon Valley's Venture Capital Machine

"野性创始人"呼唤新型投资人

1972年夏天，美国西海岸的三位工程师制作了世界上最早的电子游戏之一《乒乓》(Pong)。对任何一个神志清醒的人来说，《乒乓》都是个很容易上手的游戏。玩家们操控着虚拟球拍，上下移动，试图去击中虚拟的乒乓球，当球与球拍相撞时，玩家的蜥蜴脑（lizard brain）[①]产生令人感到愉快的反应。玩家只需掌握一条规则：不要丢球，争取高分！即使是醉酒者也可以参与游戏。《乒乓》因此很快就被安装在旧金山湾区各处的酒吧里。赌客们常常对游戏的输赢下注，酒吧老板每星期都能因此挣近1 000美元。

没过几年，《乒乓》的研发团队就引起了一位风险投资人的兴趣。他们的公司雅达利制作的游戏此时已经渗透进了美国各地的酒吧。雅达利在一家旧溜冰场开设工厂，并聘用了一支由爱穿喇叭裤的工程师组成的团队，他们总能设计出新颖的游戏。显然，雅达利是新型科技企业，需要新型风险投资人的赏识。当阿

[①] 又称爬行脑，指人类大脑中掌管感性本能的脑区。——译者注

瑟·洛克支持仙童半导体、科学数据系统公司、特利丹和英特尔等公司时，是投资于技术，评估其能否研发出符合预期的产品；与之相反，雅达利所使用的技术颇为普通：第一代《乒乓》游戏是由一位获得加州大学伯克利分校学士学位、灵感迸发的多面手制作的。雅达利的投资人需要面对的不是技术风险，而是商业风险、营销风险和所谓的"野性创始人风险"。这不适合胆小的投资人。

雅达利二十几岁的创始人诺兰·布什内尔（Nolan Bushnell）没时间学习商业的基本原则。他身高193厘米，头发蓬乱，像《花花公子》杂志创刊人休·海夫纳（Hugh Hefner）[①]一样管理着自己的新型科技企业。他在办公室外面设置橡木啤酒桶当作浴缸，喜欢泡着热水浴进行商务会议。布什内尔制定公司战略的方式是在随手拿到的纸片上涂写灵感。他的员工会预支差旅费，有时会就此带着现金潜逃，从此音讯全无。客户订单的书面记录常有遗漏，因此公司经常要面对代价昂贵的商业纠纷。尽管《乒乓》在创造收入，但公司的资金颇为紧张，每当发薪日停车场都空空如也，因为员工们总会争先恐后地开车去银行兑现支票，唯恐雅达利的账户已被提空。如果说自20世纪50年代以来，美国企业一直由组织人主宰，那么诺兰·布什内尔就是一个无组织的人：他时常蓬头垢面、半梦半醒，但富有创造力，且颇为受人信服。

幸运的是，20世纪70年代，新型风险投资人出现了，并且他们也有了新型的投资和管理模式，能有效控制雅达利类型的创业公司带来的投资风险。新型风险投资人并不像洛克那样，只是发现优质创业者并运用有限的手段监督他们快速发展，新型风险投资人会积极地塑造他们：风险投资人告诉创业者应该雇用何人、如何销售，以及如何开展他们的研究工作。为确保自己的指示得到执行，新型风险投资人提出了一项创新措施：他们不组织单次大规模筹资，而是分批向创业者发放资金。为了推动初创企业达成计划中的新里程碑，每一次注资都是经过

[①]《花花公子》杂志创刊人，花花公子企业集团创始人，一生随心所欲，放荡不羁，过着纸醉金迷的生活。——译者注

精确评估后的谨慎决定。如果说20世纪50年代揭示了解放资本的力量，60年代带来了以股权投资为核心的限时风险投资基金，那么70年代的进步是双重的：新型风险投资人塑造了注重实干的积极行动主义风格和分阶段融资的新方式。

创造风险投资新模式的风险投资先驱是唐·瓦伦丁（Don Valentine）和汤姆·珀金斯（Tom Perkins），他们分别是红杉资本和凯鹏华盈的主要发起者，两家公司在硅谷是竞争关系。他们同样有魄力，同样喜欢参与竞争，同样采取积极行动主义的风格。据传，瓦伦丁曾评论说，业绩不佳的公司创始人应该"和查理·曼森①关在一间牢房里"。他曾严厉斥责一名下属，以致那位可怜的下属因压力过大而昏倒。珀金斯则是个自以为是的花花公子，开着法拉利，拥有游艇，喜欢结交无视礼仪的聪明人。在后半生，当他为购置旧金山的一栋公寓斥资1 800万美元时，还曾断然宣称："我被称为'硅谷之王'，为什么不能有个阁楼？"

瓦伦丁的激进行为在某种程度上归功于他年轻时的经历。瓦伦丁的父亲是纽约州扬克斯市的一名卡车司机，是卡车司机工会的一名小职员；他没能完成高中学业，家里也不曾拥有银行存款。瓦伦丁还是个孩子的时候，就读于一所严厉的天主教学校，那里的修女们会体罚不听话的学生，尤其是像幼小的瓦伦丁这样试图用左手写字的"不听话"的孩子。阿瑟·洛克所经历的严酷的童年，以及患小儿麻痹症后身体上的虚弱，使他变得性格孤僻、沉默寡言。瓦伦丁艰苦的成长经历，加上其堪比优秀拳击手的健壮体格，则让他暴躁易怒，很容易感觉到被冒犯，总是和他人争强斗狠。

瓦伦丁就读于耶稣会领导的福特汉姆大学，他憎恨大学的教授们。接下来在服兵役时，他蔑视军队的管理制度，违抗军队的组织纪律，尽管他知道这样做并没有很好地践行公民的义务。幸运的是，凭借健壮的体格他很容易就获得了

---

① 美国类公社组织"曼森家族"的领导者，杀人犯。——译者注

在南加州海军基地打水球的工作。他热爱当地的气候，从水球队退役后，他进入半导体行业，并决心留在西海岸。他先后在仙童半导体和其竞争对手美国国家半导体公司逐步晋升，并用自己的资金开展副业进行投资，他的投资项目包括帕列夫斯基创立的科学数据系统公司。到了1972年，他的名声已十分响亮。洛杉矶一家久负盛名的投资公司——资本研究与管理公司（Capital Research and Management Company）请他带头进军风险投资领域。资本研究与管理公司的组织文化很保守，与瓦伦丁喜欢的激进的科技投资风格完全相反，但瓦伦丁还是同意签约。他的新老板鲍勃·柯比（Bob Kirby）很快就给他起了"火箭人"的绰号。

瓦伦丁的第一项挑战是为新基金筹集资金。他是自由意志主义小说家安·兰德（Ayn Rand）的"信徒"，并不打算成立 SBIC 并向政府贷款。他明白债务对成长型初创企业来说是一种负担，而且他的家庭教育令他讨厌负债："我父亲不相信负债所带来的负面影响，所以我们总在租房，但我深刻地认识到债务是邪恶的、有限制性的和糟糕的。"瓦伦丁也不能从养老基金那里获取资金，因为劳工部的"谨慎人规则"（prudent-man rule）[①]禁止养老基金投资高风险项目。瓦伦丁要设法寻找不受政府约束的资金，他考虑过参照戴维斯-洛克模式，从富有的自由投资人那里筹集资金。但一位朋友指出，个人有死亡或离婚的可能，他们的财产会因此受到评估和分割，而那些刚刚起步的被投公司的价值将很难界定，这决定了自由投资人会不可避免地与风险投资公司就被投公司价值展开无休止的争论。在瓦伦丁看来，与律师纠缠不清是很糟糕的事情。

瓦伦丁还考虑过从华尔街募资，但他缺乏学院派纽约人追求的那种饱受磨砺和训练的经历和个性。他没上过常春藤盟校或精英商学院，也讨厌那些假装自己无所不知的自负的人。据瓦伦丁的助理透露，瓦伦丁十分讨厌那些姓氏中有连字

[①] 要求投资管理人在运营养老基金时本着"仅为受益人利益"的原则，像一个谨慎之人处置自己的资产一样进行投资。——译者注

符或罗马数字的人①、乘"五月花号"抵达美国的最早一批移民的直系后代、热爱东海岸生活的人，以及那些佩戴爱马仕领带、背带、袖扣、印章戒指和身着印有花押字衬衫的人。

有一次，瓦伦丁试图从纽约投资银行所罗门兄弟（Salomon Brothers）那里筹集资金。所罗门兄弟的员工问："你上的是哪所商学院？""我上的是'仙童半导体商学院'。"瓦伦丁暴躁地回应道。"过去人们经常像看一个丧心病狂的疯子那样看我。"瓦伦丁后来带着颇为愉快的语调回忆道。

瓦伦丁花了一年半的时间才为他的第一只基金筹集到500万美元。他最终成功争取到大学捐赠基金的支持，这些基金不仅能避开监管，而且还免于资本利得税。福特基金会最先加入，耶鲁大学、范德堡大学的捐赠基金也随之加入，最终加入的是哈佛大学捐赠基金。具有讽刺意味的是，常春藤盟校的投资主管们对瓦伦丁抱有比对其校友更开放的态度。由此，大学捐赠基金进入了一个伟大的良性循环体系——风险投资人总愿意支持知识密集型的初创企业，而这恰恰让部分利润流向了"生产知识"的研究机构。时至今日，瓦伦丁的老公司会议室仍以其主要有限合伙人命名，如哈佛大学、麻省理工学院、斯坦福大学等。

1974年夏天，在瓦伦丁筹到500万美元后不久，他来到雅达利当时的临时工厂。当时瓦伦丁只有40岁出头，身体健康，但当他在工厂里四处走动时，似乎感到有些吃力。他难受地咳嗽着，似乎是呛着了，只好屏住呼吸。他后来描述说是因为这栋建筑被大量的烟雾所笼罩，足以"放倒你"。"怎么了？"诺兰·布什内尔问他。瓦伦丁回答："我不知道那些人在抽什么品牌的香烟，但肯定不是我习惯抽的那种。"

此前曾有风险投资人造访过雅达利，但很快就退缩了。伯特·麦克默特里是

---

① 指家族先辈卓有成就，因此起点较高或受到优待的人。——编者注

继洛克之后入行的新型风险投资人之一，他将雅达利的经营状态斥为"开口回路"（open-loop），这是工程业中的行话，意思是十分混乱。但瓦伦丁对此有不同看法：他不担心与人发生冲突，只要这些创业者所做的事能带来丰厚的利润，瓦伦丁就会毫不犹豫地支持他们。更重要的是，支持像雅达利这样的公司符合瓦伦丁的价值观。那些过分讲究的东海岸蓝血贵族①投资人对雅达利避犹不及，而这恰恰是瓦伦丁喜爱雅达利的原因之一。几年后，瓦伦丁高兴地回忆起在雅达利的热水浴缸里举行的一次会议。在布什内尔的邀请下，瓦伦丁自信地脱掉衣服浸入浴缸之中。与此同时，一位穿着白衬衫打着领带的波士顿投资人正紧张地坐在一旁，为此感到局促不安。

让投资标的变得风险可控，才拿自己的钱去冒险

雅达利散漫的组织文化并未让瓦伦丁退却，他所考虑的重要问题是该公司能否在《乒乓》早期的人气积累基础上再接再厉。幸运的是，商业运营是瓦伦丁擅长的领域。与阿瑟·洛克不同，瓦伦丁是一名有实际经验的商业运营家，在担任半导体推销员的岁月里，他学会了如何将产品转化为利润，即采用能为自己赚取最大利润的产品版本，并且努力向尽可能多的客户开放销售渠道。在雅达利的案例中，瓦伦丁敏锐地抓住了布什内尔诸多"半成想法"中的一个：如果《乒乓》这款游戏可以卖给家庭，而不是酒吧，那么它的市场就可以得到巨大的扩张。瓦伦丁认为，要想进入家庭市场，雅达利必须做两件事：首先，工程师们必须将游戏调整为可供私人使用的版本；其次，公司必须与一家有声望的零售商合作，凭借其影响力将《乒乓》推销进每一位美国消费者的购物车里。

1974年末，在参观了雅达利工厂一段时间后，瓦伦丁做出了决定。他还不打算投资，因为雅达利的运营太混乱了，但他认为公司很有潜力，所以并没打算放弃。相反，他倾向于谨慎地分阶段参与投资，并决定从亲自撰写雅达利的商业

---

① 是一种社会地位的象征，人们常用蓝色血液来代表欧洲贵族和名门出身者。——编者注

计划开始推进投资。如果布什内尔接受了他所建议的发展策略，并且他所撰写的商业计划也吸引到了其他风险投资人的关注，瓦伦丁才会投资。换句话说，只有在雅达利至少降低了部分风险的情况下，瓦伦丁才愿意拿自己的钱去冒险。**通过将积极行动主义和渐进主义结合起来，瓦伦丁使雅达利成为风险可控的投资标的。**

在当时的金融市场环境下，瓦伦丁可以承受得起逐渐介入。20世纪60年代，美国曾经的军事和经济并重的扩张政策让位于艰难时期的紧缩政策，国防投入的削减导致数千人失业，1973年的阿拉伯国家石油禁运危机让美国同时陷入低速增长和高通货膨胀双重困境。首次公开发行（IPO）的公司数量从1969年的1 000多家暴跌至1974年的仅15家，标普500指数在此期间的回报几乎为零。股市暴跌几乎摧毁了新生的对冲基金业务，《福布斯》上一篇文章的标题发出了质疑：《熊市是否扼杀了风险投资》。在1969年吸引了1.71亿美元的新资金后，风险投资人在1974年只筹集了5 700万美元，在随后的一年里甚至只筹集了1 000万美元。《纽约客》的一幅卡通画中，两个男人咯咯地笑着说："风险投资！还记得风险投资吗？"

但逆境也带来了一些好处。瓦伦丁可以耐心地跟踪雅达利的情况，没必要担心竞争对手与他争夺投资标的。他适时地开始为雅达利撰写发展策略，重点关注家庭版《乒乓》的开发。但他不会把这项任务交给雅达利的管理层，因为他们甚至没有基本的簿记能力。到1975年初，在瓦伦丁的推动和督促下，雅达利制造出《乒乓》的家庭版，以该公司一名女性员工的名字达琳（Darlene）作为产品代号。现在，雅达利只需要找到一个强大的分销商，就能满足瓦伦丁的两个投资条件。

雅达利寻求分销商的首次尝试以失败告终。雅达利团队将家庭版《乒乓》的原型机带到美国国际玩具展览会，最后却空手而归。玩具反斗城公司（Toys "R" Us）断然拒绝与之合作，雅达利与无线电器材公司（Radio Shack）

的谈判也进展缓慢。于是瓦伦丁再次出手，准备帮助雅达利推进分销事宜。他与母公司资本研究与管理公司的一位投资经理进行交流，这位经理在美国零售巨头之一西尔斯公司（Sears）①占有重要地位。瓦伦丁询问这位经理能否将布什内尔引荐给西尔斯。

瓦伦丁得到肯定的答案后便带着布什内尔去拜访了西尔斯，他要求布什内尔穿着得体，"不能打扮得像个小丑"，而且举止不可过于滑稽。布什内尔照办了，西尔斯的一位买家很快对他们进行了回访。到1975年3月中旬，西尔斯订购了75 000台家庭版《乒乓》游戏机。雅达利现在终于拥有了瓦伦丁一直在等待的东西：有前途的新产品和强大的分销商。

一家无人问津的公司赢得胜利

1975年6月初，瓦伦丁正式投资雅达利。他以62 500美元的价格购买了62 500股股票，对雅达利进行了现在人们常说的"种子投资"。但这只是开始。对瓦伦丁而言，一旦稳固了与西尔斯的合作关系，雅达利所面临的商业风险会进一步降低，那时就是进行更大规模投资的时机了。为扩大家庭版《乒乓》的生产规模，雅达利需要的资金远远超过62 500美元。

到了夏天，瓦伦丁发现雅达利和西尔斯的合作越来越紧密。西尔斯的团队借调制造业专家来帮助雅达利，双方都在努力弥合造成分歧的文化鸿沟。有一天，十几位西尔斯的经理穿着西装来参观雅达利的工厂，却遇到一群20多岁穿着牛仔裤和T恤衫的长发工程师。布什内尔将巨型纸板箱放在传送带上，邀请西尔斯的人跳上去玩一下，这才缓解了紧张的气氛，让他们愉快地开始了工厂之旅。在当天的晚餐会中，雅达利的员工穿上西装打上领带，西尔斯的团队则换上了T恤衫，双方的文化隔阂就此得到了缓解。

---

① 2005年，西尔斯公司被美国凯马特（Kmart）并购，组成美国第三大零售业集团。——编者注

到了1975年8月底，瓦伦丁感觉已经准备好了对雅达利进行下一轮投资——用现在的说法就是"A轮融资"。他组建了一个"辛迪加"（syndicate）[①]，预备为雅达利提供100多万美元的资金，这在当时可是一大笔钱，要知道1975年美国所有风险投资业务的募资额仅为1 000万美元。雅达利利用这些资金大规模生产家庭版《乒乓》，西尔斯一收到货就能迅速卖出。瓦伦丁的积极行动主义和耐心的分阶段融资得到了很好的回报。

到了1976年的夏天，瓦伦丁面临着下一个挑战。雅达利的工程师们想出了一个新主意：要设计一款不仅可以玩《乒乓》，还可以玩其他多种游戏的游戏主机。为实现这个突破，雅达利需要更大额的资本注入——数额可能高达5 000万美元。当时的风险投资人根本无法调动这种量级的资金，而且股市几乎关张了：在1976年，只有34家公司成功上市。为了让雅达利达成这一目标，瓦伦丁需要想出另一种筹资方式。

瓦伦丁得出结论，雅达利应该把自己卖给一个有实力的母公司。但要让这个设想成为可能，他必须冲破一堵厚重的墙：布什内尔的坚决反对。"这是他的第一家公司，就像他的孩子，他不想放弃。"瓦伦丁后来回忆道。

瓦伦丁天生性格强势，他告诉布什内尔：雅达利需要新的"家长"。他推荐了娱乐业的华纳传媒公司（Warner Communications，下简称"华纳"），并再次请他在资本研究与管理公司的朋友安排引荐布什内尔。不久后，华纳创始人兼董事长史蒂夫·罗斯（Steve Ross）邀请布什内尔到纽约商谈交易，瓦伦丁也受到了邀请。

---

① 法语音译词，指垄断组织的一种形式，即同一生产领域的少数大企业签订协定，统一采购原料和销售商品，以获取垄断利润。此处只是一种夸张的修辞，指瓦伦丁联合了几位出资人一同投资。——编者注

1976年末，华纳的一架喷气式飞机将布什内尔和瓦伦丁从加州接走。在飞机上迎接他们的是克林特·伊斯特伍德（Clint Eastwood）及其女朋友桑德拉·洛克（Sondra Locke），伊斯特伍德亲切地为布什内尔做了一个三明治。当飞机在泰特伯勒机场降落后，一辆豪华轿车将雅达利的两位来客送到了华尔道夫塔楼酒店的套房。当晚在史蒂夫·罗斯的豪华公寓举行了一场晚宴，众人一起观看了伊斯特伍德尚未发行的电影。那天结束时，布什内尔被彻底征服，他同意以 2 800 万美元的价格出售雅达利。

对瓦伦丁和他刚起步的风险投资公司来说，这是一次令人满意的退出。红杉资本获得了 3 倍回报，证明了风险投资新模式的价值。多亏瓦伦丁秉持强硬的积极行动主义并采取了分阶段融资法，一家原本无人问津的公司最终赢得了胜利。同样的风险投资模式持续为瓦伦丁带来成功。到 1980 年，瓦伦丁第一只基金的年回报率达到近 60%，与戴维斯－洛克公司基金的年回报率旗鼓相当，远高于标普 500 指数 9% 的年回报率。

以创业者的方式亲自塑造创新

瓦伦丁的积极行动主义投资风格在 20 世纪 70 年代被复刻过几次。1973 年，比尔·德雷珀的萨特山创投与菊花轮式打印机的发明者奎茂公司（Qume）达成了一项里程碑式的协议。这笔交易的与众不同之处在于，萨特山创投强加了一个条件，即奎茂必须辞退能力不足的首席执行官，由萨特山创投聘请一名哈佛商学院的优秀毕业生担任首席执行官。当奎茂取得成功时，这位首席执行官所持有的股票期权为其带来了巨大回报，而且这一信息传到了他哈佛商学院校友们的耳朵里。相比于这位首席执行官的丰厚收入，很多哈佛商学院的毕业生在《财富》500 强企业里只能挣到勉强称得上是体面的薪水。有此成功先例之后，萨特山创投一次又一次地重复奎茂公式，解雇那些声名远扬的大公司高管，将西海岸的风险投资模式与东海岸的区分开来。波士顿的风险投资人不愿支持没有可信首席执行官的初创企业，而西海岸的风险投资人更愿意通过积极地招募首席执行官来控制风险，大胆投资。

其中最大胆的风险投资先驱是汤姆·珀金斯，他与唐·瓦伦丁一起定义了后阿瑟·洛克时代的风险投资风格。作为出生于大萧条时期的孩子，珀金斯是靠吃"世棒午餐肉、人造黄油、神奇面包和酸橙果冻"长大的。与他那爱好运动的父亲所期待的不同，比起户外运动，珀金斯更痴迷于电子产品。他在青少年时期渴望成为电视修理工，好在他的物理老师引导他考入了麻省理工学院。珀金斯在那里学习电子工程专业，加入了游泳队和兄弟会，如珀金斯后来在回忆录中所写："（我）从运动员学校里的书呆子变成了书呆子学校里的运动员。"从麻省理工学院毕业后，珀金斯在一家军事承包公司工作了一段时间，之后又进入哈佛商学院学习，他在那里成为乔治斯·多里奥特的学生。1969 年，多里奥特试图说服珀金斯放弃在惠普的工作来执掌 ARD，但珀金斯因为薪酬太低拒绝了。

1972 年夏天的一个星期五早上，珀金斯到帕洛阿尔托的瑞奇凯悦酒店吃早餐，这家酒店曾是"八叛将"为肖克利获得诺贝尔奖而庆祝的地方，后来他们也在这里庆祝自己得到解放。珀金斯来此用餐的目的恰巧是会见"八叛将"之一尤金·克莱纳。克莱纳曾写信给海登斯通请求帮助，后来作为仙童半导体的创始成员之一助推风险投资这一新金融形式诞生。克莱纳正考虑直接出资成立一家风险投资基金公司，像多里奥特一样，他也想招募珀金斯。毕竟珀金斯现在已经成了西海岸的知名人物。他是惠普计算机部门的总经理，还创办了一家开发新激光技术的初创企业。

克莱纳和珀金斯的早餐会谈延续到近中午才结束，酒店的工作人员在 11 点 45 分时把他们赶了出去，以便布置餐厅迎接中午的客人，于是他们走到珀金斯家继续交谈。珀金斯言辞激昂，滔滔不绝地说出自己的想法，而克莱纳用他浓郁的维也纳口音优雅、平静地应答，珀金斯觉得，克莱纳在应答他人时很像西格蒙德·弗洛伊德在为他的患者提供咨询。

第二天，两人开始研究风险投资基金的运作机制。他们决定以自己的姓名为公司命名①：他们相信自己的智慧结晶，便不该羞于用自己的姓名为其命名。他们决定为此基金设置时限，而且每个人都应该拿出一些积蓄；在这方面他们模仿了戴维斯-洛克公司的先例，克莱纳曾是戴维斯-洛克公司的有限合伙人，他对其运作模式颇为熟悉。最重要的是，克莱纳和珀金斯都坚定地推崇积极行动主义投资风格。两人都曾在西海岸的知名公司担任过经理，并且都创办过自己的公司。珀金斯后来说："我们从最初就与众不同，我们不是普通的投资人。与华尔街的那些交易员和投资人不同，我们本身就是创业者，将以创业者的方式与创业者开展合作……我们将全情投入。"

美国劳动节过后不久，克莱纳和珀金斯开始了筹款之旅。珀金斯坚持要开车，因为克莱纳有个习惯，当他专注于谈话时车子就会偏离道路。他们的首个目标是匹兹堡大亨亨利·希尔曼（Henry Hillman）。希尔曼十分歆羡戴维斯-洛克公司的成功，曾试图让汤米·戴维斯管理他的资金，但戴维斯没有同意。希尔曼从克莱纳和珀金斯身上看到了从西海岸蓬勃发展的风险投资行业中分得一杯羹的机会，他承诺出资，且金额高达 500 万美元，前提是克莱纳和珀金斯能从其他人那里筹集到相当的金额。克莱纳和珀金斯从洛克菲勒大学筹集了 100 万美元，从两家保险公司也筹到了差不多的数额，还从信托基金和富有的个人投资人那里筹到了 100 多万美元。到 1972 年 12 月的第一个星期，他们为基金筹集的资金合计达 840 万美元，数额远超唐·瓦伦丁曾设法筹集到的 500 万美元。

克莱纳和珀金斯在沙丘路 3000 号新建的低矮办公区设立办公室，成为未来的风险投资公司集聚地的第一家合伙企业。他们在第一次石油禁运危机前夕推出了基金，这一糟糕的时机让他们最初的几项投资表现都十分差劲。他们支持了一家看似可靠、有前途的半导体初创企业，但它被缺乏经验的管理者搞砸了。后来

---

① 其公司名为 Kleiner Perkins，由尤金·克莱纳（Eugene Kleiner）和汤姆·珀金斯（Tom Perkins）的姓组成。此公司以"凯鹏华盈"这一中文名为中国人所熟知。——编者注

他们出资支持研发一种名为"雪上作业"的奇怪装置,该装置能将摩托车改装成雪地摩托。珀金斯天真地想象着地狱天使①的车手们带着女朋友在雪地上疾驰的画面。不幸的是,政府对石油禁运危机的应对方案之一是禁止向运动型车辆销售汽油,"雪上作业"项目注定破产。到 1974 年底,凯鹏华盈已斥资 250 万美元进行了 9 项投资,尽管最终的结果表明其中 4 家企业表现良好,足以使投资组合获得正向盈利,但在当时凯鹏华盈无法预料到这一圆满结局。那时的克莱纳和珀金斯十分沮丧,想要重新考虑他们的战略。

从内部孵化真正的创意

凯鹏华盈的新战略是加倍强化其积极行动主义风格。克莱纳和珀金斯将通过与年轻的助理们交流想法,从凯鹏华盈内部孵化初创企业,而不是资助外部创业者。他们聘请了一位潜在的创业者吉米·特雷比格(Jimmy Treybig)。特雷比格是个做事慢条斯理的得克萨斯人,留着一头令人印象深刻的卷发。特雷比格曾在珀金斯手下工作,是惠普的一名经理,他总是看起来衣冠不整,漫不经心:有一次同事们指出他忘了系皮带,他整理着装之后系了两条皮带回来。这种乡巴佬般的气质掩饰了他的好胜心,特雷比格加入凯鹏华盈正是因为他知道这家合伙企业将资助他创业。用后来的一句深入人心的行话说,特雷比格是一个天生的创业家。

1974 年,在加入凯鹏华盈大约一年后,特雷比格想出了一个颇有发展前景的创意。通过借鉴飞机的设计原理,他将建造带有备用处理器的计算机系统,这样当一台计算机的处理器损坏时,整个系统还能继续运作。特雷比格在惠普时曾与来自银行和股票交易市场等的客户打过交道,他知道这样的系统很有价值。因为计算机崩溃会破坏数据并导致业务停摆,这会造成巨额损失。如果能够建造一个故障保险系统,特雷比格确信该系统拥有广阔的市场。与雅达利正相反,这个

---

① 1948 年成立于加利福尼亚州的摩托车俱乐部。——译者注

想法的技术风险令人望而生畏，但市场风险可以忽略不计。

尽管如此，珀金斯还是选择用与瓦伦丁相同的方法对待特雷比格的创意。首先，他花了几个下午与特雷比格进行头脑风暴，讨论建造这样的操作系统的可行性：如果第一个处理器出现故障，操作系统需要从该处理器自动切换到下一个。珀金斯后来回忆道："我们两个绘制了操作系统的工作逻辑示意图，没有发现致命的阻碍，他的设想完全行得通。"然后，在清除了相关障碍后，珀金斯向该项目投资了 5 万美元。这是一笔象征性的小额投资，大致相当于瓦伦丁最初对雅达利的种子投资。如果项目遭遇挫折，凯鹏华盈的基金将损失不到 1% 的资本。

珀金斯打算将这 5 万美元的种子投资花在雇用顾问上，这些顾问可以让他们的内部头脑风暴更加专业和高效。他利用自己的人际关系网以尽可能低的价格引进了硅谷最好的专家。他雇用了一位在惠普认识的计算机科学家，让其为计算机故障保险系统勾勒出可行的架构，同时说服了两位惠普的成员来分别负责硬件和软件开发。新公司几乎不需要任何其他支出：特雷比格在凯鹏华盈的办公室里经营新公司，没有增加额外的运营成本；另一位内部助理杰克·洛斯陶诺（Jack Loustaunou）免费提供了项目需要的财务建议。布鲁克·拜尔斯（Brook Byers）几年后作为年轻合伙人也加入了凯鹏华盈，他回顾了凯鹏华盈从这段经历中获得的宝贵经验：通过关注项目中的"白热化风险"，即最要紧的风险，凯鹏华盈可以预判创业企业是否能在尽可能少的资本风险下运作。

到 1974 年 11 月，顾问们取得了与"白热化风险"斗争的胜利。这是计算机史上第一次解决了"争用"问题，即同一系统中的两个处理器在同一时刻请求访问通信回路时会出现的问题。现在，珀金斯终于同意特雷比格成立他的新公司——天腾电脑（Tandem Computers）。天腾电脑的 5 位创始人中有 3 位是凯鹏华盈的内部人士，即特雷比格、洛斯陶诺和珀金斯，其中洛斯陶诺担任财务总监，珀金斯担任董事会主席；另外两位创始人是珀金斯聘请的硬件和软件顾问。20 世纪 70 年代最贴近积极行动主义者所倡导的投资方式已经获得了最好的效果。

珀金斯的下一步是为天腾电脑发起 A 轮融资。他将指导特雷比格如何推介自己的产品，才能让风险投资人最终明白"为什么这一产品的市场是巨大的，以及天腾电脑如何在市场中占据上风"。他把特雷比格带到布克兄弟服装店（Brooks Brothers），给特雷比格买了鞋子、袜子、衬衫、领带、夹克和裤子。"那个店员可能以为他是我的男朋友。"珀金斯后来写道。穿着得体的两人启程飞往纽约。珀金斯的目标是从洛克菲勒家族名下的文洛克创投那里筹集资金，它曾经支持了英特尔公司。顶着一头颇具个人特色的卷发，特雷比格缓步走进文洛克创投的会议室。"我看起来怎么样？"他问，"汤姆给我打扮的。"

尽管特雷比格选择了让对方打消疑虑的着装风格，但天腾电脑未能从文洛克创投筹到资金。文洛克创投拒绝了他们，阿瑟·洛克拒绝了他们，其他风险投资合伙企业也拒绝了他们。这是个令人意想不到的结果，那些拒绝投资该项目的风险投资人后来被认为做了十分不理智的决定。毕竟珀金斯已经消除了大部分技术风险，而这一项目的市场风险几乎可以忽略不计。但当时风险投资合伙企业普遍面临资金短缺的问题，这是个募资的坏时机。《商业周刊》对当时的情况做出了一个迂腐的判断，即任何初创企业都无法与 IBM 抗衡。这就是 20 世纪 70 年代中期的悲观主义。

珀金斯可以在此时屈服，可以止步于对天腾电脑的那一小笔种子投资，轻易抽身离开，但这家公司是他从零开始创建的，他知道阿瑟·洛克、文洛克创投和《商业周刊》都错了。他认为天腾电脑的技术与众不同，并且已经为其突破性技术申请了专利；天腾电脑可以对抗 IBM，因为它的技术是真正的创新。他坚信是那些风险投资人，尤其是缺乏理工科背景的风险投资人领会不到天腾电脑的科学优势。"这就是些搞金融的人。"珀金斯对他们的看法嗤之以鼻。

于是，珀金斯决定独自为天腾电脑进行 A 轮融资，而不与其他合伙企业分担风险。1975 年初，他投入 100 万美元，获得了天腾电脑 40% 的股权，这是凯鹏华盈在 20 世纪 70 年代做的最大一笔投资。珀金斯自己承认，如果天腾电脑没有成功，凯鹏华盈将很难延续。

但天腾电脑确实成功了。1975 年，天腾电脑将其基本设计转化为全规格设计蓝图，到 12 月取得的进展已经足以证明其可以进行 B 轮融资。凯鹏华盈又投入了 45 万美元，而这次其他投资人也希望参与，因此天腾电脑总共筹集到 200 万美元。几个月后，天腾电脑的产品上市，随后收入开始逐步上升，在 1977 年至 1980 年增长了 14 倍。**天腾电脑很快就成了著名的"珀金斯定律"的成功代表，该定律揭示了"市场风险与技术风险成反比"的真理**，因为如果你解决了一个真正困难的技术问题，你将面临最小的竞争。

得益于进入该市场的门槛较高，即使在销量飙升的情况下，天腾电脑的利润率仍然很高。到 1984 年，天腾电脑为凯鹏华盈所投资的 145 万美元创造了超过 100 倍的收益。这 1.5 亿美元的回报使凯鹏华盈在前 9 项投资中获得的 1 000 万美元总收益显得黯然失色。但在天腾电脑腾飞的同时，珀金斯正着手进行另一个更惊人的项目。

一个更惊人的项目在曲折中诞生

为填补吉米·特雷比格的空缺，凯鹏华盈新雇用了一位 26 岁的初级助理，名叫鲍勃·斯旺森（Bob Swanson）。他长着一张娃娃脸，行为举止有些幼稚，衣着整洁但不够时髦。斯旺森入职时还是麻省理工学院的本科毕业生，戴着毡帽，提着一个印着大大的名字的手提箱。为逃避兵役，他攻读了耗时的化学和商业双学位。在加入凯鹏华盈前，他曾在花旗集团的风险投资团队工作，该团队培养出了几位成功的风险投资人。但斯旺森没能给克莱纳和珀金斯留下深刻印象，因此很快就被解雇了。

这迫使斯旺森重新思考他的方向。他曾入职硅谷的大型电子公司，但由于缺乏运营和工程经验，他并没有什么收获。然而他确实有个想法。有一次，他作为凯鹏华盈的助理人员出席一个午餐会，会上提到一种叫作重组DNA的技术，但只是稍稍提及，并没有引起同桌其他人的注意。由于斯旺森失业了，他决心进一步了解这项技术。

斯旺森花了几星期时间阅读了他所能找到的关于这个生物学新前沿技术的一切资料。尽管他不再领薪水，但克莱纳和珀金斯允许他继续使用办公室，当斯旺森有一天遇到珀金斯时，他向珀金斯描述了这个令他着迷的新事物。通过切割和剪接DNA链，并将其重组成人工遗传物质，科学家可以复制自然界存在的任何东西，从药物到橡胶。"这个想法太棒了，它是革命性的，将改变世界！这是我听过的最重要的事情！"他这样告诉珀金斯。

珀金斯仍然没被说服，但斯旺森列出了一份拥有该技术专业知识的科学家名单，他未经引荐就直接打电话给他们所有人。在每一次谈话中，他都听到了同样的信息：重组DNA技术肯定具有商业前景，但距离能够投入商业应用很遥远，可能还要几十年。然后，斯旺森打电话给加州大学旧金山分校的赫伯特·博耶（Herbert Boyer），当时他并未完全意识到博耶正是重组DNA技术的共同发明者。斯旺森开始了他的标准推介话术：重组DNA肯定可以在不久的将来实现商业化！令他惊讶的是，博耶回答说他可能是对的。

斯旺森随即表达了想要与博耶见面的想法，他想讨论一下将这一技术商业化的可能性，但博耶回绝了他。"我真的需要见你，并且想和你谈谈！"斯旺森坚持说。博耶告诉他，可以在星期五下午见面谈10分钟。仅此而已。

1976年1月16日下午5点左右，斯旺森开车来到加州大学旧金山分校，走向博耶的办公室。他衣着正式，西装口袋里的手帕露出了一角。与他相比，招待他的博耶的衣着随便多了。博耶穿着休闲装，卷发蓬乱，胡子浓密，身材就像高中橄榄球运动员。

斯旺森并不知道，其实自从几个月前博耶认为他生病的儿子可能需要一种稀缺的生长激素以来，他一直在考虑重组DNA的商业应用，但让斯旺森高兴的是，博耶重申，重组DNA技术的商业应用可能只需要几年而不是几十年就能实现。两人在实验室里聊着，话题从20世纪50年代的两只小狗和70年代毛茸茸的酷猫① 到重组DNA技术能够改变世界，斯旺森对这一技术的热情很快让他们彼此建立起了意想不到的情感纽带。博耶带斯旺森去了一家酒吧继续讨论，他们在3小时后得出结论：他们应该一起工作。博耶懂科学，斯旺森懂生意；博耶了解学术实验室推进研究时的"优雅"节奏，而斯旺森则想让这个节奏大幅加快。

"这个节奏很难加快，因为为了推进研究，我们必须反复写研究基金申请以获得资金支持。"博耶解释说。"好吧，那如果你本身就有资金支持呢？"斯旺森提出新想法，"如果你不需要写任何研究基金申请就能得到资金支持，研究节奏能加快吗？"博耶很快发现自己的思维方式不同了。他被风险投资解开了固有思维的桎梏，原来重组DNA技术可以比他想象中更快地实现商业化。**风险投资让科学家自由地做从未尝试过的事，这就是解放资本的力量。**

博耶和斯旺森成立了合伙企业，每人投入500美元以支付开业时的法律费用。他们写了6页的投资推介概述，准备去见汤姆·珀金斯。

1976年4月1日，斯旺森和博耶来到凯鹏华盈的会议室。斯旺森草拟了商业计划，他们的公司基因泰克需要6个月的时间进行谈判来取得使用基因剪接技术的许可证，该许可证目前由加州大学和斯坦福大学持有。然后公司将招募一名微生物学家和两名有机化学家开始进行研究。斯旺森估计，完成研究并将第一种产品投入生产需要18个月和50万美元。资金将用于租赁场地、购买设备、雇用科学家和进行实验。这个时长远低于生物学界认为的重组DNA技

---

① 两只小狗和酷猫分别指1955年上映的动画《小姐和流浪汉》（*Lady and the Tramp*）和1978年开始连载的漫画《加菲猫》（*Garfield*）。——译者注

术实现商业化可能需要的时间，当然斯旺森和博耶不能保证在此期间实验一定会成功。

珀金斯被这项技术迷住了。这项技术能够创造出被他称为"微生物弗兰肯斯坦"之物，令他感觉自己像是扮演了造物主的角色。博耶也给他留下了深刻的印象。珀金斯明白，不论实验是否成功，至少这个留卷发和胡子的家伙知道如何进行实验；而如果实验真的成功了，前景将无限广阔。基因泰克计划生产的第一种产品是胰岛素，该产品拥有一个巨大且还在不断增长的市场。当时，获取胰岛素的方法会让人联想到中世纪的巫术：每一滴激素都必须从猪和牛的胰腺中挤出。珀金斯暗自盘算，基因泰克生产出可行产品的成功率略低于50%。但正因为技术所面临的挑战如此艰巨，进入这一行业的门槛将会很高，如果基因泰克成功，它将能够获得丰厚的利润。后来这成为珀金斯定律的又一例证。

第二天，珀金斯再次与斯旺森会面，并提出一个建议。这项科学技术很吸引人，但考虑到不确定性，证明其可行性的50万美元成本高得令人望而却步。因此，珀金斯建议复制他为天腾电脑开发的模式：先识别"白热化风险"，然后找出最便宜的解决方法。为了降低实验成本，斯旺森不应雇用科学家或建立实验室，相反，他应该将早期工作承包给现有的实验室。

珀金斯提出的建议相当于成立一家虚拟公司。战后，美国经济一直由大公司和大工会主导；基因泰克标志着一种新工业形式的诞生，这种工业形式更加灵活和网络化。未来，工业巨头的中央研究部门将被风险投资支持的初创企业所取代，这些初创企业会在需要时为之提供知识。珀金斯已经通过从惠普公司招聘早期顾问启动了天腾电脑，现在他敦促基因泰克在更复杂的生物技术领域也如法炮制。

斯旺森和博耶接受了这个提议。他们用最初的预算与加州大学旧金山分校的博耶团队签约，该团队十分擅长基因剪接技术；他们也与一家名为"希望之城"

的研究型医院敲定了合作，该医院有基因合成方面的专家；他们的合作方还有加州理工学院，它有杰出的测试设施。通过这种方式，他们得以和领域中最好的团队合作，并从中获益，同时还能大幅削减成本。这样一来，尽管基因泰克仍有可能失败，但失败的成本很低。

这样一来，斯旺森所需要的资金总额仅为 10 万美元，珀金斯同意投资。这不过比他为雇用天腾电脑的早期顾问投出的 5 万美元多一点。这笔赞助仅占凯鹏华盈基金总资金的 1% 多一点，作为这笔不太大的赞助的交换，他收购了基因泰克 25% 的股份。这并不算不公平，因为斯旺森曾试图在其他地方推进这笔交易，但没找到买家。但由于以如此低廉的价格收购到基因泰克 25% 的股份，珀金斯可能会获得极高的回报率。比如，如果珀金斯曾经希望在斯旺森提出的 50 万美元的投资基础上获得 20 倍回报，那么他现在将在 10 万美元投资的基础上获得 100 倍回报。基于这 100 倍的预期回报率，只要基因泰克有超过 1% 的可能成功推出其产品，珀金斯就算做了笔好交易。而且，珀金斯对基因泰克成功概率的估计要高得多——不是 1%，而是略低于 50%。**珀金斯运用识别和解决"白热化风险"的战略，成功将一家令人望而生畏的企业变成了一个富有诱惑力的投资目标。**

1976 年 5 月，加州证券监管机构致函凯鹏华盈，对投资基因泰克的风险表示担忧。"凯鹏华盈意识到对基因泰克的投资是高度投机的，但我们从事的工作就是进行高度投机的投资。"克莱纳淡定地回复。

事实证明，基因泰克制造出第一个产品比斯旺森的预测花费了更多的时间和资金。为了能让公司继续运营，珀金斯于 1977 年 2 月和 1978 年 3 月分别进行了一轮新融资，并且每次都通过向其他投资人承诺研究将达到下一个里程碑来吸引其资金。**分阶段融资的好处越来越明显：随着后续风险的消除，在每一轮融资中基因泰克的估值都比前一轮高，因此创始人可以在放弃更少股权的同时筹集更多资金。** 1976 年，博耶和斯旺森仅以 10 万美元的价格就售出公司 25% 的股份，但他们次年以 85 万美元的价格出售了公司 26% 的股份，在 1978 年，他们仅卖出 8.9% 的公司股份就筹到 95 万美元。如果斯旺森和博耶坚持在风险最大的起始阶段就筹集他们所需的所有资本,他们就不得不放弃更多股权,减少对自己公司的持股。

在减轻对创始人股权稀释的同时,分阶段融资也提高了对致力于重组 DNA 技术研究的研究人员的激励。科学家们知道,只有在基因泰克的资金用完前达到承诺的里程碑,他们才能继续自己的实验。同时,当确实达到目标时,他们也将拥有在此过程中不断增值的公司股权。正如阿瑟·洛克在英特尔所做的那样,珀金斯坚持让基因泰克的员工,包括关键外包人员,获得股票期权。起初,并不是所有的科学家都关心期权或理解其意义。有人说:"我不在乎钱、股票或其他东西。"但随着基因泰克的估值在成立后的两年内翻了 26 倍,在公司内部,股权文化开始流行起来。包括门卫在内,每个人都支持公司在股权分配上做得更好。当那些富有朋克精神的科学家的股票价值超过 100 万美元时,就连他们也改变了对钱的态度。

珀金斯对基因泰克公司文化的形成也做出了无形的贡献。他是第一位坦然陶醉于推动者和代言人角色的风险投资人,他向科学家们发出信号:他们已经离开了学术界,现在是某项了不起的事业的一部分。他会开着红色法拉利冲到办公室,宣布新订单和交付日期,让研究人员感觉在执行一项特殊任务。1978 年 7 月的一个迷人的夜晚,珀金斯邀请斯旺森、两位关键的科学家及他们的妻子共进晚餐。客人们相继来到珀金斯那可以俯瞰圣弗朗西斯科市和金门大桥的山间别墅。珀金斯展示了别墅随山势起伏的花园及他的挂毯和古董车,众人享用了由穿着制服的管家服务的晚餐。站在别墅外,斯旺森兴奋地向别墅挥手,并对那两位科学家喊道:"这就是我们所有人的工作目标!"一位客人后来回忆说:"他邀请我们到他家去,这对我们来说是一种激励。"

这种激励在几天后就被证明很有效果。珀金斯派遣晚宴的客人之一,一名叫戴夫·戈德尔(Dave Goeddel)的年轻博士,去督促希望之城医院的研究员完成胰岛素项目的最后阶段。珀金斯用他极富魅力的嗓音指示道："在胰岛素完成之前别回来。"

戈德尔迅速立正敬礼。他很荣幸被选中执行任务，也很高兴能直接从珀金斯那里得到指示。他飞到洛杉矶，熬了很多个通宵。1978年9月，在聚光灯的照耀下，基因泰克通过新闻发布会向全美国宣布了一则令人震惊的消息——人工胰岛素将投入生产。

两年后，也就是1980年，基因泰克准备在股市上首次亮相，这次IPO预示了20世纪90年代股市的盛况。按传统标准，该公司完全没有准备好发行股票，因为它在研发上投入太多，公司几乎没有盈利。**但珀金斯深谙风险投资的传统：为了说服投资人押注于未来的技术，首先你必须让他们改变过去以财务指标作为判断标准的旧思维**。在风险投资发展早期，阿瑟·洛克曾说服投资人支持那些未能达到价值投资标准的公司，并创造了"知识账面价值"的概念。20年后，珀金斯成为推动这一思想继续发展的代言人：**他认为没有盈利的公司不仅应该得到风险投资的支持，也应该能够上市**。为了改变华尔街投资人的想法，珀金斯让博耶出马，希望其能用科学演示的方式让潜在投资人叹服。博耶使用色彩鲜艳的珠子作为道具，解释了如何将一种生物体的DNA植入另一种DNA中，令投资人赞叹不已。为了承销基因泰克的股票发行，凯鹏华盈说服了阿瑟·洛克在海登斯通的老上级——已经退休的科伊尔重新出山，科伊尔因在仙童半导体成立之初的贡献在华尔街赫赫有名。每个投资人都记得仙童半导体项目的高回报率。

基因泰克于1980年10月14日在纳斯达克交易所上市。在敲钟后1分钟里，其股票从发行价35美元跃升到了惊人的80美元，之后又在20分钟内涨到了89美元，基因泰克由此成为华尔街历史上首日股价上涨最快的公司。珀金斯当时正为此事身在纽约，珀金斯给在加利福尼亚州的斯旺森打电话叫醒了他并宣布："斯旺森，你现在是我认识的人中最富有的。"

凯鹏华盈获得的回报同样令人印象深刻。当第一个交易日结束进行市场结算时，凯鹏华盈以平均每股1.85美元获得的股票价值升至71美元。随着股价继续飙升，凯鹏华盈获得了超过200倍的收益。凭借基因泰克带来的巨额回报与天腾电脑所取得的成就，第一只凯鹏华盈基金成为传奇，也成为指数法则的一个引人注目的例证。截至1984年，第一只凯鹏华盈基金的14项投资的总收益为2.08亿美元，其中95%来自天腾电脑和基因泰克。如果没有这两项全垒打般成功的投资，第一只凯鹏华盈基金的回报会是4.5倍，在11年的存续期内仍然轻松超过标普500指数的回报；而如果加上这两项成功投资，其回报则是42倍，这一回报倍数已接近唐·瓦伦丁和戴维斯-洛克公司的表现，并且在上市之后，凯鹏华盈所获的回报达到上市前的5倍之多。

这是运气吗？还是有什么运气之外的原因？在风险投资中证明投资技巧是否娴熟很困难，因为正如我们所见，是否投资取决于风险投资人的主观判断，而不是客观或可量化的指标。如果不良债券对冲基金聘请分析师和律师来审查破产企业，就可以准确了解每只债券由何种抵押品支持，并且可以预见若企业破产法官将如何裁决，因此其盈利并不依靠运气。同样，如果算法对冲基金雇用天体物理学家在市场中寻找模型，可能会发现可信的统计数字信号以预测盈利。但当珀金斯选择支持天腾电脑和基因泰克，或瓦伦丁选择支持雅达利时，他们无法获得同样肯定的依据，因为他们投资的是兼具人类智慧和弱点的创始人。他们要面对复杂且未经测试的产品制造过程，面对行为无法预测的竞争对手；他们是在进行长期投资，在长期的投资过程中，可量化的风险被不可量化的不确定性因素复杂化；存在着已知的未知，也存在着未知的未知；而生活中那令人兴奋的不可预测性，是简洁的金融模型无法涵盖的。当然，在这种环境中，运气也起了作用。第一只凯鹏华盈基金的14项投资中有6项出现亏损，这些投资并不都像天腾电脑那样具有故障保险。

但珀金斯和瓦伦丁并不仅仅是依靠运气。正如阿瑟·洛克采用的方法和态度使他在20世纪60年代领先于ARD和SBIC一样，20世纪70年代领先的红杉资本和凯鹏华盈也比竞争对手更具优势。珀金斯和瓦伦丁曾是硅谷领先公司的管理者，他们知道如何开展工作；他们为被投公司的成功提供了不可或缺的贡献。正是珀金斯通过引进早期顾问消除了天腾电脑的"白热化风险"，也是他敦促斯旺森将基因泰克的研究工作外包给现有的实验室。类似的，是瓦伦丁促使雅达利专注于家庭版《乒乓》的研发并推动其与西尔斯结盟，也是他安排华纳收购雅达利。消除早期风险加上分阶段融资的方法对这三家公司都产生了奇迹般的效果。持怀疑态度的观察者有时会问，风险投资人是创造了创新，还是仅仅出现在有创新的地方。在唐·瓦伦丁和汤姆·珀金斯的例子中，他们不是仅仅消极地出现在有创新的地方。凭借人格和智慧的力量，他们将自己的意志铭刻在了被投公司中。

风险投资箴言

- 积极行动主义风格的风险投资人不只是识别优质创业者并监督他们，而是积极地塑造他们。

- 不组织单次大规模筹资，而是分批发放资金，每一次谨慎的注资都被精确调整以支持公司达到商定好的里程碑。

- 在投资一家面临技术挑战的公司时，你要做的第一件事就是排除"白热化风险"。

- 在内部孵化初创企业，而不是资助外部创业者。

- 没有盈利的公司不仅应该得到风险融资，它们也应该能够上市。

The Power Law

THE POWER LAW

Inside Silicon Valley's Venture Capital Machine

第 4 章

听到关于苹果的风声了吗？
现在正是投资的时机

The Power Law

> **The next advance for venture capital was not an expansion of the tool kit. Instead, it related to the emergence of a venture network.**
>
> 风险投资的下一步发展
> 并不在于投资工具包的扩展，
> 而是风险投资网络的出现。

Inside Silicon Valley's Venture Capital Machine

在凯鹏华盈支持基因泰克的20世纪70年代末，西海岸的风险投资行业已经开发出了现代投资工具包中的许多工具。只进行股权投资的限时基金取代了使用杠杆的SBIC和开放式的ARD模式。风险投资人明白，他们必须取得全垒打式的成功，而不是一垒安打和二垒安打。积极行动主义和分阶段融资已经成为投资高风险初创企业的常见方式。在硅谷的各个角落，风险投资人们都在寻找机会，解放人才，推动他们创造新产业。

风险投资的下一步发展并不在于投资工具包的扩展，而是风险投资网络的出现。在早期风险投资的指数级回报、养老基金投资限制放宽和资本利得税削减的基础上，大量流入风险投资基金的资金和零星的先驱投资人推动着风险投资发生质变。庞大的创业家网络取代了少数聪明的个人，因为他们合作行动的效力远大于各自努力的总和，就像是从由天才驱动的系统变成由进化驱动的系统。一个聪明人能成就伟业，而一大群人可以进行多种尝试，通过一个不断尝试、失败和偶尔产生突破的进化体系，团队可能比个人进步得更快。

最出色的风险投资人也会犯下代价高昂的错误

1976年，由史蒂夫·乔布斯和斯蒂夫·沃兹尼亚克（Steve Wozniak）创立的苹果公司的故事展现了风险投资网络的非凡效果。表面上看，苹果显然是风险投资公司的优选，因为许多业内人士都知道研发个人电脑将是技术领域的下一件大事。施乐的帕洛阿尔托研究中心已经认识到个人电脑是个"时机已成熟的想法"，并制作出了一台带有鼠标和图形界面的原型机。英特尔和美国国家半导体公司都曾考虑制造个人电脑，沃兹尼亚克也曾两次向他的雇主惠普提供苹果Ⅰ型电脑的设计。但受制于商业思想家克莱顿·克里斯坦森所说的"创新者的窘境"[1]，这4家公司都决定不生产个人电脑。施乐担心计算机普及带来的无纸化办公会损害其核心的复印业务。英特尔和国家半导体担心制造个人电脑会使他们与现有的计算机制造商发生冲突，毕竟这些制造商都是英特尔的大客户。惠普担心制造便宜的个人电脑会削弱其售价在15万美元左右的高端电脑的市场地位。这4家公司在现有秩序中有太多利害关系，不能冒险去破坏。因此，一家填补由此产生的空缺的初创企业显然会引来风险投资人出资。

然而当苹果开始筹款时，风险投资领域的明星投资人们没有意识到这个机会，这证明了即使是最出色的风险投资人也会犯下代价高昂的错误。汤姆·珀金斯和尤金·克莱纳甚至拒绝会见乔布斯。萨特山创投的比尔·德雷珀派了一名助理去拜访苹果，当这名助理报告说乔布斯和沃兹尼亚克让他久等时，德雷珀认为他们傲慢自大，因此十分瞧不上他们。同时，过去与德雷珀合作经营SBIC公司的合伙人皮奇·约翰逊对苹果的想法深感怀疑："电脑在家里有什么用途？你打算把食谱放在上面吗？"乔布斯一再遭到拒绝，他广泛撒网，甚至找到纽约市第一家零售电脑商店的老板斯坦·维特（Stan Veit），并提议让维特以仅1万美元的价格收购苹果10%的股份。后来维特遗憾地回顾道："看着这位长发嬉皮士和

---

[1] 大企业管理层所做出的合乎逻辑且强有力的决策，对企业的成功至关重要，但可能正是这些决策让其失去领先的地位。因此，新行业很可能由新公司开创。——编者注

他的朋友，我那时心想，'你是世界上我最不愿意托付1万美元投资的人'。"后来，乔布斯向他在雅达利时的老板诺兰·布什内尔提议以5万美元的价格收购苹果1/3的股份。"聪明如我，竟然对他说了不，"布什内尔回忆道，"当我能忍住不为此事而哭的时候，回想到这事还挺有趣的。"

幸运的是，对乔布斯和沃兹尼亚克来说，硅谷的风险投资网络在1976年已经足够庞大，因此遭到少数人拒绝也不是世界末日。两人很快找到了红杉资本的唐·瓦伦丁。

两人联系上瓦伦丁的方式证明了风险投资网络的力量。虽然布什内尔拒绝支持苹果，但为了帮助其缓解压力，他将乔布斯介绍给支持雅达利的风险投资人瓦伦丁。同时，乔布斯与硅谷的顶级营销大师雷吉斯·麦肯纳（Regis Mckenna）接洽，希望麦肯纳的公司来设计苹果的商业广告，乔布斯愿意为此提供苹果20%的股权。麦肯纳回应说，零的20%价值几乎还是零。但像布什内尔一样，麦肯纳通过将乔布斯介绍给其他人来缓解他受到的打击，于是，乔布斯再次被引荐给瓦伦丁。

硅谷的人际网络自然会将乔布斯导向瓦伦丁那里。原因在于，首先，瓦伦丁支持了雅达利，因此成为充满热情的年轻创业者眼中最大胆的支持者。其次，作为半导体行业的资深人士，瓦伦丁以投资使用芯片技术的产品为豪。最后，由于其市场营销背景，瓦伦丁是苹果的理想投资人。克莱纳和珀金斯拒绝会见乔布斯，是因为他们更喜欢解决技术风险而不是商业风险。苹果面临的最大挑战是在消费者心中种下在厨房里使用电脑的愿望，对他们来说，在仙童半导体和国家半导体公司担任过销售主管的瓦伦丁是最佳人选。

尽管瓦伦丁非常适合成为苹果的首位投资人，但他最开始时也对乔布斯和沃兹尼亚克充满怀疑，因为乔布斯"试图成为反主流文化的化身"。瓦伦丁后来说："乔布斯留着稀疏杂乱的胡子，身材瘦削，给人的印象不太好。"不过，布什内尔和麦肯纳告诉他这样的人也有其可取之处。因为瓦伦丁很重视他的社交网络，所以他照例询问苹果的未来计划。

瓦伦丁问沃兹尼亚克："市场情况如何？"沃兹尼亚克回答："我们预计会有100万名客户。"瓦伦丁疑惑地问："你怎么知道？"沃兹尼亚克肯定地回答："现在已经有100万名业余无线电操作员，未来个人电脑只会比无线电更受欢迎。"沃兹尼亚克的回答意味着苹果并不想将业务范围拓展到技术爱好者的圈子之外。当年瓦伦丁造访雅达利时，其游戏产品已经在多个城市上市出售，而苹果在1976年几乎没卖出任何东西。瓦伦丁因此怀疑地审视着这个项目。

乔布斯接着提问道："告诉我，我要做些什么才能让你给我投资。"瓦伦丁回答："公司里需要有对管理、营销和分销渠道有一定认识的人。""好的，"乔布斯说，"派三个人来吧。"

在这之后，瓦伦丁斥责麦肯纳建议他进行此次会面。"你为什么把这些'非人类'介绍到我这里来？"他抱怨道。瓦伦丁可能是硅谷风险投资网络中唯一会选择支持苹果的人，但就连他也没准备好在此下注。可正如布什内尔和麦肯纳拒绝了乔布斯，却将他与瓦伦丁联系在一起一样，乔布斯对聘请外部营销专家的开放态度也引起了瓦伦丁的注意。这几乎是一种本能反应，毕竟瓦伦丁的大部分工作总结下来就是介绍人才或接受被介绍的人才。

瓦伦丁翻阅他的联络簿，找到了三位经验丰富的经理人，他们也许能为苹果提供帮助。乔布斯否决了其中一位；另一位见了乔布斯之后认为不可能与他合作；第三位是瓦伦丁在仙童半导体的旧识，一位名叫迈克·马库拉（Mike Markkula）的工程师兼销售主管。马库拉已经凭借英特尔的股票期权发家致富，他在33岁时决定退休，退休后计划打打网球、做做家具。

硅谷的第一位天使投资人出现

1976年初秋的一个星期一,在退休18个月后,马库拉驾驶着他的金色科尔维特轿车来到了乔布斯位于郊区的车库,这种朴素的建筑空间在未来将作为无数科技初创企业的诞生地。马库拉留着长长的连鬓胡,穿着华丽的休闲西服,当他看到乔布斯和沃兹尼亚克时,他的第一个念头是,他们需要理发。

但接着他就留意到了一些别的东西,一些其他来访者不懂得欣赏的东西。沃兹尼亚克的技术确实令人印象深刻:躺在他工作台上的苹果Ⅱ型电脑原型机没有使用常规的通过精巧连接器连接的杂乱电路板,整台机器在一块主板上运作,并且配备了用于插入打印机或其他设备接口的插槽。该设计还支持随机存取存储器芯片的功能;据马库拉所知,这是世界上第一台这样做的计算机。"我是电路设计师,我看得出来沃兹尼亚克所做的设计非常优雅、工艺精美。"马库拉回忆道。

目睹这些之后,马库拉决定把退休后的精力投入苹果。他成为乔布斯和沃兹尼亚克的顾问,担任公司董事长和营销主管,为他们撰写商业计划,和银行商定信贷额度,并最终以91 000美元的自有资本投资换取了公司26%的股份。经过迂回反复的过程,苹果依靠硅谷的人际网络最终找到了合适的投资人和管理者。乔布斯和沃兹尼亚克曾一再遭到投资人的拒绝,但通过层层介绍,苹果最终获得了它所需要的一线生机。

马库拉不是风险投资人,他可以被称作硅谷的第一位天使投资人。他从初创企业的成功中获取财富,之后又在更多的初创企业中重新利用自己的财富和经验。同时,马库拉的人际网络发挥了至关重要的作用。作为仙童半导体和英特尔的资深人士,马库拉是硅谷核心人际圈的重要成员。既然他已经与乔布斯和沃兹尼亚克签约,苹果自然也成了这个人际圈的一部分。

苹果在宣传方面仍然需要帮助，所以马库拉请雷吉斯·麦肯纳再给乔布斯和沃兹尼亚克一个机会："雷吉斯，我来付账，我希望你能帮他们设计商业广告。"在此之前，苹果愿付出 20% 股份的出价都没能让麦肯纳动心，但既然此时他的人际网络中有人在寻求帮助，麦肯纳愿意出手。他的公司很快设计出了一个被咬了一口的彩虹条纹苹果标志。

接下来，马库拉着手寻找管理人才。在此之前，没有任何经验丰富的科技公司高管愿意冒险为苹果工作。现在马库拉说服了迈克·斯科特（Mike Scott），另一位仙童半导体的前员工，让其辞去安定的工作成为苹果的首任首席执行官。为了招聘斯科特和其他有丰富经验的高管，马库拉运用了英特尔的股票期权计划。苹果现在也成了阿瑟·洛克股权文化奉行者中的一分子。

马库拉还在努力游说风险投资人群体。唐·瓦伦丁仍然不愿意投资，但马库拉不必依赖任何一家特定的风险投资机构，因为他有其他可用的关系。他在仙童半导体工作时与一位名叫汉克·史密斯（Hank Smith）的同事成了朋友，后者后来加入了洛克菲勒家族的风险投资基金文洛克创投。马库拉打电话给史密斯，让史密斯萌生了投资苹果的想法。然后，马库拉准备去争取一方大的助力：在英特尔任职期间，马库拉还结识了英特尔董事长阿瑟·洛克。他利用自己的人际网络，请洛克会见乔布斯和沃兹尼亚克。

1977 年，作为硅谷风险投资先驱，洛克已经在享受政治家般的生活了。他投资了圣弗朗西斯科芭蕾舞团，并且热衷于收藏现代艺术作品。在晚宴上，他会按银铃召唤侍者。因为重视与马库拉的关系，他同意与乔布斯会面。但他的反应是可以预料的。"史蒂夫那时刚从印度回来，和他的导师或其他什么人共度了一段时间，"洛克后来回忆道，"我不能十分确定，但他可能已经有一段时间没洗过澡了。"

洛克对此皱起了鼻子，十分不满。马库拉只好又回头找他的老朋友汉克·史密斯和史密斯所在的公司文洛克创投。1977年秋天，同一年前的珀金斯和特雷比格一样，马库拉和乔布斯坐红眼航班来到纽约，前往洛克菲勒广场30号大楼，乘电梯抵达第56层，文洛克创投在那里设有办公室。到达后，他们潜入男厕所换掉了他们在飞机上穿的衣服。

身穿崭新蓝色西装的马库拉和乔布斯被带进一间没有窗户的会议室，他们在那里向文洛克创投的高级投资人彼得·克里斯普（Peter Crisp）、汉克·史密斯及其他几位合伙人进行了宣讲。文洛克创投的团队留心听的是哪部分现在已经说不清了，但乔布斯和马库拉谈到了个人电脑市场的潜在规模。自从瓦伦丁参观车库后，他们重新确定了自己的目标，现在他们大张旗鼓地谈论着个人电脑将成为每个家庭的必需品。但合伙人们似乎遗漏了这个信息，史密斯后来回忆说："史蒂夫所说的具体内容并不重要。整个业界都非常投机，我们不会从字面上去理解他们所讲的东西。""我们是在黑暗中飞行。"克里斯普补充道。

一个半小时后，乔布斯和马库拉的话题耗尽了，他们停止了宣讲。文洛克创投的合伙人们让他们等一会，因为合伙人们需要走出去，到走廊里做决定。一方面，文洛克创投团队明白半导体的进步使个人电脑的研发成为可能。也因为史密斯曾在英特尔工作，他了解、尊重马库拉，因此文洛克创投对苹果的交付能力有一定的信心。另一方面，与大多数东海岸风险投资人一样，文洛克创投团队相对而言厌恶风险：它经常拒绝支持早期的初创企业，只在它们有可观收入的时候才进行投资。总之，他们可以做这笔交易，也可以拒绝；没有人知道什么是正确的决定。"我们走到大厅里，四五个人互相看了看，耸耸肩说，管他的，赌一下？"克里斯普回忆道，"人们后来因为我们做了这个英明的决定而给了我们过高的称赞。"

于是文洛克创投几乎是出于一时兴起而承诺以30万美元收购了苹果10%的股份。该交易将苹果的估值定为300万美元，这意味着自约一年前斯坦·维特拒绝花1万美元购买其10%的股票以来，苹果的价值增长了约30倍。

马库拉带着文洛克创投的报价回到西海岸继续他的社交活动。他很快与另一位前同事安德鲁·格罗夫（Andrew Grove）达成了交易，后者在不久后成为英特尔的总裁。格罗夫非常了解苹果，因为马库拉一直试图挖走他的员工。现在他同意购买这家新公司的一小部分股权，这让马库拉的支持者名册上又增加了一位大牌。

人们窃窃私语：苹果将是赢家

随着文洛克创投和格罗夫的加入，苹果获得了前进的动力。它成了硅谷中的人们喃喃低语的主题，仿佛所有小道消息都在轻声重复它的名字。曾经无动于衷的唐·瓦伦丁开始追着马库拉要求分一杯羹。他多次在没有受到邀请的情况下出现在苹果的办公室；有一次，他在餐厅看到马库拉，就请服务生给马库拉送去了一瓶酒和一张便条，上面写着"别忘了我正计划投资苹果"。"我们不需要他的钱。"马库拉回忆道，但他最终让瓦伦丁投资，条件是后者接受董事职务。如果公司董事会中加入一位顶级风险投资人，这将进一步增强公司的发展势头。

大约在同一时间，雷吉斯·麦肯纳造访了阿瑟·洛克的办公室并问洛克是否听到了关于苹果的风声，他认为现在正是投资的时机。一些大人物已经参与其中，"火车要开了"。

"行进中的火车"画面形象地展示了分阶段融资的新特征。在雅达利或基因泰克的案例中，一旦"白热化风险"被化解，后续参与的风险投资人就会马上开出支票。而在苹果的案例中，风险投资人被告知他们应该投资，只是因为其他人都在投资。不管我们如何循环论证这种逻辑，它都绝对称不上是疯狂的。小道消息传递出一个信息，即苹果将是赢家。面对这种社会层面的认可，风险投资人在考虑是否投资苹果时，其管理水平或产品质量可能是次要因素。如果此时苹果需要资金，同时它的声誉因为人际网络的加持而飙升，那么它能雇用最好的人才和获得最好的分销渠道的机会也会增加。循环逻辑①也可以是合理的逻辑。

听了麦肯纳的话,洛克放下了对乔布斯和他的个人卫生状况的疑虑。他明白,是时候投资了,但问题是怎么做。文洛克创投已经投入了30万美元,瓦伦丁也在挥舞他的支票簿,苹果现在根本不需要资金。

洛克求助于迪克·克拉姆里克,在结束与汤米·戴维斯的合作之后,洛克与年轻的克拉姆里克合作创立了洛克-克拉姆里克风险投资基金。尽管这一基金在此时已经终止运营,并将资金返还给了有限合伙人,但两人仍然在原来的办公室工作。洛克决意采取由另一条人际网络驱动的策略,他让克拉姆里克给文洛克创投的彼得·克里斯普打电话,因为克拉姆里克和克里斯普早在哈佛商学院就相识了。虽然克拉姆里克经常对洛克专横的行事风格心怀怨气,但他很乐意给自己在哈佛商学院的老朋友打一通电话。他在电话中问道:"彼得,你能帮我们分一杯羹吗?"

克里斯普对他的老朋友很好。况且,阿瑟·洛克在1968年为英特尔融资时让文洛克创投加入了,所以克里斯普欠他一个人情。通过向克拉姆里克和洛克提供文洛克创投30万美元苹果股权配额中的一部分,克里斯普也将减少一些风险。让传奇风险投资人阿瑟·洛克与苹果搭上关系对文洛克创投而言也没有坏处。于是克里斯普告诉克拉姆里克,他可以提供文洛克创投所获取的30万美元苹果股权配额中的5万美元。

克拉姆里克兴奋地向他道谢,然后去告知洛克。"阿瑟!我获得了5万美元的苹果股权配额!"他得意地宣布。克拉姆里克盘算着要自留1万美元的苹果股权配额,让洛克拿剩下4万美元的。

---

① 论据的真实性依赖于论题的真实性,例如要论证"我们的大脑是可信的",使用的依据是"我们的大脑告诉我们它是可信的"。——译者注

洛克回到办公室，关上门打了几通电话。当他出来时，他给克拉姆里克带来了一个坏消息："我有许多要偿还的人情，而现在名单上多了你一个。"洛克不准备给让克拉姆里克自留任何苹果股权配额，克拉姆里克怒不可遏，但洛克在硅谷人际网络中的地位令他不敢抵抗。

过了一阵子，克拉姆里克的一位有趣的英国朋友到访了硅谷，名叫安东尼·蒙塔古（Anthony Montagu）。蒙塔古在伦敦成立了一家名为阿宾沃斯（Abingworth）的投资公司，可他在硅谷只是个局外人。"克拉姆里克，在硅谷，什么公司比较热门？"蒙塔古问。克拉姆里克告诉他，苹果很热门，但现在没有投资机会。因为苹果的一轮融资刚刚结束，就连自己也没能从中分得一杯羹。

蒙塔古似乎对苹果很感兴趣。他来加利福尼亚州有个明确的目的，就是了解新生的个人电脑业务，他知道苹果是领头羊。于是克拉姆里克打电话给苹果公司总裁迈克·斯科特，询问自己的英国朋友是否能过去拜访。"蒙塔古是一个富裕家庭的次子，他不得不靠自己工作谋生。"克拉姆里克开玩笑说，他问斯科特能否帮他这个忙。斯科特同意了。但他也坚定地告诉克拉姆里克，蒙塔古要投资是不可能的，苹果不需要更多的资金了。

蒙塔古前往苹果的办公室。几小时后，他打电话给克拉姆里克。"迪克，我太激动了，"他说，"这真是我见过的最激动人心的公司。"无论如何他都打算投资苹果。"你知道的，斯科特先生，"蒙塔古用他那令人印象深刻的英式口音对斯科特说，"我将带着大衣还有牙刷坐在大堂里。我不入股苹果是不会离开的。"很难说他是个古怪的小丑还是一个难缠的麻烦鬼。斯科特回答说，只要蒙塔古愿意，当然可以坐在大厅里，但入股的机会为零。蒙塔古说他会等。"我带着我的牙刷，我可以睡在这里。"他重复道，好像除了牙齿卫生，便没有其他理由阻碍他在别人的办公室睡觉。当晚 6 点 45 分，迈克·斯科特又出现在办公室。"蒙塔古先生，你真是个幸运的人。"他说。因为斯蒂夫·沃兹尼亚克决定买房子，为筹集房款，他想出售自己的部分股权。

蒙塔古问斯科特，沃兹尼亚克要卖出多少股权，答案是"价值45万美元的股权"。这比文洛克创投或瓦伦丁得到的要多得多。蒙塔古一时间欣喜若狂，他致电克拉姆里克"迪克，多亏了你我才会在这里！"，并提出要与他分摊配额。

克拉姆里克从未告诉洛克他通过这条迂回路线获得了"一大块苹果"，多年来他都对此保持沉默。他只允许自己做出一个低调的庆祝举动，那就是以男子汉的方式挥着拳头在心中发出无声的欢呼。顺便一提，克拉姆里克在圣弗朗西斯科的家所装置的前门铁制把手有点像苹果的形状。

是什么成就了它的巨大成功

苹果的融资案例表明，风险投资网络比个人强大得多。在这个故事中，没有一个风险投资人能独擅其美。尽管创新者的窘境为苹果带来了相当明显的机会，但一些人还是完全错过了它。文洛克创投的投资决定完全是随机做出的，他们决定投资主要是因为汉克·史密斯和迈克·马库拉之间的联系。瓦伦丁和洛克在最后一刻加入，洛克加入得尤其晚，他们投资的份额也都不大。瓦伦丁早在1979年就卖掉了他的苹果股权，为他的第一只红杉基金实现了13倍的短期盈利，但错过了苹果后来的扩张。这个传奇故事中两个最大的赢家是安东尼·蒙塔古和迪克·克拉姆里克，这对不可思议的投资人组合证明了纯粹的运气有时比什么都重要。

但这些混乱的小插曲并没有影响苹果的最终成功。苹果筹到了资金并建立起了人际关系，其成功证明了硅谷人际网络的力量。一旦文洛克创投、瓦伦丁和洛克加入投资，他们便打消了此前的迟疑，开始利用自己的联系人来帮助苹果做得更好。在瓦伦丁的介绍下，苹果公司聘请了仙童半导体资深员工吉恩·卡特（Gene Carter）。彼得·克里斯普的一通电话也帮助苹果从惠普招聘了一名制造部门高管。同时，阿瑟·洛克也在确保苹果沐浴在他的荣誉之下。有一次，当摩根士丹利的两位大人物来到西海岸时，他们与洛克共进午餐，洛克适时地赞扬了苹果。"阿瑟·洛克可是位非同小可的传奇人物。"摩根士丹利的两人在随后的备忘录中强调，并向公司转达了洛克对苹果的看法，即使洛克只是在做利己的广告，在他们听来也像自古流传下来的箴言。"经营这家公司的人……非常聪明，非常有创造力，非常有干劲儿。"洛克向他们保证。

1980年12月，在基因泰克上市两个月后，摩根士丹利帮助苹果上市。在当年237次IPO中，苹果的IPO无疑是规模最大的，筹资额超过了福特汽车公司上市以来24年间的所有IPO。截至当年12月底，苹果的市值接近18亿美元，比福特汽车公司的市值更高。1979年，瓦伦丁在退出苹果公司时得到了13倍的回报，而在上市后，洛克所持苹果股权带来的回报已经飙升到378倍，这让洛克在苹果董事会中占有一席之地，也与他作为英特尔公司董事长的地位正相称。毫无疑问，他是硅谷的权威人物，这一点在此刻尤其无可置疑，然而对苹果公司的成功投资是他风险投资生涯中最后一次全垒打，之后他就开始走下坡路了。"他本应占据主导地位，也本应是开出每一张关键投票的人，"比尔·汉布雷克特回忆道，"他有地位，也有钱作后盾。大家都默认他应该一直是行业权威。"但地位和金钱并不是唯一重要的成功要素。面对正在崭露头角的新技术和新产业，风险投资人越来越需要具备财务判断以外的能力。洛克是西海岸的风险投资之父，但他并不是推动它继续向前发展的人。

但这对风险投资行业而言并不重要，现在这一行业正在飞速发展中。1978年，美国国会将资本利得税从49%大幅削减至28%，大大增强了人们买入风险投资基金的动机。次年美国政府放开了"谨慎人规则"，为养老基金管理者投资高风险资产开辟了道路。1980年，在一个可能出自好莱坞某部阴谋剧的场景中，风险投资人比尔·德雷珀半裸地坐在波希米亚树林①的秘密权力集会中，抓住机会游说一位与里根关系密切的顾问，要求进一步削减资本利得税；果不其然，在

---

① 美国权贵俱乐部波希米亚俱乐部举行年度夏令营的野营地点，位于加利福尼亚州。——译者注

里根上台后不久，资本利得税税率再次下调至20%。①资本利得税税率的削减和"谨慎人规则"的改变形成了对风险投资人非常有利的政策组合：风险投资人支持的企业可以在不显示其历年盈利状况的情况下上市；员工股票期权在最终行使时征税，而不是在最初授予时；有限合伙企业是免税的，同时保护投资合伙人免受诉讼。历史上没有哪个国家对风险投资行业如此友好。

在基因泰克和苹果等公司令人垂涎的退出收益的推动下，20世纪70年代末资本开始涌入风险投资基金。从1973年到1977年的5年间，风险投资行业平均每年可筹集到约4 200万美元。在接下来的5年里，风险投资行业平均每年筹集的金额是这个数字的20多倍，足有9.4亿美元。苹果上市之后，再次掀起IPO风潮，著名的风险投资人开始创造非凡的利润：30%～50%的年回报率变得司空见惯。因此，自然而然地，顶级风险投资合伙企业开始以前所未有的规模筹集资金。唐·瓦伦丁为他的第一只基金筹集了500万美元，并于1979年为第二只基金筹集了2 100万美元，随后于1981年又为第二只基金募集了4 400万美元。在大致同样的时期，凯鹏华盈所管理的资金从800万美元增至1 500万美元，再到5 500万美元。即使是迪克·克拉姆里克和两位东海岸合伙人于1977年创立的恩颐投资公司（New Enterprise Associates）这样的新贵，也能在1981年为其基金筹集4 500万美元。总的来说，1977年至1983年，风险投资基金管理的资金翻了两番，从30亿美元增加至120亿美元，在此期间，独立风险投资合伙企业的数量增加了一倍多。

阿瑟·洛克可能退出了历史舞台，但他所创造的风险投资行业正在蓬勃发展之中。

---

① 资本利得税率的降低可能会鼓励应纳税投资人（富人）投资于风险投资合伙企业，或作为天使投资人积极行动。与此同时，资本利得税率的降低可能激励了更多发明家愿意冒险投入时间创业。

风险投资箴言

- 一个聪明人能成就伟业，而一大群聪明人可以进行多种尝试，通过一个不断尝试、失败和偶尔产生突破的进化体系，团队可能比个人进步得更快。

- 积极行动主义和分阶段融资已经成为投资高风险初创企业的常见方式。

- 冒险精神和对失败的容忍常常被视作硅谷所拥有的魔力，而硅谷所发生的一切都与此魔力有关。

The Power Law

THE POWER LAW

Inside Silicon Valley's Venture Capital Machine

第 5 章

西海岸投资风格斩获的近 40 倍回报

The Power Law

For many of these venture capitalists, building their networks was not just one thing that they did. It was the key to getting established in business.

建立人际关系网并不只是
风险投资人工作中的一项，
还是使他们在这个行业站稳脚跟的关键。

Inside Silicon Valley's Venture Capital Machine

20世纪70年代末至80年代初的风险投资热潮并没有让所有人都意识到它的重要性。尽管创新者的窘境合乎逻辑，即新行业很可能由新公司开创，因此风险投资公司的锐增可能会激发经济的活力，但大多数评论家依然认为，老牌工业巨头将决定美国的命运。1978年，美林证券满怀信心地预测："未来有前途的某个新技术、新产品和新服务的开发者很可能是大公司资金充裕的部门。"这就好像在说，美国经济的未来发展将仍然依赖像IBM这样的大公司和谢尔曼·费尔柴尔德这样的资本家一样。但如今，硅谷的风险投资已经具备全套的现代投资工具和密集的参与者网络，即将同时向两方面发起挑战。一方面，日本强大的半导体制造商正威胁着硅谷的核心产业，它可以对抗来自日本的压力。另一方面，它最终可能会帮助硅谷超越其长期的竞争对手——以波士顿为中心的技术枢纽。

硅谷的成功不能用政府干预因素来解释。并不是如别人所说的那样，联邦政府的行动计划突然变得对加利福尼亚州有利，而对马萨诸塞州不利；也不是因为政府为回击高效的日本半导体制造商所带来的竞争压力而颁布的一些神奇的工业政策。相信国家行动主义力量的人经常提到一个由政府领导的、名为"半导体制造技术研究联合体"（Sematech）的产业联盟：从1987年开始，美国联邦政府每年向这一联盟投入1亿美元，用以提升私营芯片制造商之间的协调能力，推动制造质量的改进。尽管半导体制造技术研究联合体帮助制造商们降低了故障发生率，并加速了芯片的小型化，但是日本半导体制造商仍然保持住了他们的优势，迫使美国放弃了在存储设备市场上的竞争。而在这个领域，制造质量是主要的竞争力。相反，硅谷则将精力集中到新的领域，包括研发、设计专业的微处理器、磁盘和磁盘驱动器，以及连接所有新设备的网络装置，这使其在新的领域取得了巨大优势。当然，这些新兴产业借助了政府支持的实验室在物理学和工程学研究上取得的突破：从这个意义上说，公共部门的支持确实很重要。但硅谷在将基础研究商业化上的成功，反映了一门不那么流行的科学学科的重要性，这就是社会学。

谁是你认为最优秀的人

加州大学伯克利分校的社会学家安娜莉·萨克斯尼安（Annalee Saxenian）描写了科技史上的这一阶段，敏锐地指出了硅谷与其竞争对手之间的关键区别。在美国东海岸和日本，电子行业被秘密的、垂直整合的大型公司所主导，例如，数字设备公司与通用数据公司（Data General）、东芝和索尼。相比之下，硅谷是小公司的大熔炉，硅谷因为它们之间的激烈竞争而变得充满活力，因为它们之间的结盟和合作而发展得势如破竹。萨克斯尼安认为，硅谷的小公司的特别之处在于，它们之间的界限是模糊的。首先，有关技术标准和设计的信息不断在公司间流通，例如一家磁盘驱动器公司的创始人将会与个人电脑制造商交谈，寻找将自己的设备加入个人电脑生产链的方法。其次，没有保密文化妨碍合作，一家初创企业的工程师可以就一个问题向另一家初创企业的员工寻求建议。再次，在目标明确的情况下，层级机构可以很好地协调人员间的合作，军队就是一个典型的例子。如果一名销售经理在星期五离开一家初创企业，下星期一入职另一家，有时他甚至不需要换停车场，因为两家公司就在同一栋楼里。最后，在推动基础研究商业化方面，事实证明，硅谷的合作文化比美国东海岸或日本那些自给自足、垂直整合的公司更具创造性：大公司把创意封存起来并且经常浪费它们，而不断变换的小公司联盟会进行无数的实验，直到它们找到最佳的前进路径。

为什么社会学家才能发现硅谷的优势？这是因为，经济学家总是更看重产业"集群"的活力，这些集群的代表包括纽约的金融业、好莱坞的电影业、硅谷的科技业。经济学家观察到，产业集群形式能在特定领域滋养出深厚的劳动力市场。如果硅谷的一家公司需要某种特定类型的数据库软件专家，可以迅速雇用到它所需要的掌握精确技能的人才。但是，相比于上述经济学家对工人与雇主之间所存在的生产性匹配的关注，萨克斯尼安的研究已经更进了一步。她强调了硅谷初创企业之间模糊的界限，以此探索集群内部关系的质量，并解释了为什么一些集群领先于其他集群。一个由大型、自成一体、行事隐秘的公司主导的集群，其特点是公司内部人员之间关系紧密，但相似的专业人群在公司与公司之间几乎没有联系。相比之下，一个由创业公司组成的集群，其同事之间的深厚联系会更少，但它会被无数松散的外部联系所强化。萨克斯尼安的论点是，**大量松散的关系比少数紧密的关系更利于思想分享和创新**。她的见解建立在一篇有史以来被引用次数最多的社会科学论文的基础上。在1973年发表的这篇著名论文中，社会学家马克·格兰诺维特（Mark Granovetter）提出，**相比于少量的强关系，大量的弱关系能产生更多的信息流通**。

时至今日，经济学界还没有提出类似的见解。尽管保罗·克鲁格曼（Paul Krugman）在经济地理学方面的开创性工作为他赢得了诺贝尔奖，但他遗憾地说："我在模型中强调的那些东西，不如我在模型中忽略的那些东西重要，因为我无法对它们进行建模，比如信息溢出效应和社会网络效应。"但是萨克斯尼安和她的社会学家同事们把信息溢出效应和社会网络效应放在考虑问题的中心位置，显然，他们这样做是正确的。试着回想一下，汤姆·珀金斯如果没有他在惠普的老朋友，天腾电脑绝不会凭空出现。如果诺兰·布什内尔不认识唐·瓦伦丁，或者瓦伦丁和迈克·马库拉没有联系，苹果可能永远不会成为一个真正的企业。因为有像沃克马车轮这样的酒吧存在，创意才能像野火一样在硅谷传播开来。在硅谷，IBM和施乐帕洛阿尔托研究中心的工程师们可以在一个拥挤的酒吧里自由地闲聊。在其他产业集群中，同样的创意可能根本得不到传播，因为社会关系并不是为了快速传播创意而连接起来的。

当然，萨克斯尼安的论文提出了一个问题：如果模糊的界限和大量的弱关系有利于高效产业集群的产生，那么，是什么创造了硅谷的这些条件？这里有两个老生常谈的答案。首先，加利福尼亚州法律不允许雇主在竞业禁止协议中捆绑雇员，人才可以自由地去自己喜欢的地方，而这一点与包括马萨诸塞州在内的大多数州不同。其次，斯坦福大学一直很慷慨地允许教授进行学术休假，并允许他们在学术休假期间为创业公司工作，这种宽容培养了学术界和商界之间的联系；相比之下，如果麻省理工学院的教授们花太多时间在业余项目上，就有可能失去终身教职。然而，尽管这些理由确实存在，但并不是全部。一方面，某些法律学者正试图明确竞业禁止协议条款的适用范围。另一方面，加州的科技创业公司更有可能吸引斯坦福大学的研究生，而不是斯坦福大学的教授。显然，萨克斯尼安提出的问题——为什么硅谷有如此之多的弱关系，其主要答案另有说法。我认为，主要原因在于，在硅谷，有一群专业人士在孜孜不倦地培养这种关系，这个群体就是风险投资人。

为了解释这一原因，让我们回到20世纪70年代末至80年代初的风险投资热潮。随着大量资金的涌入，可以预见，风险投资合伙企业将在未来帮助硅谷超越日本和波士顿的竞争对手，这并非巧合。风险投资资金的激增意味着将有更多热心的风险投资人在硅谷工作，他们倾听创业者推销创意，面试潜在雇员，并将想法、人员和资金串联起来。对于许多风险投资新手来说，建立人际关系网并不只是他们工作中的一项，还是使他们在这个行业中站稳脚跟的关键。在比尔·扬格（Bill Younger）于1981年加入萨特山创投时，他给自己定下了一项任务：邀请名片盒里最优秀的人共进午餐。每顿饭结束时，他都会问："谁是你共事过的最优秀的人？"然后，扬格把自己的任务设定为会见那个最优秀的人。在会面接近尾声时，他会重复这个问题："谁是你认为最优秀的人？"经过一年的时间，从一个最优秀的人到下一个最优秀的人，扬格列出了大约80位"硅谷超级明星"，他有条不紊地培养着和他们每一个人的关系。扬格会给一位优秀人士寄去一篇可能与他的研究相关的技术文章，再打电话给另一位优秀人士，为他带去老同事的问候。通过这种方式，扬格编织了一张宽松的关系网，在合适的机会到来时，这张关系网将为一家富有创意的初创企业铺垫人才基础。从扬格的故事可以看出，显然，萨克斯尼安所强调的社会网络效应并不是偶然产生的。

业内人士可以感受到风险投资人脉的激增如何改变了硅谷的"新陈代谢"。1981年的一个星期五，仙童半导体的前首席执行官威尔弗雷德·科里根（Wilfred Corrigan）分发了一家名叫艾萨华（LSI Logic）的新半导体公司的商业计划。到下个星期二，凯鹏华盈和两名共同投资人已经为之出资230万美元。"它之所以花了这么长时间才融到资金仅仅是因为星期一是节假日。"其中一个投资人后来说道。以类似的方式，一位名叫威廉·丹布拉卡斯（William Dambrackas）的工程师从他接触的第一家风险投资公司那里就筹集到了资金，尽管他既没有产品原型，也没有做财务预测。"我听说风险投资人在骑师身上押的赌注比在马上押的更多，"丹布拉卡斯惊叹道，"我很惊讶有人会投资一家还不存在的公司。"风险投资从大公司抽取人才的速度如此之快，即使是硅谷的中坚力量也对此大为光火。英特尔首席执行官安迪·格鲁夫抱怨说，风险投资人扮演着黑武士的角色，引诱无辜的年轻工程师和管理者上钩，这就是风险资本的阴暗面。"我们又没有用袋子套住他们的头，把他们拖出公司。（一切都是他们心甘情愿的。）"唐·瓦伦丁反驳道。在这场僵局中，缺乏可强制执行的竞业禁止协议的法律环境对风险投资人十分有利。合同法本身与其说是一种权力，不如说是解放资本的放大器。

硅谷的"新陈代谢"让前辈们感到不安。风险投资人在投资一家初创企业之前可以进行深度尽职调查的日子一去不复返了。"过去，你有两三个月的时间去做尽职调查，"尤金·克莱纳哀叹道，"现在只剩下几星期甚至几天的时间了，因为如果我们不抢先投资，别人就会这么做。"但是，无论这种疯狂的争抢行为会带来怎样的风险，新的氛围还是令人振奋的。正如萨特山创投的比尔·德雷珀所说，**风险投资资金的激增"帮助有能力的创业者从大公司的安全巢穴中蜂拥**

而出，进入大胆且富有创意的创业征途"。冒险精神和对失败的容忍常常被视作硅谷所拥有的魔力，而硅谷所发生的一切都与这种魔力有关。当一位名叫查尔斯·格什克（Charles Geschke）的工程师辞去稳定的工作，创建奥多比（Adobe）时，他宣称毫不担心会失败。他曾目睹过其他创业者如何在风险投资的支持下摸索创业，他认为失败往往意味着下次能筹集到更多的资金。

在风险投资人占主导的游戏中打败他们

人们对风险的担忧被逐渐淹没在风险投资的浪潮中，越来越多的创新实验得到资金支持，这其中的一些实验注定会大获成功。只要有少数几家杰出的、得到风险投资支持的公司获得成功，就能巩固硅谷作为全球技术中心的主导地位。

在波士顿及其周边地区并没有出现类似的风险投资热潮。20世纪60年代中期，乔治斯·多里奥特的ARD发展得步履蹒跚。随后，美国东海岸3家戴维斯-洛克风格的风险投资合伙企业——格雷洛克合伙公司、查尔斯河创投（Charles River Ventures）以及后来的经纬创投，从ARD的阴影中走了出来。这3家公司的表现都很好，但它们属于一个规模较小、实力较弱的网络，而且明显不如西海岸的竞争对手有进取心。当时，东海岸没有风险投资人挽起袖子帮助初创企业做商业设计的传统，就像汤姆·珀金斯对天腾电脑和基因泰克所做的那样；也很少有像萨特山创投在收购奎茂时所做的那样，支持有前途的技术专家并为他物色首席执行官的习惯。相反，东海岸的风险投资人希望在创业团队已经全部就位后才进行投资；"那是一种过于理想化的做法，"一名西海岸的风险投资人回忆道，"马萨诸塞州没有真正的风险投资。"波士顿的一位高级技术经理对此表示赞同："除非你已经证明自己100次，否则你不会得到一分钱。"一位从当地科技巨头离职创业的波士顿创业者总结道："新英格兰地区的人们宁愿投资网球场，也不愿投资高科技。"他收拾行囊，搬到了硅谷，在那里他成立了一家成功的计算机公司，名叫Convergent（聚合科技）。他后来说："有3个人在午餐时看到我把商业计划写在一张餐巾纸的背面，他们在20分钟内就承诺给我250万美元的投资。"

从选择初创企业到投后指导，东海岸的风险投资人处处谨慎。为了降低风险，波士顿的风险投资人更愿意向那些已经有成熟产品和早期销售成绩的企业提供他们所谓的"发展资本"，这比押注羽翼未丰的初创企业要安全得多。霍华德·考克斯（Howard Cox）于1971年在格雷洛克合伙公司开始了他的职业生涯，他夸耀自己的40项投资中只有两项亏损。"我不会支持那些可能会失败的公司。"他说。这是一种西海岸风险投资人会觉得可笑的怯懦。风险投资公司和初创企业之间的合同同样反映出了东西海岸的差异：东海岸的风险投资人坚持认为，如果一家初创企业经营状况糟糕，投资人有权没收它的固定资产，就像抵押贷款机构所主张的，如果借款人违约，机构有权没收其房屋一样。西海岸的风险投资人没有这样的条件，因为如果初创企业失败了，他们也几乎没有什么值得没收的资产。最后一个值得注意的地方是，东海岸的风险投资人早早地就会将投资风险转嫁，他们往往更愿意在被投公司盈利5倍左右时，就将其出售给规模更大的竞争对手。因为他们很少投资无收益公司，所以并不觉得必须在一个投资标的上收获10倍或更高的回报。

东西海岸之间的对比在鲍勃·梅特卡夫（Bob Metcalfe）的故事中得到了充分的体现。梅特卡夫自诩为"维京美国人"，因为他的祖父母分别来自挪威的奥斯陆、伯根和英国的利兹、爱尔兰的都柏林。他留着浓密的棕红色头发，穿着乐福鞋，称自己是"右翼嬉皮士"。先后从麻省理工学院和哈佛大学毕业后，他入职西海岸的施乐帕洛阿尔托研究中心。他很少用闹钟，经常在实验室里通宵达旦地研究，还发明了一种叫作"以太网"的计算机网络技术。他是一名极具竞争力的网球运动员，同时具有一种天赋——他兼具史蒂夫·乔布斯的宣传魅力和斯蒂夫·沃兹尼亚克的精湛技术。但是，令梅特卡夫极为沮丧的是，施乐帕洛阿尔托研究中心并没有表现出任何要将他的以太网技术商业化的迹象，也没有表现出愿意给他这种具备自由思维的人才升职加薪的打算。于是梅特卡夫辞职了，并成立了一家名为"3Com"（思利康姆）的初创企业。他坚信，未来美国各地办公室和客厅里的个人电脑将会通过以太网连接起来。

15 年前，像梅特卡夫这样雄心勃勃的工程师会先找到资金支持，然后才会鼓起勇气辞职。但现在，无处不在的解放资本已经被多数人所接受，这让梅特卡夫可以逆转这一顺序。在他看来这是很自然的事。当然，有才华的年轻工程师不应该在一个束缚其才能的官僚机构里受尽折磨，如果陷入了这样的境地，他有权利去创立自己的公司。经济学家经常从市场和公司的角度去思考问题，但梅特卡夫押注的是中间团体：风险投资网络。

梅特卡夫在 1980 年 9 月开始为 3Com 筹集资金。他立刻就接到了别人的报价：由洛克的前合伙人汤米·戴维斯设立的梅菲尔德风险投资公司对 3Com 的估值为 200 万美元，即每股 7 美元。洛克的另一位前合伙人、恩颐投资的迪克·克拉姆里克组织了一个"辛迪加"，愿意按照 370 万美元的估值投资 3Com，即每股 13 美元。这都是在 3Com 还未做任何事情之前递来的橄榄枝，但梅特卡夫决心得到更多。他宣称，他的公司价值 600 万美元，每股股票应该能卖到 20 多美元，他打算在风险投资人占主导的游戏中打败他们。"我一直讨厌 MBA，"他坦白道，"他们的工资总是比我高，但我有时比他们更聪明。"

梅特卡夫开始与风险投资人共进午餐，征求他们的指导意见。"如果你想要资金，就向他们寻求建议；如果你需要建议，就向他们寻求投资。"他精明地想着。他的目标是理解风险投资人的思维方式，不久他就发现了一个规律。在每次谈话的某个时刻，风险投资人都会滔滔不绝地讲起创业公司失败的三个原因，即创始人过于骄傲，对最有前景的产品关注太少，以及资金太少。梅特卡夫认识到这一规律后，准备先发制人。"我不会犯三类错误。"他会在毫无戒心的风险投资人提出标准警告之前宣布这一点，"第一，我认为这家公司的成功比我经营它更重要。第二，尽管我有一份展示了上百万种产品的商业计划，但相信我，我们只会关注其中的一小部分。第三，我在这里筹集资金，因为我知道我们必须保证资金充足。"

梅特卡夫的第一个承诺特别吸引人。他将争取到每股 20 美元的股价视为自已成功的标准，所以当涉及由谁来管理公司时，他愿意将自己置于次要地位。他已经足够了解风险投资人的心态，进而理解了奎茂公式的运作方式：他知道，如果他接受了风险投资人的资金，他们必然会引入外部经理人。梅特卡夫认为，既然这是不可避免的，为什么不颠倒一下顺序呢？如果他在筹集资金之前就聘请一位优秀的外部高管，他的公司会更强大，股票也会以更高的估值出售。

3Com 的小型创始团队并不喜欢这个计划。他们更希望建立由梅特卡夫领导的公司。其中一个人给了梅特卡夫一幅漫画，画的是国王和王后眺望着他们的领地。画中的国王看起来对自己很怀疑："我不确定我能做到。"王后表情严厉地说道："闭嘴，去统治他们。"

尽管受到这样的打趣，梅特卡夫还是坚持着聘用外部高管的计划。1980 年底，他利用在斯坦福大学的一次演讲宣布了一种新型风险投资竞价方式。他宣称，无论哪个投资人给他带来了具有成熟管理经验的最佳运营人才，他都将接受投资。梅特卡夫要求风险投资人在投资前给他找一个公司高管，目的是借此提升 3Com 成功概率，然后向他们投出更多的钱。在东海岸，风险投资人可能会耸耸肩走开。他们会想，这个疯狂的工程师自以为是谁？还敢向风险投资机构发号施令？但无论如何，西海岸人都愿意与潜在的"全垒打式"创始人合作。随着个人电脑的日益普及，互联网将成为一项热门业务。

梅菲尔德风险投资公司的高级合伙人沃利·戴维斯（Wally Davis）听了梅特卡夫在斯坦福大学的演讲。他回到办公室，把事情讲了一遍。他认为梅特卡夫正在把萨特山创投的奎茂公式强加在自己身上，但为了进行投资，梅菲尔德风险投资公司必须利用其招聘网络，为 3Com 找到一位经验丰富的高管。"我认识一个人，他会是一个完美的人选。"梅菲尔德风险投资公司的初级合伙人吉布·迈尔斯（Gib Myers）说。迈尔斯此前曾在惠普与一位名叫比尔·克劳斯（Bill Krause）的经理共事。克劳斯毕业于南卡罗来纳州的要塞军事学院，他是一个有条不紊、注重过程的成年人。事实上，对大多数人来说，他太有条理和遵守秩序了。他不仅在分析和制定公司的战略、战术、目标和任务上得心应手，也对产品营销从决策到实行的过程了如指掌。轻率不是他的办事风格，有了嬉皮士梅特卡夫在他身边，他顽固的处事风格将得到最佳的平衡。

迈尔斯打电话给克劳斯，让他和梅特卡夫在洛思阿图斯的麦克茶室见面。迈尔斯向克劳斯解释说，梅特卡夫正在成立一家新公司。尽管他和梅特卡夫有不同的处事风格，但也许他们可以互补。克劳斯欣然接受了这个建议，他一直想要领导一家初创企业。他曾经管理过惠普的个人电脑部门，对以太网有所了解，并对发明以太网的工程师怀有相当的敬意。另外，克劳斯在惠普的老伙伴吉米·特雷比格也离开了惠普，创办了风险投资支持的天腾电脑。这个提议对他来说很有吸引力。

在洛思阿图斯的会议进行得很顺利。和梅特卡夫一样，克劳斯也是一名出色的网球选手，并且两人就个人电脑的未来也达成了一致。他们都认为，当个人电脑连接到网络后，其效用将呈指数级增长。**事实上，这一见解后来被称为"梅特卡夫定律"，即一个网络的价值以连接到它的设备数量的平方的速度增长。**

横跨东西海岸的融资风波

几天后，克劳斯会见了梅特卡夫的副手霍华德·查尼（Howard Chaney）以及其他早期员工。他对3Com了解得越多，就越热心。如果他选择离开惠普，意味着他将离开一家稳定的公司，接受减薪，但3Com将是一个能让他从无到有、拥有大量股权的机会。克劳斯的下一步行动是找时机向他的妻子盖伊提出这个问题，盖伊喜欢跑步，因此他选在他们一起出去跑步的时候行动。那是一个美丽的早晨，克劳斯告诉妻子，自己可能会签约一家初创企业。他会带领一支激动人心的团队，而他一直渴望做这样的事情。但盖伊只是一言不发地跑着。过了一会儿，克劳斯看了看她，发现她在哭。克劳斯只好打电话给梅特卡夫，寻求他的帮助。克劳斯告诉他，自己的家庭谈话进行得不太顺利，也许他和查尼可以跟盖伊和自己共进晚餐，说服盖伊。克劳斯一家按约定与梅特卡夫和查尼共进晚餐。之后，盖伊说："霍华德·查尼是我见过的最聪明的人。"她补充道，"鲍勃·梅特卡夫是我见过的最有魅力的人。"然后她问道："他们要你做什么？""你同意了吗？"克劳斯问道。"去干吧。"盖伊回答。

由于克劳斯已经准备好加入团队，梅特卡夫认为他已经有了要求每股20美元的筹码。但是，即使已经找到一位出色的管理者，风险投资人也没有改变主意。到现在为止，他们已经习惯了奎茂公式：无论如何，他们都会自己解决3Com的管理问题，所以梅特卡夫先发制人的事实并不能改变游戏规则。恩颐投资的迪克·克拉姆里克坚持每股13美元的报价；以支持20世纪70年代成功的电脑制造商罗姆（ROLM）而闻名的杰克·梅尔乔（Jack Melchor）也出价13美元；梅菲尔德风险投资公司把报价从7美元提高到13美元后，股价似乎无论如何都不能再提高了。硅谷的人际网络是慷慨的，但它也像一个卡特尔[①]。他们认为梅特卡夫涉嫌暗中勾结，因此联合起来反对他。

梅特卡夫决心把网撒得更大些，他不会为了从一家知名的硅谷风险投资公司那里融资而付出更多代价。他觉得波士顿的风险投资人们同样有钱，资本只是一种商品，他也可以从波士顿的风险投资人那里筹集资金。对梅特卡夫来说，好消息是，聘用克劳斯给波士顿的风险投资人留下了深刻印象。他们喜欢投资现成的团队。3Com现在有了一个一流的工程师和一个一流的管理者。很快，波士顿风险投资圈中的著名成员富达宣布将以每股21美元的价格为3Com提供投资。梅特卡夫的公司估值超过了他设定的每股20美元的目标。

梅特卡夫兴高采烈地打电话给迪克·克拉姆里克。"迪克，"他说，"有人认可我们每股21美元的报价，他们只需要一个月的时间来做尽职调查。所以如果

[①] 为了垄断市场以获得高额利润，生产或销售某一同类商品的厂商通过在商品价格、产量和市场份额分配等方面达成协定，从而形成的垄断性组织和关系。——编者注

你坚持你的报价，那么一个月之内我们就要接受别人的投资了。"梅特卡夫希望克拉姆里克能提高报价。他心想，难道这些风险投资人不尊重拍卖和价格发现的过程吗？既然他们的卡特尔被捣毁了，他们难道不会屈服吗？但克拉姆里克拒绝提高报价。他祝梅特卡夫好运，但不打算出价超过21美元。他相信自己能够判断哪些初创企业值得投资，即使当时没有什么客观、定量的指标来支撑他的判断。

梅特卡夫回到富达，告诉他们他准备签署一份"投资意向书"，这份文件列出了投资的价格和条件。这一次，波士顿的风险投资团体似乎打算在沙丘路的眼皮底下偷走一笔交易。但梅特卡夫很快就发现了一种他称之为"哦，顺便说一下"的东海岸话术，举例来说，"顺便说一下，我们希望多一些共同投资人"。

梅特卡夫第一次遇到这种要求时，波士顿的投资人们看起来很无辜。他们想要一个共同投资人，但似乎没有现成的合作投资网络。梅特卡夫没有考虑太多，就去找了另一家愿意为每股股票支付21美元的风险投资合伙企业，最终他找到了一家愿意合作的纽约公司。然后他收到了进一步的要求，"实际上，我们需要一家西海岸的公司共同出资。"富达坚称。显然，波士顿的风险投资人渴望看到硅谷对3Com的认可。梅特卡夫不愿放弃，更努力地寻找，最终在西海岸找到了一家愿意以21美元投资3Com的小型风险投资公司。但富达依然不同意，他们要求共同投资人必须是一家西海岸的大公司，而梅特卡夫找到的候选公司没有达到要求。

梅特卡夫仍然决心为每股21美元的交易扫清障碍，他做到了。终于有一家西海岸的大公司愿意以该价格投资10万美元，但富达依然不满足。"我们真正想要的是一家重量级西海岸公司的大量参与，否则我们无法完成这笔交易。"富达随后告诉他。

当梅特卡夫跳过这一个又一个令人发狂的圈套时，他面临着另一个问题：富达的新条款和新条件不断出现。有一项"爆炸性董事会"条款，赋予投资人任命公司所有董事的权力。还有一项"递减"条款指出，如果 3Com 后来以更低的价格出售部分股权，投资人的股权可能会被稀释，而这一条款将保护他们不受影响。富达试图通过律师来管理初创企业的内在风险。它不想承认初创企业可能会失败，在这种情况下，董事会权力和棘轮机制并没有什么作用。

最终，在沮丧了一个月后，梅特卡夫得出结论，每股 21 美元的投资是一个海市蜃楼：每次当他接近它时，它就消失了。创业公司最稀缺的资产是时间。事实证明，波士顿的风险投资人在浪费时间上首屈一指。由于不想夹着尾巴回到克拉姆里克那里，梅特卡夫去见了杰克·梅尔乔，他是另一位出价 13 美元的硅谷风险投资人。"我需要将这笔交易尽快完成。"梅特卡夫告诉他，如果不尽快注入资金，3Com 很快就无法发工资了，梅特卡夫现在愿意接受每股 13 美元的报价来让资金尽快到位。他只有一个条件，那就是富达不能参与投资。

这样，通过硅谷的人际网络，这笔交易在几分钟内就达成了。梅尔乔拿起电话，与梅菲尔德风险投资公司和克拉姆里克进行了交谈，很快双方同意由梅尔乔的基金出资 45 万美元，梅菲尔德风险投资公司和克拉姆里克各出资 30 万美元，另外 5 万美元将来自与 3Com 有关系的小投资人。条文中没有无用的保护条款，也没有在紧要关头如何做的条件，梅特卡夫没有必要再为了钱而牺牲留在公司的时间。1981 年 2 月 27 日，星期五，3Com 收到了一张 110 万美元的支票，出售了其 1/3 的股权。如果当天没有收到现金，3Com 就发不出工资了。

梅特卡夫没能达成他想要的每股 20 美元的交易。但他给富达打去的最后一通电话令他感到颇为愉悦。他告诉富达，富达不能再投资 3Com 了。"为什么？"对方有点委屈地说，"我们在没有其他人支持你的时候支持了你。""不是的，"梅特卡夫回击道，"你们只是在没有人骗我的时候骗了我。"

有些秘密分享出来才更有价值

3Com 于 1984 年上市，为其早期投资人带来了 15 倍的回报。但这一成功只是一个更大规模现象的缩影。个人电脑的革命正在加速，而风险投资人在网络中的连接作用变得特别有价值。像苹果和康柏这样的初创企业所生产的个人电脑只有在与一系列互补的发明相结合时才会有用，比如内存磁盘、磁盘驱动器、软件程序以及诸如以太网之类的网络技术。每一个外部设备都是由一个独立的公司生产的，而且每一个都必须与电脑兼容才能使用。因此，风险投资人在硅谷四处奔走，与工程师们混迹在像沃克马车轮这样的酒吧里，倾听他们的技术交流。然后，在探听到哪些网络数据交换规则被制定后，他们便赶去支持符合这些规则的公司。红杉资本的唐·瓦伦丁强调他每个星期三和星期五都要去沃克马车轮酒吧寻找人才，他称这种做法是"航母模式"。风险投资启动了一批初创企业，来为这支舰队的中心——制造个人电脑的公司提供服务。

当这些公司填补个人电脑领域的空白时，风险投资人经常在公司之间建立技术联盟。举个例子，红杉资本参与了 3Com 的第二轮融资，然后建议 3Com 与芯片制造商 Seeq（斯克）合作，这可能有助于解决一个他们共同面对的工程挑战。这两家公司适时地共享了他们的专业知识，建立了双赢的合作关系，证明了硅谷人所说的"有些秘密分享出来才更有价值"。在另一个例子中，凯鹏华盈投资了太阳微系统公司和新型芯片制造商赛普拉斯（Cypress）。这两笔交易均由凯鹏华盈的年轻人约翰·杜尔负责，他将两家公司联合起来，生产出一种被称为"SPARC 微处理器"的新设备，这种设备提高了太阳微系统公司生产的工作站的性能。杜尔十分热衷于这种合作模式，经常谈论它，并将其称为"企业联盟模式"（Keiretsu Model）。他甚至谈到过，凯鹏华盈将模仿日本强大的工业网络，令其被投公司组成一个丰富的协作网络。艰苦创业的公司创始人必须埋头苦干，解决工程故障，操心销售业绩，但风险投资人可以看到整块版图，并告诉创始人如何前进。

培养创业公司之间的合作需要风险投资人有一定的敏感性。硅谷的"合作竞争"（coopetition）文化意味着公司间有时合作，有时竞争。风险投资人必须维系这一平衡——确保一些秘密得到共享，而商业机密又不受侵犯。1981 年，杜尔将一家名为"硅编译器"（Silicon Compilers）的芯片制造商介绍给一家名为"翁格曼－巴斯"（Ungermann-Bass）的网络公司，就像 Seeq 与 3Com 的联盟一样，这是一个协同合作的机会。因为凯鹏华盈同时持有硅编译器和翁格曼－巴斯的股份，出于相互信任的假设，两家公司很快就互通了技术。"由于凯鹏华盈的认可，我们更快地相信了他们的信誉并接受了其行为准则。"一位翁格曼－巴斯的工程师后来回忆道。但在两家公司合作了一段时间后，翁格曼－巴斯却失去了合作兴趣。硅编译器的定制芯片似乎不比英特尔的标准芯片好多少，而且英特尔的芯片要便宜得多。翁格曼－巴斯适时地终止了合作关系，并认为事情到此为止了。然而，对两家公司和凯鹏华盈而言，事情变得一团糟。

遭到拒绝后，硅编译器与翁格曼－巴斯的竞争对手 3Com 建立了新的合作关系。归咎于杜尔发起的合作协议，翁格曼－巴斯的知识产权现在似乎有可能落入其最强劲的竞争对手之手。翁格曼－巴斯的老板给凯鹏华盈打去电话，"你不能这么做！"他们抗议道，"我们把知道的一切都告诉你了！"

接下来发生的事情证明了硅谷的神秘魔力。翁格曼－巴斯的资深创始人拉尔夫·翁格曼（Ralph Ungermann）和他的副手们被召集到凯鹏华盈位于圣弗朗西斯科英巴卡迪诺中心的极具设计感的办公室，那里可以俯瞰海湾的壮丽景色。在那里，翁格曼受邀在凯鹏华盈资深风险投资人汤姆·珀金斯的面前尽情抱怨。在杜尔和硅编译器团队的出席下，珀金斯主持了这一"听证会"，就像当代的所罗门一样。"我们只是告诉他们这么做是不对的。"翁格曼的一个副手后来回忆道。

"好吧，你想要什么？"珀金斯问道。他的办公室摆满了他四处收集的布加迪跑车模型。翁格曼鼓起勇气回答道，他想要一笔高额补偿金，金额是 50 万美元。杜尔脸色惨白。翁格曼的其中一个副手认为杜尔随时都可能晕倒。"能失陪一下吗？"珀金斯说。翁格曼和他的团队走出大厅。"你很有胆量。"其中一个副手说。

稍等片刻后，他们又被叫了回来。"好吧。我们可以支付 50 万美元。"珀金斯简单地宣布，这是一个非同寻常的让步。翁格曼将获得 3Com 在首轮融资中所筹集资金的近一半，而且他能在不放弃任何一股股权的情况下获得这笔资金。"很好。我们将放弃所有其他要求。"翁格曼回应道。

"风险投资总是在竞争和合作之间游走，"翁格曼的一位同事后来回忆道，"风险投资合伙企业的几乎全部工作都围绕着管理被投公司之间的关系展开，他们要确保这些公司在适当的时机利用适当的关系，在不适当的时候不制造问题。"凯鹏华盈的业务依赖于其能维系公司间公平竞争的声誉。为了维护这种他们赖以生存的信誉，50 万美元是很划算的。

这也是硅谷的福音。风险投资人在管理小公司间的合作竞争方面的成功，与硅谷在 20 世纪 80 年代的成功息息相关。声誉和信任使得昂贵的诉讼很少发生；数十家新风险投资公司可以争抢业务，但硅谷的合作氛围并未减弱。以半导体公司为例，由风险投资资助的后起之秀，如艾萨华和赛普拉斯拓展了特种电路板市场，使硅谷重新摘得世界半导体市场领头羊的桂冠。在磁盘驱动器方面，西海岸的风险投资在这 10 年的头几年里资助了 50 多家初创企业，尽管过度扎堆导致不少公司失败，但幸存者确保了硅谷从垂直整合的东海岸计算机巨头那里抢走了这一市场。总的来说，加利福尼亚州北部的科技公司在 20 世纪 80 年代净增加了 6.5 万个工作岗位，是波士顿创造的工作岗位数量的 3 倍多。到 20 世纪末，全美增长最快的 100 家电子公司中，有 39 家在硅谷，而波士顿地区只占 4 家。

在激烈斗争中爆炸式增长

在 20 世纪 80 年代的硅谷明星企业中，最耀眼的竟然是思科。它的两个创始人是一对夫妇——莱纳德·博萨克（Leonard Bosack）和桑迪·勒纳（Sandy Lerner）；他们不是那种能轻易吸引风险投资的人。博萨克看起来总是严肃紧张，充满敌意，他思考问题的方式与常人不同。"莱纳德是个外星人，"勒纳评价道，"他会让人们感到恐惧。"就勒纳而言，她经历了一个艰苦的童年，这让她养成了一种狂野的性格。她曾裸体躺在马上为《福布斯》拍过照片。

勒纳在没有父亲的环境中长大，她的母亲是个酒鬼，所以她大部分时间是在加利福尼亚州一个姑姑家的农场里度过的。到16岁高中毕业时，她就已经做起了养牛的生意，这为她未来上大学成为技术专家提供了经济保障。在做了一小阵子银行初级职员后，她进入了加利福尼亚州州立大学奇科分校，这是加州大学系统的前哨站，以一首糟糕的、具有斗争色彩的歌曲而闻名。勒纳主修政治学，她的观点极为激进，她心目中的合理的政府预算，就像一位同事后来说的那样，"可能都不足以买足够的邮票将公司的营业执照寄出去"。

勒纳在两年内就获得了加利福尼亚州州立大学奇科分校的学士学位，并在克莱蒙特·麦肯纳学院注册攻读计量经济学硕士学位。她曾有过从事学术工作的想法，但她更想拥有财富，于是她的兴趣转向了计算机行业。她在斯坦福大学的计算数学系进一步深造，并以惊人的速度爬上了学术的顶峰，她可是斯坦福大学该届项目中唯一的女性。在斯坦福大学，勒纳遇到了博萨克，在同学之中博萨克很显眼，因为他看起来很干净。"斯坦福大学的书呆子文化相当极端。"勒纳回忆说。相较于其他书呆子同学，博萨克知道如何用银质餐具吃饭，并且会按时洗澡。于是两人开始了一段闪恋。1980年，他们结婚了。

1981年，勒纳在斯坦福大学获得了硕士学位，并在该校商学院担任计算机中心主任。博萨克在计算机科学系担任了同样的职务。他们的办公室相隔只有约500米，但他们的电脑却不能联通。多亏了鲍勃·梅特卡夫的以太网技术，博萨克实验室里的计算机可以通过局域网互相连接，但勒纳所在商学院的实验室采用的是另一种联网模式。因此还没有人能成功地在这两种联网模式之间架起一座桥梁。

勒纳和博萨克在没有寻求大学支持的情况下开始着手解决这个问题。根据后来的思科内部传言，他们当时只是想给对方发情书。首先，他们解决了连接两个使用不同协议的网络的工程问题。接着，博萨克开始开发一种更先进的设备——一种多协议路由器，它可以连接各种协议标准的网络。这款路由器还解决了困扰大型网络的一个问题：所谓的网络灾难性崩溃，即数以千计的计算机重复传送信息包，将导致网络因过载而崩溃。在斯坦福大学多位同事的努力下，博萨克整合了硬件和软件，以避免这些故障，创造了他和勒纳所说的"蓝盒子"。然后，他们将同轴电缆穿过检修口和下水道，将斯坦福大学庞大校园里的大约5 000台计算机连接起来。但当时，大学并不认可他们的努力，"这在很大程度上是一场游击行动。"勒纳后来说。但是，无论被授权与否，新的网络都被证明是强大的，勒纳意识到了这个机会，这是能让他们发财的东西，他们的技术可能创造一家新公司。

勒纳和博萨克找到了斯坦福大学管理者，请求批准他们将在互联网络方面研发的突破性技术卖给其他大学。尽管斯坦福大学以鼓励创业者而闻名，但在这一次，它拒绝了，它对技术人员不像对终身教职员工那么慷慨。这对夫妇决定，既然斯坦福大学的规则不合理，那么无视它的规则才是合理的。"于是，我们满怀激情地带着5美元去了位于圣弗朗西斯科的州务卿办公室，创办了思科。"勒纳后来回忆道。

1986年，勒纳和博萨克从斯坦福大学辞职，全职创办思科。另外三名斯坦福大学的员工也加入了他们的行列，他们以销售自制的多协议路由器为主业。当时为了缓解资金紧张的情况，两位创始人开始寻求风险投资，参加社交活动，向数十名风险投资人推介产品，但他们的努力都付诸东流。首先，风险投资的热潮已经降温，过剩的资本压低了投资回报，1985年，私人风险投资合伙企业所筹集到的资金已经从前两年的每年30多亿美元下降到24亿美元。其次，多协议路由器不受专利保护，因为斯坦福大学声称拥有思科在互联网络方面的突破性技术的所有权。最后，创始人自身也存在问题。博萨克时而沉默，时而陷入思考并自言自语。当勒纳厌倦了他关于算法的喃喃自语时,她养成了说"Control-D"的习惯,也就是让博萨克暂停的意思。至于勒纳,出于不同的原因,她也让风险投资人感到不快。也许是因为她的天性如此,也许是因为她支离破碎的童年,也许是因为一个几乎全是男性的领域对一位女性的偏见,她给人的印象是可怕而粗暴的。

尽管遭到了投资人的厌恶,思科团队依然顽强地坚持了下来。他们通过透支信用卡和推迟发放工资来维持生计。为了支付账单,勒纳做起了副业,同时另一位联合创始人也给公司提供了个人贷款。博萨克强烈的职业道德感开始发挥作用。"我的真诚体现在每星期100多个小时的工作上,"他说,"我每天只能吃一顿饭,每隔一天才能洗一次澡,这样才能将生活琐事安排得开。"随着顾客开始订购他们的产品,这个团队的决心更加坚定了。博萨克夫妇和博萨克的父母住在郊区,棕色的送货卡车开始定期出现在那里。

到1987年初,思科已经取得了十足的进展,也因此额外招募了一些员工。但由于没有风险投资的支持,思科始终无法快速发展。由于缺乏经验丰富的管理者,勒纳和博萨克只能以低廉的薪水和古怪的方式雇用员工。他们雇用了一名没有创业经验的前海军军官出任财务副总裁,他一上任便亲自否决了一项将路由器卖给一个与军方有联系的实验室的交易。他解释说,如果思科的设备出现故障,可能会引发第三次世界大战,这超出了他的承受能力(第二天,否决就被撤销了)。一位思科的前员工回忆道:"我听说有人拿瓶子砸了他的头。"在思科跌跌撞撞发展的同时,竞争对手也出现了。到1987年年中,来自波士顿的工程师、连续创业家保罗·塞韦里诺(Paul Severino)为一家名为韦尔弗利特(Wellfleet Communications)的公司筹集了令人瞩目的600万美元资金,他似乎已准备好赢得互联网市场的竞争了。

但随后,思科的命运以典型的硅谷方式发生了转变。勒纳和博萨克所聘用的这位财务副总裁认识一位律师,这位律师有一个名叫埃德·莱纳德(Ed Leonard)的合作伙伴,而莱纳德碰巧与风险投资公司的人共事。在世界的另一个角落，这可能是无关紧要的关系网络：像莱纳德这样的律师不会为了某个随便认识的人去麻烦风险投资公司的高管。但硅谷的"造雨人"与其他地方的不同：他们乐意被打扰，为他人引荐和见他人引荐的人就像是他们的本职工作一样。如果莱纳德把博萨克夫妇介绍给一个能在业内呼风唤雨的企业家，即使合作不能达成，这也会提高莱纳德的地位。

在做引荐之前，莱纳德见了博萨克和勒纳，评估了一下他们的潜力。这对夫妇穿着印有战斗口号的T恤，博萨克把莱纳德说的每一个字的可能意思都进行了分析。尽管心存疑虑，莱纳德还是给红杉资本的那位朋友打了个电话，很快他就和唐·瓦伦丁通上了话。"我不知道这是不是在帮你，"他坦白道，"但我要向你介绍一家公司，这家公司的员工非常与众不同。"

作为曾支持过诺兰·布什内尔和史蒂夫·乔布斯的投资人，瓦伦丁不会仅仅因为思科的创始人与众不同而放弃投资。他所关心的是，思科的路由器是否真的像创始人所声称的那样。如果他们真的做到了他们所声称的，那么未来将前途无量。一项能够连接网络的技术将会有巨大的价值。

瓦伦丁听取了查理·巴斯（Charlie Bass）的建议，巴斯是3Com的老对手翁格曼-巴斯背后两位创始人中较年轻的一位，正考虑签约成为红杉资本的合伙人。与此同时，他还担任交易顾问。他承诺将查明思科的技术是否如博萨克所说的那样有效。很快，他就有了答案。惠普是思科的早期客户，所以巴斯和他在惠普的一位朋友聊了聊。这位朋友带来了一些好消息和一些坏消息。根据惠普的经验，博萨克夫妇所研发的路由器非常好。事实上，它们甚至称得上是出色，惠普几乎愿意付出任何代价来收购它们。然而，思科的投资人必须准备好应对麻烦：惠普的工程师们都说，与博萨克共事难于登天。巴斯认为，创始人的个性问题比技术的卓越性更重要，因此他怀疑思科是否值得投资。

瓦伦丁听了巴斯的话，却得出了相反的结论。他已经见过了博萨克，也了解了博萨克的缺点。据他所知，唯一能让博萨克摆脱外星人式思考方式的话题就是胡椒博士汽水，他对这个话题一直十分热衷。瓦伦丁也评估过勒纳。他认为勒纳聪明敏慧，口齿伶俐，只是喜欢对抗他人和大声喧哗，这对她作为团队建设者的前途是不利的。然而，在瓦伦丁看来，这些都不重要。用瓦伦丁的话说，惠普公司曾作证说，工程师们"曾为了拿到他们的产品而把门上的铰链生生扯下来"。即便勒纳和博萨克很难共事，那又怎样？瓦伦丁会替他们出面。

1987年10月19日，红杉资本的尽职调查还在进行中，在这期间道琼斯股票指数暴跌了23%。接下来的星期一，一位头部银行家来到红杉资本的办公室共进午餐。"停止投资，（市场）基本完蛋了。"他冷冷地建议道。但是瓦伦丁仍然决心继续前进。他认为，一个7人组成的公司在没有销售人员的情况下竟能生产和销售产品，这样的公司多久才能出现一次？

1987年底，红杉资本投资了250万美元，收购了思科1/3的股权。从表面上看，这些条件相当慷慨。因为6年前，3Com仅以110万美元的价格就出售了自己1/3的股权，尽管当时它还处于发展的早期阶段。但瓦伦丁了解思科的弱点，并据此安排了这笔交易。整整1/3的思科股票被预留给现有的管理人员和未来的员工，这使得瓦伦丁能够招募新的管理人员来接管创始人的领导权。尽管勒纳和博萨克保留了剩下1/3的股权，但其中大部分被转换为无表决权的股票期权，这让瓦伦丁控制了董事会。博萨克被允许占据了一个董事会席位，而勒纳被排除在外，这可能是因为她更难相处，也可能是因为性别歧视。当勒纳抱怨时，瓦伦丁向她保证，他会重新考虑她的身份，不过要到晚些时候。

不久之后，瓦伦丁确实重新审视了思科的领导结构，但目的不同。当时的首席执行官失去了勒纳和博萨克的信任，瓦伦丁也不喜欢他。因此，瓦伦丁解雇了他，自己担任起临时首席执行官。此外，瓦伦丁还任命自己为思科董事会主席，并任命他强硬的红杉资本合伙人皮埃尔·拉蒙德（Pierre Lamond）为工程主管。现在谁在经营这家公司已经毫无疑问了，而这种变化无疑是一件好事。离开斯坦福大学参与创建思科的联合创始人之一柯克·拉菲德（Kirk Lougheed）默默地为瓦伦丁的夺权欢呼。"我盼望的专业人士来了！"他回忆道，"我在思科投入了很多时间，眼看它就要成功了。我不想让勒纳和博萨克搞砸了。"

为了建立工程部门，拉蒙德开始利用红杉资本的人际网络招聘新员工。勒纳觉察到自己的控制力正在丧失，因而愤怒地反击。"这个人脑死亡了！"在拉蒙德招募的一位新工程师出现在思科公司后，她反复叫喊着"脑死亡"。当另一位工程师出现时，她同样大声地重复这个词。拉蒙德总结，这是勒纳最喜欢的表达方式。

与此同时，瓦伦丁开始寻找一个可以长期担任首席执行官的外部人士。他请每位候选人描述自己做过的最离谱的事。他需要一个不怕做出疯狂决定的管理者，因为思科就是一家疯狂的公司。"我从来没有做过任何离谱的事。"一位候选人回答。"好吧，你没戏了。"瓦伦丁心想。

1988年秋，瓦伦丁选定了约翰·莫格里奇（John Morgridge），他曾是霍尼韦尔的资深高管，也曾领导过一家失败的初创企业。莫格里奇高兴地承认自己在霍尼韦尔的经历是"一次很好的教育，教会我们如何去做不应该做的事情"。这句话对瓦伦丁来说简直是天籁，他喜欢看到他人的谦卑，讨厌他人自负。莫格里奇经历过公司的失败，这样的经历对领导思科而言非常完美。

尽管瓦伦丁聘请了外部首席执行官，但他明白这一人才战略存在风险。显然，留住有天赋的创始人对公司而言是最为直接、有利的：作为公司的所有者和创造者，创始人无论在经济上还是情感上都有追求卓越的动机。虽然萨特山创投的奎茂公式证明了聘请外部首席执行官与技术类创始人合作模式的有效性，但奎茂公式并不主张取代创始人。为了让莫格里奇拥有求胜欲，瓦伦丁给了他创始人式的激励。瓦伦丁给他提供了6%的公司股票期权，这样他就可以共享思科的成功；这让他比一些创始人获得的利益还要多。瓦伦丁也尽了最大的努力来为莫格里奇创造如同创始人一般的情感激励。创业公司的创始人将公司的成功视作自己的骄傲所在，他们不可能随波逐流，更不能接受一个一般好的结果。瓦伦丁跟莫格里奇说得很清楚，如果他不够努力，就会被开除。"我不太擅长挑选人，"他恶狠狠地威胁道，"但我很快就能纠正我的错误。"

当勒纳听说莫格里奇被雇用时，她非常愤怒。她用以往的表达方式宣布莫格里奇"脑死亡"。她又一次和瓦伦丁对质，在办公室里对他大喊大叫。与此同时，思科管理团队的其他成员也在内部展开了激烈的斗争。有一次，敌对的副总之间爆发了一场斗殴。公司的一位心理咨询师被叫来了，"他的作用不是让我们相亲相爱，而是避免我们对彼此拳脚相加。"莫格里奇回忆道。

我们很容易理解为什么查理·巴斯曾怀疑思科是否值得投资。但是一步步地，瓦伦丁和莫格里奇把一个散沙般的团体变成了一家严肃的公司。他们聘请了一名新的财务总监、一名新的营销经理和一支新的公司销售队伍；建立了一条全新的生产线；塑造了一种严苛的成本控制文化，并让这种文化渗透到公司的方方面面。在出差时，为了节省住酒店的费用，莫格里奇会去住到远房表亲家，这种做法给了他道德上的权威，他可以要求思科的经理们坐经济舱，当然，他自己也是这么做的。当一些反对者提出异议时，莫格里奇建议他们乘坐"虚拟头等舱"——闭上眼睛，想象着鱼子酱入口时的风味，从而在精神上把自己从拥挤的经济舱座位上解脱出来。

1989年底，在红杉资本投资两年后，思科已经成为一家拥有174名员工的成熟公司。正如瓦伦丁所预见的那样，思科的销售额和利润呈爆炸式增长。然而，不幸的是，勒纳也爆发了，她坚信思科的新员工总是怠慢客户。她直言不讳地说："不管对错，我都认为客户应该离这些新员工远远的"。她越来越频繁地发脾气，与博萨克的婚姻也破裂了，就连以前愿意容忍她发脾气的同事们也忍无可忍了。

1990年夏末的一天，瓦伦丁来到他位于沙丘路的办公室，他的助手向他使眼色。在首席财务官约翰·博尔杰（John Bolger）的带领下，7位思科高管正在会议室等候。"我可以感觉到他们不是来为我庆祝生日的。"瓦伦丁后来说。访客们开门见山：桑迪·勒纳必须离开公司。否则，思科的高管团队就会像"八叛将"一样一起辞职。会议不到一个小时就结束了。客人们走后，瓦伦丁给莫格里奇打电话。"我现在面临一场叛乱。我该怎么办？"他问道。"是我让他们去找你聊的，如果你同意，我就让勒纳走。"莫格里奇回答道。

瓦伦丁同意了，莫格里奇适时地把勒纳叫到他的办公室。按照他的说法，他试图向勒纳解释，为了自己好，她应该离开。多亏了思科的成功，她不再需要为赚钱而工作，而且从她的行为来看，她待在公司很不开心。"我不知道你是否想继续这样的生活。"莫格里奇记得他曾恳求说。但勒纳拒绝了他的请求，她表示自己还没准备好退休。然后莫格里奇就开门见山了："今天是你在思科的最后一天。"

它不仅是一家成功的公司，还是整个行业的主宰者

当博萨克得知勒纳被解雇的消息时，为表同情，他也辞职了。两人从此再也没有涉足过他们创立的这家公司。博萨克，那个曾经被勒纳描述为"外星人"的人，开始为发现外星智慧生物而努力。勒纳则将她的精力投入一个成功的化妆品品牌衰败城市（Urban Decay）中，这个品牌挑战了美妆行业的"芭比娃娃"审美综合征。衰败城市有一款指甲油叫作"瘀青"（Bruise），对于斗士勒纳而言，这是恰如其分的奏鸣曲。

思科创始人被解雇的事件成了硅谷神话的一部分。据推测，正是在这一刻，风险投资才显露出了它无情的一面。瓦伦丁在这个故事中做了许多决策，为自己塑造了一个会无情解雇他人的强硬形象。但关于思科的真相，以及其他公司创始人被解雇的真相，却更加微妙。当创始人被解雇时，风险投资人并不总是那个刽子手；通常是高层管理人员背叛了他们的领头羊，迫使他离开。瓦伦丁是授权解

雇勒纳的人，但他这么做是为了让思科团队的其他人团结在一起。事实是，勒纳被解雇与其说是出于风险投资公司的无情，不如说是出于科技公司的性别歧视。直到1990年，美国工程师中女性仅占9%，在硅谷初创企业中这一比例更低。而想要改变社会现状很难。

红杉资本的投资条款也存在争议。多年以后，勒纳指责瓦伦丁利用了她缺乏金融经验的事实。思科的投资意向书规定，将在4年时间内授予创始人2/3的股权，然而，当勒纳和博萨克在1990年8月离开公司时，这些股权中的1/3，也就是他们所持总股本的近1/4，仍未被授予。随后发生了一场法庭争端，在这场争端中，勒纳和博萨克一改之前幼稚的行事方式，聘请了一位激进的洛杉矶律师，这位律师开着一辆白色加长豪华轿车前来参加会议。尽管最终的法律和解结果仍不明朗，但勒纳和博萨克在离开公司时每人都拿到了至少4 600万美元。试想，如果当初拒绝了红杉资本的投资，他们将保留对思科的控制权。但是，这意味着他们只能在一块小得多的蛋糕中占有更大的份额，财富会少得多。

但思科所带来的更大的教育意义与硅谷的崛起有关。一般来说，该地区多数传奇企业都是由意志坚定的创始人创建的，而与投资人分享成果并不是他们的习惯。然而，对于思科来说，风险投资人的贡献是无可争辩的。唐·瓦伦丁接管了公司，赶走了创始人，组建了自己的团队；毫无疑问，这种亲自参与的西海岸风险投资风格解释了思科的成功。相比之下，思科在东海岸的竞争对手韦尔弗利特则因为东海岸特有的原因而失去了在互联网络领域的领先地位。韦尔弗利特拥有一支优秀的工程师团队，其创始人保罗·塞韦里诺是一位受人尊敬的发明家。但正是因为塞韦里诺是一个知名人物，风险投资人对他的照顾太多了——他们让他慢慢地完善产品，所以产品上市的速度很慢。"韦尔弗利特能就技术细节问题争论好几天。"一位波士顿科技公司高管懊悔地回忆道，"而那时的思科一直在外面做销售。"

对硅谷而言，投资思科的结果不仅是获得一家成功的公司，更重要的是主宰了整个行业的发展。从20世纪90年代到21世纪的头10年，思科一直主宰着网络业务。瓦伦丁10年前就开始着手发展一系列为个人电脑提供服务的公司，现在他发现，他支持的这家斗志旺盛的初创企业已经变成了自己的航空母舰，一群制造交换机和路由器的公司在思科周围航行，而他就站在旗舰的甲板上指挥着。在思科上市为红杉资本的投资增加了近40倍回报之后，瓦伦丁仍然担任董事长一职。从这个特殊的有利位置，瓦伦丁可以看到思科可能想要收购的创新网络技术。结果，红杉资本投资了一系列初创企业，并将这些公司卖给了思科，以从中获利。这一合作关系的声誉不断提高，硅谷也蓬勃发展了起来。

风险投资箴言

- 大量松散的关系比少数紧密的关系更利于思想分享和创新。

- 正是由于信息溢出效应和社会网络效应，创意才能像野火一样在硅谷传播开来。

- 风险投资资金的激增帮助有能力的创业者从大公司的安全巢穴中蜂拥而出，进入大胆而富有创意的创业征途。

- 艰苦创业的公司创始人必须埋头苦干，解决工程故障，操心销售业绩，但风险投资人可以看到整块版图，并告诉创始人如何前进。

- 硅谷的"合作竞争"文化意味着公司间有时合作，有进竞争。风险投资人必须维系这一平衡——确保一些秘密得到共享，而商业机密又不受侵犯。

The Power Law

THE POWER LAW

Inside Silicon Valley's Venture Capital Machine

第 6 章

狂妄的雄心与有准备的头脑

The Power Law

A specialist investor should know 90 percent of what founders are going to say before they open their mouths to say it.

在创业者开口说话之前，
专家型投资人应该对创业者要说的话
有 90% 的了解。

Inside Silicon Valley's Venture Capital Machine

1987年的一天，一位名叫米奇·卡普尔（Mitch Kapor）的创业者乘坐自己的私人飞机从波士顿飞往圣弗朗西斯科。"请多多包涵。"他对他的客人，一位名叫杰瑞·卡普兰（Jerry Kaplan）[①]的软件工程师这样说，然后他从行李中拿出一台便携式的康柏286电脑，它大约有一台小型缝纫机那么大。

　　"我得更新我的笔记了。"卡普尔一边说，一边看着从口袋里掏出的一摞黄色便签和从笔记本上撕下来的一页页纸。他有一头浓密的黑发，带着一种悠闲的沙滩风格。在创立软件公司之前，他曾做过音乐节目主持人、精神病机构的顾问、脱口秀演员和超验冥想师。《时尚先生》（*Esquire*）杂志的一篇人物简介将他描述为"洛奇·巴尔博亚（Rocky Balboa）[②]和瑜伽大师的混合体"。

[①] 斯坦福大学人工智能与伦理学教授，开辟平板电脑与智能手机先河的人工智能商业化先锋，他先后在《人工智能时代》《人人都应该知道的人工智能》中揭示了如何从企业、税收和保险等机制上构建起一个有益的经济生态，让社会中的每一个人都能从人工智能技术发展中获益。这两本书的简体中文版由湛庐引进、浙江人民出版社分别于2016年和2018年出版。——编者注
[②] 美国电影"洛奇"系列的主角，业余拳击手出身，凭借自身努力，登上拳坛最高峰。——编者注

卡普尔继续说："我希望有种办法可以让我直接把这些东西输入电脑，而不用留着这堆纸。"卡普兰表示，也许是有这样一种方法的。如果电脑变得又轻又小，让人们可以随身携带，听起来怎么样？卡普兰和卡普尔就这一设想的可行性展开了讨论。一台计算机的磁盘驱动器每个重达约 900 克，电池又将增加几百克重量，而显示器的玻璃也很重。虽然每一项技术进步都能缩小计算机的体积，但最棘手的挑战还是缩小键盘。考虑到人们用键盘输入信息需要 60 多个按键，键盘的缩小空间是有限的。讨论过后，他们一起吃了午餐，饭后卡普兰闭上眼睛小睡了一会儿。

当卡普兰醒来时，卡普尔还在他的康柏 286 电脑上打字。突然，卡普兰的脑海中出现了一个灵感："假设你不用输入文本，而是用某种手写笔直接在屏幕上写字呢？"他试探着说。卡普尔想："这样的设备更像是笔记本或便笺簿。"卡普兰琢磨了一会儿这个想法。这可能是下一代计算机吗？他很好奇。突然间，他仿佛一下子顿悟了。据他后来所说，这就是"宗教顿悟的现代科学版本"。卡普尔显然也有同样的感觉：他的眼睛变得炯炯有神，甚至热泪盈眶。"我们一时说不出话来。"卡普兰后来在他生动的硅谷创业回忆录中写道。

卡普尔一镇定下来，就下定决心要把手写便携电脑的顿悟变成一桩生意。他过去的经历使他相信这是可以做到的。1981 年，在创立自己的软件公司时，他将公司命名为"莲花发展公司"（Lotus Development），这个名字会让人联想到佛教的启迪。两年后，当莲花发展公司上市时，它的主要业务是帮助资本家进行利润管理。有一段时间，卡普尔研发的电子表格程序使莲花发展公司成为世界上最大的软件公司，卡普尔迅速为包括凯鹏华盈在内的风险投资人带来了大约 35 倍的回报。卡普尔想，也许手写便携电脑公司可以重现莲花发展公司的成功。

经过几个星期的反复思考，卡普尔向卡普兰提出了一个建议："你为什么不试着做这个项目呢？"卡普兰反对说："我没有这方面的经验。""你觉得我在创立莲花发展公司的时候有很多经验吗？"卡普尔笑着问，"来吧，我给你介绍几个风险投资人。"

紧接着发生的事情关系到20世纪80年代末硅谷两种主流风险投资文化之一。风险投资资金的激增吸引了新的合作伙伴的加入，而这些合作伙伴往往是自觉且谨慎的。为了打入这个已经成熟的行业，新来者不得不自问：行业中做得最成功的投资人是如何运作的？如何改进他们的方法？**在这些新来者中，最深思熟虑的是阿克塞尔合伙公司（Accel Capital），这是第一家将自己定位为特定领域技术专家的风险投资公司。**通过在软件和电信领域积累深厚的专业知识，阿克塞尔希望在选择公司以及引导公司创始人健康退出等问题上占据优势。与此同时，阿克塞尔提出了"不打无准备之仗"。它没有到处寻找下一个投资目标，而是对看起来有希望的技术和商业模式进行管理咨询式的研究。但在这种深思熟虑的风险投资文化中，仍有大量风险投资人凭直觉行事，他们相信突破性的想法从定义上来说本就是令人震惊的，即使做好任何心理准备，人们都无法预测它们。"即兴投资人"与深思熟虑者之间这种紧张的关系考验了风险投资行业的运转模式，我们将在后面看到。

"即兴投资人"带来灾难性失败

为给手写便携电脑计划筹集资金，卡普尔带着卡普兰去见了约翰·杜尔，硅谷即兴投资人中最具代表性的人物。随着尤金·克莱纳和汤姆·珀金斯的退休，杜尔和他的朋友维诺德·科斯拉成为凯鹏华盈的领军人物，他们确定了凯鹏华盈的发展方向，并开始支持真正具有革命性创意的初创企业，因为这些企业可能孕育出全新的行业。尤其是杜尔，他具有个人磁场，对大胆的创业者而言总是如同像救星一般，成为无所畏惧的创业者的首选投资人。创业者们喜欢他，因为他常常对创业者提出的愿景表现出比创业者本身更大的热情。一个创业者惊叹道，杜尔拥有"牧师般的情感投入和赛马般的精力"。"约翰·杜尔曾无数次对不同的事情表示肯定，认为那是有史以来最伟大的一件事。"他的一位竞争对手带着佩服和嘲讽的复杂情绪说。杜尔身材瘦削，像个苦行僧，却精力充沛。他睡得很少，开车风格很危险，恨不得同时出现在三个地方。一个星期五的下午，珀金斯邀请他星期六在游艇上玩上一天。"我不确定，"杜尔回答说，"我可能得去东京。"

杜尔太忙了，他看起来甚至都没什么物欲——这吸引着同样不追求物质享受的米奇·卡普尔。杜尔总是开着一辆实用的面包车，穿着皱巴巴的卡其裤和普通的纽扣衬衫，据说他总共就两条领带。尽管如此，凭借对康柏、太阳微系统和莲花发展公司的早期投资所带来的意外之利，杜尔在圣弗朗西斯科的太平洋高地社区买了一套漂亮的别墅，然后又买了第二套，因为它挡住了第一套别墅的视野。之后杜尔改造了第二套别墅，去掉了碍眼的阳台，将其变成了一个招待宾客的空间。每当卡普尔从波士顿去到圣弗朗西斯科时，都会住在那里。

考虑到卡普尔和杜尔的关系，当卡普尔开始筹集资金时，凯鹏华盈自然而然地成了他的第一个目标。即便如此，卡普尔筹集资金的方式还是非同寻常的。正如卡普兰所说，他和卡普尔来到凯鹏华盈的办公室，期待进行一场探索性的谈话，但他们没有准备商业计划或财务预测的展示。令他们吃惊的是，他们被领进了会议室，被要求当着所有合伙人的面展示自己的商业计划。考虑到情况很难变得更坏，卡普兰迅速出击。为了弥补在准备细节方面的不足，他精心渲染了其宏伟的愿景。他宣称，未来的电脑将会像笔记本一样轻巧、时髦。为了阐明他的观点，他把皮面装订的文件夹甩向空中，文件夹啪的一声散落在了凯鹏华盈的合伙人面前。

那天的晚些时候，杜尔打电话到卡普兰住的酒店。卡普兰再次感到惊讶，他不知道杜尔是怎么找到他的。杜尔毫不理会卡普兰的困惑，宣布凯鹏华盈有意投资他的公司。这时卡普兰反而迟疑了。他口中的公司还没有创立起来——至少在当时还没有。难道凯鹏华盈不应该等看了财务预测报告之后再决定吗？

"我们支持你和你的想法。"杜尔坚定地说。与卡普兰的愿景相比，其他细节并不重要。两人在接下来的几天都在出差，但他们调整了行程，安排同时在圣路易斯机场转机。杜尔在登机口与卡普兰会面,并敲定了一笔交易:凯鹏华盈、米奇·卡普尔和维诺德·科斯拉将共同出资 150 万美元收购卡普兰的公司 1/3 的股份。杜尔将成为董事长,卡普尔和科斯拉将担任董事会成员。

"你会给自己的公司起个什么名字呢?"杜尔问卡普兰。"GO,全部大写。就像俗话说的'勇往直前,去追求它,去追求金子'(GO forth, GO for it, GO for the gold)。"卡普兰回答。杜尔补充说:"对,'去上市'(GO public)。"

成立一年后,GO 毫无进展。向投资人兜售愿景是一回事,但要实现目标是另一回事。卡普兰和他的两个创始合伙人还没有制造出一台能运转的笔记本电脑,他们便开始面临资金短缺的问题。在 1988 年的一次董事会会议上,杜尔向卡普兰保证,没有什么可担心的。当然,卡普兰需要额外的现金,但筹集资金并不困难。杜尔自信地宣称:"每个人都想参与这笔交易。"

"那是在合适的价格参与。"科斯拉提醒说。GO 的第一笔风险投资资金 150 万美元是以每股 40 美分的价格筹集的,同样一批投资人后来又以每股 60 美分的价格追加了 50 万美元。卡普兰担心,对于一家尚未交付产品的公司来说,这是一个过高的价格,科斯拉似乎也同意这一点。因此,第二笔融资将 GO 的价值定在了 600 万美元。

还没等任何人体会科斯拉的谨慎提醒,卡普尔就提出了自己的想法。他想让 GO 的价值翻倍。"1 200 万美元!"他激动地宣布。卡普兰双手抱着头,望着杜尔,希望杜尔能压制住卡普尔的嚣张气度。卡普兰后来写道:"我以为杜尔会用一种礼貌的方式告诉卡普尔,他在胡说八道。"可杜尔静静地坐了几秒钟,他抖着左腿,然后突然直立起来宣布:"我认为我们应该将估值提高到 1 600 万美元。"

杜尔和卡普兰对视了很久。在杜尔看来,他和卡普尔只是在努力完成他们的工作,即为困难的融资确定一个完整而公平的价格。但卡普兰不禁觉得,他看到的是两个扑克玩家，其中一个人增加了另一个人的赌注。卡普兰的一位联合创始人坐在两位投资人中间，为了避免在他们两个人的对视中被"误伤"，他不断滑低自己的位置。

科斯拉再次开口了："听着，我们向其他投资人问问也无妨。但这是一个危险的游戏。这些中间回合的定价是高度不稳定的。如果他们认为你的现金快用完了，就会等着你出局。如果价格开始下跌，每个人都会临阵退缩。""嘿，在我们这一行没有标准定价，"杜尔反驳道，"只有心甘情愿的买家遇到心甘情愿的卖家！"

会议结束后，卡普兰与他的联合创始人聚在一起。"我猜这算不错的进展？"他紧张地说。"简直是好到离谱，"一个人回答说，"这些天价估值让我直流鼻血。""嘿，那些家伙才是专家，"另一个人回应道，"我们凭什么评判他们？他们一直在搞投资。"

几天后，卡普兰打电话给杜尔，问他应该选谁作为潜在投资人。杜尔开始以令人眼花缭乱的速度大量点名，包括一些普通的风险投资人、一些拥有风险投资子公司的大型公司、一些凯鹏华盈的合伙人、几家投资银行，还有史蒂夫·乔布斯。卡普兰记笔记记到手腕发疼。"够了！"他喊道。他后来写道，打电话给凯鹏华盈的合伙人就好像打给消防部门。"他们往往会兴师动众地出现，带着古道热肠和攻克目标的孤注一掷的精神。他们走的时候，火肯定熄灭了，但家具可能已经被水浸透了，窗户可能也破了。"

卡普兰开始向杜尔名单里列出的投资人推介他的初创企业。他们每一位仿佛对此都颇感兴趣，但又态度暧昧。沮丧的卡普兰回到杜尔身边。"你看，现在我们只有能维持大约4个星期运营的现金，然后公司就会出现混乱，"他告诉杜尔，"没人接受这个价格。""好吧，"杜尔回答，"我们把估值降低，然后等待交易完成。把话放出去吧。"他现在将估值调回了卡普尔最初提出的1 200万美元。

卡普兰给 21 位潜在投资人打了电话，要求他们在星期一下午 5 点前回复他。但没有一个报价兑现。第二天早上，卡普兰再次打电话给杜尔。电话直接转到语音信箱了。他咬紧牙关，留下了一条信息。"约翰，这条语音会是你星期二的起床铃声，"他说，"没有人愿意投资。我们完蛋了，怎么办？"

中午，杜尔回了电话。他曾和纽约贝瑟默风险投资公司（Bessemer）的一个投资人谈过，这个人认为其合伙人可能会感兴趣。杜尔建议卡普兰坐飞机去纽约向他们推介。卡普兰照办了，但却遭受了更多的羞辱。贝瑟默的这帮人对卡普兰的项目似乎完全不感兴趣。"我们现在得赶去机场。"他们轻快地说，完全不在乎卡普兰是如何飞奔到机场，横跨整个大陆来找到他们的。卡普兰认为末日已经到来，他再次打电话向杜尔求助。

但杜尔并没有放弃。他后来说："你必须带着坚定的信念练习这门技艺。"在硅谷，没有人能像他那样推介公司愿景。他没有理会有关 GO 内部员工遣散费的问题，而是让卡普兰及其联合创始人在下星期一下午 5 点，在凯鹏华盈会议室等他。到了约定的时间，杜尔走进会议室，连招呼都没打，就把办公室的电话放在了桌子中间。"斯科特·斯珀林（Scott Sperling）怎么说？"他指的是哈佛大学捐赠基金的一位合伙人。卡普兰回答说："我在很久以前问过他。他认为价格太高了。"杜尔继续问道："那他认为什么价格不算太高？"卡普兰表示不太确定。

"我们打电话问问他吧。"杜尔拨了电话号码，全然不顾当时已经是波士顿时间晚上 8 点。斯珀林的妻子接了电话。在背景音中，他们可以听到婴儿的声音。"你好，我能和斯科特说话吗？"杜尔礼貌地问道。"等一下，"斯珀林的妻子回答说，"他正把孩子抱在腿上。"斯珀林接起电话，杜尔直截了当地说道："斯科特，我们需要完成这笔融资，但我们没有任何头绪，你怎么看？"斯珀林回答说："如果你能实现你说的，那这家公司的确会有很大的市场……但我们觉得 1 200 万美元的估值过高了。""那什么估值会让你愿意投资？"杜尔问道。斯珀林回答说："800 万美元。"杜尔问道："在这个水平上，你愿意投多少钱？""最多 200 万美元。"

杜尔不再说话。"每股多少钱？"他问卡普兰，卡普兰已经在敲打计算器了。"大概是75美分。"卡普兰说。这个数字远低于卡普尔和杜尔的预期。但斯珀林提出的报价比第二轮融资时的600万美元估值要高得多。杜尔看着GO团队，问道："你们愿意这么做吗？""我们没问题。"卡普兰说道。杜尔打开了免提："斯科特，一言为定。杰瑞早上会打电话给你，开始做文件。"杜尔挂断电话，转向GO团队："祝贺你们，先生们，你们有了自己的领投人。"然后他大步走出房间，如同一个瘦削而又结实的消防员，戴着一副棱角分明的眼镜，奔向他的下一个火警点。

在杜尔的帮助下，卡普兰在短短几天内就筹集到了600万美元，这比他设定的500万美元的目标还要多。他坚持到了1993年，在杜尔的帮助下定期筹集资金，但仍然未能实现制造手写便携电脑的梦想。最后，他以跳楼价把GO卖给了美国电话电报公司（American Telephone & Telegraph，下简称"AT&T"）的一个部门。他的投资人几乎一无所获。

作为风险投资的一则"寓言"，GO的故事暴露了杜尔虚张声势的越权特质。他决意投资的基础是一场没有商业计划支持的即兴演讲，之所以进行投资是因为他相信此举能够助推巨大技术飞跃的实现。他抱着极大的雄心，然而却可能损害了卡普兰的未来，使其偏离了或许可以通过渐进式发展实现的路。"他们本应该像优比速（UPS）快递员那样，在一个小区域内工作。"卡普尔后来回忆道，"GO让我看到了那些凯鹏华盈式激进发展的公司的缺陷。如果它不能带来全垒打式的成功，凯鹏华盈也不在乎该公司是否三振出局。要么做大，要么回家……凯鹏华盈采用的投资方法有一种傲慢在其中，那种一定要改变世界的傲慢。"

不打无准备之仗

卡普尔认为杜尔的风格会招致麻烦，这个观点其实是对的。大约在GO遭遇惨败的同时，杜尔和科斯拉成立了一家名为"玳能科技"（Dynabook Technology）

的新一代笔记本电脑公司，该公司在倒闭前耗费了投资人3 700万美元的资金。除此以外，杜尔还大肆宣扬了一系列后来被证明失败的技术前景，例如人类基因筛选、抗衰老药物、化学药品设计等。他似乎忘记了汤姆·珀金斯的那句老话：**在投资一家面临技术挑战的公司时，你要做的第一件事就是排除"白热化风险"。**

如果说凯鹏华盈体现了硅谷的狂妄精神，那么刚刚起步的挑战者阿克塞尔合伙公司则有意与众不同。两位创始人阿瑟·帕特森（Arthur Patterson）和吉姆·斯沃茨（Jim Swartz）已经是该行业的资深人士，他们是深思熟虑的投资人，而非即兴投资人，是战略家而非布道者。特别是帕特森，他多谋善断，胸有成算。作为华尔街风云人物的后裔、哈佛商学院的毕业生，他不像那些工程师出身的投资人那样只关注下一代技术，而是更广泛地关注金融市场、商业模式，甚至是政府政策。同时，依靠广泛地阅读和流畅地推理，他写了一系列的内部文件来规范阿克塞尔的投资方法。也正是他借用了19世纪的"微生物学之父"路易斯·巴斯德（Louis Pasteur）的话"机会只青睐有准备的头脑"，从而提出了阿克塞尔的口号："做有准备的头脑。"

帕特森长得又高又瘦，拥有一种贵族式的古怪气质。有一次，他招待阿克塞尔的一名新员工用晚餐，只供应了12根烤玉米和酒窖里的优质波尔多葡萄酒，着实让这名新员工吃了一惊。斯沃茨与凯鹏华盈式即兴投资人的对比也很明显，但与帕特森的原因不同。斯沃茨在宾夕法尼亚州的一个小镇长大，父亲既是一名公共汽车司机，也做一些农活。斯沃茨崇尚个性和纪律。凯鹏华盈的即兴投资人可能会把自己想象成救世主，但斯沃茨只支持可靠的创业者，实施财务控制，坚持冷静、正直和务实的作风。有一次，一位创业者为欢迎他加入自己公司的董事会，为他印了一些名片，斯沃茨愤怒地把名片用信封包裹起来寄回去，谴责这种公然浪费金钱的行为。当这位创业者打开信封时，对斯沃茨的谴责倒吸了一口冷气，但觉得斯沃茨是对的。后来他把那封信放在书桌上，以便每天提醒自己控制开支。

阿克塞尔成立于 1983 年，正值资本利得税削减和"谨慎人规则"取消后，资本涌入风险投资基金的顶峰期。由于有了前所未有的资金可供调配，那些成熟的风险投资合伙企业会将好的交易据为己有。这意味着像英特尔或苹果那样分散融资的时代已经一去不复返了，那个时代领投企业通常通过引入共同投资人来控制风险，但现在不会了。因此，一个新进来的风险投资人必须主动争取投资的机会，而吸引公司创始人的一个明显方式就是精通他们的技术领域。此外，风险投资业务的扩张意味着专注于某一领域比以前更可行：你可以缩小重点关注范围，但仍有足够的交易可供选择。斯沃茨因其在网络公司翁格曼－巴斯上的惊人押注而闻名，他选择了电信作为自己的专攻领域，并将自己的总部设在普林斯顿，距离新泽西州默里山的贝尔实验室只有很短的车程。帕特森选择了软件作为他的专攻领域，并将自己的总部设在硅谷。不可避免地，帕特森所在的西海岸胜出。随着时间的推移，斯沃茨越来越常去加利福尼亚州北部出差，最终他也搬到了那里。

为了强调其专业化战略，阿克塞尔于 1985 年募集的第二只基金专门针对电信行业进行投资。基金的发行文件声称："在信息化经济中，几乎每一个电子系统都将与其他系统进行通信。"因此，他们认为调制解调器、计算机系统联网、视频共享和其他电信应用的市场将会非常大。为了证明他们对这一投资宗旨的承诺，帕特森和斯沃茨招募了很多电信专家，并在斯坦福大学举办了精心设计的会议，在电信业版图上插上了自己的旗帜。他们每年都会为电信业的显要举办一场正式晚宴，在晚宴过后，300 多个参会者会一同倾听行业预言家的演讲。[①] 在会议的休息时间，创业者们会拿出幻灯片，向投资人推介自己的公司。斯沃茨后来说："我们的策略是先宣发一只基金，让媒体报道电信行业的消息，然后组织一场电信行业大会，制造一些声势。"当时阿克塞尔的竞争对手对这种做法非常佩服，凯鹏华盈就直接向阿克塞尔电信基金注资了 200 万美元。

[①] 有一年，乔治·吉尔德（George Gilder）预言，电话将停用有线连接的基础设施，转而采用无线连接方式，而电视将反其道而行，从无线广播转向互联网电缆，这让阿克塞尔的客人们大为惊叹。

阿克塞尔总是宣称，它秉持专业化投资战略，不去刻意跟随投资风潮，避免了投资风潮对投资决策的干扰。借用石油行业的一个类比，它的成员不会是随意钻探油井的投机商人，而是研究地质的有条不紊的探索者。手写便携电脑就是一个很好的例子。到20世纪90年代初，许多初创企业都在模仿GO，并举办了一些会议来庆祝这一新技术领域的发展。斯沃茨尽职尽责地参加了其中的一次聚会，想看看这些炒作是怎么回事。但在阿克塞尔式的审查下，无论是手写技术还是相关的商业计划，看起来都不太可能成功，斯沃茨也就拒绝在这些项目上浪费资金。也许正是由于这种对风潮的漠视，阿克塞尔的投资相对而言很少失败。在它成立10周年之际，一项统计显示，阿克塞尔的45笔投资中，只有7笔出现了亏损。

在对投资机会的抢夺中，专业化也帮助了阿克塞尔。阿克塞尔的合伙人都是他们所投资领域的专家，他们可以很快地抓住创业者的演示精髓，并迅速做出决定。如果他们决定进行投资，下一个挑战就是说服创业者选择阿克塞尔而不是竞争对手，专业化也有助于此。创办公司是一种孤独的体验，创业者将生命和灵魂投入小众项目中，至少在开始的时候，大多数人会觉得这是一种不切实际的想法，因此，创业者们一定会对那些欣赏他们的计划的投资人产生好感。他们认为那些都是懂他们的人。阿克塞尔的目标是彻底理解创业者，可以在创业者演示时接他们的下半句，并预测下一张幻灯片。阿克塞尔在内部谈到了"90%规则"，即在创业者开口说话之前，阿克塞尔的专家型投资人应该对创业者要说的话有90%的了解。

阿克塞尔的专业方法使其特别擅长识别风险投资人们常说的那种"相邻可能"。通过融入各自的行业，进入被投公司的董事会，并将直接观察与管理者兼顾问式的分析相结合，阿克塞尔的合伙人可以预测技术领域下一个合情理的创新方向。"每一笔交易都应该带来下一笔交易"，这是阿克塞尔的另一个理念。斯沃茨特别喜欢在单个产品类别的连续迭代中进行投资。他在1986年投资了一家做视频会议技术研发的初创企业；1988年，他投了第二家；1992年，他又投了一家。诚然，这种渐进主义有潜在的成本，但在这三次下注中，他赚取了14倍的回报。与其他打破凯鹏华盈的投资范式、大步向前的投资人相比，阿克塞尔显得更加沉着、脚踏实地、有条不紊，尽管这样做可能意味着会错过一些巨大的盈利机会。同样，阿克塞尔的合伙人已经在各自领域扎根成为专业人士，他们往往会忽略唐·瓦伦丁青睐的那种毫无计划的创业者。因此，阿克塞尔错过了20世纪80年代几乎所有电信交易的母公司思科，尽管它了解这家公司，并拥有一只专业的电信基金。即便如此，阿克塞尔依然坚持做深思熟虑的选择。它将推动工程学的边界，使其创造价值，但目标不会大到让人觉得不自量力。**它的投资宗旨是：“只要你保住了一垒安打，本垒打会自然而然地发生。”** 一些一垒安打投资所带来的长期价值会远超你的预期。

指数法则不可阻挡

阿克塞尔最初几只基金的表现毋庸置疑。他所管理的专业电信基金的资本增加了3.7倍，产生的年化回报率是其同类风险投资基金中位数的两倍还多。把前5只基金加在一起，阿克塞尔的业绩甚至更好：平均市盈率为8倍。然而，阿克塞尔的惊人之处在于，尽管合伙人坚决不追求狂妄自大的大满贯，但在收益表现中占主导地位的却都是这些大满贯项目。阿克塞尔电信基金完全符合所谓的"二八定律"，该基金高达95%的利润来自所投资的盈利最高的20%的公司。其他早期的阿克塞尔基金也表现出了类似的指数级增长效应。在该公司的前5只基金中，前20%的项目的投资利润占比从未低于过85%，平均占比为92%。

简而言之，指数法则是不可阻挡的。即使是一个反凯鹏华盈式的、有条不紊的专业型风险投资合伙企业也无法逃脱这种规律。

指数法则的主导地位在悠游网络的案例中也得到了体现。如今，悠游网络早已无人问津，被并入威瑞森（Verizon）庞大的电信帝国，但它是阿克塞尔创业的头十几年里几个意想不到的大满贯之一。悠游网络写作"UUNET"，其发音如同"you-you-net",听起来就像回到了一个不同的时代。这个奇怪的缩写,大概源于只有软件工程师才喜欢的软件协议,与后续享誉国际的初创企业品牌根本不是同一个世界的产物,想想 Zoom、色拉布(Snap)、条纹支付(Stripe)、声田(Spotify)这些名字。悠游网络之所以值得一提,是因为它除了可以说明指数法则的规律,也展示了风险投资的两种属性。首先,它展示了政府支持的科学研究和风险投资支持的创业者在推动技术进步方面的独特作用。其次,它揭示了关于风险投资的社会影响力的核心悖论。作为单独的个体,风险投资人可能会在不经意间获得好运,比如获得机会和意外发现,并参与风险投资游戏,这有时可能比勤奋或远见更重要。与此同时,风险资本作为一个整体,是社会进步的一个强大引擎,其能量比人们通常认识的强大得多。

悠游网络成立于 1987 年,是弗吉尼亚州北部一个默默无闻的非营利性组织。它的任务是解决当时互联网存在的主要局限:只有大约 10 万台计算机能与之连接。互联网最初是由五角大楼资助的军事通信系统,后来成为政府实验室(包括政府支持的大学实验室)的科学家们收发电子邮件、查看电子公告板和共享文件的平台。但私人公司和个人禁止进入该网络,利用互联网的商业活动也不被允许。到了 20 世纪 80 年代末,越来越多的政府外的科学家希望体验类似的功能。拿着由一个管理松散的计算机科学家协会提供的 25 万美元的贷款担保,悠游网络成了他们的互联网服务提供商。[①]

超越华丽的"信息高速公路"

悠游网络的创始人是里克·亚当斯(Rick Adams),一位 30 多岁的和善的工程师,他在政府的地震研究中心工作。他有一头蓬松的棕色头发,留着大胡子,穿着白色牛仔裤和马球衫。在政府部门工作之余,他兼职为那些被排除在政府互

---

① 这里管理松散的计算机科学家协会是指 USENIX 协会,该协会汇集了使用 Unix 操作系统的计算机的程序员。

联网之外的企业实验室的科学家研究并行互联网（parallel internet）的雏形。[1]一般来说，大型私人公司都是通过局域网把他们的员工联系起来的，但是从一家公司向另一家公司的人发送信息的费用高得离谱。亚当斯将思科路由器和网络软件结合起来，以建立更便宜的连接。他收取服务费，但只够收回成本。这项技术离拿到风险投资还有很长的路要走。

起初，几乎没有人注意到这个商机。大多数人认为，互联网一直是政府项目，如果想将网络连接带给大众，那一定还得政府来做。1990年7月，田纳西州年轻的参议员阿尔·戈尔（Al Gore）提出了一个设想——建设公共部门的"信息高速公路"。戈尔所设想的"信息高速公路"计划采用的是全新的光纤管道，而不是像互联网那样在现有的电话线上运行，这些光纤管道将把家庭电视变成交互式终端。光纤将使信息和娱乐活动以丰富多彩的形式进入美国家庭，取代互联网上单调的公告栏。

最初，这个华丽的"信息高速公路"计划引发了一众热捧。1991年，戈尔提出了一项17.5亿美元的政府开支计划来支持他的设想。1992年，当比尔·克林顿挑选他作为自己的副总统竞选伙伴时，他的知名度上升了。到1993年，一群实力雄厚的科技公司开始着手争取政府的支持，以建设"信息高速公路"的基础设施。但在这一切发生的同时，另一件事在人们的视线之外悄然发生了。企业实验室的科学家们开始纷纷涌向悠游网络，使用他们的服务。悠游网络变得收入丰厚，于是放弃了非营利性原则。随后，美国国家科学基金会在承认悠游网络和其他一两个规模较小的同类公司取得的进展后，宣布了一项与政策相违背的计划。它将邀请私人互联网服务提供商进入由政府管理的网络，不再试图阻止私人用户进入。事实上，这样做会让政府接管这些公司的管理。是政府发明了互联

---

[1] 悠游网络大大简化了用户加入非正式网络（Usenet）的过程，而非正式网络可以将使用Unix操作系统的计算机连接起来。此前只有受到邀请的人才能加入非正式网络，而使用悠游网络的任何用户都可以向彼此发送和接收电子邮件、访问新闻摘要，并进行批量文件传输。

网，这一点毋庸置疑。但就美国国家科学基金会而言，将互联网转变为大众媒介，使信息民主化，从而改变人们的生活，这一系列工作最好交给非政府部门。

故事讲到这里，米奇·卡普尔就该出场了。当他投资的手写便携电脑公司努力筹集资金时，卡普尔又经历了一次顿悟。戈尔主导的"信息高速公路"计划仍然占据了各大报纸的头条。但在卡普尔看来，这样做会造成巨大破坏，而且代价高昂。与掘地三尺铺设光纤电缆相比，建设基于铜线的互联网要便宜得多。悠游网络已经将路由器和服务器嫁接到现有的电话网络上，把语音线变成数据线。现在，美国国家科学基金会的私有化公告加速了这一进程。这是一种吸引数百万用户上网的方式，这种以市场为主导的做法将使戈尔宏伟的计划黯然失色。

"好吧，说来就来了。"卡普尔对自己说，"我需要躬身入局了。"1992年8月，卡普尔访问华盛顿，并安排与里克·亚当斯会面。"有一场扑克比赛正在进行，而我没有筹码，但我必须投资。"他坦率地解释道。如果亚当斯允许他购买悠游网络的少量股份，他将为其找来真正的风险投资资本。亚当斯犹豫不决。一方面，他对金融家普遍持怀疑态度，也不愿向风险投资公司派来的监督者汇报。他关心的是如何促进网上的公开交流，他不想损害这一目的的纯洁性。另一方面，亚当斯的确需要大量资金。悠游网络越扩张，需求增长得就越快，因为越来越多的使用者让互联网对下一波潜在用户更具吸引力。悠游网络的首席科学家迈克·奥戴尔（Mike O'Dell）回忆说："这个项目'烧'了一桶又一桶金。我们必须在各个地方安装硬件，就像在不断长高的大男孩一样，我们必须很快成年。"

卡普尔以自己的经历为佐证，消除了亚当斯对风险投资的疑虑。他也曾经历过一段厌恶风险投资的时期。作为一名年轻的产品经理，他曾为一家由阿瑟·洛克支持的公司工作。有一天，卡普尔坐在董事会会议上，看到洛克"对某个人或某个项目下达了执行命令，就像弹掉胳膊上的跳蚤一样随意，那是一个'教父'式的时刻"。因此，当为莲花发展公司筹集资金的时候，卡普尔一直很敏感，他警告潜在的投资人，自己将把人性放在利润之前。但后来他放心了。他意识到，只要一家初创企业蓬勃发展，风险投资人就会听从创始人的意见。"你不会被风险投资压垮的。"卡普尔敦促亚当斯。

在卡普尔的劝说下，亚当斯开始与他的双重本能做斗争。如果卡普尔是一个标准的投资人，亚当斯会拒绝他。但是，从卡普尔非营利性的理想主义和政治观点中，亚当斯感觉和他志趣相投。经过一番思考，亚当斯接受了卡普尔的提议。

在确保自己在这场"游戏"中的地位后，卡普尔迅速开始工作。在其他竞争对手强行进入市场之前，悠游网络必须成长为一棵大树。不管亚当斯对投资人有什么疑虑，这个意外产生的东海岸初创企业都需要拿到西海岸风险投资的大量资金。卡普尔的第一站是去找凯鹏华盈的约翰·杜尔。卡普尔敦促杜尔说，不要在意"信息高速公路"计划带来的兴奋。在接下来的几年里，互联网会将戈尔的设想抛之脑后。然而，与 GO 的故事走向不同的是，杜尔没有被说服。悠游网络不是凯鹏华盈喜欢投资的类型。它没有知识产权，因此，在更大的竞争对手面前毫无防御能力。它前期需要大量的资金，所以凯鹏华盈不太可能得到惊艳的回报。杜尔甚至拒绝与亚当斯见面。

被凯鹏华盈拒绝后，卡普尔将这个项目带到了阿克塞尔。卡普尔选择向谁求助几乎是随机的，与阿克塞尔作为电信专家的地位毫无关系。凑巧的是，卡普尔最近投资了阿克塞尔的一家基金。他打电话给在那里的联络人进行了推销。他敦促说，互联网即将有更大的发展，这是一个"让每个人都能相互交谈的机会"。

卡普尔向阿克塞尔致电只是出于运气，而阿克塞尔深思熟虑、准备充分的分析逻辑在后台缓慢地运行着。在该公司位于普林斯顿的办公室，一位名叫唐·古丁（Don Gooding）的电信研究员已经开始跟踪互联网的发展了。与此同时，在西海岸，另一位名叫吉姆·麦克利恩（Jim McLean）的阿克塞尔电信专家明白，互联网是一项激动人心的技术。在访问位于芒廷维尤的美国国家科学基金会的互联网基础设施办公室时，麦克利恩就对架子上昂贵的服务器和路由器惊叹不已。

"一个政府机构怎么买得起这么豪华的设备？"麦克莱恩天真地问道。"这都是免费的。"工程师告诉他，路由器制造商用他们的硬件来换取"非法访问"本应仅限政府使用的美国国家科学基金会的互联网的权利。他们如此渴望连接，甚至不惜为此违反法律。

到目前为止，阿克塞尔已经通过三条不同的线索了解到互联网的潜力：卡普尔的来电，古丁的关注以及麦克利恩瞥见的那种对在线连接的贪婪需求。问题是阿克塞尔是否会将这些线索转化为投资。

起初，什么也没有发生。面对数条投资线索，阿克塞尔团队反而失去了兴趣。1993年1月底，卡普尔访问了阿克塞尔在圣弗朗西斯科的办公室，试图让悠游网络重新进入阿克塞尔的视线。令他失望的是，没有一个合伙人出席会议。卡普尔向亚当斯坦言，阿克塞尔"没有做出表明它即将投资的肢体语言"。然而，在高级合伙人级别以下的麦克利恩仍对互联网保持着热情。当听说美国国家科学基金会计划将互联网私有化时，他开始寻找可能抓住这个机会的公司。他在搜寻过程中注意到了悠游网络，它看起来可能是即将到来的互联网"淘金热"中的赢家。

当向阿克塞尔投资团队推介的机会来临时，麦克利恩拿出了从最近的会面中收集来的6张名片。"这些名片有什么新意？"麦克利恩问道。他看到的全是茫然的目光。没有人说得上来。"他们都有电子邮件地址。"麦克莱恩指出，他告诉投资人们，还有比这更好的证据吗？互联网的传播速度很快，现在是投资的时候了。

合伙人们予以回击道，人们不需要悠游网络就能使用电子邮件。他们可以注册CompaServe或Prodigy的会员，这两种服务允许300万用户向其他账户持有人发送电子邮件。运气和团队研究结果都清楚地将投资悠游网络的机会展示在了阿克塞尔的面前，但它仍然没有看到。

正如风险投资界经常发生的那样，阿克塞尔需要一个竞争对手的推动才会改变态度。1993年2月，一家名为"都市光纤系统"（Metropolitan Fiber Systems）的电信公司开始尝试投资悠游网络。亚当斯向卡普尔寻求建议。他认为，也许像都市光纤系统这样的企业投资人会比风险投资人更好？但卡普尔坚持一种观点：是企业投资人还是风险投资人投资有什么关系呢？关键是要让他们来争夺你的注意力。卡普尔将都市光纤系统公司竞标的消息透露给了阿克塞尔的合伙人。他向亚当斯保证，这会让他们"兴奋起来"。

亚当斯在悠游网络办公室附近的丽思卡尔顿酒店会见了都市光纤系统的一位代表。那家伙在丽思卡尔顿的记事本上写了些数字。然后他戏剧性地把这页纸撕开，面朝下，滑到亚当斯面前。都市光纤系统准备以800万美元的估值向悠游网络投资50万美元。

亚当斯的下一站是阿克塞尔在西海岸的办公室。最后，他获得了45分钟的时间向投资委员会推介自己的公司。宣讲结束后，阿克塞尔的合伙人又让他讲了3个小时。正如卡普尔所预言的那样，他们的态度神奇地发生了变化。但阿克塞尔尚未透露具体价格。为了匹配都市光纤系统提出的800万美元估值，它必须确信悠游网络会大获成功，否则就不值得冒险了。亚当斯在给卡普尔的信中写道："他们目前正在怀疑市场的规模。他们确信悠游网络可以成为一个价值3 000万美元的公司，但还不确定它是否有潜力将估值提升到1亿美元。"

除了对市场规模不确定外，阿克塞尔还不信任亚当斯的管理能力。如果悠游网络想要成长，就需要有经验的运营管理者，风险投资公司也必须找到这样的人，争取招募他们，并在董事会上支持他们。但亚当斯有可能会抵制这一点，他的自尊心必须受到控制，而悠游网络位于弗吉尼亚州北部，这使得风险投资人管理起来鞭长莫及。

作为阿克塞尔在软件行业的高级投资人,阿瑟·帕特森下定决心,如果他能找到合适的共同投资人,将会参与这笔交易。在一次颇具创意的社交活动中,他给恩颐投资打了个电话,该公司是 3Com 的投资人之一。恩颐投资在巴尔的摩有一个办公室,离悠游网络在弗吉尼亚州的办公地点不远。更重要的是,一位名叫彼得·巴里斯(Peter Barris)的主管刚刚加入恩颐投资的巴尔的摩团队。几年前,帕特森专程飞往得克萨斯州会见巴里斯,当时巴里斯还是一名刚刚崭露头角的软件主管,是达拉斯一家公司的二号人物,帕特森把了解他作为自己的工作。那次得克萨斯州之行现在终于有了回报。帕特森敦促巴里斯了解一下悠游网络。

帕特森打来电话的几天后,巴里斯拜访了亚当斯。这两人看起来并不登对。亚当斯健壮如熊且着装随意,而巴里斯身材匀称,看上去很有教养。但正如帕特森所料,巴里斯的经历使他成为亚当斯的完美搭档。他曾在通用电气的信息服务部门工作过一段时间,该部门的业务是向企业客户销售数字商业工具。

巴里斯向亚当斯介绍了通用电气提供的软件,比如财务分类账、客户跟踪程序、人力资源系统等。巴里斯想知道,是否有可能在互联网上提供同样的服务。亚当斯向他保证会的。事实上,在互联网上提供这些程序的成本要比通用电气现在所花费的低得多,后者需要通过昂贵的拨号连接才能接入昂贵的主机。巴里斯意识到这是一个机遇。由于在通用电气的工作背景,他知道大客户会愿意为什么样的网上服务买单。并且亚当斯的互联网背景,使其知道该如何有效地提供这些服务。通过结合两人的知识,他们可以创造财富。

1993 年 7 月,阿克塞尔和恩颐投资联手向亚当斯提交了一份 4 页的投资意向书。这距离卡普尔和阿克塞尔第一次接触以来,已经有 6 个多月了。在几乎错失良机之后,阿克塞尔做出了正确的决定,但是投资过程并没有结束。阿克塞尔和恩颐投资的投资意向书中,对悠游网络的建议估值仅为 600 万美元,比都市光纤系统公司提出的估值低了 200 万美元。这让亚当斯很是不悦。

竞争的压力再次迫使投资人向亚当斯妥协。这一次，向悠游网络表示投资意向的是一家名为"门罗风险投资公司"（Menlo Ventures）的硅谷合伙企业，这家企业通过一次偶然的机会听说了悠游网络。原来，悠游网络的首席科学家迈克·奥戴尔此前曾在门罗支持的一家公司工作过。门罗的一位新合伙人，工程师约翰·贾夫（John Jarve）利用奥戴尔的关系与亚当斯进行了会面。由于在工程学方面有共同之处，他们相谈甚欢。

亚当斯告诉贾夫，自己打算拒绝 600 万美元的估值，并要求他提出更高的估值。"让我写一份投资意向书吧，因为你们应有的估值要比 600 万美元高得多。"贾夫急切地回应道。

贾夫当即拿出了一份投资意向书，将悠游网络的估值定为略高于 800 万美元，击败了阿克塞尔、恩颐投资及都市光纤系统的报价。在恩颐投资，巴里斯现在急切地希望与亚当斯合作，所以他很快同意匹配贾夫的估值。亚当斯很高兴地告诉巴里斯，他将只与恩颐投资合作。毕竟，巴里斯是最有可能帮助悠游网络的投资人。但是，因为公司需要保护声誉和人脉，所以巴里斯拒绝将阿克塞尔和门罗压榨出局，加之他是由帕特森邀请来"参加舞会"的，他不想背叛帕特森。最终，阿克塞尔同意了新的估值。1993 年 10 月，这三个投资人共支付了 150 万美元资金。

投资过程像极了一场接力赛。卡普尔是第一个支持悠游网络的投资人，他将接力棒交给了阿克塞尔的帕特森。然后，帕特森把它交给了巴里斯。由于身处东海岸，巴里斯将是三位风险投资人中最亲力亲为的一个。接下来，他开始为悠游网络招聘有效的管理者，这样他就也可以淡出到幕后。

巴里斯给通用电气信息服务部门的资深员工乔·斯卡尔奇尼（Joe Squarzini）打了电话。时年 52 岁的斯卡尔奇尼似乎与悠游网络的年轻工程师们并不般配。当斯卡尔奇尼去面试时，亚当斯直截了当地告诉他，自己不想要一个想将通用电气的公司文化带进悠游网络的人。斯卡尔奇尼抗议道，他虽然看起来像一个模子刻出来的通用电气员工，但他同时也是一个业余的无线电操作员。但亚当斯并没有被说服。"我比悠游网络里任何一个人都强。"斯卡尔齐尼坚持说，他甚至已经准备好用热熨斗连接电线以证明他的资格了。亚当斯对此印象深刻，他后来说："我再也找不到理由拒绝他了，所以我们雇用了他。"

被任命为副总裁后，斯卡尔奇尼开始对悠游网络随心所欲的运作机制加以规范。很快，这项任务的紧迫性变得显而易见。在整理悠游网络的公司账目时，一位簿记员发现了一箱未付票据，这是悠游网络购买路由器和其他设备的应付账款，数额高达75万美元。这笔钱消耗了悠游网络刚刚筹集的资金的一半。在获得150万美元首轮融资的仅仅几星期后，该公司就几乎耗尽了所有资金。

总得有人把这个消息告诉悠游网络的风险投资人。他们的估值建立在财务报表的基础上，而这些财务报表现在被证明是虚假的，投资人们是不会高兴的。毕竟，如果悠游网络是一家上市公司，其现金余额的戏剧性重报将会损害其股价。同样，如果悠游网络从银行贷款，它也不可能在遭遇这种尴尬之后期待获得新的贷款。悠游网络的前景现在取决于其风险投资人是否会对此有不同态度。他们必须冷静地接受打击，拿出新的资金，否则悠游网络将耗尽运营资金。多年后，巴里斯回忆道，如果亚当斯把75万美元的财务错误消息爆出，悠游网络的未来可能就岌岌可危了。风险投资人们已经在怀疑亚当斯的管理能力，如果得知还有75万美元的资金用错了地方，可能会迫使他们立即止损。但由于风险投资人的投后管理方式，亚当斯没有必要公开这个信息。巴里斯已经在公司安置了斯卡尔奇尼，而斯卡尔奇尼是一个获得了投资人认可的成年人。只要斯卡尔奇尼主动向董事会解释这个错误，就可以挽救这家年轻的公司。

在召开董事会的那天，斯卡尔奇尼穿着通用电气的西装和衬衫，还有他所谓的"装甲翼夹皮鞋"。别去管亚当斯在面试时对他说了什么，现在是时候尽量表现得硬气些了。当斯卡尔奇尼向投资人坦诚相告时，他看着他们的眼睛发誓，这种拙劣的行为将会停止，新的财务管理制度已经建立，不专业的管理时期将一去不返。

对巴里斯和贾夫来说，这是一个可怕的时刻。他们在风险投资界都是新手。虽然他们对悠游网络上的投资赢得了高级合伙人的同意，但这并不容易。贾夫非常清楚地记得，门罗的创始人杜博斯·蒙哥马利（DuBose Montgomery）用胳膊搂住他的肩膀说："贾夫，这个项目最好成功。"现在，这一切都没有成功，贾夫担心他会因此丢掉工作。巴里斯回忆说，听到斯卡尔奇尼的讲话时，他感到"身体被掏空"。他的恩颐投资合伙人对悠游网络的前景并不看好，听到这个消息后一定会摆出一副"我早告诉过你"的样子。在开车回巴尔的摩办公室的路上，巴里斯一直在左思右想：自己该如何把这个消息告诉他的合伙人呢？应该用什么词来表达呢？

事实上，用词的选择并不重要。重要的是，风险投资人不像银行或股市投资人。他们一生都在处理那些危机不断的初创企业；他们很清楚，不能一遇到困难就拔腿跑掉。几年后，帕特森甚至不记得悠游网络遇到的这一挫折；作为三人中经验最丰富的投资人，他已经经历了几十次类似的事。即使巴里斯那时非常担心合伙人的反应，他依然记得当时他曾系统地规划了下一步怎么办。"钱已经汇过去了，但我们遇到现在的情况。我们该怎么办？"

风险投资并没有断了悠游网络的生路，而是索要了补偿。他们承诺再向公司注资 100 万美元，但要求了一大笔股本作为回报。"我觉得好像有把枪指着我的脑袋。"亚当斯在一封标题为"不好惹的风险投资"的邮件中，给卡普尔写道。这印证了卡普尔格言的下一句：如果一家初创企业经营得不好，风险投资就会惩罚你。尽管如此，亚当斯还是不情愿地承认，惩罚总比破产好。1993 年 12 月，他接受了风险投资人的救命稻草。

事实证明，那 75 万美元的冲击正好是悠游网络最终胜利的前兆。1993 年 12

月，《纽约时报》商业版的头版刊登了一篇关于一种名为"马赛克"（Mosaic）的革命性网络浏览器的报道，文章称马赛克浏览器是"信息时代的藏宝图"。大约一年前，同一位作者约翰·马尔科夫（John Markof）[①]抒发了对阿尔·戈尔提出的"信息高速公路"愿景的激动之情。现在，报纸的新话题是关于它的竞争对手——马赛克浏览器所提出的那令人兴奋的点击式导航技术。以前，在互联网上查找信息需要输入诸如"Telnet192.100.81.100"这样的命令。现在，用户只需点击文字或图片就可以调用网页。卡普尔的顿悟被证明是正确的。在信息时代的未来发展上，悠游网络的版本胜过了时任美国副总统的版本。

对于悠游网络的投资人来说，剩下的任务只有一个：确保亚当斯和他的团队利用好这个机会。1994年的头几个星期，巴里斯定期与亚当斯共进早餐，从他在弗吉尼亚州北部的家前往位于巴尔的摩的恩颐投资办公室的路上，他会在普克斯山万豪酒店稍做停留。巴里斯和亚当斯会一边喝着咖啡、吃着鸡蛋，一边讨论人事和战略问题，包括聘请外部首席执行官等微妙问题。巴里斯每天都在自己的朋友圈中寻找一位明星首席执行官候选人，到了春天，他事半功倍。亚当斯现在足够信任他，可以允许他聘请职业经理人，而巴里斯正好找到了这样一个人。

关键在于巴里斯能否说服这个人加入悠游网络。这位候选人是通用电气信息服务部门的另一位资深人士，名叫约翰·西奇莫尔（John Sidgmore），巴里斯记得他所谓的"创业者都是无所顾忌、肆意妄为的"的言论。在他还在通用电气的时候，西奇莫尔的电话总是响个不停，人们会不断来拜访他。西奇莫尔喜欢在嘴里叼着烟，手里拿着咖啡，人们就会以一种令巴里斯难以置信的态度来讨好他。问题是，大约10年后，西奇莫尔已经承诺要经营另一家公司，并获得了45万美

[①]《纽约时报》高级科技记者，普利策奖得主，对互联网发展有着惊人的洞察力与敏锐度。他在《与机器人共舞》一书中，从多个维度描绘了人工智能从爆发到遭遇寒冬再到野蛮生长的发展历程，剖析了"人与机器谁将拥有未来"这一智能时代的核心伦理问题。本书中文简体字版由湛庐引进、浙江人民出版社于2015年出版。——编者注

元的签约奖金。当巴里斯恳切建议西奇莫尔放弃自己的承诺，转而加入悠游网络时，被拒绝完全在巴里斯的意料之中。"我到底为什么要去这个小公司？'哟哟网络''喂喂网络'，或者随便你叫它什么。"西奇莫尔问道。

巴里斯解释了他第一次见到亚当斯时的感受。如果他和西奇莫尔向企业客户出售的通用电气程序可以通过互联网交付，那么成本将只占一小部分。"想想利润，以及这些利润将对你的个人资产价值产生什么影响。"巴里斯诱惑道，"悠游网络为你提供了一个能将整个通用电气信息服务模式现代化地运用起来的机会。你叫它'哟哟网络''喂喂网络'？这可不是一家普通的小公司。"巴里斯的话击中了西奇莫尔的要害，但很快问题就来了。"我可以获得多少股权？"西奇莫尔问。1994年6月，西奇莫尔同意上任，并获得了6%的公司股权。这与约翰·莫格里奇在加入思科时获得的股权比例大致相同。这差不多是悠游网络每位风险投资人从50万美元的投资中获得的回报。

在他把西奇莫尔"拉上船"后，巴里斯的工作基本上就结束了。有了明星首席执行官掌舵，悠游网络很快又筹集了第三轮资金，以极快的速度扩大规模，并借鉴了巴里斯了如指掌的通用电气的经验教训来采取行动。1995年1月，悠游网络敲定了建立支持Windows95系统的网络基础设施的合同，这是微软第一个基于互联网设计的操作系统。接下来的一个月，西奇莫尔又完成了一项非凡之举，他成功地与微软于在线服务领域的主要竞争对手美国在线服务公司（America Online）达成了一笔类似的交易。通过对像可口可乐和百事可乐两家公司一样竞争关系的两家公司提供一视同仁的服务，它的业务呈指数级增长。3个月后，也就是1995年5月，悠游网络上市了。

早在1993年，由都市光纤系统的企业资本家还是阿克塞尔的风险投资人来投资悠游网络还悬而未决。现在，阿克塞尔得到了惊人的回报，悠游网络上市后的市值高达9亿美元。随后，在尘埃落定之后故事又循环回来，都市光纤系统公司第二次现身，以20亿美元的估值收购了悠游网络的控制权。靠着运气而非聪慧的投资技巧，阿克塞尔获得了 54 倍回报，利润高达 1.88 亿美元，门罗公司也获得了类似的回报，恩颐投资更是如此，因为它坚守阵地的时间更长。作为个人，风险投资人犯过很多错误。但是风险资本作为一个整体，帮助悠游网络将互联网传播给数百万人。

尽管亚当斯对投资人心存疑虑，但他觉得自己得到了合适的回报。"我想再次感谢你多年前把我推到正确的方向上。"公司上市后他在给卡普尔的信中这样说。"我有了 1.38 亿美元，这非常梦幻。"他补充道。

悠游网络的故事有一个结局，这个结局再次体现了关于风险投资的教训。1993 年 12 月，《纽约时报》发布消息称神奇的马赛克浏览器出自伊利诺伊大学一个纳税人资助的实验室，这是政府推动科学发展的又一个例子。马赛克浏览器的发明启动了网络革命。但浏览器的主要发明者马克·安德森并没有在伊利诺伊州待太久。尽管政府擅长推动基础科学发展，但它不擅长将突破性创新成果转化为改变社会的产品。

这所大学的错误在于，他们认为人才的出现是理所当然的。安德森是以该校国家超级计算应用中心临时雇员的身份开发这款浏览器的，当时他的时薪为 6.85 美元。在马赛克浏览器让他成为一个极客名人之后，该中心给了他一个长聘的职位，但条件是他必须退出浏览器项目。这是一种典型的官僚作风：中心想要确保是它，而不是它的年轻天才研究员成就了这个项目。作为回应，安德森离开了学校，搬到了硅谷。他与一位名叫吉姆·克拉克（Jim Clark）的发明家合作，因为克拉克知道什么才能是有价值的，也知道如何最大限度地利用这种才能。

创造 100 倍市盈率奇迹

伊利诺伊大学发布了马赛克浏览器供大众使用，并想借此获得商机。安德森确信这种做法会失败，而一个更优秀的浏览器版本可以抓住这个机会，这一定是一个巨大市场。带着克拉克准备的资金,安德森和克拉克回到了伊利诺伊大学厄巴纳-香槟分校的老校区,两人会见了安德森在马赛克浏览器项目上最初的 7 名合作者。克拉克在他的酒店套房与他们一一会面,并承诺给这些时薪 6.85 美元的工程师 65 000 美元的年薪,外加 10 万股股票。克拉克后来写到,这是"标准发行额度,仅仅是见面礼"。"我敢肯定,你们持有的股票价值将超过 100 万美元。"克拉克对工程师们说,"但如果事情像我所希望的那样发展,我的目标是让你们赚 1 000 万美元以上。"不出所料,这 7 名工程师都抓住了这个机会。算上安德森,克拉克挖到了 8 个人。

克拉克最初是用他以前的公司——硅图公司(Silicon Graphics)的收益来投资的,硅图公司是能够处理 3D 图像的高性能计算机市场的先驱。他对那些曾经亏待过他的(或者说他是这么认为的)风险投资人持悲观态度,因为他们几乎拿走了这家初创企业的全部股权,只留给克拉克约 3% 的股份。在硅图公司的董事会会议上,克拉克经常涨红着脸,愤怒地朝第一个支持他的梅菲尔德风险投资公司投资人格伦·米勒(Glenn Mueller)大喊大叫。但米勒只会安静地坐在那里听着,无动于衷。

1994 年,当克拉克挖到这 8 名员工时,他辱骂过的风险投资人都热衷于支持他的新企业。这与伊利诺伊大学的情况正好相反:风险投资人不会轻视人才,让他们走掉,而是会蹚过沼泽去拥抱他们。恩颐投资的迪克·克拉姆里克曾投资过硅图公司,他委任了一位年轻的助理,让他跟着克拉克工作;无论克拉克做什么,克拉姆里克都想分一杯羹。米勒对此也同样热衷。当他得到消息说克拉克正在开发一种新的网络浏览器时,他不停地打电话,恳求得到投资的机会,但克拉克回绝了他。

米勒在车里又给克拉克打了一通电话,但克拉克再次拒绝了他的请求。米勒说:"吉姆,如果你不让我们投资,我的合伙人会杀了我的。"一星期后,也就是 1994 年 4 月 4 日,克拉克正式成立了马赛克通信公司(Mosaic Communications)。

当米勒的妻子打电话告诉他这一消息时，米勒在墨西哥海岸的圣卢卡斯角的船上，把一把猎枪放进嘴里，扣动了扳机。

克拉克把这一悲剧抛在脑后，专注于创建自己的公司。他安排马赛克通信公司在首轮融资中发行了价值300万美元的股票，然后自己买下了这些股票，获得了总股本的一半。后来马赛克通信公司改名为"网景公司"（Netscape），并在次年上市，那时年轻的马克·安德森只拥有3%的股权，这与克拉克在硅图公司的股权份额相同。但是无论克拉克多么厌恶风险投资，他依然需要他们的支持。他的公司想要扩张，但银行无法支持他。

1994年秋，克拉克邀请风险投资人来投资，但他提出的估值比自己几个月前的估值高出3倍。没有任何证据证明这次涨价是合理的。任何头脑清醒、纪律严明的风险投资人都会认为克拉克提出的估值异乎寻常。还没有哪家风险投资支持的创业公司在产品上市前，估值就能达到1 800万美元。

克拉克首先接触了梅菲尔德风险投资公司，也就是米勒管理的基金。或许并不意外，那时梅菲尔德风险投资公司对克拉克的公司已经没有兴趣了。接下来，克拉克转向了克拉姆里克，他在硅图公司的另一位同事。克拉姆里克和他的合作伙伴们对3倍的估值望而却步。然后，克拉克四处寻找一个有远见的，甚至可以说是疯狂的、出价足以让狭隘者震惊的风险投资人。自然而然，他找到了凯鹏华盈的约翰·杜尔。

大家很快就明白，克拉克选对了目标。杜尔那总是希望改变世界的即兴发挥式投资风格让他在GO和珉能科技遇到了麻烦，但更重要的是，他那种同样容易被激发起来的野心在此时与网景公司完美契合。以前，当杜尔吹嘘他的目标是创造新的产业而不仅仅是公司时，他就犯了虚妄的错误。但马赛克浏览器确实是一款革命性的产品，它将改变人们获取信息、相互交流和合作的方式。

网景公司的故事也标志着指数法则的演变进入了一个新阶段。风险投资的回报大多来自能创造大满贯效益的初创企业,部分原因在于初创企业的市场活力不同。大多数年轻的企业都失败了,但那些活下来并获得成功的企业可以呈指数级增长,时尚品牌、连锁酒店及科技公司都是如此。但以科技为重点的风险投资组合之所以被指数法则所主导,还有另外一个原因,即科技初创企业是建立在可能以指数方式发展的技术之上的。由于他的经验和性情,杜尔对这种现象特别敏感。作为英特尔的一名年轻工程师,他见证了摩尔定律是如何改变半导体公司的价值的。由于芯片的性能每两年就能提升一倍,因此,充分利用芯片的初创企业可以制造出更好、更便宜的产品。也就是说,任何调制解调器、数码手表或在个人电脑内部作为发动机的半导体的成本都将在 2 年内下降 50%, 4 年内下降 75%, 8 年内下降 87.5%。有这样的技术在科技初创企业背后作为助力,利润一定会呈指数级增长。

网景公司,或者说整个互联网行业,都加大了马力在发展。杜尔比其他任何人都更好地理解这一点。除了在英特尔工作过,他还认识鲍勃·梅特卡夫,所以他知道梅特卡夫定律比摩尔定律更具爆炸性。互联网的价值将随着用户数量的平方而增加,而不是像半导体那样每两年增加一倍。因此,进步可以是更高阶的,而不仅仅是指数级的;持续以平方级增长的东西很快就会比持续翻倍的东西增长得快得多。此外,进步不会被时间的流逝所束缚;它将是用户数量的函数。在杜尔遇到克拉克时,互联网用户的数量在未来两年内将增至原有数量的 3 倍,这意味着互联网的价值将跃升 9 倍,创造比同时期半导体公司更强大的增长。更重要的是,梅特卡夫定律并没有取代本来就足够引人注目的摩尔定律,相反,它与摩尔定律相辅相成,正在产生更大的价值。互联网流量的爆炸式增长既源于其效用的迅速增长(梅特卡夫定律),又源于调制解调器和计算机成本的下降(摩尔定律)。

听了克拉克的介绍后,杜尔决定投资。一个神奇的浏览器吸引了数百万人上网,它的潜力几乎是无限的。与之相比,杜尔必须付出的代价是次要的。

杜尔在会后马上给自己的搭档维诺德·科斯拉打了电话,劝他第二天去见克拉克和安德森,尽管那天是星期六。恩颐投资和梅菲尔德风险投资公司拒绝了网景公司,但杜尔相信,即使它的估值过高,也值得付出代价。

科斯拉适时地前往位于芒廷维尤埃尔卡米诺和卡斯特罗街角的网景公司的办公室去拜访他们。他喜欢把风险投资看作一种金融选择,他告诉自己,你可能损失的只是本金,但潜在的收益是无限的。考虑到创业公司在发展中呈现的指数法则,计算能力在发展上呈现的摩尔定律,以及互联网在发展中呈现的梅特卡夫定律,以及每一条定律如何叠加其他定律的影响,网景公司就是你必须投资的。会后,科斯拉给杜尔打了电话:"我们应该投资。"

几天后,克拉克和安德森又回到了凯鹏华盈投资委员会。他们当时并没有像阿克塞尔所要求的那样事先准备计划,但这并不重要。最终,凯鹏华盈的合伙人只用了45分钟就批准了这笔投资。"我们知道这个价格很高。"一位合作伙伴说,"尤其是该公司背后所运用的技术似乎仅发明了12年。"但桌旁的每个人都记住了汤姆·珀金斯的另一句名言:**要想在风险投资中获得成功,就必须选择正确的交易,而不是就估值讨价还价。**

1995年8月,网景公司上市。在第一个交易日收盘时,凯鹏华盈最初持有的500万美元股权价值2.93亿美元。随着网景公司的股价进一步攀升,凯鹏华盈很快赚到了5亿美元的利润,它的市盈率达到了100倍,大约是阿克塞尔在悠游网络上的盈利回报倍数的2倍。在这种局面下,有多少凯鹏华盈的赌注变成零真的无关紧要。在互联网时代,为了购买这种呈爆炸式指数增长的公司的股权,付出任何代价都是值得的。

风险投资箴言

- 只"打有准备的仗",专家型风险投资人不会到处寻找下一个投资目标,而是对似乎有希望的技术和商业模式进行管理咨询式的研究。

- 每一笔交易都应该带来下一笔交易。

- 只要你保住了一垒安打,本垒打会自然而然地发生。一些一垒安打投资所带来的长期价值会远超你的预期。

- 风险资本作为一个整体,是社会进步的一个强大引擎——比人们通常认识的强大得多。

- 要想在风险投资中获得成功,就必须选择正确的交易,而不是就估值讨价还价。

T h e   P o w e r   L a w

THE POWER LAW

Inside Silicon Valley's Venture Capital Machine

第 7 章

迄今为止最大的风险投资本垒打

The Power Law

If you are afraid of losing everything, you tend to take your chips off the table too early.

如果你害怕失去一切，
往往会过早地放弃筹码。

Inside Silicon Valley's Venture Capital Machine

1995年初，唐·古丁在悠游网络的董事会上提到一个奇怪的名字。古丁是阿克塞尔的电信分析师，一直在建设公司的网站，这是第一个由风险投资公司开设的互联网网站。他在网站上花了很多心思，过程中不断参考一个网站来优化公司网站特性。这个网站名叫"雅虎"。雅虎？会上的人听到这个名字都笑了。他们心想，这肯定不是一个正式的名字。古丁一直在准备推进雅虎成为阿克塞尔的投资项目，但他此时临阵退缩了，因为他觉得也许提出一个让人啼笑皆非的想法是毫无意义的。

几星期后，在一场相似的会议上，另一家风险投资公司没有犯与阿克塞尔相同的错误。经验丰富的比尔·德雷珀找到了雅虎的创始人，当时他们正在斯坦福大学校园里一间简陋的拖车式活动房屋里运营网站。德雷珀弯下腰钻进了拖车。他高大的身躯绕过一辆摆放着的自行车，越过几块滑雪板，走近一台名为"小锦"（Konishiki）的电脑。这台电脑的主人是一位名叫大卫·费罗（David Filo）的研究生，他性格安静，喜欢给自己的物品取一些傻傻的名字。小锦是他最喜欢的相扑选手的名字。

费罗请德雷珀提出一个他想查询的问题。德雷珀当时是耶鲁大学的董事，便询问了耶鲁大学的学费。费罗键入了一些关键词，随后，在电脑屏幕上出现了几本厚厚的书的图像，这是耶鲁最早的主页。他又敲了几下键盘，答案出现了：耶鲁大学的学费为每年 21 000 美元。德雷珀惊呆了。新的网景浏览器虽然有助于浏览网页，但它不提供目录或搜索服务。试想一下，假如你可以在网上查找任何东西，这种想法感觉就像数字魔法一样炫酷。德雷珀决心鼓励他的儿子、掌管德雷珀家族办公室的蒂姆·德雷珀（Tim Draper）投资雅虎。

他们告诉投资人，雅虎是免费的

大约在同一时间，一个衣冠楚楚、戴着眼镜的人也来拜访了"拖车"里的创业团队。德雷珀家族可以算是硅谷的贵族。在蒂姆·德雷珀的记忆中，当赫赫有名的硅谷沙丘路还是一条土路的时候，自己就已经开着直升机到处飞了。而这位衣装整洁的访客却是一个新贵，一个叫迈克尔·莫里茨（Michael Moritz）的英国威尔士人。他在读研究生时来到美国，为《时代周刊》撰写关于硅谷的报道。他把自己在《时代周刊》的工作当作一张名片，借此结识科技界名人。20 世纪 80 年代中期，莫里茨曾自己开设一家风险投资公司，这家公司提供科技相关资讯及举办相关会议。1986 年，他出人意料地换了工作，入职红杉资本。

莫里茨走进了"拖车"，电脑设备散发出的灼热让他退了几步。地板上散落着未洗的衣服和比萨纸盒，一些高尔夫球杆靠在墙边；窗帘也拉上了，以防止强光照射到屏幕上。"拖车"内的状况足以让进来的访客立刻逃到大马路上。像古丁和德雷珀一样，莫里茨明白，雅虎是个诱人的投资标的。该网站正在迅速地向数百万用户开放。雅虎可能会成为互联网版的电视指南：一种引导消费者获得他们想要的信息的新媒体。问题是，一个网络指南如何赚钱？"那么，你们打算向用户收取多少费用？"莫里茨问费罗和他的同事杨致远（Jerry Yang）。费罗和杨致远交换了一下眼色，两人心照不宣。他们心想，这家伙不明白他们在干什么。他们告诉这位投资人，雅虎是免费的。他们整理目录，是写博士毕业论文外的消遭。这只是一种爱好，就像参加飞盘俱乐部或沉迷于恐怖电影一样。他们的目标是寻找乐趣，而不是无聊地沉迷于获得收益。他们列出了自己喜欢的一些稀奇古怪的网站，像是布莱恩的熔岩灯（Lava Lamp）和夸德雷的犰狳（Armadillo）主页。他们这种古怪的命名嗜好让莫里茨感受到了他们的风格。小锦的同伴工作站被称为"曙"（AKebono），而雅虎（YAHOO）的意思是"另一种正式层次化体系"（Yet Another Hierarchical Officious Oracle）。因此，向用户收费与他们企业古怪的精神背道而驰。

莫里茨刚到红杉资本的时候，他的一些同事对他能否胜任这份工作持怀疑态度。他毕业于牛津大学历史系，是一名杂志记者，写过两本商业方面的图书，但他没有工程学或管理学背景。"这家伙什么都不知道！"一位红杉资本的前合伙人在面试完莫里茨后这样说。但唐·瓦伦丁否决了这些反对意见，因为他在莫里茨身上看到了一个多才多艺的学习者的形象，他宁愿雇用一个如饥似渴的新手，也不愿雇用一个吃老本的人。此时，算是一种意外收获，莫里茨的非传统背景即将证明它的价值。

莫里茨没有听闻过这样的先例：有哪家公司在提供免费产品的同时，还能从风险投资人那里筹集资金。但几秒钟的横向思考告诉他，雅虎的方案可能行得通。在莫里茨本人所从事的传媒业中，很多成熟企业用的正是雅虎所提出的商业模式：广播电台和电视免费播放新闻和节目，然后通过收取广告费用来攫取利润。更重要的是，传媒业的那帮人常用顽皮的名字来提供异想天开的故事情节。不守常规与获得收益之间并无矛盾。有了这个类比，莫里茨比德雷珀更坚定地理解了雅虎的模式，他不仅对产品印象深刻，还想通了其未来的商业模式。

莫里茨一直在与杨致远和费罗交谈，但现在他从提问者的角色巧妙地转变为投资顾问的角色。他知道他将面临竞争，因为雅虎还在考虑两家更大的互联网公司美国在线和网景提出的收购要约。为了战胜这些竞争对手，莫里茨问了一些敏感的问题，认真地倾听他们的回答，并深入这些年轻研究生的内心。多年后，当被问及为什么选择莫里茨而不是其他投资人时，杨致远神秘地回答说莫里茨有"灵魂"。尽管莫里茨到访时的开场白很差劲，但最终还是和他们建立了真正的连接。

在他们高谈合作的关键时刻，杨致远问莫里茨，公司是否应该改名，也许应该改个更严肃的名字。莫里茨反对说，如果杨致远这么做，红杉资本将不会支持他。此外，莫里茨的反对也有他自己从未想到的理由。在做记者的岁月里，莫里茨曾写过一本关于史蒂夫·乔布斯的书。现在，他坚持认为"雅虎"是一个珍贵的名字，是一个鼓舞人心、令人难忘的公司名称，就像苹果一样。不知是出于本能还是算计，莫里茨这次给出的是一个完美的答案。因为他和硅谷的其他人一样了解乔布斯，他预感到这两个名不见经传的研究生和硅谷传奇乔布斯之间存在联系，而在这方面，他有发言权。像所有伟大的风险投资人一样，他知道如何激发创始人的使命感。哪怕是对最自信的创始人来说这也是终极诱惑。

1995年4月，红杉资本向雅虎投资97.5万美元，获得其32%的股权。费罗和杨致远各自保留25%的股权，其余的股权留给雅虎员工，包括莫里茨聘请的一位新的外部首席执行官。比尔·德雷珀的儿子蒂姆比莫里茨出手慢，但现在他变得很热情，要求参与这笔交易。红杉资本很坚决地拒绝了蒂姆，因为他们希望在这场投资中尽可能多地参与其中。

红杉资本对雅虎的投资为20世纪90年代中后期风险投资行业的发展奠定了基调，那是互联网蓬勃发展的时期，最终以科技泡沫的破裂而告终。**投资那些对产品收取很少或不收取任何费用的公司，这一做法就像野火一样在风险投资界蔓延开来。风险投资人对初创企业的评估不再根据其当年或次年的收入，而是根据他们的势头、吸引力、受众和品牌。因为至少在理论上，这些无形的东西在未来可能会转化为现金。**

为了打造雅虎的势头，莫里茨将杨致远定位为硅谷的代言人，这有点像乔布斯的再造，尽管杨致远本人拒绝这种比较。作为20世纪70年代反主流文化的保卫者，赤脚的乔布斯开启了个人电脑行业。在移民，尤其是亚洲移民开始在硅谷留下印记的时候，华裔美国人杨致远成了一种新型创业方式的传道者。他的照片经常出现在杂志上，照片里的他留着一头浓密的黑色头发，穿着学院式的斜纹棉布裤，脸上挂着一个咧着嘴、露齿的笑容。他在技术会议上就雅虎如何吸引在线用户的策略进行了演讲；他既是极客，又是营销大师。1995年6月，杨致远在一次聚会上大获成功，与诸如鲍勃·梅特卡夫这样的重量级人物成了朋友。"这将是第一个伟大的互联网品牌。"他自信地说道。

一个上不了台面的秘密是，雅虎除了打造品牌之外，别无他法，因为它算不上是一家技术公司。它没有专利，也没有多少工程学方面的优势；它的目录是通过浏览网页和对网站进行分类拼凑起来的，而这其中的大部分工作都是手动完成的。它是对珀金斯定律的反面阐释：因为雅虎不存在技术风险，便包含了巨大的市场风险，这是由于雅虎没有技术方面的护城河保护它免受竞争对手的攻击。更重要的是，由于雅虎所在业务领域的逻辑是赢者通吃，即互联网用户很可能倾向于使用单一的方式在网络上搜索信息，因此竞争必然会特别激烈。赢家将获得在线广告收入的最大份额，而其他人只能获得九牛一毛。

作为指数法则的极端版本，雅虎无法像传统科技公司那样行事。它不能简单地发明一种产品，推广它，然后依靠技术上的革新带来销售和利润。相反，它必须保持比竞争对手更活跃的状态，这意味着它必须营造出一种势头强劲的氛围。**在预测未来互联网公司的动态时，一个危险的循环逻辑出现了，即雅虎增长的关键在于它必须保持增长。**因此，雅虎早期在创收方面的成功并没有转化为利润。为了继续扩大业务，每一美元的广告收入都必须重新投入营销支出中。事实上，这一循环很快就被证明资金是不够的。在从红杉资本获得约100万美元融资的8个月后，雅虎就开始了新一轮融资。

传统的风险投资人能看出雅虎是一家烧钱的企业，因为它没有技术方面的保护，除了品牌之外没有什么实质性的资产，因此他们可能会拒绝向雅虎持续提供资金。但到 1995 年底，传统思维已经过时了。1995 年 8 月，网景公司的上市揭示出互联网的到来是如何改变游戏规则的：考虑到按指数法则增长的公司能带来天文数字般的回报，不把赌注押在它们身上才是疯狂的。更重要的是，网景公司和悠游网络这样的大项目已经被大学捐赠基金和养老基金注意到了，它们为此向风险投资领域注入了更多的资本。1995 年，美国风险投资融资金额高达 100 亿美元，而 5 年前这一数字仅为 30 亿美元。硅谷的风险投资行业如此资金雄厚，对指数法则的增长逻辑又如此有信心，雅虎几乎肯定会融到钱。

如果你不接受这 1 亿美元，我将投向你的对手

在此背景下，一位投资人的出现恰逢其时。他叫孙正义，个子矮矮的，看起来有点像个创业者。他凭借一家名为"软银集团"（SoftBank）的软件公司一举成名，赢得了"日本的比尔·盖茨"称号。与出身特权阶层的盖茨不同，孙正义是白手起家的一个极端例子。他的家庭是在日本被边缘化的朝鲜族的一员，他童年的住所是铁路附近的一个棚屋，那里住着他和 6 个兄弟姐妹。尽管孙正义不幸的童年造就了他的传奇，但也成为他的负担。他的父亲为了掩饰自己家族的朝鲜族身份，给儿子取了一个日本姓氏"安本"，这种耻辱迫使他在 16 岁时离家前往美国加利福尼亚州。"我将拿回我的姓氏，以证明所有人都是平等的。"他在离开时发誓。多年后，孙正义根深蒂固的"局外人情结"被同事认为是成就他非凡投资风格的关键。他像个孤注一掷的亡命之徒一样投资，即使他的财产已达数十亿美元。

1995 年秋天，孙正义开始了第二次加利福尼亚州冒险之旅。第一次创业之后，他带着加州大学伯克利分校的经济学学位回到了日本，并在创办软银的过程中积累了巨额财富。现在，他听到了"互联网淘金热"的风声，便把生意从日本转移到美国。对于一个亚洲企业家来说，这是非常大胆的一步，因为对于一个没有人脉的局外人来说，硅谷密集的人脉网络是很难渗透进去的。但孙正义买下了一家美国科技出版商和一家美国领先的计算机领域会议组织公司的控制权，因此获得了信息和人脉。这将有助于他发现下一个令人兴奋的前沿领域。

1995年11月，孙正义访问了雅虎在芒廷维尤的新办公室，这个办公室距离斯坦福大学校园只有几千米远。杨致远和费罗用油漆把墙壁粉刷了一遍，但费罗的工作空间很凌乱，里面堆满了溜冰鞋、CD盒、喝光的饮料罐、旧的《微时报》(Micro Times)和一条蓝格子的化纤毯子。费罗的专业工作可是为网络空间带来秩序啊！这是不是很有讽刺意味？办公室的状况让他们很尴尬，杨和费罗提议带客人去一家法国餐厅吃饭，但这个方案被孙正义婉拒了。他只想谈正事。

在职业生涯的后期，孙正义以其融资和投资的杀伐决断而名噪一时。2016年，当他策划一个名为"愿景基金"的投资项目时，他在45分钟内说服了沙特王储投资450亿美元。早在他遇到雅虎这个项目前，他的方式就已经如此直接。他想从雅虎分一杯羹，而雅虎想要他的资本。因此，没有必要使谈话复杂化。

孙正义让费罗和杨致远谈谈他们对雅虎的估值。两位创始人初步提出的估值为4 000万美元，而红杉资本8个月前投资时的估值仅为300万美元。孙正义毫不犹豫地答应了，他甚至比凯鹏华盈的约翰·杜尔更愿意付钱。"该死，我应该要得再高一点的！"杨致远心想。

孙正义适时地领投了雅虎的B轮融资，其投资占雅虎该轮融资总额的一大半，而红杉资本和路透社的占比则较少。但孙正义的行动才刚刚开始。1996年3月，他再次回到了雅虎的办公室。

经过4个月的时间，雅虎"烧钱"成瘾的毛病丝毫没有好转。雅虎的竞争对手——最著名的两个搜索引擎Excite（埃克塞特）和Lycos（莱克斯），也在努力打造自己的品牌，雅虎必须保持领先。因此，费罗和杨致远将500万美元的B轮融资中的绝大部分资金用于营销。就在此时，Excite和Lycos加倍下注：他们宣布了上市的计划，以巩固他们的营销资金。为了保住自己的领跑者地位，雅虎请高盛来安排自己的上市计划。

孙正义来到雅虎的办公室时，还是和以前一样瘦小、不太威严，但他带来了"火箭筒"。他提议向雅虎投资 1 亿美元，这在硅谷历史上是前所未有的。作为回报，他想要公司额外 30% 的股权。

孙正义的出价表明，自他 4 个月前投资雅虎以来，雅虎的价值已经飙升了 8 倍。但令人惊讶的是，他开出的支票数额之大，在硅谷还从未见过如此手笔的风险投资。当时，硅谷的风险投资合伙企业平均筹集的资金通常在 2.5 亿美元左右，这些企业不可能把约 40% 的资金投入到一个项目中。私募股权投资人和公司收购者有时会投资 1 亿美元左右，但作为回报，他们希望获得公司的全部控制权。相比之下，孙正义只会成为一个小股东，而且代价将是前所未见的。有软银的收入作为后盾，他可以投入的资金是雅虎刚成立时红杉资本投资金额的 100 倍还多。

当孙正义抛出重磅橄榄枝后，杨致远、费罗和莫里茨都沉默不语。杨致远有些不知所措，他说他很高兴，但并不需要这么一大笔资金。"致远，每个人都需要 1 亿美元。"孙正义反驳道。毫无疑问，孙正义是对的，至少在网络争夺品牌关注度的新时代是这样。雅虎之所以准备上市，正是因为它确实需要资金。"想想你要付给网景多少钱才能让你们成为其推荐的搜索引擎？"孙正义接着说。他指的是，网景作为行业领先的网络浏览器公司，正在拍卖其网站上的推荐搜索引擎的权利。如果 Excite 或 Lycos 的财力比雅虎更雄厚，那么其中必有一家会抓住这个机会。

杨致远承认网景收费很高。因此他也承认，1 亿美元实际上是很有用的。在这个赢家通吃的新市场里，雅虎未来的增长取决于它能否持续快速增长。因此，它需要增长资本。问题是谁来提供这种资本。对于一家年轻的公司来说，要想筹集数千万美元的资金，通常采用的方式是上市，而这正是雅虎计划要做的。但现在，孙正义来了，这个非正统的日本局外人，似乎在血管里流淌着某种神奇的冷却剂。毫不夸张地说，公司通常只有通过公开上市，加上私人投资才能筹集到孙正义开出的投资数额，更何况他已经准备好立即支付这大胆的出价。

莫里茨和雅虎的两位创始人花了一些时间来思考该做何选择。一方面，孙正义的提议是有诱惑力的，因为公开上市总是存在失败的风险。但另一方面，高盛提出的上市价格对雅虎的估值足足是孙正义提议的两倍。如果高盛能让雅虎上市，红杉资本、杨致远和费罗将赚得更多。

在雅虎团队做出决定之前，孙正义再次做出打破常规的行动。他要求莫里茨和两位创始人说出雅虎的主要竞争对手。"Excite 和 Lycos。"他们回答。孙正义转向他的一个副手命令道："把名字写下来。"然后他又转身回到莫里茨和雅虎创始人身边，告诉他们："如果我不能投资雅虎，那我就会去投资 Excite，然后彻底消灭你们。"

对杨致远和费罗来说，尤其是对莫里茨来说，孙正义的威胁恰恰表明：在互联网搜索引擎的竞争中，只能有一个胜利者，因此，能够开出 1 亿美元支票的投资人选择投资谁，谁就会赢得竞争。孙正义就像数字时代的教父，向莫里茨提出了一个他无法拒绝的提议。莫里茨后来决定，永远不要再被有钱的投资人欺负了。

在征得孙正义同意后，雅虎团队开始私下的交流。在只有团队成员的讨论中，莫里茨劝告两名创始人，必须认真对待孙正义可能去支持竞争对手的威胁。没有一个硅谷的资深人士会背叛他已经投资的初创企业，因为风险投资是一场重复的游戏，为了赢得信任，你必须尊重你所建立起的关系。但孙正义初来乍到，他不知道那些不成文的规则，因此硅谷的传统无法限制他。

半小时后，三个人希望继续谈判，他们告诉孙正义会接受他的投资。但无论如何，他们都会继续进行 IPO。经过又一番协商，孙正义最终向雅虎投资了 1 亿多美元。加上他在 B 轮融资中购买的股权，孙正义现在持有雅虎 41% 的股权，而红杉资本的所有权被稀释到了 19%。费罗和杨致远各自保留了 17% 的股权。

发起投资闪电战，在数字时代点石成金

1996 年 4 月 12 日，雅虎正式上市。当天雅虎的股价一飞冲天，第一天的收盘价足足是孙正义买入价的 2.5 倍。这是一笔惊人的财富：孙正义瞬间赚了超过 1.5 亿美元。在雅虎上市之前，没有一笔交易能让红杉资本赚到 1 亿美元以上，这是唐·瓦伦丁押注思科时创下的纪录。多年以后，莫里茨回忆起这一壮观场面，他记得他当时在想："在一个月、几年，甚至几十年的时间里，我们怎么可能从一项投资中赢得超过 1 亿美元的回报？"但通过在雅虎上市前夕买入股票，孙正义在短短几星期内就获得了超过 1 亿美元的收益，而且没有经历白手起家组建管理团队的痛苦。风险投资行业被永远地改变了。

这种变化分为两种，一种是迅速而明显的，另一种是缓慢而隐晦的。第一种更明显的转变发生在孙正义身上：他现在不仅在日本，而且在世界各地都很出名。利用自己作为数字时代点石成金者的新声誉，手握成功投资雅虎所获得的财富，他发起了一场令人惊叹的投资闪电战，不停地从沙子中挑选出宝石。套用对冲基金的话来说，他并不关心超额收益，即一个有经验的投资人通过选择正确的股票而获得的回报。他只关心市场风险和在市场中可以获得的利润。一位负责管理孙正义基金的年轻人回忆说，1996 年至 2000 年，孙正义至少押注了 250 家互联网初创企业，这意味着他保持了一个近乎疯狂的速度，大约每星期押注一家，这个速度是普通风险投资人的 10 倍，甚至 20 倍。这段时间，同一个人会同时出现在 30 多家公司的董事会上。"我没有经验，不知道这有多疯狂。"孙正义的一名副手后来回忆道。

与投资雅虎的策略一样，孙正义也会对处于成熟阶段的公司进行大手笔的投资。1997 年底，他利用投资软银和雅虎的收益，向行业领先的网页托管服务公司雅虎地球村（GeoCities）注资 1 亿美元，在该公司 1998 年 8 月上市时，他的回报

翻了一番，最终实现了远超 10 亿美元的天价收益。1998 年，他在互联网金融服务公司亿创理财（E*Trade）上市后，以 4 亿美元的价格收购了该公司 27% 的股份；一年后，它的价值达到了 24 亿美元。为了减少对软银集团收益的依赖，孙正义筹集了一种新型的专项风险投资基金。**该基金拥有 10 亿美元资金，专门用于投资处于成熟阶段或增长期的公司，这种投资模式后来被称为"成长型投资"。**与此同时，孙正义利用他在日本的人脉，创办了这些美国企业在日本的子公司，如雅虎日本、亿创理财日本等。孙正义的风险投资业务遍布全球：他在韩国、日本和中国香港创立了风险投资基金，他与鲁伯特·默多克的新闻集团合作，在澳大利亚、新西兰和印度进行投资；在欧洲，他与法国媒体集团威望迪（Vivendi）建立了合作关系；在拉丁美洲，他在墨西哥城、圣保罗州和布宜诺斯艾利斯设有风险投资办公室。

通过这一系列暴风骤雨般的操作，孙正义早已预料到风险投资行业在 10 年后会发生更明显的变化。正如我们所看到的，以雅虎的投资案例为开端，风险投资行业经历了自然的转变。**成长型投资从 2009 年左右开始成为硅谷主流的投资模式，而风险投资合伙企业也从超本地化的业务模式转变为更具全球视野的业务模式。**互联网公司品牌面临着增长的迫切需要，这为投资人提供了成长型投资的机会。而这些公司也不是建立在尖端技术之上的，因此它们可以在远离硅谷这个科技中心的地方蓬勃发展。正如在金融行业所屡见不鲜的那样，谁先看到形势转变，并且拥有可以满足新需求的资本，谁就可以在竞争对手醒悟之前获得丰厚的回报。而孙正义正是第一个吃到螃蟹的人。据估算，1996 年至 2000 年，他的个人财富增加了 150 亿美元。当时，甚至没有其他风险投资人能出现在《福布斯》的亿万富翁名单上，即便是约翰·杜尔和唐·瓦伦丁也不例外，但孙正义名列其中。

第二种更为隐晦的转变发生在红杉资本内部。在雅虎上市后，唐·瓦伦丁和他的同事们变得紧张了起来。要知道，雅虎的估值在一年的时间里从零涨到了 6 亿美元，即便是资历再老的风险投资公司也会想要保住当前的收益，尽早卖掉股票。莫里茨后来回忆说："每个星期，每个人都在关注雅虎的股价，感叹它上涨的势头有多荒谬、多么不合理，又担心如果它崩溃了会发生什么。"但莫里茨本人却持相反的观点。看到孙正义在以折损红杉资本的利益为代价赚了这么多钱，他决定继续持有雅虎剩余的股权：如果能成为赢家，就会获得更大的好处。红杉资本在雅虎的 A 轮和 B 轮投资在其首个交易日后上涨了约 60 倍。但是倍数在银行账户里并不作数，从金额来说，红杉资本从雅虎赚的比孙正义少。

莫里茨开始将投资雅虎的经历视为红杉资本发展之路上的一个转折点。当时正值唐·瓦伦丁退休，莫里茨刚刚崭露头角的时候，他和同期成熟干练的道格·莱昂内（Doug Leone）一起担任红杉资本的领导者。在红杉资本，老一代的领导者大多出生于经济大萧条时期，在第二次世界大战中成长起来。他们一直生活在对失去一切的恐惧之中，因此对待投资比较保守。对此，莫里茨认为："**如果你害怕失去一切，往往会过早地放弃筹码。**"在投资苹果公司的案例中，瓦伦丁在首次公开募股前出售了所有股权，实现了快速盈利，但这种做法也让他的共同投资人失去了从苹果公司上市中获得更丰厚回报的机会。相比于保守派的领导者，莫里茨成长于战后繁荣时期，在成长过程中顺风顺水，没有经历过什么挫折与困难：他出生于威尔士，先后就读于牛津大学和宾夕法尼亚大学沃顿商学院，之后入职红杉资本。现在，在 40 岁生日刚过不久，他就在雅虎押下了巨额投资。与老一代相比，他和同时代人不太愿意去担心那些可能发生的失误。"我认为，**红杉资本的一个巨大变化是，我们一直在尝试清醒地想象，那些被我们寄予厚望的公司如果发展得一切顺利，会发生什么？**"莫里茨说。

对雅虎的投资体现了红杉资本内部的这种文化冲突，这是一种谨慎的保守派与乐观的继任者之间的冲突。莫里茨抓住了这个机会，为自己的长期计划做了充分的准备。他向合伙人施压，要求他们循序渐进地分配雅虎的股票。他提醒他们，投资思科所带来的最大收益是在几年之后才出现的：在 1990 年上市时，思科的市值为 2.24 亿美元；而到了 1994 年，这一数字已飙升至 100 亿美元。通过赢得这场争论，莫里茨确保了对雅虎股票的最后一次分配将推迟到 1999 年 11

月，并在公司内部巩固了自己的权威。到了 1999 年 11 月，雅虎的股价已涨至每股 182 美元，足足比上市时的价格高出 14 倍。正是这种等待，让红杉资本从投资雅虎上所获得的收益超过了之前所有投资的总和，甚至是其从投资思科所获收益的 10 倍以上。谈起成功秘诀，莫里茨简洁地说："就是要学会有一点儿耐心。"

但真正的影响和启示是更深层次的。得益于对雅虎的投资经历和孙正义的示范作用，莫里茨认识到，风险投资企业必须根据情况不断调整策略。同时，巨额的成长型投资会赋予风险投资人创造大型商业帝国的能力，这意味着他们不能再将目光仅仅局限于硅谷，而是要看得更远。后来，红杉资本将这些经验高效地运用于实战中，获得了在风险投资业务中无可匹敌的优势地位。

竞争者出现，风险投资理念回溯本源

当孙正义在硅谷崭露头角时，与之形成鲜明对比的竞争者出现了：这是一家名为"基准资本"的风险投资合伙企业。基准资本的三位创始人，布鲁斯·邓利维（Bruce Dunlevie）、鲍勃·凯格尔（Bob Kagle）和安德鲁·拉奇勒夫（Andrew Rachleff），都曾在硅谷的其他风险投资公司工作过；另一位创始人是凯文·哈维（Kevin Harvey），他曾在硅谷创立过一家软件公司，并把它卖给了莲花发展公司。基准资本采用专家型投资风格，且其被投公司在地理位置上非常集中，也就是说，基准资本的业务优势在于深耕当地而非向全球拓展，这意味着它的商业模式与软银模式大相径庭。此外，基准资本的投资模式注重精准灵活而非巨额投入：该企业故意将其第一只基金的规模定得很小，其资金总额仅为 8 500 万美元，甚至可能低于孙正义开给任意一家公司的支票金额。基准资本在招股说明书中坚称："上帝并不会站在拥有大量军火的人的一边，而是会站在射得最准的那一边。"

基准资本的创始人们相信，通过保持精简和专注，他们已经开发出了一个"从根本上更好的投资架构"。首先，基金规模小意味着他们会仔细评估每笔交易：他们的目标是获得超额收益，而不是承担市场风险。其次，小的基金规模还能确保每位创始人只在少数几个董事会任职，从而集中精力帮助投资组合中的每个公司增加价值。再次，小的基金规模也会促进 4 位合伙人之间的友谊：尽管风险投资行业以单一的男性文化为主导，充满竞争，但基准资本的团队氛围却十分和谐，团队成员间保持着高度的统一性。最后，选择建立小规模的基金显然不是因为软弱，如果愿意的话，基准资本本可以筹集到更多的资金。但为了彰显其的实力，他们宣布将保持其基金的高额回报率，超过 20% 的行业回报率标准。基准资本还对其所管理的资金收取相对较低的管理费。公司合伙人们希望根据结果获得报酬，而不仅仅是聚敛钱财。

一些风险投资公司认为，只要选对了交易，工作就完成了 90%，至于培训企业家那是之后的事情。但基准资本的合伙人倾向于将二者同等看待，他们认为满怀信心地确定该投哪个项目通常是不可能的，因为风险投资的本质就是其中大多数投资都会血本无归。因此，为了确保创造超额收益，基准资本不得不与企业家们并肩作战，深入每一项工作。基准资本的一位合伙人笑着说："我已经深入其中，几乎看不到天空。"持怀疑态度的人可能会反驳说，基金的业绩是那些最优秀的创业者，也就是那些能打出本垒打的人所创造的，这些项目几乎不需要投资人投入时间和精力，而把时间花在较差的创业者身上其收益是九牛一毛。但基准资本的合伙人们拒绝接受这种失败主义的想法，因为他们坚信，只要你坚持帮助创业者，明显落后的人也可能会成为赢家，奇迹有时会发生。更重要的是，如果你在困难时刻没有放弃创业者，将会获得忠诚的声誉，也将因此得到回报，因为其他企业家会因为好的声誉涌向你。

深入被投公司的管理有助于你与企业家共情。即使知道自己可能是错的，你也必须给出建议，而且必须巧妙地与人沟通。选择正确的时机也是技巧的一部分：当别人听不进去的时候，提供建议是没有意义的，所以你必须在其真正需要指导的时候抓住机会。风险投资是什么？布鲁斯·邓利维曾经思考这个问题，他举了一个例子："星期五下午 6 点 15 分，你坐在办公桌前，正整理行装准备回家，这时电话响了。你所投公司的首席执行官可能会说：'你有时间吗？我的人力资源副总裁正在和秘书幽会；此外，工程副总裁想辞职，因为他的妻子不喜欢住在这里，他要搬回北卡罗来纳州；而且我必须解雇那个谎报业绩的销售人员；我刚去看了医生，我的身体也有些问题；还有，我想我需要做一次产品召回……'而这时，作为风险投资人，你只会说：'你想让我现在就过来，还是明早一起吃早饭？'"

另一位创始人鲍勃·凯格尔也展现了基准资本以人为本的宗旨。他在密歇根州的弗林特长大，曾就读于凯特林大学[①]，该校提供的大学教育包括在教室和通用汽车工厂交替进行为期6个星期的学习和实习。凯格尔学的是工程学，后来被斯坦福大学商学院录取。他是坐着一辆金色的庞蒂克去上学的，加长引擎盖上印着一只美国鹰。凯格尔那笔直的眉毛、修剪过的小胡子和胡髭形成了三条平行线。他的笑声极具感染力。他喜欢和企业家合作进行一些"人性化"的交易。

尽管凯格尔接受过工程培训，也有美国中西部汽车行业的工作背景，但他还是乐于支持那些与这两项都没有任何关系的公司。在成为基准资本的联合创始人之前，他曾试图说服自己之前的合伙人投资一家位于西雅图的咖啡连锁店，这家连锁店就是后来大名鼎鼎的星巴克。还有一次，他看到一家叫坚宝果汁（Jamba Juice）的连锁店外面排着长队，于是取消了那天上午的行程，而去采访店里的员工和顾客。在基准资本成立后，凯格尔在科技领域和零售领域之间来回探索。与阿克塞尔专攻某一领域的专家不同，他拒绝停留在单一的赛道上；如果说他在投资中最看重什么的话，那一定是人性。1997年，凯格尔偶然发现了一家结合了他所有投资偏好的公司，这是一家科技公司，同时也是一家零售公司，更重要的是它重视人的作用。这也是后来被风险投资人称为"自有网络效应"的第一个例子。

[①] 这所大学曾被称为通用汽车学院（General Motors Institute）。——编者注

从 eBay 获取 10 亿美元回报

这家混合型公司的创始人是一位名叫皮埃尔·奥米迪亚（Pierre Omidyar）的软件工程师。奥米迪亚出生于巴黎，父母是伊朗人，他是另一位将在硅谷留下印记的移民；到目前为止，移民约占硅谷科学和工程劳动力的 1/3。奥米迪亚扎着马尾辫，留着凡·戴克式的胡子[①]，戴着一副眼镜，沉浸于早期互联网反阶级主义的文化中。让他有些懊恼的是，他之前曾在一家初创企业工作，它旨在帮助知名企业扩大网上销售量；而这么做的结果是，这些企业的管理不仅没有民主化，其领导层反而因此巩固了权力。因此，为了抵消他的罪恶感，奥米迪亚设计了一个二手物品在线拍卖平台，并且这个平台是免费的，任何人都可以使用。对他而言，这是一种赎罪的形式。

奥米迪亚喜欢把平台的买家和卖家看作一个社群，而不仅仅是一群自私自利的交易商。他建立了一个反馈系统，允许买卖双方相互评价，因为他觉得这会使双方相互体谅。他还增加了一个公告板，用于分享如何上传图片等技巧。同时，社群的新成员会在公告板上发布他们的问题，有经验的人会自愿花时间来回答。1996 年 2 月，当他的拍卖网站流量超过了他的互联网账户限制时，奥米迪亚呼吁用户帮助他筹集流量升级的费用。这一呼吁是以善意为前提的：卖方受邀将其收入的一小部分分给奥米迪亚，但这并不是强迫性的。很快，奥米迪亚对人性本善的看法得到了证实：支票如涓涓细流般渐渐增加，然后如洪水般涌来。到年底，奥米迪亚每月的收入超过了 40 万美元。

奥米迪亚辞掉了日常工作，雇了两个人来帮他。他清了清网页界面上与拍卖无关的内容，并将他的拍卖平台命名为"eBay"（亿贝）。该平台用户的月增长速度达到了 40%，但更令人印象深刻的是推动其发展的背后力量。与雅虎在营

[①] 是一种上唇胡须和山羊胡的搭配，源于比利时画家安东尼·凡·戴克（Anthony Van Dyck）所画的肖像画。——编者注

销上投入大量资金的商业模式不同，eBay 的营销预算为零。相反，它的疯狂扩张是受到梅特卡夫定律的推动：随着其拍卖网络规模的扩大，其价值也呈指数级增长。eBay 上的卖家越多，就会有越来越多喜欢买便宜货的人使用 eBay；同理，买家越多，卖家也就越多。此外，传统电信网络是由各种公司生产的路由器和交换机连接在一起形成的，平台需要支付各类中间设备的费用；而与之不同的是，eBay 能获得 100% 的拍卖佣金，它完全是从网络效应中获利的。更重要的是，它是该网络的所有者。

由于这种自我强化式的增长，它可以在内部积累自己的资本，每个月，大约有一半的收入变成了利润，因此 eBay 不需要风险投资的资金。然而，这种增长所带来的管理压力超出了它的管理者的能力。奥米迪亚和他的两个朋友还没有具备引领一个完全靠自己加速发展的企业的能力。为了寻求管理方面的指导，奥米迪亚向那位曾经帮助 eBay 获得成功的顾问求助，这人便是基准资本的联合创始人布鲁斯·邓利维。

邓利维身材魁梧，但举止平易近人，他有力地证明了基准资本的宗旨：帮助陷入困境的创始人在未来获得回报。他总是非常认真地亲自为被投公司提供咨询，甚至将培养一个企业家比作培养一个孩子。他经常对这些企业家说："在接下来的几年里，你的生活将会有所不同。"有一次，邓利维被人哄着讲了一个他希望被人记住的故事，他谈到了一个成功的创业者。因为该创业者的公司的发展已经超出了他自身的能力范围，所以邓利维不得不解雇了他。但几年后，这个成功的创业者在经过了历练并提升了能力之后欣然接受了另一家由基准资本投资的初创企业的邀请，去担任首席执行官一职，并表示自己一直很感激邓利维能够公允地对待他。同样，在邓利维的帮助下，奥米迪亚从一条黑暗的隧道中看到了光明，他对邓利维的"以人为本"理念的感受更加强烈。这之后，他总是定期去拜访邓利维。

"我有个电子商务网站叫 eBay。"奥米迪亚说。"这听起来不错。你为什么不寄给我一份商业计划？"邓利维回答。奥米迪亚当时没有商业计划，但几个月后，也就是1997年初，他又来了。"你为什么不……"邓利维刚要开口，但这一次奥米迪亚打断了他的话，"我们为什么不聚一聚呢？像以前一样。"邓利维同意了，并记在了日程表上。

临近见面时，邓利维说服凯格尔也来参加，他认为凯格尔是基准资本里那个喜欢投资零售行业的人。奥米迪亚来的时候没有带幻灯片，而是计划展示他的拍卖网站；毕竟，这个网站是一个罕见的东西，一个能赚钱的互联网资产。但是，由于网络浏览量过大，eBay的服务器崩溃了。为了把奥米迪亚从尴尬中解救出来，邓利维向他道歉："是我们的网络连接状况不太稳定。"

凯格尔怀着怀疑的心情离开了会议。后来，他查看了eBay的网站，发现它的页面惊人地粗糙：页面使用的是系统默认字体，没有颜色，只有几行单调的清单。但当凯格尔仔细观察时，他的看法改变了。他喜欢收集手工雕刻的鱼饵，而这个网站上正在拍卖很多精美的鱼饵，其中有一件还是他家乡密歇根的一位雕刻师制作的。凯格尔被这只鱼饵吸引住了，他竞了一次标，结果输了。但他意识到，这些产品会与大脑中的某些东西产生联系并激发出某种感觉。毫无疑问，这些产品像鱼饵一样钩住了他。

凯格尔在公司外面又约了奥米迪亚见面。作家兰德尔·斯特罗斯（Randall Stross）通过出色的细节描写，再现了基准资本的这段早期的投资故事，形象地刻画出了奥米迪亚对"社群"概念的关注：每隔一句话，奥米迪亚就会谈到eBay的社群。他向凯格尔介绍他关于如何建立社群，用户如何通过社群学习以及如何维护社群的构想。其他风险投资人听到同样的介绍后，应该会很快结束对话。"什么社群？"他们中的一些人会这样说。当时，还有一些人嘲笑这种以10美元"战利品"为基础的像跳蚤市场一样的生意，一些人甚至称之为"豆豆娃交易网站"①。但是对"以人为本"的生意的投资偏好，让凯格尔捕捉到了奥米迪亚想要建设在线网络社群的想法。他确信，奥米迪亚是个拥有好想法的人。此外，作为一个同时投资零售和软件领域的风险投资人，凯格尔有天然的优势。零售业务几乎就全部围绕与客户建立联系展开，将客户视为一个社群是实现这一目标的好方法；而软件企业早就明白网络效应的力量。对软件人所称的"网络"而言，奥米迪亚口中的"社群"可能只是对其的另一种称呼。网络效应解释了为什么网景公司能为约翰·杜尔创造财富，也解释了 eBay 为什么会爆炸式增长。

eBay 的增长速度也给基准资本的其他合伙人留下了深刻的印象。"当公司呈指数级增长时，这一趋势不会突然停止。"安德鲁·拉奇勒夫后来观察到这一点，并补充说，"真正告诉风险投资人是否可以支持某家公司的是'二阶导数'，即公司销售额增长率的变化。"因此，在同事们的支持下，凯格尔提出向 eBay 投资 670 万美元，他对该公司的估值约为 2 000 万美元。

如果奥米迪亚的目标仅仅是获得财富，他可能会拒绝凯格尔。他曾收到一家报刊集团的竞争报价，其提出以 5 000 万美元的估值收购 eBay。但奥米迪亚对凯格尔的喜爱程度不亚于他对邓利维的喜爱，他和雅虎的其他创始人一样，选择了那位看似理解他的风险投资人。当这笔投资完成，基准资本将资金汇到他的银行账户时，奥米迪亚没有动它们。因为他更需要是凯格尔的人脉和建议，而不是资金。

凯格尔的第一步计划是为 eBay 寻找一位职业经理人。当时，招聘合适的人才已越来越被认为是风险投资人的一项核心技能，这仅次于拥有商科或工程方面

---

① 豆豆娃是一种使用豆状聚氯乙烯材料作为填充物的绒毛玩具，由 Ty 公司发明生产，并在 1996 年末开始在欧美地区掀起一股非常惊人的收藏、交易和炒作风潮。由于豆豆娃的收藏人数和交易量都非常惊人，eBay 甚至为其设立专区。同时，豆豆娃刚上市时，价格亲民，大多不到 10 美元。风险投资人将 eBay 称为豆豆娃交易网站，一方面是因为豆豆娃在 eBay 上的交易量大，另一方面也因为豆豆娃的价格低廉，风险投资人将其用来嘲讽 eBay。——编者注

的专业知识。他咨询了基准资本最近新招募的第 5 位合伙人大卫·贝尔尼（David Beirne），后者此前曾与人共同创立了一家高管猎头公司。贝尔尼高度评价了玩具公司孩之宝（Hasbro）的总经理梅格·惠特曼（Meg Whitman）。巧合的是，凯格尔也有一位商学院的朋友推荐她。对这位玩具公司主管的了解越深入，凯格尔越觉得她是这个职位的完美人选。惠特曼懂得如何最大限度地发挥零售品牌的作用。正如凯格尔所说，她对"什么是影响客户体验的情感成分"拥有一种近乎本能的判断力。

就像当时巴里斯聘用西奇莫尔一样，眼前的问题在于凯格尔要如何说服一位出色的高管跳槽到一家默默无闻的初创企业。在基准资本投资 eBay 之前，奥米迪亚曾试图吸引外部高层管理人员加入 eBay，但没有人愿意到"跳蚤市场"来冒险。然而，现在奥米迪亚已经得到了基准资本的投资，而基准资本也准备为其提供与贝尔尼的高管猎头公司拉姆齐 - 贝尔尼（Ramsey Beirne）同等的服务。基准资本和拉姆齐 - 贝尔尼的声望促使惠特曼同意会面。因为如果她将来想找一份新工作，她可能也需要和猎头建立关系。

惠特曼在西海岸待了一天，见了凯格尔和奥米迪亚。正如凯格尔所强调的，eBay 的增长是真正的指数级增长，她对此很感兴趣。在第二次来访时，她注意到 eBay 的另外一些特质。与其他零售商不同，eBay 没有库存，没有搬运和运输成本，也没有仓储的麻烦。因此，它的利润率将会非常可观。

惠特曼第三次来访是和她的家人一起。为了劝她加入，凯格尔邀请惠特曼和她的家人到他家共进晚餐。惠特曼的丈夫是一位颇有成就的外科医生，他曾对 eBay 的前景表示怀疑。凯格尔尽力让她放心：这对夫妇有两个儿子，所以凯格尔将礼袋送到他们住的酒店，确保两个男孩都收到了一顶斯坦福大学的帽子。惠特曼夫妇想知道西海岸的生活将会是什么样子的，凯格尔就让他们和一位房地产经纪人一起，去看了看一些有吸引力的住宅区。在下一次的基准资本合伙人会议上，凯格尔汇报了他所做的努力，以及一个增加胜算的助力因素。据惠特曼说，她的一个儿子曾认为凯格尔 13 岁的女儿很可爱。"我感觉很顺利。"凯格尔对他的同事们说。

不久之后，惠特曼认为 eBay 为她提供了一个可能再也不会遇到的机会。她不顾孩之宝的同事和老板的劝阻，举家迁往西海岸，加入了这家在她的圈子里没人听说过的公司。

由于聘请了一位有经验的经理人，eBay 走上了上市的道路。该公司很快售出了其第 100 万个产品，那是一个大鸟玩偶盒，而其业务也在继续增长。凯格尔一如既往地参与其中，但会一直待在幕后。只要惠特曼和奥米迪亚合作得好，他就不想把事情复杂化。

1998 年 9 月，eBay 如期上市，其股票价格定为每股 18 美元。在第一个交易日收盘时，其股价达到了每股 47 美元。然后，在经历了一些令人不安的震荡后，10 月底它的股价达到了每股 73 美元，它的上升趋势甚至比雅虎还要引人注目。在红杉资本，巨额未兑现的利润导致了企业中两种文化的深刻分歧，而在基准资本，他们对此的表现完全不同，他们最初的反应竟是开玩笑。贝尔尼说："我的天哪。""上涨才刚刚开始。"邓利维预测道。随后，贝尔尼问道："我们现在能卖了吗？""如果你想超低价出售，可以卖。"邓利维回答说。"我可没那个胆量。"贝尔尼笑着说。接着有人叫道，凯格尔绝不会出售 eBay 的股份，除非它的估值达到通用汽车的水平。大家听到后哄堂大笑。

eBay 的股价继续像火箭一样飙升。11 月 9 日，该股股价收于 103 美元，第二天，它达到了 131 美元。金融评论家们难以对此做出评价。有人写道："这就像看着所有你能想到的令人着迷又令人困惑的荒谬事件，全都集中在一个巨大的异常事件中，如同看着强力棒球击球手马克·麦奎尔（Mark McGwire）蒙着眼睛走上本垒板，连续打出 400 个本垒打。""那些安排该公司以每股 18 美元的价格上市的银行家们，"这位评论家接着说，"随后又密集发布看涨分析师的报告，这就是在当着你的面进行股票炒作。否则，他们怎么会在 6 星期前还说 eBay 值 18 美元每股，现在却说，'哎呀，我们犯了个错误，它值 130 美元每股。'"

不管是不是炒作，基准资本正在创造风险投资的历史。如同人们所知的，红杉资本对雅虎的投资，以及凯鹏华盈对一家名为"链接在家"（Ghome）的有线电视初创企业的投资，都是本垒打级别的风险投资，每笔交易都为风险投资公司带来了 6 亿～ 7 亿美元的利润。但基准资本有望从 eBay 赚取远超 10 亿美元的收入，这取决于其股价的走势。到 1998 年 11 月底，eBay 的股价已飙升至 200 美元。

现在，就连基准资本的合伙人也感到头晕目眩。"这太疯狂了。"凯格尔惊叹道。当然，不像其他互联网宠儿，如电子零售商亚马逊，eBay 的确是盈利的。但就市盈率而言，eBay 的股价确实高得惊人。

凯格尔与星巴克创始人霍华德·舒尔茨（Howard Schultz）进行了磋商，他将舒尔茨招进了 eBay 的董事会。他们两人都同意，这样高额的股价最终会带来麻烦；它注定会崩溃，使最近新招的 eBay 员工所拥有的员工股变得一文不值，这会让 eBay 难以留住人才。然而，市场并不会关心 eBay 员工的士气，到 1999 年 4 月，该股股价已飙升至 600 美元以上。

当月晚些时候，基准资本终于出手了部分股票。eBay 的市值达到了 210 亿美元，这让基准资本所拥有的股权价值达到惊人的 51 亿美元。这份幸运不仅让红杉资本与凯鹏华盈的投资回报记录相形见绌，甚至还远远超过了孙正义的最大盈利金额，尤其是它的投资本金只有 670 万美元。基准资本小作坊式风险投资风格的成功让风险投资人备受鼓舞。谁说一定需要开出超大规模的成长型投资支票，还非得为公司的亚洲乃至全球战略费心才能获得丰厚的回报？

值得注意的是，eBay 并不是基准资本这一投资模式仅有的胜利。一家名为"红帽"（Red Hat）的软件分销商为基准资本创造了超过 5 亿美元的收益；另一家名为"Ariba"（埃锐巴）的在线办公用品销售公司为其创造了超过10亿美元的收益。到1999年年中，基准资本已经筹集了3只基金，累计投入金额达2.67亿美元。但在那年夏天的上市潮之后，该投资组合的价值超过了60亿美元，是投入资本金额的25倍。不管孙正义的成功案例传达出了什么信息，回归本源的风险投资理念显然正在蓬勃发展。

后来，这两种风险投资理念的竞争一直持续着。基准资本的合伙人以传统风险投资人喜欢的方式进行风险投资，他们明智地评估初创企业，与创业者并肩作战，并充当开明的顾问。而孙正义主张的是一种不那么优雅但势如破竹的做法：他鲁莽行事，似乎对风险毫不在乎，把监督公司的具体工作委托给别人。然而，尽管基准资本在资本配置上更为谨慎，但它创造的财富却相对较少。相比之下，尽管孙正义的投资组合在2000年科技泡沫破裂时大幅下挫，但事实证明，这一挫折只是暂时的。此外，孙正义的方法还会迫使其他人效仿。正如莫里茨所意识到的，你必须配合孙正义的做法，否则他就会让你得到教训。就连基准资本的合伙人也受到了孙正义的理念的影响。在刻意筹集了3只规模较小的基金之后，他们筹到了一笔1.75亿美元的巨额资金。这让他们意识到，他们也许应该彻底抛弃原有的投资理念。

1999年夏天，大卫·贝尔尼在一次合伙人会议上提出了这个问题："我认为我们应该筹集10亿美元。我是认真的。"拉奇勒夫表示赞同，他说："软银正在筹集更多的资金。如果我们不准备反击，就会被击败。"贝尔尼继续说："不带球棒就不能上球场。我们会输掉比赛的。"

凯格尔有些犹豫，他认为一只金额巨大的基金可能会带来麻烦。如果你给创业者太多的钱，他们会失去重点，尝试太多的事情，资源会被浪费。"我们可能会过度投资，"他说，"我不想跟随其他投资人一起进入砸钱时代。"

"可我们需要钱来运作。"拉奇勒夫重申，软银集团和牛市行情正在推高初创企业所期望筹集到的资金数量。他强调："我对电信公司的每笔投资金额都不能低于 1 000 万美元。这是谈判筹码。"邓利维指出，如果单笔交易的价格上升，小型基金只能持有少数几家公司的股权，这将使基金的投资组合丧失多样性，十分危险。他倾向于支持筹集 10 亿美元的基金，因为尽管"我们知道规模其实并不重要，但有些人会把它视为江湖地位"。

最终，基准资本为其 1999 年所设立的新基金筹集了 10 亿美元，这是 4 年前其为第一只基金募集资金金额的 10 倍以上。这家合伙企业也曾在英国和以色列进行过类似的尝试，但都以失败告终。他们还曾试图像孙正义那样投资：在一家名为"1-800-Flowers.com"的电子零售商上市前夕，他们对其投资了 1 900 万美元，但很快就赔了钱。尽管基准资本可以选择通过关闭其海外子公司，并放弃在上市前押注的方式降低失败风险，但其仍旧身处有关募资规模的困境之中。在随后的几年里，基准资本一再发现有不计后果的成长型投资人斥资数千万美元，从他们投资的公司中夺取了实际控制权。由于无法筹集到同等规模的资金，基准资本没有足够的财力来保护初创企业不受大资本的侵蚀。在两个臭名昭著的案例——网约车公司优步和办公室租赁巨头 WeWork 的投资竞争中，基准资本都经历了被踢出局的痛苦，这就是小作坊模式的局限性。

风险投资箴言

- 投资那些对产品收取很少或不收取任何费用的公司，这一做法就像野火一样在风险投资界蔓延开来。

- 红杉资本从投资雅虎上所获得的收益超过了之前所有投资的总和，成功秘诀"就是要学会有一点儿耐心"。

- 成长型基金支票部分替代了上市。

- 巨额的成长型投资会赋予风险投资企业家创造大型商业帝国的力量，风险投资企业也从超本地化的业务模式转变为更具全球视野的业务模式。

- 别停留在单一的赛道，试着去营造"自有网络效应"。

The Power Law

THE POWER LAW

Inside Silicon Valley's Venture Capital Machine

第 8 章

他们的公司叫作谷歌

The Power Law

> **Entrepreneurs used every trick at their disposal to secure more of the wealth and crucially power. Venture capital confronted a new challenge.**
>
> 创业者们正利用
> 他们掌握的每一个技巧
> 来获取更多的财富和更重要的权力。
> 风险投资面临新的挑战。

Inside Silicon Valley's Venture Capital Machine

1998年8月的一天，帕洛阿尔托一栋房子的门廊上，两名斯坦福大学的博士生正坐在一起商量着什么。他们开发出了一种新的网络搜索引擎，并计划为此筹资：就像三年前雅虎的创始人们所做的那样。众所周知，雅虎的创始人们最终以雅虎1/3的股权为代价从红杉资本那里筹到了约100万美元，但现在我们要说的这个故事的发展与雅虎截然不同。

这两位博士生就是谢尔盖·布林和拉里·佩奇，他们的公司叫作谷歌。表面上看，这是一项不太有前途的事业，因为在当时市面上已经有另外17家公司在提供网络搜索服务了，市场竞争非常激烈。但布林和佩奇却充满自信，他们认为自己的技术可以击败其他竞争对手。因此，他们在门廊上等待一位名叫安迪·贝托尔斯海姆（Andy Bechtosheim）的硅谷工程师。

不久，贝托尔斯海姆就开着一辆银色保时捷来了，他是个头发蓬松、带有淡淡德国口音的帅哥。在布林和佩奇展示了他们的搜索引擎后，贝托尔斯海姆显得非常感兴趣。谷歌生成的搜索结果远比其竞争对手的搜索结果更具相关性，这要归功于其根据对外链接数量对网站进行排名的系统。贝托尔斯海姆立即看出这一种机制是比照学术界中对学术声誉的评价而设计的，在学术界，声誉的高低就是基于论文被引用数量来评定的。

贝托尔斯海姆并不是一名风险投资人，他曾是两家公司的创始人，手里有些空闲资金。早在1982年，他就与其他人共同创立了非常成功的太阳微系统公司。他的第二家公司是一家名为"葛雷尼特系统"（Granite Systems）的网络公司，贝托尔斯海姆本人是公司的主要股东，该公司已被思科以2.2亿美元的价格收购。贝托尔斯海姆乐于用他的财富来支持其他工程师，毕竟在各处资助个几十万美元并不会影响他的银行余额。

20世纪80年代末，一位名叫约翰·利特尔（John Little）的早期互联网企业家曾顺路到访过贝托尔斯海姆的办公室。利特尔也是一位计算机科学家，两人是在太阳微系统公司举办的啤酒狂欢节上认识的。贝托尔斯海姆问道："最近公司情况如何？"利特尔回答："不太好。"与他共同创立创业公司的联合创始人要退出，但利特尔没有足够的钱买断对方的股权。"你需要多少钱？"贝托尔斯海姆问他。"我不知道，"利特尔说，"大概9万美元。"

贝托尔斯海姆拿出支票簿，写下9万美元并签了名。他动作太快了，利特尔都还没意识到发生了什么事。利特尔后来说："当他拿出支票簿时，我不知道他要做什么。我从来没有遇到过有谁像他这样轻易地给我资金，不谈任何条件。"贝托尔斯海姆没有透露他想用自己的钱在利特尔的公司中换取多少股份。"安迪不太在乎，"利特尔回忆道，"之后，大概每年一次，我们会在烤肉聚会或别的场合碰见对方，我们中的一个人会对对方说，我们应该把那次投资的协议书写好。但我们总是太忙，没空去做这件事。"

后来，在1996年，利特尔从阿克塞尔的阿瑟·帕特森那里筹集了近600万美元，他们需要正式确定股权份额的分配，而贝托尔斯海姆冲动的慷慨行为也让他获得了利特尔的公司1%的股权。在互联网繁荣时期，利特尔的公司的业绩惊人地优秀，贝托尔斯海姆从这份9万美元的投资获得的收入可能比他参与创立的太阳微系统带来的收入还要多。

现在，在帕洛阿尔托，贝托尔斯海姆在与谷歌创始人们谈过之后，采取了同样的策略。他能看得出谷歌没有商业计划，并且创始人们排除了插入横幅广告或弹出式广告等让网站盈利的标准方式，但在看过布林和佩奇所展示的搜索引擎后，贝托尔斯海姆明白他们在软件方面有技术优势。此外，贝托尔斯海姆还挺喜欢他们两人的。在他看来，与他同为斯坦福大学校友的这两人充满好奇心，虽有些固执但做事冷静沉着，与曾经作为年轻的计算机科学家的自己很相似。

贝托尔斯海姆跑向他的保时捷，然后拿着什么东西折返了回来。他热情地说："以后我们还可以讨论很多问题，现在让我先给你们开张支票吧。"说完，他递给布林和佩奇一张10万美元的支票，抬头是"谷歌公司"。布林和佩奇解释说，谷歌还没有被注册成公司，因此没有银行账户来兑现支票。"好吧，那等你们注册了公司再兑现。"贝托尔斯海姆高兴地说。然后他就开着保时捷离开了，他并没有说他认为自己购买了谷歌的多少股权。他后来说："我太激动了，只想参与其中。"

"让我先给你们开张支票吧"

贝托尔斯海姆的即兴投资预示着一种新的科技领域融资方式的到来，其影响力和重要性不亚于两年前孙正义开出的1亿美元支票。在20世纪90年代中期之前，一些半退休的科技高管有时会转而从事投资，例如迈克·马库拉曾支持并领导过刚起步的苹果，米奇·卡普尔曾为GO公司和悠游网络提供了资金和建议。在20世纪90年代后期科技市场蓬勃发展之后，这种"天使投资"才逐渐成为一股强大的力量。多亏了IPO带来的红利，硅谷的千万富翁如雨后春笋般涌现，天使投资成了精英人士的一种新的消遣方式，就像好莱坞明星热衷的医美手术一样。1998年，也就是贝托尔斯海姆支持谷歌的那一年，一位名叫罗恩·康韦（Ron Conway）的富有的天使投资人甚至筹集了 3 000 万美元的基金来扩大他的个人投资。"机构天使"或"超级天使"成为硅谷创业引擎中最新的气缸。以前，公司创始人可以通过上市来筹集资金，但孙正义的巨额成长型投资在一定程度上替代了这一方式。天使投资的出现，也让创业者们找到了传统风险投资的替代方式，有抱负的创业者只需要被引荐给几位功成名就的企业家就可以筹集到首轮资本。贝托尔斯海姆非凡的投资风格变得几乎随处可见。

布林和佩奇特别擅长利用这个新体系。他们首先向一位名叫拉姆·施拉姆（Ram Shriram）的印度科技高管寻求帮助，后者通过将自己的创业公司出售给亚马逊从而迅速致富。起初，施拉姆向可能购买谷歌技术的老牌搜索公司介绍了谷歌，但没有出现合适的报价。这时施拉姆提出，如果他们能找到其他天使投资人跟自己一起出资，自己就会支持他们。很快，布林和佩奇就找到了贝托尔斯海姆和他在葛雷尼特系统的联合创始人、斯坦福大学教授大卫·谢瑞登（David Cheriton）。几个月后，亚马逊创始人杰夫·贝佐斯来到湾区露营，并在施拉姆的家中见到了布林和佩奇。之后，贝佐斯也想出资。贝佐斯后来说："我对拉里和谢尔盖一见倾心。"

到了 1998 年底，布林和佩奇从 4 位天使投资人手中筹集了 100 多万美元的资金，这比雅虎从红杉资本手中筹集的资金还要多。但他们募资时没有找过任何一位风险投资人，没有放弃过超过 10% 的股权，也没有签署绩效目标或受到风险投资人的监督。像贝佐斯和贝托尔斯海姆这样的天使投资人，会更专注于自己的公司，而无暇操心布林和佩奇的情况。因此，用约翰·利特尔的话来说，布林和佩奇"几乎是白白筹集到这么多的钱"。至此，解放资本的旧概念被提升到了一个新的高度。在人类的奋斗史中，年轻的发明家从未享有过如此特权。

"即使投错 19 家，只要第 20 家是雅虎，就没关系"

虽然谷歌的创始人没有和风险投资人合作，但风险投资业务还在蓬勃发展。

1998年，风险投资人一共筹集了创纪录的300亿美元，是1995年总募资额的3倍，孙正义就是在那一年与雅虎相遇的。1999年，这种繁荣变得更加疯狂：风险投资合伙企业在他们的战备金库里又补充了560亿美元的资金，美国的风险投资合伙企业数量也从10年前的400家增至750家。硅谷充斥着财富带来的兴奋，受到感染的不仅是风险投资人。

对于传统的风险投资人来说，这种繁荣令人不安。"很明显，我们处在泡沫中，"一位老人回忆道，"所有你认为扎实、合理的操作，其结果都令人失望，而所有你认为不合理的行为却都得到了奖励。"雅虎的融资开启了一种趋势，这种趋势让一些在早期拥有一定发展势头的创业公司，得到了可能会有些过头的融资。在许多案例中，是融资本身创造了这种势头，其实许多网络公司永远不会真正实现盈利。但无论市场飙升到什么程度，老手们都无法抵制这种繁荣。与可以利用衍生品或其他手段来抵御经济泡沫的对冲基金不同，风险投资人只能寄希望于所投企业的价值会不断上升。他们别无选择，只能简单地按现行价格不断购买初创企业的股权。此外，对冲基金和风险投资之间的这种机制差异，还会因为投资人的心理差异而加剧：对冲基金从业者天生就倾向于自给自足。当对冲基金交易商路易斯·培根（Louis Bacon）在20世纪90年代买下私人岛屿时，人们开玩笑说这种自给自足的倾向根本不会发生变化：他已经是个尽可能远离人群、藏在重重帷幕后的奥兹①式的人了。但风险投资人们则处在另一种极端上：他们的办公室彼此相邻，他们会一起出现在某家初创公司的董事会名单上，他们也会就后续融资相互协商。在地理和心理上，他们都聚在一起。因为在他们看来最重要的是人际关系网，所以谈论泡沫的风险投资人要付出高昂的代价。一个公开质疑狂热市场的投资人被认为是在破坏他人的派对。

正常情况下，风险投资人的泡沫型偏误会由股市来平衡。风险投资人知道，当初创企业寻求上市时，他们将面临更强硬的受众，那些人更不愿意为梦想买

---

① 《绿野仙踪》中的角色，一个神秘的巫师。——译者注

单，会更自由地抨击一家公司或押注其股票将暴跌。这种前景限制了风险投资行为：它阻止了风险投资人将公司在私有阶段的估值抬高到不利于上市退出的程度。但在20世纪90年代末，股市停止了这种纠正功能。在消费者新闻与商业频道（CNBC）等电视频道的金融炒作刺激下，新的业余交易者开始买入科技股，在90年代后半段，像CNBC这样做的电视节目的收视率增加了两倍。对这种狂热进行反向押注的对冲基金公司因此遭受了巨大的损失，直到这些对冲基金公司改变思路，进一步促进了市场的上升势头。华尔街人士试图解释公众对科技股的无限胃口，他们指出了指数法则的传播。摩根士丹利首席投资银行家约瑟夫·佩雷拉（Joseph Perella）惊叹道："美国资本主义已经发生了根本性转变。大家基本上都在说，'我想拥有每家互联网公司的股票，即使投错19家，只要第20家是雅虎，就没关系。'"

一旦股票市场接受了指数法则的逻辑，就没有什么能阻止风险投资人了。私有阶段融资交易的估值越来越高，初创企业筹集的资金也越来越多。1997年，一家名为"威普旺"（Webvan）的在线杂货店从基准资本和红杉资本那里获得了700万美元的资金，尽管它当时与其说是一家公司，还不如说是一个概念。1998年，威普旺又从软银筹集到3 500万美元，用于建设其第一个配送中心。1999年，配送中心才刚刚建好并投入运营的时候，投资人又被说服向威普旺投入了令人震惊的3.48亿美元。当时，投机的风险投资人对还在亏损中的威普旺的账面价值的估值已经超过40亿美元。总而言之，威普旺看起来像是打了激素的GO公司，充满自信地开启了梦幻般的风险投资之旅。然而，考虑到兴奋不已的股市，风险投资并不是这个故事中唯一的罪魁祸首。1999年秋天，威普旺成功进行IPO，估值飙升至110亿美元。既然公开市场的投资人打算这样对公司进行估值，风险投资狂潮至少在一定程度上是理性的。

保持强势，主动追逐两大资本猎物

鉴于风险投资行业的繁荣，谷歌几乎肯定会来向风险投资公司募资，毕竟天使投资人提供的 100 万美元只能维持公司几个月的运营，尤其布林和佩奇渴望建立用户群体，而不是创造收入。1999 年初，参与度最高的天使投资人拉姆·施拉姆直白地告诉创始人们，他们需要写一份商业计划来解释公司的盈利模式，但布林回应道："什么是商业计划？"

施拉姆坚持自己的主张，并把起草计划的工作交给了一名不断到谷歌办公室来的斯坦福大学学生。然后，他在自己的人际网络里找到一名愿意为该公司工作的成熟高管。施拉姆的角色与米奇·卡普尔在准备向投资人推介悠游网络时所扮演的角色相同。

1999 年 5 月，谷歌正式开始与风险投资人会面。但是，在以如此优惠的条件从天使投资人那里筹集资金后，布林和佩奇决心在下一轮融资中保持强势。考虑到风险投资公司的资金如此充沛，他们认为这是试出风险投资人底线的好时机。从逻辑上讲，资本充足就代表资本的价值应该是低廉的。两位异常自信的创始人有机会试探风险投资人能够被迫让步到何等程度。

第一项任务是选择最理想的投资人。红杉资本自然是候选者之一，毕竟，它投资过雅虎。但佩奇和布林也很想见见约翰·杜尔，他是凯鹏华盈的能量之源。杜尔在 GO 公司遭遇的挫折现在已成过眼云烟，他已经成为互联网行业最热情的推动者，在吸引人才进入被投资公司方面，没有人比他更高效。在投资网景后，杜尔设法与一位老牌电话公司的高管签约，让他加入这家年轻的新兴公司，这位高管名叫吉姆·巴克斯代尔（Jim Barksdale），来自美国南部、看起来十分老成。知情人士后来解释说："巴克斯代尔只是痴迷于约翰·杜尔的光环。"杜尔随后将网景变成了一系列旨在从事网络行业的企业的跳板，其中包括通过有线宽带提供高速互联网连接的突破性公司链接在家，试图在网上销售药品的药店网，甚至还有一家已经获得互联网经营权、以家政服务领域的"女强人"玛莎·斯图尔特（Martha Stewart）的名字命名的公司。硅谷各地的企业家都争相加入杜尔的阵营。一名仰慕者告诉《纽约客》杂志："有观点认为，如果约翰·杜尔和凯鹏华盈投资了你，那么你立刻就可以去买法拉利了。"

杜尔能力的最好证明就是他对亚马逊的投资。1996年，杜尔以800万美元收购了亚马逊13%的股权；到1999年春天，亚马逊已经是一家市值超过200亿美元的上市公司。但最值得注意的是这项投资发生的过程以及它对杜尔地位的影响。亚马逊成立于1994年，在寻求风险投资时，它已经很有影响力了。潜在投资人经常打电话给亚马逊，该公司甚至开玩笑说要重新设置语音信箱："如果你是客户，请按'1'。如果你是风险投资人，请按'2'。"美国泛大西洋投资集团（General Atlantic）对亚马逊尤其看重，甚至向贝佐斯提交了一份正式的条款清单。但杜尔本人非但没有追逐亚马逊，反而成了被追逐的对象：他的名声如此之高，就连亚马逊也想获得他的帮助。起初，杜尔太忙了，他腰带上的传呼机和手机总是响个不停，所以他并没有注意到亚马逊的来信。最终，在凯鹏华盈的某家投资组合公司的首席执行官说服他与亚马逊的营销总监共进晚餐后，他才恍然大悟，随后立即飞到西雅图，与贝佐斯商谈交易，尽管提供的估值不那么慷慨，但他还是在泛大西洋投资集团的眼皮底下偷走了这笔交易。当贝佐斯被问及为什么接受更低的出价时，他解释道："凯鹏华盈和约翰是巨大的互联网世界的引力中心，与他们合作就像是置身黄金地段的房产之中。"

考虑到杜尔对亚马逊的投资，以及贝佐斯对谷歌的投资，布林和佩奇与凯鹏华盈的知名风险投资人会面只是时间问题。他们认为自己获得投资是理所当然的。其他创业者为了说服风险投资人投资自己，可能会通宵准备幻灯片，但谷歌的创始人并没有太紧张：他们带着一份只有17页的幻灯片去见杜尔，其中还有3页展示了卡通画，只有2页有实际数据。尽管在演示内容上稍显不足，但他们用泰然自若的演讲弥补了这一缺陷。在施拉姆的带领下，他们将谷歌的企业使命和愿景浓缩为8个字："一键传递世界信息。"（We deliver the world's information in one click.）

杜尔最喜欢的就是大胆自信且具有高度概念性的演讲。这源于他的工程师背景，他天生就是个梦想家。此外，在天使轮阶段，谷歌还利用资金对搜索引擎进行了开发升级：现在它每天能处理50万次的用户搜索。杜尔心算出如果谷歌能够进入顶级搜索公司的行列，其市值可能会达到10亿美元。为了判断创始人是否有雄心，杜尔问："你认为公司未来规模会有多大？"佩奇回答："100亿美元。""你是指市值吗？"杜尔接着问。"不，我不是指市值，我是在指收入。"佩奇自信地宣称。他拿出一台笔记本电脑，展示着与竞争对手相比，谷歌的搜索结果有多快、相关性有多强。

杜尔又惊又喜。100亿美元的收入意味着谷歌的市值将至少达到1 000亿美元，这一目标不仅是杜尔对谷歌估值的整整100倍，也意味着一旦达成目标，这将会是一家规模和微软一样大、比亚马逊大得多的公司。无论这一目标是否合理，它都表现出了创业者的胆识。杜尔很少遇到比他自己还敢于梦想的创业者。

当谷歌的创始人们向杜尔谋求投资时，他们也在寻找第二个资金来源。他们遇到了"超级天使"罗恩·康韦，并向他提出了一项交易：如果康韦可以帮助他们跟红杉资本牵上线，他就可以投资谷歌。康韦愉快地接受了，毕竟即使按照硅谷的高标准来衡量，他也称得上是一位人际网络大师。

康韦与道格·莱昂内关系非常密切，后者是与迈克尔·莫里茨一起管理红杉资本的合伙人，就是看起来不太友好。莫里茨的胜负欲非常强烈，他广结好友却也树敌无数，而莱昂内在本质上是一个善于交际的意大利人。在一个星期五的午餐后，莱昂内接到了康韦的电话。他从来没有听说过谷歌，但他还是立即给布林和佩奇打了电话。下午4点，他坐在谷歌的两位创始人们面前，一边看着他们展示谷歌的搜索引擎，一边惊叹不已。他认为，谷歌搜索的结果确实远比雅虎的有用。一结束会面，莱昂内就给莫里茨打电话请他过来。莫里茨在下午6点出现，谷歌的创始人们再一次向他做了展示。他们不知道的是，莫里茨其实已经从雅虎的联合创始人杨致远那里听说了谷歌，后者对谷歌的技术大加赞赏，并且正在考虑使用谷歌，让布林和佩奇为其网站上的搜索框赋能。其实布林和佩奇早已凭借技术叩开了合作的大门。

到目前为止，莫里茨和杜尔都对谷歌十分着迷，想要投资它，但他们的逻辑存在微妙的差异。在"不科学"的风险投资领域，当两个投资人对同一笔交易有同样的热情时，不一定是出于同样的原因。

作为一名工程师出身的风险投资人，杜尔认为，谷歌的主要吸引力在于其所拥有的技术优势。许多对谷歌持怀疑态度的人争辩说，由于有18家竞争对手在你争我抢，搜索将是一项利润率较低的网络业务。但杜尔对谷歌的技术优势有足够的信心，他相信，一个拥有更好算法的搜索引擎，可以后发制人，在一众竞争对手中脱颖而出。他的合伙人维诺德·科斯拉这样解释：如果你认为现有的搜索技术已达到了最佳性能的90%，那么将性能提高到95%并不能为你赢得用户；但是，如果你认为现有搜索技术只展现出20%的能力，发展空间还很大，那么谷歌的实力可能是其竞争对手的3倍到4倍，在这种情况下，其卓越技术带来的领先优势将吸引大量用户。科斯拉本人在20世纪90年代通过连续投资数代网络路由器收益颇丰，每一个迭代产品都比前一代产品好得多。他由此得来的经验是，工程产品的改进程度会超出非工程师的想象。

但在曾是记者的莫里茨看来，谷歌属于另一种情况。当然，他可以看出谷歌的搜索引擎很具有技术优势，但他并不认为这种技术优势会带来变革。这种看法来自他对互联网未来的展望。考虑到他在投资雅虎时的经验，以及1999年互联网的发展方式，莫里茨预计互联网将由品牌主导。搜索引擎等技术功能将以不起眼的插件形式，存在于依靠消费者忠诚度生存的热门网站上。《华盛顿邮报》已经向谷歌支付了升级其主页搜索框的费用，佩奇和布林不久也将与网景公司达成类似协议。与雅虎合作的想法也符合这一模式：作为热门的雅虎门户网站上不起眼的搜索引擎供应商，谷歌可能拥有坚实的未来。莫里茨的错误估计证明了，技术的进步具有完全不可预测性。毕竟，在1999年，人们很难预见，未来谷歌将超越雅虎，或是亚马逊将超越所有其他电子商务竞争者。这种发展绝非显而易见。

在分别与凯鹏华盈和红杉资本进行交涉后，佩奇和布林考虑了他们的选择。基准资本和阿克塞尔等其他风险投资公司对谷歌的估值较低；纽约一家银行准备支付更高的价格，但施拉姆建议他们继续与懂得如何经营公司的西海岸风险投资公司合作。这让谷歌需要在红杉资本和凯鹏华盈之间做选择。他们决心一如既往地按自己的方式做事，计划让两家风险投资公司共同投资。

贝托尔斯海姆提出反对，因为他认为这两家自傲的公司同意共同投资的"可能性为零"：他们习惯于主导交易，而不仅仅是参与交易。但布林和佩奇并没有气馁，他们觉得在1999年的繁荣气氛中，不可能的事情是可能发生的。

他们利用天使投资人作为中介，向外界透露他们将把谷歌12.5%的股权出售给凯鹏华盈，并将同样数额的股权出售给红杉资本。如果两家风险投资公司中有一家拒绝，谷歌将不会向他们任何一方出售任何股权。凯鹏华盈和红杉资本的投资人气得发抖：亚马逊和雅虎都没有这样对待他们。但在牛市的狂欢中，显然，如果他们拒绝达成协议，就会有其他人向谷歌提供它所需的资金。

谷歌创始人意识到，他们在谈判中已占据明显的优势，于是他们更加坚定地请康韦和施拉姆分别重申他们对红杉资本和凯鹏华盈的最后通牒。几天后，康韦在星巴克的停车场中接到了施拉姆的电话。"这场争执结束了，"施拉姆说，"他们都会投资，而且所获股权份额相当。"

1999年6月7日，三方签署了一项协议。对杜尔来说，1 200万美元的投资是他职业生涯中最大的"赌注"。他挖苦地说："我从来没有为一家初创企业投入这么多钱却只获得这么少的股份。"多亏了天使投资人的出现，以及流入行业的大量资金，企业家和风险投资公司之间的权力平衡发生了变化。

拒绝外部首席执行官，打破奎茂公式

不管施拉姆怎么说，谷歌创始人和风险投资人之间的斗争实际上并没有结束。风险投资人们几乎接受了谷歌所有的条件，但他们坚决认为公司应该有一名外部首席执行官。当时谷歌在组织结构上略显荒唐：佩奇自称谷歌的首席执行官和首席财务官，布林自封为董事长和主席。他们都有不得了的管理职位头衔，但缺乏管理经验。要打造一家能与微软匹敌的公司，他们需要一位经验丰富的首席执行官。

在为公司融资时，布林和佩奇同意在今后某个时间节点聘请新的首席执行官。但在几个月后，他们告诉杜尔："我们改变主意了，实际上我们认为自己就能管理公司。"从萨特山创投发明了奎茂公式的 1973 年起，到 20 世纪 90 年代中期，雅虎和 eBay 等初创企业都张开双臂接受了外部首席执行官，风险投资公司几乎默认了自己将会为被投公司引入一位新的领导者。但现在布林和佩奇援引了少数几位保留管理权的成功创始人的例子，比如迈克尔·戴尔、比尔·盖茨和杰夫·贝佐斯，来证明自己也可以管理公司。杜尔的一位助手尖锐地指出："他们没有看到其他所有的失败者。那不在他们的数据集里。"

莫里茨和杜尔对这次"叛乱"感到很是不快。莫里茨后来冷嘲热讽道："即便拉里和谢尔盖得到了神灵的指示，他们仍然会出现问题。"在一场特别激烈的争论中，两位风险投资人坚称，谷歌创始人在损害公司的前景，如果佩奇和布林拒绝为外部首席执行官腾出空间，他们将撤回投资。莫里茨后来说："我对他们做出了严重的威胁。"

金融环境的变化令风险投资人无暇顾及自己的情绪。2000 年春天，科技股的长期繁荣戛然而止；繁荣的氛围已经消失，在接下来的一年里，像威普旺这样充满泡沫的公司纷纷宣布破产。在此之前，风险投资人将自己的时间、精力都放在安排公司上市和统计他们从中赢得的利润上。而现在，随着 IPO 窗口几乎关闭，他们纷纷开始清算退出投资组合内的公司。自然而然，他们的业绩一落千丈。1996年或1997年推出的风险投资基金的年回报率中位数在40%以上，大大优于股市的回报率。但与之相对的是，1999年或2000年推出的风险投资基金的年回报率中位数低于股票市场，它们实际上是亏损的。通常处变不惊的道格·莱昂内回忆起当时的冲击也谈道："我在2000年的某天醒来，一切都变了。我深度参与投资的12家公司，一家比一家麻烦大。天哪，我该怎么办？"阿克塞尔的吉姆·斯沃茨对这次经济危机也有着类似的深刻记忆，他说："这是我职业生涯中第一次不得不在董事会会议上说，'听着伙伴们，虽然我们账户里还有很多资金，但过去的商业模式在新世界行不通。我们把公司清算掉吧。'"另外一位风险投资人回忆道："这太令人沮丧了，即使是让我们感兴趣的新项目也很难让人重燃希望。"

这次危机对杜尔而言也是一次严重的打击。2000年前4个月，他投资的玛莎·斯图尔特公司市值下降了60%，他投资的宽带公司链接在家在1999年初市值为350亿美元，但在2001年，该公司破产了。就连亚马逊的股价也在暴跌，投资银行雷曼兄弟的一位著名分析师警告称，亚马逊可能有债券违约的风险。为此，杜尔给雷曼兄弟的老板迪克·富尔德（Dick Fuld）打电话坚决否认其分析师的推测，并设法化解了雷曼兄弟对亚马逊的下一次恶性预测。杜尔后来说："迪克很感激我给他打了这通电话。"

在与这些不景气的浪潮做斗争的同时，杜尔将他对谷歌的愤怒转化为一种新的策略。2000年夏天，他向布林和佩奇提出了一个令他们感兴趣的提议。他和莫里茨会把他们介绍给他们崇拜的知名创始人，然后让他们去和这些知名创始人探讨引进经验丰富的外部首席执行官是否有价值。杜尔推测，虽然布林和佩奇拒绝听取自己关于引进人才的建议，但他们也许会听其他创始人的建议。他意识到情势已经向有利于公司创始人的方向发展，于是学习了天使投资人善用的四两拨千斤式的做事方式。

杜尔告诉布林和佩奇，如果他们两人与其他创始人交谈后，认为他们需要风险投资人帮忙寻找人才，自己一定会照做。杜尔对此补充道："要是我们依旧坚持原来的想法但你们不接受，我就将自己做出决定。"

在接下来的几星期里，布林和佩奇适时地咨询了一系列硅谷的权威人士，比如苹果的史蒂夫·乔布斯、英特尔的安迪·格鲁夫、太阳微系统的斯科特·麦克尼利（Scott McNealy），当然还有亚马逊的杰夫·贝佐斯。杜尔在每次会面后都会谨慎地跟进，询问资深管理者们对谷歌创始人认为在没有外力帮助的情况下也能运营好公司的看法。"有些人就是想乘坐着橡皮筏划过大西洋，"杜尔回忆起贝佐斯的话，"这对他们来说没问题。问题是你是否愿意接受。"

夏天结束的时候，布林和佩奇来到杜尔这里，他们告诉杜尔："这可能会让你大吃一惊，但我们同意你的看法。"他们现在想要一位外部首席执行官，甚至已经确定了人选，只有一个人符合他们的标准。"我们想要史蒂夫·乔布斯！"布林和佩奇说。

由于乔布斯拒绝加入谷歌，杜尔急忙寻找替代人选。他有时将自己形容为一个"光荣的招聘人员"，"我们不是在投资商业计划，也不是在投资经现金流贴现法评估后的公司，而是在投资人才"。他强调，这表明自阿瑟·洛克和汤米·戴维斯时代以来，风险投资行业的本质丝毫没有改变。杜尔适时地利用他的人脉网络找到了一位有计算机科学背景的高管，但这个人看不出在无数个搜索引擎公司的竞争中谷歌有什么未来。然后，在2000年10月，杜尔锁定了另一位有计算机科学背景的高管。他叫埃里克·施密特，经营着一家名为诺维尔（Novell）的软件公司。

在思科的首席执行官举办的政治筹款活动中，杜尔碰到了施密特，便上前与他交谈。20世纪80年代以来，两人一直是朋友，因为他们都曾在太阳微系统公司工作。施密特在太阳微系统公司不断晋升，并已显露出作为工程师的天赋。更可贵的是，他能适应幽默活泼的工作氛围。有一次，他的团队拆解了一辆大众甲壳虫轿车，并在他的办公室里重新组装，之后车甚至还能正常驾驶。现场的一段视频显示，年轻的施密特虽然很惊讶，但和其他人一样喜欢这个恶作剧。

杜尔知道施密特打算卖掉诺维尔，很快就会为新工作做好准备。杜尔以最急切的语气告诉施密特，他的下一站应该是谷歌。但施密特不屑地回答："我无法想象谷歌会值那么多钱。"他补充道："没人会真的在乎搜索引擎。""我认为你应该和拉里及谢尔盖谈谈。"杜尔重申，谷歌是"一颗需要他人帮助打磨的小宝石"。施密特非常信任杜尔，因此不会拒绝他的请求。他后来说："约翰·杜尔很了解我。他知道我在意什么。如果我信任的人让我做什么，我会照办的。"

施密特适时造访了谷歌，这家公司恰巧位于太阳微系统公司的旧大楼内。施密特认出了 20 世纪 80 年代就在大楼里的熔岩灯，他还注意到，自己的简历依旧贴在墙上。"真奇怪。"他自言自语。

见面后，布林和佩奇开始询问施密特在诺维尔的工作情况。他们认为，诺维尔使用代理缓存的方法来加快互联网响应时间的努力是错误的。在接下来的一个半小时里，施密特和他们进行了一场后来被他称作刺激又彻底的辩论。他本质上还是名知识分子，是个彻彻底底的工程师，而不仅仅是个决心实现商业目标的商人，因此他十分享受这场辩论。但对施密特而言，显然，这也是一种警告。这位即将上任的首席执行官意识到，要想管理好这些年轻人，需要多花些心思，尤其是这些年轻人能决定他的收入，而收入的多少还是个未知数。由于布林和佩奇只出售给风险投资人 25% 的股份，他们保留了对公司管理的最终控制权。如果他们雇用了首席执行官，而又后悔了，他们就有权解雇这名首席执行官。

施密特一方面对加入谷歌的前景感到兴奋，另一方面也对把自己的未来托付给两个 20 多岁的反复无常的年轻人感到焦虑。最终，硅谷人际网络可靠的守护者杜尔打破了他的顾虑。施密特说："我确信，如果拉里和谢尔盖把我赶出去，杜尔会善待我。"他明白，如果谷歌没有成功，杜尔和莫里茨也会帮他在其他地方找到同样好的工作。有了风险投资人为他提供的心理支撑，施密特迈出了这一步。最终，谷歌终于拥有了一位他们所需的经验丰富的管理者，来引领他们成为一家全球化公司。

创造三个不可能

2001年，在招募了施密特后，谷歌创始人进一步打破惯例，创造了三个不可能，让风险投资人们有了前所未有的体验。第一个不可能是关于交易定价的：正如杜尔所说，当他们投资谷歌时，这是凯鹏华盈有史以来为一家初创企业的少量股权所支付的最高价格。第二个不可能涉及对奎茂模式的反抗：施密特是在谷歌招募首席执行官一事被长期拖延之后才被聘用的，即便如此，他也只是领导公司的三巨头之一。第三个不可能发生在2004年，当时谷歌正准备上市。布林和佩奇无视硅谷的传统以及杜尔和莫里茨的抗议，坚持要在向公众出售股票后仍保持自己对公司的掌控。他们决定遵循主要由媒体行业的家族企业开创的先例，规定谷歌将发行两类股票。第一类由创始人和早期投资人持有，授予其在决议重大公司决策时10票的投票权。第二类由外部投资人持有，只授予其1票的投票权。总而言之，外部投资人将只获得全部投票权的20%。而内部人士，尤其是布林和佩奇，将保有对公司的控制权。

当谷歌提出这种股权结构时，杜尔和莫里茨提出了两项反对意见。第一，外部投资人可能会因为只能成为二级股东而反感。因此，一些人可能会拒绝购买股票，从而导致股价下降，最终使风险投资公司在退出时利润减少。第二，无限期地让创始人保有控制权似乎也不太明智。布林和佩奇还年轻，他们可能会改变自己的想法，从而影响公司发展。随着谷歌的发展，它将更难管理。如果未来创始人决定去加勒比的海岛上享受他们的富有生活该怎么办？莫里茨还认为，双重股权结构与谷歌所代表的理念相矛盾：信息应该广泛传播，以便由从公开辩论中产生决策，而不是由思想固化的老板做出决策。

谷歌创始人提出了两个反驳理由作为回应。首先，他们强调了谷歌的公共使命。华盛顿邮报公司和纽约时报公司等报业集团认为，记者只有在远离渴望盈利的公众股东的情况下才能诚实地报道事件。一个充满公民责任感的开明的报业家族才会领导报社毫无畏惧、不偏不倚地追求真相。公众股东的声誉与报道质量无关，他们更可能因惧怕大胆的报道会离间报纸与政府或广告商的关系而退缩。布林和佩奇对谷歌持有类似的看法。他们的 IPO 招股说明书援引了该公司"对世界的责任"，即提供免费、丰富和公正信息的责任。十几年后，当科技巨头因囤积用户数据和模糊真假新闻之间的区别而受到谴责时，所谓的创始人权力与公共利益之间的联系似乎变得更加可疑。但在 2004 年时，谷歌坚称年轻的创始人比公众股东更能维护公众利益，股东民主将损害政治民主。

其次，布林和佩奇强调了长期利益。与人们熟悉的对股东资本主义的批评相呼应，布林和佩奇断言，股市投资人目光短浅，不会去支持那些牺牲今天的利益以投资未来发展的管理者。言下之意，为了股市投资人的利益，他们应该被剥夺权利：如果将股市投资人带来的影响最小化，他们能取得更大的利益。当然，在政治民主化的讨论中，类似的观点，即为了人民的利益应该剥夺人民的投票权，也会遭到嘲笑。显然，股市投资人并非目光短浅、不懂得着眼长期利益，相反，他们持续抬高亚马逊、奈飞和特斯拉等资本密集型公司的股价，正是因为他们重视未来发展。但谷歌创始人依然坚定地援引了股市短视的倾向性论点，他们在向潜在投资人发出的 IPO 信息中明确表示："我们不会因为短期收益压力而回避高风险、高回报的项目。"

2004 年 8 月 19 日，谷歌公司正式上市，他们的股票分配机制受到了重点关注。在他们对金融机构的另一次反抗中，谷歌拒绝向投资银行支付传统的配售股票的服务费用，而宁愿通过拍卖出售股票。但是，尽管谷歌的具有实验性的定价机制并没有成为后来硅谷其他公司 IPO 的模板，但其 "1 股 10 票" 的双层股权结构还是被 Facebook 等公司所效仿。在上市后的 3 年里谷歌实现了非凡的增长，股价翻了 5 倍，这让风险投资人们对双层股权结构的反对显得无关紧要。显然，投资人非常乐意购买所谓的二等股票。而创始人享有过多权力一事也被他们领导公司的成功所掩盖。

作为当时最著名的硅谷之星，谷歌对初创企业的筹资方式的发展有着深远的影响。越来越多的创业者开始向天使投资人寻求早期资本，同时迫使 A 轮投资人为获取股权付出高昂的代价。他们拒绝了奎茂模式，转而自己经营公司，同时也放弃了股东民主制度。总的来说，创业者们正利用他们掌握的每一个技巧来获取更多的财富和更重要的权力。风险投资面临着新的挑战。

在互联网泡沫破灭下大肆扩张的互联网公司

在 21 世纪的头几年，谷歌的重要性还未显露出来。风险投资行业正被其投资业绩的崩溃所困扰。2003 年，红杉资本正努力支撑一只损失了约 50% 资金的风险投资基金，合伙人们觉得有责任将他们的管理费用重新投入基金，以维持该基金 130% 的回报率。同期凯鹏华盈基金的表现更差，甚至未能盈利。孙正义刚成为世界上最富有的人，就失去了 90% 以上的财富。在经济繁荣时期，许多风险投资公司积累了大量资金，但却无法有效分配这些资金。一些风险投资公司只好将未投资的资金返还给外部合伙人，另一些公司则停止筹集新资金，少数试图筹集新资金的公司也遭到了支持者的拒绝。在 2000 年的高点，风险投资公司的承诺资本达到了 1 040 亿美元。到 2002 年，这一数字已降至约 90 亿美元。

缺少了充足的风险投资资本的支持，创业浪潮似乎停滞了。以前轻轻松松就能筹到巨额资金的创业环境，如今已不复存在。取而代之的是，新项目稍有风险就无人问津。新成立的初创企业变得比倒闭的企业更少，很少有人愿意在一家年轻的公司里埋头苦干，因为几乎没有获得任何经济回报的希望。2001 年至 2004 年初，硅谷失去了 20 万个工作岗位，高速公路的广告牌上没有了广告，物理学博士们在排队等待工作机会。正如一位企业家所说，进入硅谷就是要意识到"只有蟑螂能存活，而你是蟑螂中的一员"。

谷歌在 2004 年夏天的公开募股标志着这段黑暗时期的结束。谷歌的成功证明了即使在互联网泡沫破裂的大环境中，软件公司也能大肆扩张。它也表明，尽管美国其他地区正在遭受"9·11"恐怖袭击事件和随之而来的经济衰退的冲击，但数字化进程仍能以令人眼花缭乱的速度继续发展。

谷歌在股市首次亮相时，另一家名为 Salesforce（软件营销部队）的明星软件公司也上市了。2005 年，互联网通信软件初创企业讯佳普（Skype）被 eBay 以 31 亿美元的价格收购，从而让其风险投资支持者获得了丰厚的回报。但随着动物精神①的复苏，风险投资行业也意识到了布林和佩奇的做法所产生的反响和延续。年轻的企业家们不再对有经验的投资人言听计从，甚至常常轻视他们。

这种情绪上的变化，最显著的体现来自保罗·格雷厄姆（Paul Graham），他自称是一名黑客，同时也是一位在年轻创业者中富有影响力的专家。1995 年，格雷厄姆与哈佛大学的研究生同学共同创立了一家名为 Viaweb（经由网络）的软件公司，并于 1998 年以 4 500 万美元的价格将其股权出售给雅虎：这是一个经典的黑客励志故事。然后格雷厄姆开始着手写作，他写作的内容非常丰富，从列表处理 Lisp 这种编程语言的优点到在高中传播的流行事物，再到创业的挑战，应有尽有。他那一系列赞扬程序员而批判商业模式的文章首先出现在他的博客上，然后在 2004 年结集为图书出版。以谷歌创始人为代表的"年轻人反叛"在美国是一种全国性现象。

格雷厄姆对年轻黑客的第一个建议是对风险投资人保持警惕。他告诉读者："要尽可能地少花钱，因为你从投资人那里得到的每一块钱都需要你辛苦挣出来。"格雷厄姆自己的公司曾有一位天使投资人，他是个可怕的冷血商人，格雷厄姆将他称为"那种早上醒来后拿石头当早餐的人"。当格雷厄姆的创业公司遇到困难时，他的另一位投资人试图抢夺他的股权。由于这些经历，格雷厄姆想出了如何

---

① 指人们可能会做出来的受动物本能驱使的行为，而非经过思考的理性行为。——译者注

与有钱人抗衡的办法。"你得让他们明白，你让他们投资是在帮他们的忙。"格雷厄姆这样告诉他的读者。多亏了布林和佩奇的例子，有钱人总是会想："这些家伙会创造下一个谷歌吗？"

格雷厄姆也赞同谷歌创始人们对经验丰富的高管的看法。他断然宣称："那些看似成熟、经验丰富、有商业背景的人的能力可能被高估了。我们过去叫这种人'新闻播音员'。他们留着整洁的发型，说话声音深沉而坚定，但一般来说，除了提词器上写的内容，他们没有更多想法。"格雷厄姆在经营自己的初创企业时，顶住了冷血天使投资人试图带来一位经验丰富的首席执行官的压力，而是雇用了一位更谦逊的管理者，那位管理者很乐意让格雷厄姆控制公司。格雷厄姆写道："我发现商业不是什么复杂的谜团……制造用户喜欢的东西，让花费少于收入，这能有多难？"

也许最重要的是，格雷厄姆指出了软件公司是如何改变风险投资公司的业务模式的。像雅虎、eBay，甚至是格雷厄姆自己的 Viaweb 一样，谷歌的成功标志着一个重要的转变。随着互联网的到来，最热门的公司只负责生产代码，而不需要大量的资本来建立制造部门。同时，开源运动疯狂地传播了大量的免费软件，互联网本身也大幅削减了新产品的营销和分销成本。由于这些原因，新一代创业公司需要的现金相对较少，但风险投资人的思维转变没跟上这一现实发展情况。格雷厄姆详细介绍说："仙童半导体需要很多资金才能开始运营。他们必须建立实际的工厂。现在，网络创业公司的第一轮风险投资注资都花在什么地方？更多的钱并不能让软件编写变得更快；设施也不需要投入更多，因为它们现在很便宜；你能真正用钱买到的只有销售和营销。我承认，建立销售团队是有价值的，但是营销越来越无关紧要。在互联网上，任何真正好的东西都会通过口碑传播。由于 20 世纪 90 年代末的泡沫，他们已经习惯于管理大型基金并收取相应的高额费用。结果，他们强行给初创企业提供了远超所需的资本，就像农民们为了得到鹅肝而给鹅疯狂填食一般。"

格雷厄姆看来，风险投资的强制性投资造成了至少三个问题。首先，大额投资意味着初创企业的估值较高，从而减少了盈利退出的可能性。许多创始人可能很乐意，比如，以1 500万美元的价格出售自己的公司，但那些已经将估值提高了700万美元或800万美元的风险投资人不会满足于仅仅两倍的回报。其次，大额投资意味着风险投资公司"花了相当长的时间才下定决心"，他们的犹豫不决分散了创始人的注意力，使创始人无法专注于自己编写代码和创造产品的最高使命。最后，大额投资意味着紧张的风险投资人会迅速消除初创企业的神奇和特别之处。他们会任命毫无幽默感的MBA毕业生来监督古怪的程序员，以保证初创公司按部就班地照他们希望的方式发展。

将这些批评综合起来，格雷厄姆提出了他所谓的"糟糕的风险投资"理论，他总结道："把从风险投资人的所有行为表现中拼凑出的性格特质毫无吸引力。事实上，他们像典型的反派一样，懦弱、贪婪、狡猾和专横。"但是，格雷厄姆继续说："那些反派终会被打败。当创业公司需要的资金越少，投资人的权力也就越少……风险投资人们将不得不挣扎尖叫着被拖上这条路，但这对他们可能有好处。"

事实证明，格雷厄姆的预测比他想象的更有先见之明。格雷厄姆指出，谷歌创始人所展现出的软件公司年轻创业者的反抗，很快将以新的方式考验风险投资人。而且，令他自己都大吃一惊的是，格雷厄姆本人在这次考验中扮演了明星角色。

> **风险投资箴言**
>
> - 天使投资的出现，让创业者们找到了传统风险投资的替代方式。
> - 年轻的创业者们不再对有经验的投资人言听计从，甚至常常轻视他们。
> - 技术的进步具有完全不可预测性。工程产品的改进程度会超出非工程师的想象。
>
> T h e   P o w e r   L a w

THE POWER LAW

Inside Silicon Valley's Venture Capital Machine

第 9 章

反传统的风险投资模式
不断涌现

The Power Law

Entrepreneurs who weren't oddballs would create businesses that were simply too normal.

创始人如果不够古怪,
那么他们创造出的企业
就会流于平庸。

Inside Silicon Valley's Venture Capital Machine

"你不应该投资我的十大理由"

2004年底,红杉资本的投资团队召开了一次有趣的会议。31岁的合伙人鲁洛夫·博塔(Roelof Botha)接待了一名比他还年轻的创业者——哈佛大学二年级学生马克·扎克伯格。当时红杉资本已经意识到,这个时代的创业者有可能是非常年轻的,比如扎克伯格就只有20岁。究其根源,在软件这个风险投资的新风口行业里,创业实际上只需要创始人拥有编程技术、产品理念加上极致专注就够了。

会议定在上午8点,但是到了8点05分扎克伯格还没有出现。当然,当这些未来的富翁们几乎清一色是青年时,风险投资人对这样的场面也见怪不怪了。于是博塔打电话给扎克伯格确认他们是否还来。

不久,扎克伯格和他的好友安德鲁·麦克科拉姆(Andrew McCollum)出现在红杉资本总部。他们不仅迟到了,还穿着睡衣和T恤。

那天已经退休的唐·瓦伦丁也来到了办公室，在大厅里注视着这两个男孩。他突然回忆起了 20 世纪 70 年代和雅达利的诺兰·布什内尔这样的任性角色打交道的经历，并且发现了今日事情的端倪——睡衣正是扎克伯格们的"战袍"，是挑衅，也是挑战。如果红杉资本想有机会入股扎克伯格的公司，就必须像唐·瓦伦丁当初对布什内尔所做的那样：保持冷静，脱掉衣服，到热水浴缸里去。

唐·瓦伦丁急忙赶到会议室，为同事们面对即将迎来的视觉冲击打好预防针。"不要在乎他穿的是什么，这是他给我们的一个测试。不要问他为什么穿睡衣。"他告诫道。然后，他就藏到了别的地方，因为他知道一个 70 多岁的退休老头在场是不会让谈话更顺畅的。

到达会议室后，扎克伯格和麦克科拉姆说他们睡过头了，所以才穿着睡衣就直接过来了。这实际上就是摆明了告诉这些投资人："红杉资本又怎样？谁在乎？"仿佛对他们来说，与这家大机构的会面并不值得设个闹钟。

并不是每个人都相信睡过头的故事。明明一看就知道扎克伯格刚洗了澡，因为他的头发还没干呢。但是另一种解释可能也没好到哪去——扎克伯格悠闲地起床、洗了澡，然后特意穿上睡衣，故意很晚才露面。在怠慢这件事上，有意比无意更"扎心"。

扎克伯格在会议桌旁坐下，开始了自己的演讲。但是，他居然丝毫不提当时正在大学校园里呈现野火燎原之势的 Facebook。相反，扎克伯格提出了一个甚至还没落地的文件共享项目，名为 Wirehog（威尔霍格）。以往在硅谷，明明都是红杉资本这样的大机构挑项目，而今天反而倒过来需要对一个项目洗耳恭听，而且还是个儿戏般的"副产品"。

这还没完，扎克伯格的幻灯片标题更具侮辱性，"你不应该投资我的十大理由"，几个大字摆明了在嘲弄红杉资本。"第十，我们没有收入。第九，我们可能会被音乐行业的人起诉。……第三，我们很晚才穿着睡衣来到你们的办公室。第二，因为肖恩·帕克（Sean Parker）也在这个项目里。第一，我们只是看在鲁洛夫·博塔的情面上才来这。"

红杉资本合伙人们已经习惯了与"狡猾"的创业者合作，而且他们也希望自己比其他风险投资机构更加理性而非感情用事，并且能够控制自己内心的骄傲和偏见。瓦伦丁的预防针更让他们免疫了睡衣的挑衅。但无论他们怎样试图与扎克伯格建立联系，最后都是徒劳的。这位年轻的访客显然只欣赏鲁洛夫·博塔，甚至之后还试图招募他加入Facebook，但他对与风险投资机构建立合作关系显然不感兴趣，尤其这家机构的老板还是迈克尔·莫里茨。扎克伯格就好像在演一出大二青年的荒诞闹剧，面试一份你根本不想要的工作，然后享受愚弄长辈的乐趣。

扎克伯格的"睡衣恶作剧"可以被视作风险投资的分水岭。在那之前，谷歌已经上市，其他年轻的创业者也在按照布林和佩奇的剧本努力奋斗着。但在扎克伯格之后，对于创业者来说，与风险投资进行艰难的讨价还价，然后像谷歌创始人那样拿走他们的投资不再是唯一的道路。可以说扎克伯格另辟蹊径，他是真的不希望红杉资本投资他。

在"睡衣恶作剧"之后的一段时间里，红杉资本的合伙人还都没有完全明白过来扎克伯格永远不会接受他们的投资这一事实。但其实，当扎克伯格在倒数第二张幻灯片上提到肖恩·帕克的名字时，他们本应意识到这一点。帕克在25岁时就已经是硅谷日益叛逆的青少年文化的典型代表。当初，作为一名16岁的程序员，他曾因侵入公司和政府计算机网络而被FBI逮捕，并被要求提供社区服务。20岁时，帕克再次触犯了法律，这次是因为他在音乐盗版网站纳普斯特（Napster）中的所作所为。而后，他又推出了一家名为"普莱克索"（Plaxo）的软件公司。这次的创业则可以说既是一种胜利，也是一种耻辱。

普莱克索是一个自动更新在线通信簿的程序。当你安装该程序时，它会挖掘你的联系人数据，并通过电子邮件向这些联系人发送一条消息："嗨，我正在更新我的通信簿。请花点时间向我提供你最新的联系信息。"如果收件人这样做了，该软件将再用类似的电子邮件快速搜索他们通信簿中的每个名字，并招募新用户。在很短的时间内，数以百万计的电子邮件账户就被普莱克索的广告攻破了。可以说帕克为后来的科技巨头们赖以增长的病毒式网络营销创造了一个范本。批评者抱怨普莱克索是网络上最让人无法忍受的服务程序，因为每天都有很多"无辜群众"被反复骚扰。但帕克对此毫不在意，他甚至自夸地说道："普莱克索就像一支独立乐队，非常小众，但在圈内的影响力却很强。"

到2004年初，普莱克索已经吸引了近200万名用户使用，并且还接受了由迈克尔·莫里茨牵头的两轮投资。但后来，帕克的个人历史再次重演，到嘴边的"鸭子"又飞了。有时他根本不去上班，而即便他终于出现，其实也不做什么有效工作。他的两位联合创始人之一抱怨道："他把一群女孩带回办公室，就为了向她们炫耀自己是这家企业的创始人。"2004年4月，红杉资本和其他投资机构加入了管理层。让联合创始人们松了一口气的是，他们把帕克从他自己的公司解雇了。

被红杉资本"大刀阔斧"地踢出局之后，帕克开始了他的第四次"表演"。毕竟如果不东山再起，那他就什么也不是了。在听说Facebook风靡各大校园后，他就给扎克伯格发了一封电子邮件，希望他能把自己介绍给一些投资人。两人在纽约共进晚餐，并且发现了彼此身上的很多共同点：他们都是雄心勃勃的年轻创业者，也都在试图开拓在线社交网络这一领域。于是，2004年6月，扎克伯格和几个朋友搬到了帕洛阿尔托，他们租了一栋农场风格的房子，离帕克住的地方只有一个街区。

一天晚上，帕克与扎克伯格及他的Facebook团队共进晚餐。用餐期间，他接到了律师的电话。普莱克索的董事会不仅解雇了他，现在还决定不让他转手剩下的一半股权。帕克怒不可遏，而 Facebook 的成员们则有些畏惧地看着他。"风险投资人听起来很可怕。"扎克伯格心想。

扎克伯格邀请帕克搬进他的房子。帕克当时的住处，地板上除了一张床垫外什么都没有，但他还是设法保住了一辆当初有钱时买的白色宝马，现在他允许 Facebook 的人使用这辆宝马。同时，他们也开始一起工作。帕克聘请了他在普莱克索时的律师帮助 Facebook，并为这家公司找到了一位运营经理。他还负责管理投资人关系，和谷歌、基准资本这些投资方打交道。

风险投资市场暗流涌动

到 2004 年 9 月，扎克伯格邀请帕克担任 Facebook 的总裁，而帕克则一步步引导扎克伯格远离传统的风险资本。之所以拒绝基准资本和谷歌的投资，是因为帕克其实更愿意借鉴谷歌创始人的做法，也就是从天使投资人那里获得资金。帕克寻求投资的第一站是一位名叫里德·霍夫曼（Reid Hoffman）的企业家，他曾指导帕克如何处理普莱克索的剩余股权。但霍夫曼拒绝牵头投资 Facebook，因为他自己创建了一个名为"领英"（LinkedIn）的社交网络平台，可能与 Facebook 存在一些竞争。因此，霍夫曼让帕克与他斯坦福大学的朋友彼得·蒂尔取得了联系，他是一家名为 Paypal 的在线支付公司的联合创始人。很快，蒂尔同意以 50 万美元换取 Facebook 10.2% 的股权，而霍夫曼会再额外提供 3.8 万美元。第三位天使投资人则是社交网络领域的创业者马克·平卡斯（Mark Pincus），他也开出了一张 3.8 万美元的支票。

在风险投资人"直觉雷达"的探测下，一场"叛乱"正在暗流涌动。和谷歌一样，Facebook 也发起了一轮天使融资；但与谷歌不同的是，Facebook 的天使投资人都是专注于社交网络领域的企业家。他们有在特定时期创建特定类型的软件公司的共同经历，因而很快团结在一起组成了一支紧密的团队。回忆起这一时期的氛围，马克·平卡斯说："我认识的大约有 6 个人都对能在消费互联网

（Consumer Internet）领域做事情非常感兴趣，我们总会去同样的两家咖啡馆。"

时代在变，这样一个全新的由创业者和天使投资人组成的团体自然对传统的风险投资风格持怀疑态度。谷歌已经展示了"对抗"风险投资人的方法，保罗·格雷厄姆也强调了风险投资基金越来越大的规模与软件初创企业对资本的有限需求之间存在矛盾关系。除此之外，还有一个因素，那就是投资人与创业者之间的代际差异。20世纪90年代，风险投资非凡的优势和成功鼓励资深的投资人留了下来。因为风险投资的繁荣让每个人看起来都很好，没有人因为业绩下滑而被迫退休。但是，风险投资合伙人的平均年龄在上升的同时，创业者的平均年龄却在下降，这就导致"代沟"越来越凸显。在谷歌刚刚建立时，它的天使投资人，尤其是拉姆·施拉姆和罗恩·康韦，确实也曾将这家初创企业与风险投资建立起了联系。但新一批创业者和天使投资人与传统风险投资人之间可以说是毫无关联，他们更愿意相信保罗·格雷厄姆关于风险投资糟糕之处的系统理论。

可能是巧合，也可能是受自身成功业绩所积攒的声望所累，红杉资本成了对风险投资具有敌意的人的一个集火点。正如我们所看到的，肖恩·帕克对迈克尔·莫里茨有一种特别的怨恨，而扎克伯格奇怪的睡衣秀则是帕克精心设计的报复莫里茨，以报普莱克索之仇的方式。但这样的人不止帕克一个，支持扎克伯格的天使投资人彼得·蒂尔也对莫里茨怀恨在心。

Paypal 与 X.com 开启血腥斗争

在硅谷，作为一名律师、哲学家和对冲基金交易员，蒂尔在很多方面都称得上是特立独行。尽管他拥有斯坦福大学的两个学位，也因此符合硅谷精英的标准，但他其实既没有工科背景，也没有商科背景。相反，他沉浸在自由主义的思想中。"自由"的他先是考入了斯坦福大学法学院，但在后来的美国最高法院的书记员考试中失败了，而后又离开加利福尼亚州去了纽约，并在那里从事证券法相关的工作，还在银行里交易衍生品。不过他越来越厌倦上班族朝九晚五的枯燥日子。1995 年，他辞去了工作，回到了西海岸，但不是为了去投身繁荣的科技浪潮。相反，他出版了一本抨击校园多元文化主义的书，并成立了一家小型对冲基金，这在加利福尼亚州北部基本就注定是反主流文化的。蒂尔把自己塑造成了既像哲学家也像投机者的乔治·索罗斯（George Soros）[①]那样的人物，但比他更年轻，思想也更偏向右翼。像索罗斯一样，他也将自己擅长的高风险交易与一些宏大的抽象概念结合起来。另外他还为崇尚、宣扬自由主义的《斯坦福评论》（Stanford Review）供稿，这个杂志是他在学生时代作为共同发起人创办的。

1998 年中，大约就在谷歌团队与贝托尔斯海姆会面的时候，蒂尔去了斯坦福大学，做了一场关于货币交易的演讲。在那个炎热的夏天，斯坦福大学为其提供了一个带有空调的舒适礼堂。演讲结束时，一位带着微弱东欧口音的热情年轻人介绍了自己："嗨，我是麦克斯，是卢克·诺赛克（Luke Nosek）的朋友。""哦，你认识卢克，太好了。"蒂尔回应道。

蒂尔记得卢克·诺赛克。诺塞克是个优秀的计算机科学家，毕业于伊利诺伊大学，是马克·安德森的学弟。大学毕业后，他来到了硅谷。而眼前的这个学生麦克斯·拉夫琴（Max Levchin）就是他们的同学，他们都是自由主义者。

拉夫琴告诉蒂尔，基于自己对密码学的研究工作，他想要创业，开个证券公司。蒂尔喜欢聪明的人，拉夫琴的项目引起了他的兴趣。高中时，蒂尔就是个数学神童，曾在加利福尼亚州的数学竞赛中获得第一名，因此对于密码学他也算"懂行"。更何况，一个硅谷人是很难拒绝在初创企业身上"下注"的机会的。蒂尔此前就已经在拉夫琴的朋友诺赛克创办的一家公司上投资了 10 万美元，尽管没有成功。他问拉夫琴："明天早上你有安排吗？""没什么计划。"拉夫琴回答。"太好了，我们一起吃早餐怎么样？"他提议。

[①] 索罗斯基金管理公司董事长。索罗斯因其在金融领域的敏锐直觉而闻名于世，曾于 1997 年"狙击"泰铢及港币，引发持续数年的"亚洲金融风暴"。——编者注

两人在斯坦福大学校园附近的一家早餐店霍毕餐厅见面。拉夫琴错估了公寓到早餐店的距离，气喘吁吁地跑来，但还是迟到了 5 分钟。他到的时候蒂尔已经喝了一杯三色奶昔。"来了。"蒂尔开心地说。他又点了一杯奶昔，而拉夫琴点了蛋清早餐。拉夫琴结结巴巴地讲解了他心目中的新公司。利用圆锥曲线公钥密码算法，他可以将掌上先锋（PalmPilot）[①]变成保护商业信息的数字保险箱。而他的公司则会为员工购买加密设备，因为他不希望自己的公司机密被窃取。蒂尔想了一下，回应道："嗯，我愿意投资。"他虽然只有 30 岁，但举止稳重从容。蒂尔最终答应给拉夫琴投资 30 万美元，这是贝托尔斯海姆给谷歌的投资额的 3 倍。然后，他告诉拉夫琴可以再找找其他投资人来一同支持他的新公司。

尽管这是 20 世纪 90 年代末经济繁荣的巅峰时期，但对于拉夫琴来说去找其他的投资依然十分困难。拉夫琴虽然拥有无可挑剔的编程技术，但是他的项目在商业前景上其实没那么有说服力。的确，并非所有人都认为企业会花钱去加密数据，这其中的一个核心问题是，如果企业觉得不需要使用数字安全设备怎么办？为了弥补拉夫琴的项目在商业前景上的短板，蒂尔开始参与他的宣讲。尽管还在同时从事对冲基金交易，但他还是每每以拉夫琴公司业务主管的身份出现。与此同时，蒂尔也帮助拉夫琴重新思考他的商业计划。如果一般的企业还没有意识到需要将信息加密，那么那些有明显的安全需求的企业对此会如何呢？于是蒂尔建议拉夫琴放眼支付领域，如果将他的编程技巧应用到这个领域，人们就可以安全地通过电子邮件相互汇款了。

完成这一步转型后，蒂尔和拉夫琴给他们的支付服务起名 Paypal，并将公司命名为"康菲尼迪"（Confinity）。他们再次开始融资，但遭到了又一轮冷遇，几乎每家风险投资机构都拒绝了他们。直到 1999 年中，他们才终于从诺基亚新成立的风险投资部门获得了 450 万美元的投资。风险投资公司的冷落让蒂尔心怀不满，同时 Paypal 的迅速扩张也在他脑海中引发了更多关于风险投资实践的疑惑和不解。

[①] 20 世纪 90 年代末流行的移动设备。——编者注

如果蒂尔和拉夫琴的项目真的成功落地，那硅谷的历史可能就被改写了。要真是那样，康菲尼迪就能成功地完成 IPO，蒂尔和拉夫琴也会成为硅谷名流，和那些风险投资大佬们一笑泯恩仇。但在 1999 年底，康菲尼迪发现自己多了一个名为 X.com 的竞争对手，那家公司由一位名叫埃隆·马斯克的企业家创立。在很多方面，这两家公司都很像：他们都有大约 50 名员工和 30 万名用户，都在快速发展，也都一度在帕洛阿尔托大学路上的同一栋大楼里办公。但 X.com 有一个明显的优势：相比于康菲尼迪从硅谷的"边缘玩家"诺基亚那里获得融资，X.com 可是被大名鼎鼎的红杉资本选中的。正是由迈克尔·莫里茨主导向 X.com 投入了 2 500 万美元，这是康菲尼迪融资金额的 5 倍还多。不仅如此，莫里茨还招募了一位经验丰富的首席执行官比尔·哈里斯（Bill Harris）管理公司，进一步巩固了 X.com 的实力。

很快，康菲尼迪和 X.com 开始了正面交锋，他们都不惜以巨大的损失为代价提供折扣以吸引客户。但不久双方就都明白过来，他们之间的竞争局面可以说是合则两利、斗则俱伤。

莫里茨告诉红杉资本的合伙人，两家公司合并是更好的选择。莫里茨打了个比方，双方就像中世纪意大利的那些世仇家族，互相攻伐永无止境。虽然合并意味着红杉资本在合并公司中的股份将缩水，但莫里茨认为这样做是值得的。

蒂尔和拉夫琴在帕洛阿尔托的一家希腊餐厅埃夫维亚（Evvia）见到了埃隆·马斯克和比尔·哈里斯，他们讨论了莫里茨的提议。马斯克全力支持将两家公司合并在一起，但他认为他应该在合并公司里拥有主导性的地位。的确，X.com 在银行里有更多的钱，背靠红杉资本这样的大机构确保了它可以在需要的时候筹集更多的资金。虽然相比之下康菲尼迪可能拥有更好的计算机工程师团队，但在任何旷日持久的竞争下，它都无疑将是第一个资金耗尽的公司。

马斯克在晚宴上告诉拉夫琴，如果要进行合并，X.com 的股东应该拥有合并公司92%的股份。"好呀，"拉夫琴自言自语道，"那咱们就战场上见。"但蒂尔没有拉夫琴那么暴躁。"我们会考虑一下。"他平静地告诉马斯克和哈里斯。

接下来的几天里，蒂尔开始了一系列的讨价还价。他试图说服马斯克同意将X.com的股东在合并公司中所占的股份从92%降至60%。实际上，他很想以这个六四开的比例直接把这场合并谈妥，这样他可以发财、脱身，然后回去做他的对冲基金。不过令蒂尔失望的是，拉夫琴对这一谈判成果并不满意。作为编程团队的负责人，他希望每个人都认识到，他的贡献至少和对手的一样大，这是个尊严问题。"我绝对不会同意六四开的方案的。"拉夫琴坚持道。蒂尔只得同意取消了这笔交易。合作失败了，"血腥的斗争"将继续下去。

故事至此，莫里茨从幕后走到了台前。自20世纪80年代以来，风险投资人一直在硅谷管理着竞争与合作之间的平衡。当时，汤姆·珀金斯以所罗门式的智慧主持解决了凯鹏华盈所投的翁格曼-巴斯和硅编译器之间的争端。20年后，莫里茨也下定了决心，X.com和康菲尼迪要合作，不要争斗。正如他曾对合伙人说的那样，对红杉资本来说，拥有一家"大满贯"公司的一小部分股份，要远好过当一家失败公司的大股东。

2000年2月的一个周末，莫里茨出现在帕洛阿尔托的一个街区，就是X.com和康菲尼迪办公室所在的地方。莫里茨找到拉夫琴，坐在他面前。他身体前倾，两肘放在膝盖上，双手交叉撑起下巴。几年后，拉夫琴还清楚地记得，莫里茨没有脱下他那件戏服一样的深色外套，当时他们的脸相距不到一米。莫里茨告诉拉夫琴："如果你同意这次合并，我保证永远不会出售合并公司的任何一股股票。"这意味着他们认为合并后的公司将不断发展壮大。这是典型的风险投资谈判技巧——"画饼"。通常资深的风险投资人会问那些年轻创业者，你想打造一家多年后仍会被人们铭记的大公司，还是你缺乏在浩瀚宇宙中留下印记的心气？

拉夫琴终于被打动了，他放弃了对"六四开"合并方案的激烈反对，认同了莫里茨的宏伟愿景。看起来合并的道路现在已经清晰了，"血腥斗争"似乎就要结束了。

大约一天后，拉夫琴见到了马斯克，"六四开的比例真是太便宜你了。"马斯克嘲弄他，"你应该知道你们赚大了。这种不平等的合并对你们来说可是一件大好事。"拉夫琴带着苍白的微笑走出了会场，叫上了蒂尔。他说："这件事取消了，我不干了。这就是赤裸裸的侮辱，我绝对不能忍。"他大步走出办公室，回到自己的公寓。

哈里斯听说拉夫琴怒气冲冲地走了，立刻走出办公室去寻找拉夫琴。他对股东们倾向于合作而非竞争的意愿特别敏感。拉夫琴躲在他公寓楼的洗衣房里，那里有一些旧洗衣机，是由一家叫作"WEB"的公司制造的。看着这些旧洗衣机，拉夫琴觉得很有趣，他心想：你得投硬币去喂这些疲惫不堪的"野兽"。过了一会，哈里斯找到了拉夫琴，并帮他叠好了衣服，同时劝他重新考虑自己的决定。哈里斯恳求拉夫琴不要理会马斯克的侮辱，并说自己和X.com的董事会对拉夫琴只有尊敬。更重要的是，为了表明他们的诚意，X.com准备增加报价，变为两家公司各持股一半。最后，拉夫琴还是咽下了这口恶气。合并进行得很顺利，而马斯克也因其对竞争对手无缘无故的嘲弄而付出了沉重的代价。

出于合并谈判的告成，蒂尔对莫里茨勉强心存一些感激，毕竟是红杉资本推动了合并的实现，并且五五开的最终方案使他赚了更多钱。但接下来发生的事情抹杀了蒂尔对莫里茨仅存的一点好印象。合并后的公司最终保留了X.com的名称，并很快陷入了一场内斗。在随后发生的一系列小规模冲突中，蒂尔与莫里茨屡次针锋相对。

第一次的冲突聚焦于谁将管理合并后的公司。莫里茨认为蒂尔虽然是个聪明人，但不适合当管理者。他的想法确实不无道理，毕竟蒂尔是一名对冲基金交易员，他没有管理一家公司并且让其发展壮大的经验。因此，在莫里茨的安排下，哈里斯当选为首席执行官。而在哈里斯被免职后，马斯克又当选为继任者。蒂尔仍然是大股东，并继续担任轮职董事长，不过辞去了 X.com 财务副总裁的职务。

几个月后，也就是 2000 年 9 月，马斯克去了澳大利亚度蜜月。他的高级助手中的许多人都来自康菲尼迪，趁着这一时间，他们终于有了"起义"的机会。马斯克采取了错误的方针管理合并后的公司，坚持要求改写拉夫琴的代码，但却未能成功应对和打击困扰 Paypal 的欺诈行为。因此，X.com 的副总裁出现在红杉资本的办公室，威胁说如果马斯克不被罢免，他们将集体辞职，这与罢免桑迪·勒纳的思科"起义"如出一辙。

"这是政变！"莫里茨自言自语道。他对思科的事记忆犹新，知道它的传奇是如何落幕的——没有哪位投资人能保护失去团队支持的首席执行官。"我们之前就已经见过类似的例子了。"他默默地告诉自己。莫里茨明白马斯克必须离开，但他还没打算接受"叛军"的第二个要求：由蒂尔来接管公司。与莫里茨所怀疑的恰恰相反，蒂尔显然早已赢得了民心，他比外表看起来更像是一个天生的领导者。

莫里茨没有心情做出回应，他当时正在力争让谷歌从外部招募新的首席执行官。他可不喜欢被傲慢的年轻经理摆布，因为他坚信风险投资人有权利（事实上也有责任）监督初创企业的管理以及选择高管，这是原则性问题。此外，红杉资本的表现也受到了科技股暴跌的影响。因此，即使 X.com 的副总裁们对蒂尔抱有信心，莫里茨也并不想把他为数不多的几个好项目之一委托给一名同时还做对冲基金的"非典型"管理者。

在这样的背景下，X.com 董事会的 6 名成员，包括 3 名创始人和 3 名投资人，召开了一次有争议的会议。具有讽刺意味的是，蒂尔和拉夫琴是从蒂尔的对冲基金电话拨入会议的，拉夫琴在那里把传真机改装成了扬声器。两人预期可以得到另一名董事约翰·马洛伊（John Malloy）的支持，因为马洛伊是诺基亚的代表，而诺基亚正是最早支持他们的公司的。当然，他们也知道没有希望赢过莫里茨或马斯克。最终，会谈的结果实质上就取决于第 6 名董事会成员了，他是后面一轮风险投资的投资人蒂姆·赫德（Tim Hurd）。

这位投资人最后选择了蒂尔，因此董事会同意以蒂尔取代马斯克担任首席执行官，但莫里茨依然"从中作梗"，首席执行官的任命被认定是临时性的，董事会雇用了猎头以寻找能长期替代蒂尔的外部首席执行官。尽管猎头最终没有找到替代者，蒂尔因此成功保住了最高职位，但他对莫里茨的怨恨又加剧了。蒂尔真诚地面对着莫里茨，但莫里茨却充满心机，像拿着一把军刀挥砍一样不断地伤害他。"蒂尔感到自己被莫里茨虐待了，而且是出于非常强烈的私人恩怨。"蒂尔的一位盟友回忆道。

5 个月后，也就是 2001 年 2 月，矛盾进一步加深了。尽管科技股市场遭受了灭顶之灾，纳斯达克指数比前一年的峰值下跌了约一半，但 X.com 还是成功地筹集了 9 000 万美元的 D 轮融资。蒂尔认为当时经济疲软，市场将进一步下滑，因此建议 X.com 将部分新筹集的资金委托给他的对冲基金管理，以图后效。通过看跌纳斯达克的股价，对冲基金将在市场下跌时获得回报，从而实现风险对冲，确保 X.com 免受市场长期低迷的影响，毕竟这可能会影响公司未来融资的能力。但是，尽管蒂尔对市场方向的判断是正确的，为 X.com 对冲风险的想法也很有道理，可他的提案毕竟有点自我交易的味道，因为那实际上是在利用自己在一家公司的职位来扩大自己另一家公司的资本池。莫里茨抓住机会批评了蒂尔对公司治理的无知，他居高临下的嘲弄深深刺痛了蒂尔。一名董事会成员回忆道："那可是一场大戏。"

在接下来的一年半里，这段充满争吵的关系变得更加紧张。莫里茨和蒂尔在是否将公司卖给 eBay 的问题上也发生了冲突，后者曾一度出价 3 亿美元收购该公司。一方面，对莫里茨来说，雅虎的教训记忆犹新，所以他反对过早回收收益。在他看来，电子邮件支付这样神奇的产品最终有更高的价值。而蒂尔却从未摆脱交易员的心态，只要价格够高他就会想要卖出。"他是做对冲基金的，这帮人随时都想套现离场。"莫里茨说。

有一次，莫里茨找到了拉夫琴，试图像当初合并两家公司时那样，再次说服他，让他不要卖掉公司。毕竟 Paypal 做得越来越好，拉夫琴有什么理由要卖掉它呢？如果真卖了，他又如何更好地发挥自己的才能呢？"麦克斯，如果公司卖了，你还会去做什么？"莫里茨问他。"我会再创办另一家公司，就和 Paypal 类似。"拉夫琴回答。"麦克斯，"凭借着自己业内 15 年的经验，莫里茨反驳道，"你不知道这样的好机会有多难得。即使你活到 150 岁，你也不会再碰到像 Paypal 这样有无限增长潜力的创业机会了。"在这一点上，拉夫琴选择站在了莫里茨这边，3 亿美元的报价被拒绝了。之后，公司以 Paypal 的名义上市。但在 2002 年 7 月，eBay 再次出价收购该公司，这次的报价是 15 亿美元。莫里茨的"放长线原则"使拉夫琴的财富增加了大约 5 倍，蒂尔的财富也是如此。

回顾这些事件，很难说莫里茨做错了什么。他在普莱克索解雇了肖恩·帕克，但那个决定得到了普莱克索联合创始人的支持，因为那样做符合公司利益至上的方针；他曾多次与蒂尔发生冲突，但至少在最初，他有理由怀疑蒂尔不是一个有天赋的创业公司首席执行官。他有理由否定蒂尔和自己的对冲基金自我交易的想法，也有理由拒绝 eBay 早期对 Paypal 的低报价；同时，莫里茨也在康菲尼迪和 X.com 的合并案中发挥了重要作用，没有他的努力，Paypal 可能会一事无成。10 年后，当蒂尔回忆起他在硅谷学到的创业经验时，他认为避免过度竞争确实是一个关键。"所有失败的公司都是一样的，"他回忆道，"他们没能逃脱竞争的陷阱。"

然而现实是，莫里茨的一系列做法让他和帕克、蒂尔疏远了，而扎克伯格的睡衣秀毫无疑问就是这样做的代价。Facebook 是当时最热门的创业公司，但其董事会由莫里茨的两个敌人和扎克伯格组成，这让红杉资本没有机会投资 Facebook。此外，红杉资本所受的惩罚有可能不止这一笔交易，因为年轻人反抗的范围实际上更广。在睡衣恶作剧发生后的几个月内，有两家新兴的风险投资公司首次亮相，并且都在挑战传统的风险投资业务。两家公司中，第一家是由蒂尔发起的，它的成立过程与康菲尼迪如出一辙。就像蒂尔在机缘巧合下认识了拉夫琴，然后进行了投资并担任首席执行官一样，他也以这样一个简单直接的方式创办了自己的风险投资基金。

2002年eBay收购Paypal时，蒂尔通过谈判与eBay达成了秘密条款，后者允许他离开公司。当时，收购的公开条件要求Paypal管理团队中的其他人留在岗位上，但蒂尔突然撤了出来，并套现了5 500万美元。时年33岁的他离开了帕洛阿尔托，来到了圣弗朗西斯科，资助了一家奢华的夜总会，并买了一辆银色法拉利。他重新启动了自己的对冲基金，并称之为"克莱瑞姆资本"（Clarium Capital）。他用1 000万美元作为本金进行投资，意图通过全球石油短缺推高能源价格的机会赚钱。与此同时，他依靠在斯坦福大学和Paypal积攒下的人脉，策划了一系列项目。2004年，他聘请了一名Paypal工程师来开发与国家智能化相关的软件，并请了一位斯坦福大学法学院的朋友来领导大数据公司帕兰提尔（Palantir）。恰好另一位斯坦福校友里德·霍夫曼也曾在Paypal工作，这让蒂尔在投资Facebook的同时，还向其竞争对手——霍夫曼的初创企业领英投入了资金。上述这些举措中的任意一项都足以让蒂尔的财富倍增。在鼎盛时期，蒂尔的对冲基金管理着约70亿美元的资产，尽管该基金后来遭受了损失，并出现了一波投资人赎回潮。后来领英和帕兰提尔的估值均超过了200亿美元，而Facebook的价值增长到了数千亿美元。但是在获得了如此巨大成功之后，蒂尔才后知后觉地与另一位斯坦福大学毕业生、同为Paypal前员工的肯·霍威利（Ken Howeny）讨论成立一家风险投资企业的问题。

不干涉、高风险、极度反传统，蒂尔效应愈演愈烈

蒂尔的新基金成立于2005年，名为创始人基金（Founders Fund）。这个名字标志着一种精神：创建Paypal这样公司的创始人将始终支持下一代创业者，他们承诺将以自己希望得到的尊重对待新一代创始人。麦克斯·拉夫琴的老朋友、

又一位 Paypal 前员工卢克·诺赛克是创始人基金的创始合伙人，很快，肖恩·帕克也加入了他们。帕克断言："很大程度上是因为我们都是创业者，我们天生就更关心如何帮助新的创业者成为成功的领导者，而不只是变得更有钱。"

自然而然，考虑到蒂尔和帕克与莫里茨之间的争执，创始人基金明确排除了引入外部首席执行官的奎茂模式，他们认为创业者应该控制自己的公司。谷歌开创了这条道路，将埃里克·施密特视为三巨头中的一员，而不是直接的老板。Facebook 则走得更远，在公司内部树立了扎克伯格的绝对权威。现在，创始人基金开始将这种"君主专制式的模式"推广到它支持的每一家初创企业。蒂尔觉得，所有伟大的初创企业都有"君主专制的一面"，正如他的一位副手所说："蒂尔创建创始人基金奉行的就是君主专制，而绝非自由民主。"

对创始人基金的一些合伙人来说，激励创业者是一项道德义务。提出创始人基金名称的诺赛克在 Paypal 任职期间就对莫里茨产生了强烈的反感，认为传统的风险投资人"令人厌恶"。"这些人会毁掉世界上最有价值的发明家的作品。"他愤怒地宣称。对于其他创始人基金的合伙人来说，品牌因素将成为需要重点考虑的问题：风险投资行业的新来者必须与老牌巨头区别开来，这是霍威利在未能从美国机构投资人那里为创始人基金筹集到资金时，不得不面临的一个事实。但从蒂尔本人的角度来看，支持"企业的君主制"这本身就是一个非常独特的点，体现了他们对于风险资本深刻而清晰的认知。

蒂尔是第一位明确谈论指数法则的风险投资人。自阿瑟·洛克起，投资人们已经非常清楚少数的赢家将主导整个投资组织的表现。而蒂尔则更进一步地认识到这实际上属于一个广泛的现象。他引用"帕累托法则之父"维尔弗雷多·帕累托的话说，在自然和社会世界中，不对称、不相等的现象很常见。在帕累托所处的 20 世纪初，在意大利 20% 的人拥有 80% 的土地，帕累托花园里 20% 的豆荚产出了占总产量 80% 的豌豆。与之类似，最具破坏性的地震的威力是所有较小地震总和的数倍，大城市也使所有小城镇相形见绌。因此，**单次风险投资押注就**

能主导整个投资组合，这不仅仅是一种巧合，更是自然法则。事实上，这是风险投资人必须遵守的铁律。无论是过去、现在、还是未来，一家初创企业如果在一个有价值的补缺市场[①]形成了垄断，那将比数以百万计的没有细分市场差别的竞争对手加起来还要获得更多的价值。

蒂尔有条不紊地思考着这一规律的深刻含义。过去的风险投资人曾将其业务的"本垒打"视为一种正常的风险回报模式，也就是说他们的有限合伙人应该允许他们有很多失败的投资案例，因为一只基金只需一到两次大的成功就可以产生正的净利润，即能覆盖失败案例带来的损失。但蒂尔在指数法则中看到了另外的一点，他一反传统地主张风险投资人应该停止指导创始人。从阿瑟·洛克开始，风险投资人一直以指导初创企业为荣，尤其对于像基准资本这样的公司，投后管理简直是其立身之本。2000年的一项调查发现，投后管理在风险投资中变得越来越重要。例如，一家名为莫尔达维多创投（Mohr Davidow）的风险投资机构雇用了5名运营合伙人全职对被投公司提供管理咨询；又如波士顿的查尔斯河风险投资也雇用了至少12名员工，帮助初创企业处理管理层雇用、设备租赁、法务处理等工作。哈佛商学院的保罗·冈珀斯（Paul Gompers）将这些发展描述为一种进步，即"这是风险投资从艺术化到商业化的演变"。

但在蒂尔看来，这种变化是被误导的。根据"二八定律"，真正重要的公司都是极其特殊的。在硅谷的任何一个年份中，真正值得支持的企业其实都屈指可数。[②]而这些杰出初创企业的创始人一定非常有能力，来自风险投资人的那一点指导几乎不会改变他们的业绩。"我们投资组合中最强大的公司往往是我们接触最少的。"创始人基金的一位合伙人直截了当地指出。提供明智的建议可能确实

[①] 补缺市场是在较大的细分市场中具有相似兴趣或需求的一小群顾客所占有的市场空间。大多数成功的初创企业一开始并不在大市场开展业务，而是通过识别较大市场中新兴的或未被发现的补缺市场发展业务。——编者注

[②] 在1974年至2019年的45年里，即使是首屈一指的风险投资公司红杉资本也只有42笔投资获得了20倍或以上的回报。

能满足投资人的成就感，但是，**风险投资的艺术真谛只是寻找璞玉，而非将其雕琢成器。**

为了让自己的观点更能说服人，蒂尔继续展开论述。他认为即便风险投资人的指导真的发挥了什么作用，那也是负面的。当风险投资人将他们的方式强加给创始人时，其实是在赌，赌那些已经被证明过行之有效的"经验"一定能够胜过新的实践方式。他们总是在对比阿克塞尔和凯鹏华盈的那些旧案例，实际上是在说旧的经验一定比新的点子要好。但是，如果按照二八定律，只有少数真正具有原创性和革命性的初创企业才会成功，那么我们没有任何理由去忽视乃至打压每家创业公司鲜活的个性。相反，**风险资本应该接受那些叛逆、独特和个性的创始人，越古怪越好。甚至可以说，创始人如果不够古怪，那么他们创造出的企业就会流于平庸。**那些"正常"的创始人会想出一个明智的计划，但是他们能想到的别人也能想到。也因此，这些"正常人"会永远处于一个拥挤的、竞争激烈的红海市场，赚不了大钱。

蒂尔继续说，最优秀的创业者往往是自大、反人类或近乎疯狂的，这绝非偶然。早期Paypal的6名雇员中有4人在高中时都制造过轰动事件。埃隆·马斯克把首次创业所得的一半收入都用来买了一辆赛车；当他出车祸时，他所能做的就是向坐在副驾驶的蒂尔笑称自己没给车投保。蒂尔认为这种极端和偏执实际上是好兆头。风险投资公司应该容忍和接受被投公司的创始人屡屡出格犯错，他们应该引导他们、多给他们些机会，而不是指导他们如何墨守成规。创始人基金在成立的最初几年里就因拒绝投资优步而犯下了一个代价高昂的错误，该公司的创始人特拉维斯·卡兰尼克（Travis Kalanick）也因此疏远了霍威利和诺赛克。后来当优步成了一家"大满贯"公司之后，蒂尔在书中指出："我们应该对那些看似奇怪或极端的创始人有更大的容忍态度。"诺赛克则痛心疾首地承认："或许我们需要多给这些混蛋几次机会。"

除了会压制天才的创想以外，蒂尔还认为，风险投资人们的指导会产生机会成本。从投资人的角度来看，花数天时间指导被投公司的创业者，就不会有同样的时间来寻求其他的投资机会了。卢克·诺赛克就一度卷入一家名为"动力装置"（Powerset）的公司的泥潭之中无法抽身：当时这家公司的首席执行官已离职，而该公司正不顾一切地向收购方出售自己。由于他专注于动力装置公司的事情，也就因而未能再发现其他公司（包括Facebook和Twitter）的投资机会。"我为此付出了很多努力，最后赚了大约10万美元，"诺斯克回忆道，"当时我太忙了，一直没空和其他创业者见面。"

表面上看，蒂尔总是态度严肃，做事比较呆板，给人的印象是，他就像一位遗世而独立的空想哲学家，而对现实的混乱不屑一顾。他喜欢做一些离奇的事，例如投资"海上家园项目"，该项目旨在建立一个在政府管控之外的自由主义者的乌托邦，以及资助致力于研究如何延缓衰老的项目。但与乔治·索罗斯一样，蒂尔有勇气将其哲学理念与投资实践联系起来。作为伦敦政治经济学院（LSE）的学生，索罗斯接受了一种观念，即人类认知的局限性会妨碍人们理解事实。相应地，索罗斯积极地针对人类不完善的认知所产生的自我强化的繁荣和衰退进行投机。同样地，在理解了二八定律的含义后，蒂尔下定决心，**无论创始人的行为有多离经叛道，创始人基金都不会将他们逐出创业公司**。即使多年后，该公司依然忠实地坚持这一原则。事实上，创始人基金从来没有在董事会的投票中和创始人唱过反调，甚至逐渐都不要求占据董事会席位了。这是对唐·瓦伦丁和汤姆·珀金斯所建立的实践传统的大胆"反叛"。

蒂尔总是这么特立独行，就连在招募自己的合伙人上也不例外。他与卢克·诺赛克的第一次对话话题便围绕着诺赛克希望在死后被冰冻，以期在未来医学发达到能让其复活而展开。这并没有阻止蒂尔欢迎诺赛克加入他的合伙人团队。同样，肖恩·帕克也曾因违反法律而陷入麻烦，还和莫里茨这样的大佬有过节，然而尽管如此，蒂尔还是邀请了他。为了消除思维的同质化，创始人基金打破了每个星期一开合伙人会议的行业惯例，用激进的权力下放模式取代了风险投资业传统的集体责任模式。创始人基金的投资人都独立寻找交易，甚至一些小的投资都不用互相商量，当然更大的投资则需要协商。一般来说，投资越大，就越需要更多的合伙人同意；但即使是最大的投资也不需要多数人投票赞成。一位合伙人总结道："通常只需要一个非常有信心的人拍着自己的胸脯说'我需要做件事'，就会被允许投资。"

和索罗斯一样，蒂尔坚信，自己有理由采取激进的冒险行动。索罗斯的长期合作伙伴和被其称作"另一个自我"的斯坦利·德鲁肯米勒（Stanley Druckenmiller）观察到，能够适时地进行巨额投资是索罗斯被称为天才的原因。索罗斯对市场方向的判断并不比其他交易员更准确。使他与众不同的是，在形成一种真正强烈的信念时，他会勇敢地付诸行动。与索罗斯类似，蒂尔有勇气在正确的时刻、按照他对二八定律的理解进行巨额投资。因为只有少数初创企业会呈指数级增长，所以没有必要对看似稳妥的机会感到兴奋。在风险投资中，中位数投资总被看作失败。但当他遇到一个潜在的"大满贯"公司时，蒂尔则时刻准备把筹码堆到桌子上。1998 年，他给麦克斯·拉夫琴的 30 万美元投资是安迪·贝托尔斯海姆对布林和佩奇投资额的 3 倍。尽管当时贝托尔斯海姆有更多的资金可投，但他并没有这么做。2004 年，蒂尔对 Facebook 的天使投资总额是霍夫曼和平卡斯投资总额的 13 倍。其他投资人总是希望通过分散投资来管理风险，他们没有那种集中投资钓大鱼的胃口。但在一个由指数法则统治的领域，蒂尔确信，拥有一小部分巨额、高潜质的投资比拥有一大堆三心二意的投资有更大的概率取得成功。

蒂尔喜欢讲关于安德森-霍洛维茨公司（Andreessen Horowitz）的故事，这是一家初创的风险投资公司，我们将在后面听到更多与之相关的故事。2010 年，安德森-霍洛维茨公司在社交网络应用 Instagram（图享）上投资了 25 万美元。从某些指标来看，这是一次惊人的"本垒打"：两年后，Facebook 以 10 亿美元收购 Instagram，安德森的投资回报是其投资金额的 312 倍，净赚 7 800 万美元。但从其他方面来看，这是一场灾难。安德森-霍洛维茨公司用以投资 Instagram 的这只基金的总募资额共 15 亿美元，而该公司仅用其中 25 万美元投资 Instagram，产生了 7 800 万美元的收益，但是其余投资的收益可能远远不如 Instagram，只有当该基金的全部投资收益达到 15 亿美元，也就是约 19 个 7 800 万美元时，整只基金才能达到盈亏平衡，否则 Instagram 再成功，该基金也可能会亏损。支持一家成功的公司对一个投资人来说是件好事，但残酷的事实是 Instagram 只是安德森－霍洛维茨公司的一个被浪费的机会。相比之下，当 2007 年创始人基金对 Facebook 的后续投资机会感到兴奋时，诺赛克选择了全力以赴。他打电话给创始人基金的有限合伙人，说服他们向一个只含有 Facebook 一家公司的特殊目的实体公司（special purpose vehicle）投入额外资金。最后他甚至把父母的全部退休金都投资于该公司。

随着时间的推移，蒂尔甚至开始了另一个维度的冒险。除了投大项目，他还选择去支持越来越大胆的项目。在成立自己的风险投资基金几年后，他就打算投资那些"风险更高、更具创新性、真正有潜力改变世界的公司"。他不会把自己的投资选择局限于时下流行的软件领域，而是会着眼于那些不太明显、可能更重要、更有利可图、像"阿波罗登月计划"那样重大却极度困难的项目。直到 2008 年，他偶然发现了一个机会。

在参加一位朋友的婚礼时，蒂尔遇到了 Paypal 的老对手埃隆·马斯克。考虑到蒂尔的盟友已将马斯克赶出 Paypal，两人之间的关系并不友好。但后来马斯克从这一事件中振作起来，他将他在 Paypal 的收益投资于两家新成立的公司：生产电动汽车的特斯拉公司，以及自诩有雄心大幅削减太空运输成本，从而使开拓火星成为可能的太空探索技术公司。而现在，就在婚礼上，马斯克告诉蒂尔，他的太空探索技术公司欢迎其投资。"当然，"蒂尔说，"我们言归于好吧。"

蒂尔给他的合伙人发了一封电子邮件，建议投资相对适当的 500 万美元。肖恩·帕克对此不屑一顾，因为太空旅行对他来说太遥远了。但诺赛克的反应则正好相反。如果说创始人基金是要放眼于像"登月计划"那样重大却极度困难的项目，那么"火星计划"显然是不可抗拒的。

诺赛克开始对太空探索技术公司进行尽职调查。"大家都不清楚他们的技术研发是否会成功，"霍威利回忆道，"因为迄今为止每一枚实验中的火箭都爆炸了。"当诺赛克进行调查时，另一位潜在的该公司支持者退出了，此外还有一位支持者不小心把邮件抄送给了创始人基金，称蒂尔和他的合伙人已经失去理智。但诺斯克还是决心相信公司：首先，太空旅行是在20世纪60年代取得进展的技术之一，但后续发展趋于平缓，比如在2000年向太空发射一千克质量物体的成本竟然与1970年相同。他们设想，也许太空探索技术公司可以利用科学进步来开启这个领域？其次，公司实验中的火箭虽然爆炸了，但工程师们明白爆炸的原因。而如果你能从中吸取教训，那么失败就反而是一种额外的收获。最后，马斯克本人就是典型的傲慢的天才。如果创始人基金相信自己的理论，那么马斯克嘲笑自己撞毁了未投保赛车的事实就应该足以让他们支持他。

2008年7月，就在太空探索技术公司第三次尝试发射火箭失败后，诺赛克说服蒂尔将2 000万美元全部押在马斯克身上，以换取公司约4%的股权。10年后，公司的估值达到了260亿美元。凭借这些高风险的赌注，创始人基金将自己打造成了最佳的风险投资机构之一，这证明了其在风险投资中采取的不干涉、高风险、极度反传统的做法是正确的。这同样也给传统的风险投资行业敲响了警钟。这场由谷歌发起、由扎克伯格的睡衣恶作剧推向高潮的硅谷年轻人"起义"，现在正被蒂尔及其基金会逐渐系统化、制度化。"蒂尔效应"还在愈演愈烈，几乎同时，另一家风险投资机构正由另一位对风险投资人的狂热批评者发起。

开辟风险投资空白地带

第二位风险投资新贵就是黑客兼博客作者保罗·格雷厄姆，"糟糕的风险投资"理论提出者。和蒂尔一样，格雷厄姆坚信风险投资人的所作所为就是彻头彻尾的错误。不过他要比蒂尔更晚才开始纠正这些"错误"。

2005年3月，睡衣恶作剧发生几个月后，格雷厄姆出现在哈佛大学校园的

305爱默生厅，向大学计算机学会发表演讲，他的演讲题目是"如何创业"。礼堂里挤满了人，大约有100名学生读过格雷厄姆的关于编程和思考生活的文章，并希望像他一样成功创业。当格雷厄姆在演讲期间整理自己记录在发黄纸张之上的笔记时，全场鸦雀无声。

格雷厄姆接着阐述了他最喜欢的观点，即任何有好主意的黑客都有资格创业，并且都不应该屈从于那些投资人。创业者只需要少量现金来支付租金和杂费。格雷厄姆补充说，理想情况下，这笔资金应该来自一位有创业经验的天使投资人，一位可以为创业者提供咨询帮助的志同道合的人。

讲到这里，格雷厄姆突然有一种被火热的目光刺痛的感觉，觉得每个人都在盯着他看，仿佛在说："这样的人不就是你！"他后来回忆道："我有一种可怕的幻觉，好像他们全都想把商业计划通过电子邮件发给我。"格雷厄姆对可能伴随投资业务而来的法律和事务性工作感到不寒而栗，他立刻打断了听众。"不是我，不是。"他坚持说。他陶醉于那些年轻计算机科学家仰慕的目光，但他没有成为风险投资人的计划。"那时大约有100个技术迷的失望的哀叹声在房间里回荡。"观众中的一名学生后来写道。

演讲结束时，格雷厄姆周围都是仰慕者。两个弗吉尼亚大学的学生坐了14个小时的火车来听他演讲。其中一个戴着椭圆形眼镜的瘦小的金发年轻人想要格雷厄姆的亲笔签名，但似乎因太过敬畏而说不出话来。另一个是个子瘦瘦高高的年轻人，他拿出了格雷厄姆写的关于Lisp语言的一本书，想要他的签名。格雷厄姆笑了，这不是他第一次被请求在自己的编程书上签名。但高个子青年还有一个要求：他和他的朋友想和格雷厄姆博士喝杯饮料，谈谈他们的创业想法。格雷厄姆受宠若惊，一时忘记了自己在讲台上时的决心，同意当晚见面。"我想既然你从弗吉尼亚远道而来，我不能说不。"他说。

当晚，格雷厄姆身穿宽松的马球衫和卡其色短裤，来晚了一点儿。几人在一个叫阿尔及尔的咖啡馆找到了一张桌子，当鹰嘴豆泥上菜的时候，高个青年开始说话了。他是亚历克西斯·奥海涅（Alexis Ohanian）①，他的朋友是史蒂夫·哈夫曼（Steve Huffman）。他们的创业项目可以改变餐馆的工作方式，他们将编写一个程序，允许人们通过短信订购食物。

奥海涅讲了大概5分钟，格雷厄姆就抓住了这个小项目中的大创意。他打断了奥海涅的阐述，惊呼道："这简直把生意做绝了！以后吃饭再也不用排队了！"突然之间，格雷厄姆将餐厅订单与移动通信的发展历史联系起来，并鼓励这两个学生着眼于更大的格局。分享自己拥有的知识令他异常激动。

4天后，格雷厄姆和女友杰西卡·利文斯顿（Jessica Livingston）在哈佛广场吃过晚饭后步行回家。虽然快到春天了，剑桥的气温却还在零度上下徘徊。二人边走边聊，利文斯顿告诉格雷厄姆自己申请了一家风险投资公司的营销职位，正在等待回复。就格雷厄姆而言，他刚刚从阿尔及尔咖啡馆的"奇遇"中走出来，并感受到了天使投资的吸引力。尽管他仍然对成为风险投资人持保留态度，但能从中得到指导年轻创业者的机会，这一点还是很吸引他的。"我一直认为，创业者们的确需要天使投资的支持。"他后来回忆道，"如果没有人对他们进行投资，他们又怎么能开始做一家公司呢，对吗？"

当这对情侣沿着斑驳的砖砌人行道行走时，一个想法在格雷厄姆心中坚定了下来。他要和女友一起创办一家小型天使投资公司。杰西卡·利文斯顿可以在那里工作，而不是继续争取永远不给答复的风险投资基金的工作机会。她可以承担格雷厄姆不感兴趣的行政和法律事务，格雷厄姆则会利用自己作为创始人的经验来挑选下一代的赢家，他们简直是天作之合。

---

① 硅谷顶级孵化器YC合伙人亚历克西斯·奥海涅在《无须等待》（*Without Their Permission*）一书中，结合自己的创业经历，分享了互联网创业的公开课。本书简体中文版由湛庐引进、浙江人民出版社于2015年出版。——编者注

在接下来的几天里，两人想出了一个新的形式——种子投资，这将填补格雷厄姆在主流风险投资中看到的空白地带。以往创业者需要风险投资人在提供资金的同时进行全方位的指导，不同于此，新一代软件行业的创业者只需要足够的现金置办办公用品，外加投资人偶尔的指导和友情上的关心以缓解编程时的孤独感。"格雷厄姆-利文斯顿"计划也将比天使投资人的分散的"冲动投资"更具有系统性，因为他们有办公室、员工以及标准化的程序。格雷厄姆自己出资10万美元，他之前在软件公司Viaweb的两位联合创始人承诺每人投资5万美元。然后，他在博客上以大红色的标题"夏季创业者项目"直接宣布了这一计划。

格雷厄姆称该项目是对传统大学暑期实习的实验性替代项目。参与者每人将获得6 000美元的投资以维持其项目三个月的运营，格雷厄姆强调说，这笔资金并非暑期实习工作的酬劳，而是一笔投资。此外参与者还将得到实际的指导和情感上的支持。格雷厄姆和利文斯顿的公司YC将时时关注参与者的初创企业，帮他们开设公司银行账户，并就专利申请等提供咨询服务。格雷厄姆和他的几个聪明的朋友会就初创企业的业务提供反馈，每星期会有一次晚宴，以便参与该暑期项目的学生互相熟悉、了解。作为回报，YC将持有其支持的每家微型企业的6%的股权。

起初，格雷厄姆认为这个暑期项目是暂时性的。YC会同时投资几个团队，以便了解哪些有效，哪些无效，但很快他意识到这种集合投资的效率非常高。作为一个团体，成员们可以互相支持，减轻自己和利文斯顿的负担。YC可以一次性地帮助整个初创企业群体，例如邀请一位演讲者共进晚餐，让所有的学生都来听讲；也可以组织一个路演日，让所有创始人向后续投资人进行推介。在他之前，还没有人想到过以这种方式来进行天使投资。①

---

① 在YC成立前，就存在"创业孵化器"。第一家是总部位于加利福尼亚州帕萨迪纳市的思想实验室（Idealab），成立于1996年。它为初创公司提供办公空间、行政支持和其他服务。

2005年4月，格雷厄姆、利文斯顿和Viaweb的两位联合创始人在他们最近收购的一家糖果店里召开会议。那里有5个天窗、明亮的白色墙壁和斑驳的20世纪中期家具，前门被漆成了柿红色。格雷厄姆和他的团队开始进行面试，他们从227份申请中挑选合适的团队，并将其分成了20个小组。在一系列45分钟的面试中，申请团队要进行答辩，而Viaweb的联合创始人罗伯特·莫里斯（Robert Morris）则在面试中"扮黑脸"。格雷厄姆在白板上画了一幅莫里斯的漫画，漫画中的莫里斯眉头紧皱、下唇突出。"这项目没戏！"附带的标题写道。然而，里面有的项目其实很"有戏"。有一个来自斯坦福大学的19岁男孩萨姆·奥尔特曼（Sam Altman），他看起来有着超乎自身年龄的智慧，后来还接替格雷厄姆担任了YC的精神领袖。还有来自弗吉尼亚州的哈夫曼和奥海涅，他们后来放弃了短信订餐项目，转而选择创立了一个名为"红迪网"（Reddit）的新闻网站项目，后者成了YC第一个盈利的项目。最终，总共有8支团队成功入围，YC的录取率为3.5%，与哈佛大学医学院的录取率相当。

在有了足够的钱支付房租和购买比萨、满足基本生活需求后，被选中的创始人便开始了疯狂的工作，他们复制了格雷厄姆在创建Viaweb时所采用的连轴转的工作方式。每个星期二晚上，大家会稍微放松一下。格雷厄姆会亲自下厨，而"暑期学校"的学生们则四处闲逛，比较各自项目的进展，有时喝点柠檬水和薄荷冰茶，这是利文斯顿的特制饮料。尔后，他们会坐在天窗下长桌两侧的长凳上，聆听格雷厄姆邀请的外部演讲者的演说。演讲者会夸大格雷厄姆提出的观点，这是常事。一位访客播放了一张幻灯片，上面的讨论之题是："风险投资：撒旦的无情特使，还是笨拙的强奸犯？"

几年后，当YC在帕洛阿尔托扎根时，格雷厄姆邀请了马克·扎克伯格在斯坦福大学的一个活动上发言。这位演讲老手站起来，表达了新生代的共同信念："年轻人就是更聪明。"

继孙正义的成长型投资、贝托尔斯海姆类型的天使投资和彼得·蒂尔的"甩

手掌柜"模式之后，YC 代表了对传统风险投资的又一个挑战。格雷厄姆在对风险投资现有机构的缺点总结分析后，提出了小额投资的理论，即大额投资对有风险的软件类初创企业有害。他提出了集合投资的想法，并发明了一种简单、不唐突的方式，将计算机科学家变成创业者。格雷厄姆的新投资体系与传统的风险投资不同，在他看来，自己不仅仅是在会见创业者，利用他们的才华，而是在招募年轻的程序员，创造创业精神。

格雷厄姆用编程术语描述了他的"炼金术"：它是对世界经济的一种"黑客攻击"。就像一个黑客在一段代码中看到了一扇灵感迸发的"后门"一样，他研究了人类社会，并意识到只要稍加调整，它就可以更高效地运行。2006 年，他在 YC 成立一年后写道："世界上有成千上万可以创业却没有创业的聪明人。只要在合适的地方施加相对较小的力量，就能让世界上涌现出一批新的创业公司。"这批新的创业公司的出现，不仅会创造额外的财富，还标志着年轻黑客在未来选择上将有更充分的自由。格雷厄姆写道："1986 年我大学毕业时，基本上只有两个选择：找份工作或读研究生。现在出现了第三种选择，那就是创办自己的公司。而这种从两条路到三条路的转变，是那种每隔几代人才会发生一次的重大社会性转变。很难预测它会有多大意义，也许就像工业革命一样重要？"

当然，这种让黑客更加自由的想法并不完全是新奇的。相反，它实际上扩大了风险投资的最初意义。阿瑟·洛克解放了那些在等级制企业中只能束手束脚的人才，而种子投资则让年轻人在加入任何企业之前就可以解放自己。他把这一理念提炼成几句激动人心的话：要为自己工作，抓住自己想法的价值；与其爬梯子，不如自己造一个梯子出来。格雷厄姆欢呼道："20 世纪中期单一的、等级森严的'巨无霸'公司正在被一群小公司所取代。"而且，这样的创新前沿已经被安娜莉·萨克斯尼安认知到了。除了这些，正如格雷厄姆所意识到的，软件业的崛起意味着小型公司将比以往任何时候都多。初创企业网络将独立于传统的公司和市场之间，构成资本主义经济的第三种组织形式。而这也许真的是一个工业革命级别的变化。

格雷厄姆广阔的视野推动着他的投资模式不断发展。在第一次的夏季创业者项目取得成功后，格雷厄姆和利文斯顿将他们的种子投资模式带到了西海岸。他们增加了接收的团队数量，并进行了新的尝试：他们花了更多的资金来支持学生创业，为非营利性组织提供创业援助，在斯坦福大学召开会议，等等。随着夏季创业者项目的推广，数十名模仿者涌现出来，他们有时会对格雷厄姆的投资模式进行巧妙的调整。2006年，一个名为"科技之星"（Techstars）的竞争对手公司在科罗拉多州的博尔德市成立了，几年后它的业务范围就扩展到了波士顿、西雅图和纽约。第二年，奉行格雷厄姆理念的欧洲公司种子营（Seedcamp）在伦敦成立。2018年，YC的"毕业生"丹尼尔·格罗斯（Daniel Gross）以YC合伙人的身份回国，推出了一款名为"先驱者"（Pioneer）的在线创业加速器平台，旨在向远离任何科技中心的发展中国家的创业者推广YC模式。与此同时，一家名为Entrepreneur First（创业者为先）的公司创立，他们招募程序员，以YC的项目模式组织并鼓励这些程序员合伙创业，旨在帮助创业者克服难以找到志同道合伙伴的障碍。很快，由爱丽丝·本廷克（Alice Bentinck）和马特·克利福德（Matt Clifford）这两位魅力十足的年轻英国人所领导的Entrepreneur First在伦敦、柏林、巴黎、新加坡市、香港和班加罗尔都开始生根发芽。

总的来说，以YC为代表的更大范围内的硅谷年轻人起义，都标志着风险投资进入了一个新阶段。一个最初由一般投资人组成，后来由阿克塞尔风格的专家们所组成的行业，现在其行业成员正在分为种子投资人、早期投资人和成长型投资人。与此同时，风险投资人们正在学习"听创始人的"。风险投资人们越来越走向洛克式的自由主义风格，而非瓦伦丁和珀金斯式言传身教的家长式风格。但这样的新想法、新转变其实是有其局限性的，彼得·蒂尔的以帕累托法则为源泉的理论可能被捧得太高了。从基因泰克到思科，已经有很多案例表明，正是风险投资的主动管理推动了被投公司的成功。同样，保罗·格雷厄姆在谈到小型软件公司的投资时，对专横、大手大脚的风险投资人的批评是正确的，因为小型公司管理简单，且所需资金很少。但规模扩大之后，公司仍然会需要指导和更多的资金。

第 9 章　反传统的风险投资模式不断涌现　247

在接下来的几年里，下面这条警告变得尤为重要：一些硅谷的公司会发展得更大，它们将耗资数十亿美元，为数千万消费者服务，这使他们经常需要严格的投资人监督。不过从某种程度上说，多亏了年轻人"起义"所带来的投资文化的转变，事情才未必总是这样发展。

风险投资箴言

- 只有少数真正具有原创性和革命性的初创公司才会成功，那么我们没有任何理由去忽视乃至打压每家创业公司鲜活的个性。

- 风险投资的艺术真谛只是寻找璞玉，而非将其雕琢成器。

- 风险资本应该接受那些叛逆、独特和个性的创始人，越古怪越好。

- 在一个由指数法则统治的领域，拥有一小部分巨额、高潜质的投资比拥有一大堆三心二意的投资有更大的概率取得成功。

- 阿瑟·洛克解放了那些在等级制企业中只能束手束脚的人才，而种子投资则让年轻人在加入任何企业之前就解放自己。

- 风险投资人们正在学习"听创始人的"。风险投资人们越来越走向洛克式的自由主义风格，而非瓦伦丁和珀金斯式言传身教的家长式风格。

T h e　P o w e r　L a w

THE POWER LAW

Inside Silicon Valley's Venture Capital Machine

第 10 章

到中国去，在那里掀起资本新浪潮

The Power Law

> **There are not many great companies in the world, If you're lucky enough to find one, hold on.**
>
> 世界上没有多少伟大的公司，
> 如果你足够幸运地找到了一家，
> 请坚持下去。

Inside Silicon Valley's Venture Capital Machine

2004年底，当马克·扎克伯格和肖恩·帕克还在嘲讽红杉资本业绩的时候，一位身材高大的风险投资人动身到访了上海黄浦江畔的写字楼，他就是加里·瑞斯彻（Gary Rieschel）。瑞斯彻在20世纪80年代曾在日本工作，而后还在疯狂的90年代管理过孙正义的硅谷风险投资基金，他拥有比多数美国技术专家都更广阔的国际视野和对风口更敏锐的嗅觉。在见证了硅谷由繁荣到萧条的转变后，他将注意力转移回了高速发展的亚洲。而就在此刻，从上海的这栋富丽堂皇的写字楼的47层向外望去，他感到一丝震惊。建筑工地遍布全上海，钢筋和玻璃构筑的大楼像雨后春笋一般拔地而起。瑞斯彻从未在世界任何一个地方见过这样的场景。恍惚间他看到黄浦江就像看到了流动的黄金，用财富灌溉着这座城市。

瑞斯彻本来只是携全家到上海旅居半年，但是很快他就决定要留下。他在黄浦江边一栋写字楼里租了一间办公室，并且重新联系了自己的旧识。这其中就包括从斯坦福大学毕业的工程师邝子平，他曾是瑞斯彻在思科的同事，后来回到了自己的祖国发展，现在管理着英特尔旗下的一家投资基金。邝子平同意和瑞斯彻一起创立一只专注于中国市场的风险投资基金，他们把公司命名为启明创投。

2005 年底开始，他们着手从美国的有限合伙人那里筹集资金。

按照标准的硅谷风格，瑞斯彻总是会抓住一切机会与当地的科技界人士交朋友。作为一个擅长社交且平易近人的人，他清楚知道自己在亚洲该如何行事。尽管他不可能真的成为一个当地人，但是一个即将迎来 50 岁生日的"科技老兵"总是有很多经验可以传授给其他人。果然，上海的创业者都非常希望能向他求教，而且这些人的精力之旺盛令人惊讶。瑞斯彻经常在晚饭后还会接到电话，在这座充满活力的城市里的某个地方又有人想要与他见面。"什么时间？"瑞斯彻问道。"现在！"对方急切地回答道。

通常这种时候，瑞斯彻就会开上车，经过无数个正在建造下一个摩天大楼或者扩建地铁的工地，赶赴晚上 10 点的会议。这些会议有时会持续到第二天的凌晨 1 点，与他面谈的创业者来自各行各业，包括硬件、软件、医药和电子商务领域。在中国这样一个 GDP 年均增长 10%、互联网的普及率更是年均扩张 20% 的地方，可以说遍地都是商机。中国当下的普通民众所拥有的电脑、手机以及可支配收入远远超过他们上一辈的想象。"你唯一要做的事情，"瑞斯彻后来说道，"就是大量地投资，然后不断推动它们发展。"

这是一个非凡的时刻，世界各地都有科技集群出现并且发展各异。自从 20 世纪 80 年代硅谷的科技企业超越日本和波士顿的科技企业以来，无数个地区都一直在尝试模仿它，其中大多数是由地方政府或中央政府赞助的。到 20 世纪 90 年代后期，仅美国就有"硅漠"（菲尼克斯）、"硅巷"（纽约）、"硅山"（奥斯汀）和"硅林"（在西雅图和俄勒冈州波特兰）。在美国之外，以色列、印度和英国也做了类似的努力，埃及也建立了"金字塔科技园"，但即使是最成功的硅谷模仿者也无法与硅谷本身相媲美。其中，得益于其传承下来的工匠精神，以及政府对风险投资基金的巧妙支持，以色列凭借其从即时通信到汽车导航软件的各项技术突破，打造出美国以外较为杰出的创新中心。但由于经济规模较小，其创业集群更像是硅谷的附属品而非竞争对手。当一些发明初步成形以后，以色列创业者的第一选择就是去寻求美国的风险投资支持并瞄准美国市场。在此过程中，许多企业甚至将其业务总部转移到了美国西海岸，这非但没有挑战硅谷，反而加强了它在科技领域的统治地位。

瑞斯彻感知到，中国经济腾飞的体量是前所未见的。2005年，他和邝子平创立启明创投时，面向中国市场的风险投资基金的资金规模大约为40亿美元，是美国240亿美元基金规模的1/6。然而当时的他也不一定能预见到，只需要大约10年的时间，这一差距就会消失。到2015年，启明创投已经进行了大约10亿美元的投资并且获利了40亿美元，中国的风险投资市场与美国并驾齐驱，更多的中国风险投资人出现在《福布斯》的全球明星投资人榜单上。美国的科技巨头，例如谷歌、亚马逊、Facebook和苹果，将会面临来自中国竞争者百度、阿里巴巴、腾讯和小米的挑战，其中小米作为中国的智能手机头部制造商更是启明创投众多成功案例中的代表。自从20世纪80年代面临日本的挑战以来，美国风险投资所支持的初创公司将第一次不再确信他们才是世界的主导者。

中国的第一笔风险投资案例在1999年，也就是瑞斯彻到达上海的5年之前。这笔交易大致是洛克给仙童半导体的"八叛将"投资的翻版。就像洛克从哈佛大学到华尔街经纪公司海登斯通的经历一样，他的"精神继任者"、一个说话很快的神童林夏如也是如此。她从哈佛大学毕业后去了摩根士丹利，然后又到了高盛。如同洛克因为海登缺乏对初创公司的兴趣而离职一样，林夏如也与她的华尔街老东家产生了矛盾，最终导致了高盛历史上一次令人尴尬的误判。

作为一名16岁就被哈佛大学录取并跳过大学一年级的华裔美国人，林夏如是一个不折不扣的积极进取的实干家。她是高盛有史以来最年轻的女性合伙人，她的活力和魅力使她成为一名天生的交易撮合者。因为同时具有中西方两种文化背景并且同时会使用中文和英语，她也成了连接这两个不同语言国家的桥梁。20世纪90年代初，高盛将她从摩根士丹利挖来，随后林夏如主导高盛入股了一家中国柴油公司，还为中国建立航空公司并将其私有化提供了咨询服务。在那之后，高盛又把她派到了新加坡，参与亚洲有史以来最大的一笔私有化业务——新加坡电信公司（Singapore Telecom）的私有化。性别歧视并没有使她退缩。相对于硅谷，快速发展的中国商业，其文化是灵活、流动的，不那么像个"男孩俱乐部"。

1999年，林夏如凭借她在高盛的上升势头迈向了全新的方向。那时，中国工程师们为硅谷的IPO热潮而疯狂，他们也渴望创办自己的科技公司。他们有想法，有技术，也有雄心壮志，但是，就像半个世纪前加利福尼亚州的"八叛将"一样，他们缺乏大体量资金的支持。林夏如发现了这个机会，并着手建立了一个专注于中国市场的风险投资机构。很快，相关的商业计划书就摆在了高盛的办公室里。

林夏如开始寻找能将中美双方优势结合起来的方案。她希望借鉴美国的投资方案，由硅谷的律师来起草所有的文件，但是资金将会投给那些中国人所创办的、并将产品销售到中国广阔市场的初创企业。中国早期的门户网站新浪就是一个很好的例子。除此之外，林夏如还投资了另外两家很有前景的门户网站——搜狐和网易。

史上最成功的投资案例与最差的退出时机

有一天，林夏如听说了一家由一个叫马云的英语老师在杭州创办的公司。这个消息是一个华裔加拿大人蔡崇信告诉她的。蔡崇信先后就读于耶鲁大学和耶鲁法学院，当时林夏如正在哈佛大学读书。两人是学生时代在去往中国台湾进行各自暑期实习的飞机上认识的。之后，两个人又都去了纽约的知名企业工作。林夏如去了投资银行，而蔡崇信则入职了老牌知名律师事务所苏利文-克伦威尔（Sullivan & Cromwell）。20世纪90年代中期，蔡崇信跟随林夏如的脚步去往中国香港从事投资行业。现在他决定投资这家在杭州的企业，并且想要林夏如和他一起投资。

一开始，林夏如是持怀疑态度的。她身边有众多想要得到她青睐的创业者。"那些有抱负的首席执行官甚至会来问我，你想投什么方向？"林夏如回忆道，"如果我说想投做内容的公司，他们就会立即调整其创业方向。""但是你对内容行业一无所知。"这种时候林夏如往往会反驳创业者。"请等等！"对方会回答道。仅仅几天之后，这个来寻求投资的人就会拉来一个10个人组成的内容团队，10个人全部来自斯坦福大学。在回绝了蔡崇信之后，林夏如很快收到了一份商业计划书，这份计划书来自一个成功的企业——亚洲资源公司（Asian Sources），项目叫作"中国黄页"。这个项目的核心内容是，美国的大型零售商可以借助亚洲资源公司来对接中国的商品。这家公司现在计划开网站，连员工都还没雇，就要求融资17亿美元。但即便面对这样的天价，高盛也还是考虑要投资。

林夏如突然想起来，这和蔡崇信提到的马云所创立的项目颇为相似。林夏如清楚地知道，当线下零售公司想要把业务搬到线上时，通常会遭到来自公司既得利益群体的阻挠。从这一层面来说初创企业更具有发展优势。意识到了这一点，当蔡崇信再次邀请林夏如去杭州考察马云的项目时，林夏如欣然同意了。几天后，蔡崇信和林夏如来到了马云的公寓。包括马云妻子在内的十几个员工在夜以继日地工作。马云和他的团队显然一门心思在工作上，而马云凭借着他标志性的笑容散发出一种可爱的魅力，这与那些围在林夏如身边不断寻求投资的人迥然不同。那些人为了获得高盛的投资总是随意改变着自己的创业方向，但马云则是执着于自己的商业蓝图，不会轻易听从投资方的建议而做出改变。在和马云喝茶的时候，林夏如对他说高盛愿意投资，但前提是必须得到半数以上的股权。马云反对，他说这个公司就是自己的孩子。两人最终没有达成一致，林夏如让马云再考虑一下自己的投资方案。她指出随着公司资金需求的与日俱增，她投资的杠杆率也会不断增加。马云仍然想要保有多数股权，但是同样急需资金，最终马云选择暂且妥协，承诺给出一半的股权。双方达成了一致，高盛给阿里巴巴投资500万美元。

一个星期后，林夏如给高盛公司纽约办公室的投资委员会打了电话，并说明了她的提案。但纽约方面拒绝通过林夏如的提案，除非她能把投资额度缩减 1/3。就像文洛克创投和史蒂夫·乔布斯达成了 A 轮融资意向但是却转手给了阿瑟·洛克一样，高盛"适当地"放弃了阿里巴巴 17% 的股权，并把这 17% 分包给了另外 4 家投资公司。15 年后，高盛才懊悔地意识到它放弃的究竟是什么。后来，阿里巴巴成功上市，这 170 万美元的投资最终收获了令人震惊的 45 亿美元回报。

1999 年 12 月，马云和他的团队继续筹集资金。高盛在 5 月上市以来一直面临着异乎寻常的严格审查，高盛公司纽约办公室指示林夏如寻找另外的投资人，以更高的价格接手阿里巴巴的股权。

2000 年 1 月，林夏如见到了高盛的亚太区主席马克·施瓦茨（Mark Schwartz），他和孙正义关系很近，也是软银的董事。林夏如描述了自己的困境：她做了一系列对中国初创企业的投资，但是纽约方面并不欣赏。"我投了 7 家公司，你的朋友孙正义能否接手？"她满怀希望地问道。"这里面哪个项目最急？"马克·施瓦茨问她。"阿里巴巴急需资金。"林夏如答道。马克·施瓦茨向孙正义说明了情况：中国市场现在发展得很快，高盛投资的一些初创企业可能需要额外的注资。

很快，孙正义和一些中国科技企业的创业者在北京进行了会面。马云也在其中，孙正义很喜欢他的气质。"他目光如炬。"孙正义事后说道。两人很快达成了投资意向，并且孙正义还建议马云借助资本加速扩张。为了达成最终的协议，孙正义和马云又安排了一次会面，这次是在孙正义位于日本的办公室里。作为主要股东，林夏如也参与了他们的会谈。林夏如提出让软银投资 2 000 万美元以获得阿里巴巴 20% 的股权，这一投资金额将是林夏如和跟投者们三个月前投资额的 10 倍，相对应地，阿里巴巴的估值将达到 1 亿美元。就像投资雅虎时做的那样，孙正义没有犹豫，立刻就答应了下来。

很快孙正义又接连投资了其他几家林夏如投资的公司，但是林夏如依然想不出为什么孙正义如此疯狂。事实上，尽管孙正义看似随意地同意了对阿里巴巴的投资，但通过此前高盛的意向和与马云的两次会面，他做出这样坚定的决定是有理由的。当时作为思科的董事，孙正义清楚地认识到中国的零售业已经开始起飞，互联网的普及也已经箭在弦上，所以对于任何试图以此盈利的项目的投资都是合理的。而林夏如投的那些初创企业正好给了孙正义亲身入场的机会。

孙正义的决定非常及时，他对中国的投资将会重新撑起他因为 2000 年纳斯达克崩盘而缩水的财富。当 2014 年阿里巴巴上市的时候，孙正义的股权价值 580 亿美元，这毫无疑问是风险投资史上最成功的案例，没有之一。

后来，得益于像蔡崇信和吴炯这样世界级人才的加盟，马云把阿里巴巴打造成了一家世界级的公司。阿里巴巴并不是唯一一家因得到风险投资支持而成为中国数字经济支柱的企业。例如，成立于 1998 年的腾讯拿到了 IDG 公司 110 万美元的投资，并在日后成为阿里巴巴的竞争对手；百度也获得了蒂姆·德雷珀管理的基金的支持，并一度被视为中国的三大互联网巨头之一；早期的中国三大门户网站——新浪、搜狐和网易都得到了风险投资的支持；中国在线旅游和网上拍卖领域的先行者——携程网和易趣网也是类似的案例。2004 年，就在蔡崇信加盟阿里巴巴之后，腾讯也通过股权激励的方式招募到了刘炽平成为公司高管。

多年后再次回顾自己当时的经历，林夏如唯一感到遗憾的就是高盛从没有认可她当时对中国互联网行业的投资。高盛不是一家标准的风险投资公司，它对这种规则不明确的投资方式一直持保守态度，也更倾向于支持那些已经展现出竞争优势的公司，比如已经拥有定价权的成熟企业或者是已经有技术专利的年轻公司。很快，高盛在 2001 年就要求林夏如放弃在阿里巴巴的董事席位。当时互联网泡沫已经破裂，高盛希望合伙人们把时间花在稳妥的大项目上，而不是将精力长期投入在风险投资项目上。林夏如表示强烈反对，但高盛没有因此改变态度。林夏如最终选择离开高盛，而高盛则继续卖出自己在阿里巴巴的股权，最终获得了其当年投资额度的 6.8 倍回报。相比其他高倍回报，这一回报几乎可以忽略不计。高盛的急躁、短视使它选择了风险投资史上最差的退出时机之一。与此同时，加里·瑞斯彻即将到达上海，而中国的第二次互联网浪潮就要兴起。

在中国的第一次互联网浪潮中，投资人的背景复杂多元，相比之下，第二次互联网浪潮则是由主流的风险投资人所主导的，这些风险投资人大多常驻中国，在上海创立启明创投的瑞斯彻是他们中的代表人物。不过启明创投也绝非孤例，大约从 2004 年开始，一些大型风险投资机构来到中国招募投资团队，中国的优秀投资人们极受欢迎。

"这样他就没时间去见其他投资人了"

首先值得注意的是一位知名的女性风险投资人，她就是徐新。从南京大学毕业以后，徐新去了中国银行工作。乐观勤勉的她很快成了共青团干部，还利用午休时间教同事们学英语。由于她努力工作所取得的成果，她被授予了"三八红旗手"的荣誉。1992 年，25 岁的徐新申请了梦寐以求的普华永道的审计职位，她花了几个晚上的时间恶补会计知识，并最终得到了那份工作。十几年后，她从普华永道跳槽到一家投资银行，然后又去了一家私募股权公司。在此过程中，她投资了中国互联网初创企业，包括早期的门户网站网易和一家名为"中华英才网"的在线招聘网站。这些经历教会了她如何与年轻的创始人建立联系，雇用和解雇首席执行官，帮助公司建立团队。当中华英才网最终被其竞争对手收购时，徐新因此赚了 5 000 万美元。

2005 年，徐新在上海成立了自己的风险投资基金"今日资本"，并募资 2.8 亿美元。她的计划是只投资力所能及的少量几个项目，大概每年只投资 5～6 笔，但每笔投资的时间要尽可能地长。"世界上没有多少伟大的公司，"她讲道，"如果你足够幸运地找到了一家，请坚持下去。这就是赚钱的方式。"2006 年底，徐新来到北京香格里拉饭店开会。当时是晚上 10 点，这是在中国狂热的商业文化中创业者与风险投资人会面的正常时间。在这里，徐新见到了刘强东。刘强东创建了一家电子商务网站，后来他称这家网站为"京东"。

即使以中国的标准，刘强东看起来也是个工作狂——他的编程技术是自学的，他在星期六早上开管理层会议，他像鹰一样时刻盯着自己的网站，每两分钟就回复一次用户评论。凭借折扣力度和物流速度，刘强东迅速主导了他涉猎的每个产品细分市场。当时，京东的销售额每月增长 10%，按照这个速度，3 年内京东的规模将增长近 30 倍。

在凌晨两点的香格里拉饭店里，徐新下定决心自己不能错过这笔投资，于是她问刘强东需要多少资金。"200 万美元。"刘强东回答道。"不够。"她回应道。为了支撑京东的指数级增长，刘强东显然需要比这多得多的资金。成为世界上最大的线上零售市场的目标正在向他们招手，京东必须在竞争者们进场"肉搏"之前快速获得市场份额。"我会给你 1 000 万美元的资金。"徐新说。刘强东看上去很兴奋，而这正是徐新想要看到的。在美国，年轻人总是批评风险投资挥霍了太多资金，但中国的创业者们面对着巨大的市场机遇，却没有资金可以"挥霍"。

为了锁定这笔独家投资，徐新通知刘强东必须马上和她一起飞往她在上海的办公室签署投资意向书。徐新买了几个小时之后早上 9 点的机票，这样"他就没时间去见其他投资人了"，她后来解释到。略作迟疑之后，徐新给自己买了不那么舒服的经济舱机票，一方面是因为她想和刘强东坐在一起，另一方面她也想以此提醒刘强东要节俭，不要浪费投资人的钱。

由此，徐新的今日资本正式以 1 000 万美元的投资获得了京东 40% 的股权。刘强东借此迅速扩张了京东的产品品类并升级了物流网络，而徐新指导了刘强东如何招募顶级人才，因为随着京东的发展，创始人将不得不把权力下放。起初，刘强东坚持新员工的薪水无论如何都不能超过早期的老员工——长征者必须受到尊重，但徐新还是劝说他接受了一位突破这一薪酬上限的财务主管。很快刘强东就发现高薪引进人才的优势之处。"这个薪资 2 万元的主管的工作成效比薪资 5000 元的高出好多！"他惊叹道，"你能为我多招募一些优秀人才吗？"于是徐新找来了新的零售主管和新的战略负责人。很快，京东开始在重点大学进行校园招聘。

就像阿瑟·洛克为英特尔所做的那样，徐新设计了京东的员工持股计划。她采用了标准的 4 年行权期模式，行权条件是京东达到其商业目标。然而仅仅花了两年，公司就已经达到了目标，徐新很高兴地提前发放了奖金。刘强东召开员工大会并宣布了这个好消息。他告诉员工，他的目标是让每个人都变得富有。他听起来像吉姆·克拉克一样，后者在创办网景公司时解放了马克·安德森和他在伊利诺伊大学的程序员朋友们。

当然，这些财富也流向了徐新，她的公司拥有京东 40% 的股权。得益于京东和其他成功案例，今日资本的净年化回报率达到了 40%；每投资 1 美元，今日资本的投资人就会获得超过 10 美元的回报。毫不意外，徐新依托此业绩，在 2010 年募集了一只 4 亿美元规模的基金，然后又募集了一只 7.5 亿美元规模的长期投资基金。中国的风险投资行业正蓄势待发。

"除非你要成立南鹏投资基金，否则没理由说不"

在关键的 2005 年，也就是创始人基金、YC、启明创投和今日资本成立的那一年，一位名叫沈南鹏的创业者飞往了加利福尼亚州的拉古纳海滩。他要去参加一个金融会议并在会上介绍他参与创立的两家初创企业之一：已在纳斯达克上市的在线旅游公司携程。会议上，他收到了一个朋友的消息：红杉资本的老板迈克尔·莫里茨和道格·莱昂内想见见他。

沈南鹏可以猜到为什么他们想见他。凭借对中美文化的熟悉程度，以及成功的投行工作经历和创业经历，他非常适合帮助红杉资本加入这场在中国的投资热。此前已经有三家中国的风险投资公司试图邀请他加入，红杉资本自然也不例外。

沈南鹏同意延长他的逗留时间并去圣弗朗西斯科待几天。他在集市街的四季酒店见到了莫里茨和莱昂内，随着硅谷的势力范围向北延伸，该酒店正在成为科技界的一个"据点"。红杉资本还邀请了一位名叫张帆的中国风险投资人，他当时正准备从任职的基金跳槽。

4个人聊了一个半小时。他们形成了一个神奇的组合：英裔美国人莫里茨，一位衣冠楚楚的瘦弱绅士；意大利裔美国人莱昂内，身材魁梧健硕；以及两个强势的、有进取心的未来合作伙伴，两人都有美国教育背景和中国护照。

随着谈话的进行，红杉资本的两个老板对这两个到访者越发感到满意。莱昂内曾经为了招募中国团队去过中国七八次，他发现沈南鹏和张帆显然比他见过的其他候选人都要强。并且两人都放弃了投行优厚的工作待遇，转而投身创业和风险投资领域，这意味着他们理解创业中的风险承担是怎么回事。除了与他人联合创立了纳斯达克上市公司携程之外，沈南鹏还帮助创立了一家连锁酒店公司——如家，并且这家公司也计划上市。而另一边，张帆则拥有早期投资百度的傲人战绩。

沈南鹏和张帆都被红杉资本的两个老板打动了。作为一名创业者，沈南鹏亲眼看到了同辈收到那些只懂得向美国总部汇报、在中国工作却对中国一无所知的投资人的投资之后，陷入了一种怎样的窘境。而沈南鹏还没来得及提出这样的担忧，莫里茨和莱昂内就直接宣布，他们的中国合伙人可以独立做决策，不需要事事向美国总部汇报。红杉资本之前有过在以色列的失败经验，他们得到的主要教训就是，加利福尼亚州的老板们绝对不应该去染指千里之外的投资微操，莫里茨称之为"放眼全球，脚踏本地"。人事和投资决策应该交给一线的人。"对方当时开玩笑说，'除非你要成立南鹏投资基金，否则没理由对红杉资本提供的这个工作机会说不。'"沈南鹏事后回忆道。

2005年底，沈南鹏和张帆成为红杉中国的联合领导人。莱昂内向红杉资本的一些有限合伙人推荐了他们，最终他们筹集了1.8亿美元的资金。随后，沈南鹏在携程所在的同一街区租了一个相对较小的办公室。尽管莱昂内和莫里茨承诺让他们的中国团队保持独立性，但是他们也在时刻与沈南鹏和张帆保持着沟通和联系，这一点与红杉资本的其他团队是一样的。他们想要克服文化和距离的阻碍来给予中国的团队一定的指导，从而既能避免从外部过度插手，也能避免全然做甩手掌柜的问题。这两个问题对于国际化的风险投资公司来说都是很棘手的，比如2000年，基准资本的合伙人在伦敦开了一家风险投资公司，就完全交由当地团队管理，总部与分公司完全没有足够的人员流动和有效沟通。结果2007年这个伦敦的分公司就真的独立了，不再向美国总部上缴利润，最终导致基准资本在欧洲的业务数量一夜归零。

相比于前面的例子，莱昂内和莫里茨时刻亲自关注着中国的最新情况，并且中国的合伙人也要时常飞到加利福尼亚州去学习先进的行业管理模式，例如怎样开每星期一的投资会、听取公司路演时应关注什么、怎么做尽职调查。沈南鹏尤其愿意学习这些。

2008年底，张帆离职，红杉资本做好了继续推进在中国布局的准备。就像很多红杉资本系的风险投资人那样，沈南鹏花了5年的时间取得了一些可观的进展，并且情况在2010年进一步改观，这一年红杉中国投资的公司有4家接连在纽约证券交易所上市，而红杉资本更是将其两年一度的投资人大会设在了北京。

红杉资本成功完成了从一家硅谷企业到一家全球企业的飞跃。同时，中国科技领域也正在走向成熟。2010年，专注中国市场的风险投资共筹集了112亿美元，5年内增长了近3倍。募资难度的降低使得中国创业者的梦想越来越远大。阿里巴巴等先驱者已经展现了中国创业公司能达到的高度，而后来的模仿者也发现，中国这个世界上增长最快的经济体提供了无限的机会。随着风险投资公司和创业者网络的日益密集，中国的创新体系正接近其下一个重要的时点——也就是硅谷在1980年左右达到的一个分水岭。

硅谷风险投资行业的早期发展可分为三个阶段，这与中国风险投资行业的发展阶段颇为相似：起初，资本匮乏，风险投资人寥寥无几，创业者们也难以筹集资金；而后，资金流入，风险投资人数量激增，初创企业的数量和雄心都成倍增长；最后，随着初创企业之间的竞争变得激烈且成本高昂，风险投资人们发挥了协调作用。他们促成收购，鼓励兼并，引导企业家进入尚未被淹没的蓝海领域；作为这一融资网络的枢纽，他们造就了一个市场化的商业体系。2015年，中国的风险投资行业将跨越最后一道门槛。

一场可称壮观的合并，造就了一家比 Paypal 大 10 倍的公司

在王兴的故事中，中国的风险投资行业从第二阶段发展到第三阶段的过程得到了集中体现。王兴是美团的创始人，他性格内敛、善于分析、坚定己见，在很多方面都可以说是中国版的马克·扎克伯格。从清华大学毕业后，他赴美攻读计算机工程博士学位，但很快他决定辍学，决心通过创业有所作为。2010年，他注意到了餐饮服务领域的巨大需求，因而转到了这一领域。王兴不是唯一一个发现了团购商机的企业家，但是有了三家创业公司的成功经验，再加上自己本身就拥有很好的教育背景作为敲门砖，王兴对如何既经济又高效地吸引用户有着深刻的认识。所以当红杉中国考虑应该支持谁的时候，王兴自然而然地成了第一选择。沈南鹏最信任的手下，一位名叫孙谦的性格安静的合伙人，承担了向美团抛橄榄枝的任务。

不过孙谦很快就发现，新一代的创业者非常有个性和主见，他甚至很难见到王兴。孙谦拥有哈佛大学的法学博士学位，曾在美国私募股权公司泛大西洋投资集团任职，这样的履历是非常傲人的。但现在，孙谦需要扮演恳求者的角色，他经常在美团北京办公室旁破旧咖啡馆的周围闲逛，希望能与王兴"偶遇"。如果他发现了王兴，就会悄悄地走上前去与他搭话，尽管通常只会得到王兴几个字的回复，但是孙谦毫不气馁，并试图通过与负责美团财务的王兴妻子交谈来接近王兴。后来孙谦与王兴的联合创始人成了朋友，并请他们为他在王兴面前说句好

话。对孙谦而言，这场追逐是一次微妙的心理逻辑挑战。"你必须弄清楚他在想什么，然后让他有兴趣和你交谈，"孙谦回忆道，"我试着谈论一些他不太熟悉的事情，这样我们的聊天才不会显得毫无价值。"不过令人烦恼的是，王兴简直是一本百科全书，很难找到一个他不熟悉且有价值的话题。

"我们对贵公司非常感兴趣，任何时候我们都可以签合同，然后马上汇入资金。"孙谦对王兴的妻子诚恳地说道。最终，王兴"动心"了，签署了一份投资协议，以1 200万美元的投资额出让美团25%的股权。

交易完成后，红杉资本陷入了比当初 X.com 和 Paypal 的"血腥斗争"还要极端的惨烈竞争中。2011年，中国竟然涌现出了5 000多个团购网站——的确，有时候风险资本可能会"解放"太多的创业者。后来发生了一场被称为"千团大战"的竞争，"战斗人员"为了吸引用户，不惜烧钱为用户提供更大的折扣。正如投资人兼作家李开复所评论的那样，风险投资界似乎正在"请全国人民吃饭"。

美团在竞争初期轻而易举地活了下来。大多数竞争者由于资金不足和商业模式不成熟，很快就败下阵来。到2013年，美团的主要竞争对手是大众点评，该公司的创始人张涛曾就读于沃顿商学院，他也从红杉中国拿到了投资。随着"战场"的缩小和竞争的白热化，对红杉中国而言，一个自然的发展方向就是将两家被投公司合并。沈南鹏深知自己需要谨慎行事，他建议王兴与张涛谈谈看，毕竟通过合并来结束这种刀刀见血的"大战"是合理的。一方面，王兴同意试试看，但是他要求自己要掌握合并后公司的控制权。而另一方面，张涛虽然年龄更大，更成熟稳重，但是也绝不意味着他准备好了要"退居二线"。

结果2015年开年，双方就重启了"烧钱大战"。美团重新筹资7亿美元，希望能给竞争对手致命一击。而大众点评也发起了反击，筹资8.5亿美元。一场火星撞地球般的对抗如期而至。最终，两家公司都精疲力竭、现金短缺，只得又转向投资人那里寻求更多的"弹药"，但这次投资人们打退堂鼓了，他们已经为这场竞争付出了太多资金。而更深层次的原因则是，中国风险投资体系内部的变革已在推进。

自红杉资本成功在北京举办投资人大会和王兴成立美团以来的5年里，中国风险投资行业的筹资额再次增长了三倍，达到了320亿美元。随着行业的发展，以沈南鹏为首的行业领军人物已经出现。此外，中国投资人们彼此也开始逐渐了解和熟悉——他们为彼此的公司提供后续融资，思维上也更加同步，同时也制定了一套专业守则，使信任和协调成为可能。2015年2月，中国投资人的日趋成熟集中表现在网约车领域著名的两家打车公司滴滴和快的的合并案上。此前两家公司也是不断烧钱进行价格战，而它们的合并终结了这一局面。

2015年夏天，美团和大众点评都未能筹集更多资金以继续优惠战。美团方面，王兴拜访了沈南鹏并要求他重启合并谈判，而在大众点评方面，投资人们一致要求公司创始人能够接受王兴的提议。

徐新也是大众点评的投资人之一。当两家公司同时面临风险投资枯竭的窘境时，美团联系了徐新，希望从她那里获得资金。"真的吗？"徐新惊叫起来，"我可是你们竞争对手的投资方！"她放下电话，思忖着市场里到底正在发生着什么。她心想：美团为什么打电话来？这家公司现在一定很绝望。徐新于是打电话给刘炽平，刘炽平此前接受了腾讯以股权激励形式进行的招募，现在负责腾讯的创业投资业务，他的成功交易包括投资大众点评并获得了其20%的股权。"你必须扮演白衣骑士，在危急关头给大众点评注资，"徐新在电话中催促刘炽平，"我认为美团可能很难筹集更多资金。我们也很难筹集更多资金。现实情况是合则两利、斗则俱伤。"事实上，刘炽平的想法与徐新不谋而合。刘炽平承诺，如果大众点评与美团合并，腾讯就将向大众点评投资10亿美元。

由于投资人选择支持一种去竞争化的模式，企业的合并成了顺应时势之选。可以说，中国的风险投资现在就在扮演着协调者的角色。2015年9月19日，沈南鹏和刘炽平在香港 W 酒店招待了王兴和张涛。午饭后，他们移步楼上的一间套房。沈南鹏和刘炽平致开幕词，强调了合并的逻辑规则和两家公司之间的协同作用。对这两位不同公司的创始人来说，合并的确会是一个痛苦的决定，但沈南鹏和刘炽平向他们保证这个痛苦会是值得的。作为中国数字经济领域值得信赖的资深专家，他们承诺将尽力使合并对双方都公平。确定了会谈方向后，投资专家们站到一边，让王兴和张涛亲自讨论细节。每一个细节的进展都罗列在白板上：从公司结构到品牌名称，再到谁将在合并后的公司中起决定作用。但既然腾讯和红杉资本都已经亲自出面，会谈的结果肯定是毫无疑问的。晚上 7 点 07 分，双方就合并的大致框架达成了一致。

会谈甫一结束，沈南鹏就匆匆离开，前往堤道商业区对面置地广场的一家比萨店。他的妻子不在香港，他早已约好要和两个女儿吃饭，但他要迟到了。"很不幸，这就是做生意。"他到达时对两个女儿表示歉意。

大约一个星期后，沈南鹏到澳大利亚的度假胜地出席刘强东的婚礼。戴着黑色领带的他显得十分优雅，但很快他就离开了。与合并谈判那天不同，他要从一个社交活动赶往下一个商业活动。在离开婚宴时，他找到了刘炽平和包凡，后者曾是摩根士丹利的员工，被安排接手推进美团和大众点评合并项目的进一步落地。这三人仍然穿着参加婚礼的衣服，继续在两家公司合并案中发挥风险投资人的协调作用。他们仔细检查了合并计划中所有的关键点并一一核对。"婚礼三人组"都希望促成这笔交易。如果美团和大众点评自己无法找到双方的平衡点，那么婚礼上的这三个男人会引导他们找到答案。

最终，沈南鹏经过在澳大利亚的一系列运筹帷幄，总算如愿以偿——10 月 11 日，美团和大众点评宣布合并为一家提供外卖、电影票和其他本地服务的大型供应商。正如沈南鹏和刘炽平所预言的那样，合并后的公司远比两家公司陷于无尽消耗战时更有价值，合并公司在 2016 年 1 月的高额筹资便说明了一切，其总价值比合并前高出了 50 亿美元。在 W 酒店开始的这一切所带来的"大奖"，恐怕连沙丘路的风险投资人都要嫉妒了。

至此,一个由中国的投资人、中国的创业者和中国的投行人组成的团体促成了一场可称壮观的合并,造就了一家比 Paypal 当初被出售给 eBay 时规模大 10 倍的公司。沈南鹏正进入人生中一个新的时期,他将连续三年加冕为世界第一风险投资人。而就王兴而言,他从亿万富翁成长为顶级富豪,他的公司成为红杉资本有史以来最赚钱的项目,甚至超过了谷歌。到 2019 年,红杉资本系又迎来了新"冠军",即另一家中国企业字节跳动,它是一款广受欢迎的短视频应用程序抖音的运营商。

2016 年夏天某日,加里·瑞斯彻正在上海打点行装。他当年知道什么时候该来到中国,而现在,他知道是时候离开了。一个美国的局外人已经不能为中国的风险投资业做什么了。

> - 单次风险投资押注就能主导整个投资组合，这不仅仅是一种巧合，更是自然法则。事实上，这是风险投资人必须遵守的铁律。
>
> - 当初创企业之间的竞争变得激烈且成本高昂时，合则两利，斗则两伤。合并后的公司远比两家陷于无尽消耗战的竞争对手来得更有价值。
>
> - 只投资力所能及的少量几个项目，但每笔投资的时间要尽可能地长。
>
> The Power Law

THE POWER LAW

Inside Silicon Valley's Venture Capital Machine

第 11 章

Facebook 搅动投资风云

T h e   P o w e r   L a w

Venture capital is a team sport, and a dysfunctional team loses.

风险投资是一项团队运动，
运作失调的团队就会是输家。

Inside Silicon Valley's Venture Capital Machine

风险投资行业在苦苦挣扎

21世纪的前几年，20世纪90年代科技泡沫破灭的阴影还未消散。一位名叫凯文·埃法西（Kevin Efrusy）的创业者加入了阿克塞尔，这似乎是一个疯狂的决定。当时，整个风险投资行业都在苦苦挣扎，阿克塞尔也不例外，但该公司的高级合伙人们最终还是说服了埃法西加入进来。埃法西拥有斯坦福大学的工程学和商科学位，也有过不止一次的创业经历，但要成为一名成熟的风险投资人，他还需要5年的成长时间。阿克塞尔的合伙人称，如果他现在就开始积累经验，随着未来科技市场复苏，他将迎来自己的发展风口。

埃法西相信了合伙人们的说法。"在某种意义上，我其实别无选择，"他后来说，"我那时已经30岁了，妻子正怀孕。"不过尽管阿克塞尔业绩不佳，好运还是很快就降临在了埃法西身上。阿克塞尔的领导层，包括已经头发花白的老一代创始人阿瑟·帕特森和吉姆·斯沃茨，正在认真考虑入局长期投资。这对埃法西这样的年轻员工来说是个好消息，因为这意味着他们可以不再只是当资深投资人的助理，而是能够发挥自己的能力进行大额的风险投资。

从参加阿克塞尔第一次会议的那天起，埃法西就被要求参与决策。他可以提交投资提案，如果提案得到了支持，投资就真的会实现。他也可以投票反对其他人的提案，即便不是他关注的行业，他也被要求要表达观点。不仅如此，阿克塞尔甚至要求他直截了当地给出"是或否"的意见，并对自己的意见负责。"我们业内有一句话，'如果你被当作分析师一样对待，你就会像分析师一样行事。'"埃法西后来解释道。分析师可以只是阐述争论双方的观点，但阐述别人的观点并不等同于表明自己的立场，这种差异导致了风险投资人与非投资人之间的心理鸿沟。任何风险投资其实都是站在杂乱信息之上的"惊险一跃"，最终得出一个非黑即白的"是或否"的决定。归根结底，你要面对这样一个现实，那就是你会经常犯错。而在犯错之后，你又必须在下一次的合伙人会议上克服"玻璃心"，打起精神，乐观面对依然未知的未来并为之下新的赌注。

2003 年 10 月，埃法西任职几个月后，阿克塞尔开展了一次"思维准备"实践训练。投资团队聚集在圣弗朗西斯科金门大桥对面的高档场地野草莓酒店（Casa Madrona），它位于美丽的索萨利托小镇。因为下午在索萨利托会举办山地自行车比赛，所以一个房间还被安排用来存放阿克塞尔的两名最热衷于骑行的年轻人的自行车。但开展这次训练的真正原因是阿克塞尔在那一年截至当天只完成了 4 笔交易，交易数量明显少于大多数的竞争对手。会议播放的幻灯片上列出了其他头部风险投资公司在软件领域或互联网领域进行的 62 项投资。幻灯片上面还写着一些醒目的标语："有所了解但项目跟丢了？"或者"有所了解但没有对其进行评估？"，这意味着尽管阿克塞尔的投资人们了解到了这些优质的投资机会，但没能最终实现投资。而同时，这样的梳理还揭示出一种新型在线业务的特殊前景。如果说 web 1.0 时代的主题是零售（如亚马逊、eBay），那么 web 2.0 时代的主题则是以网络为媒介的沟通交流。"在 web 2.0 时代，围绕社交网络的投资热潮，阿克塞尔可能已经错过了机会。"一张幻灯片上这样写道。

在认识到 web 2.0 是一个风口后，合伙人们鼓励埃法西和团队的其他年轻成员去紧跟这个热点。按照阿克塞尔创始人的想法，公司可以一方面通过挑选一条有前途的赛道来降低风险，另一方面通过向年轻成员放权来拥抱风险。吉姆·斯沃茨后来说："如果你确保了年轻的投资人正在一片'肥沃的土地'上工作，那么让他们放开手脚去做就容易多了。"随着任务的明确，埃法西开始四处寻找项目目标。首先让他感到兴奋的是一家互联网通信软件初创企业讯佳普，该公司的产品能大幅降低长途电话成本，实实在在地为人们省钱。

得知阿克塞尔在伦敦的团队也在跟踪分析讯佳普，埃法西通过视频电话向伦敦总部的合伙人布鲁斯·戈尔登（Bruce Golden）介绍了这家初创企业的瑞典籍创始人。由于地理位置接近，戈尔登现在成了阿克塞尔向讯佳普寻求投资机会的关键人物。埃法西仍然参与其中，并坐镇加州支持伦敦方面的工作。而吉姆·斯沃茨则负责两个团队间的沟通协调，每个月都在伦敦和加利福尼亚州之间两头跑，来确保两边的团队能最高效地协作。

讯佳普在产品上的创新以及其产品"爆炸式"的流行给布鲁斯·戈尔登留下了深刻印象。但他很快就明白，讯佳普将是一次具有挑战性的投资。正如他在投资报告中所写的那样，这个项目的情况比以往任何时候都更错综复杂，原因在于：首先，阿克塞尔习惯于支持那些可靠的、履历干净的创业者，但讯佳普的创始人则被娱乐行业以侵犯在线音乐版权为由起诉；其次，阿克塞尔青睐那些致力于开发知识产权以巩固其市场领先地位的初创企业，但令人担忧的是，讯佳普的知识产权是从别的公司买的授权，而非真正拥有知识产权；最后，讯佳普的创始人在谈判中表现得冷酷无情、变化无常。"我觉得自己被人耍了，"戈尔登后来说，"与我们合作看起来对他们来说意义并不大。"因此他们最终放弃了投资。令人意外的是，"讯佳普在我们看来太奇怪了，"埃法西回忆道，"我们决定不投资它了。结果之后这家公司的估值开始'起飞'，它的价值不断增长，每个月都在增长。"

随着讯佳普估值的飙升，阿克塞尔的合伙人意识到了他们所犯的错误有多严重。在风险投资中，项目"死掉"顶多会让你损失掉你所投入的本金，但是错过一个可以带来100倍回报的项目则要痛苦得多。"有一些同事开玩笑说，我们当初就应该把讯佳普的人锁在一个房间里，不签合同就不让走，"戈尔登回忆道，"当时团队中弥漫着挫败感。"这种感觉，也许埃法西也记得。但好消息是，阿克塞尔独特的企业文化为它提供了一种从错误中吸取教训的方式，这种方式恰恰建立在从索萨利托开始的"思维准备"训练之上。

这一训练的起点是帮助阿克塞尔团队思考如何才能在 web 2.0 时代达成交易。讯佳普并不是阿克塞尔团队在社交媒体领域唯一错过的投资机会。阿克塞尔还向名为 Tickle（蒂克尔）的测验工具开发公司和名为 Flickr（弗利克）的照片分享网站发出了投资意向。与投资讯佳普一样，阿克塞尔又开始对两家公司的前景感到担忧，并且又在投资竞标中输给了竞争对手。利用"思维准备"训练，埃法西和同事们复盘总结出了两点教训：第一，阿克塞尔必须去接触那些不那么"令人安心"的创业者。经验表明，消费类互联网公司往往是由离经叛道的人物创办的，比如雅虎和 eBay 就是由业余爱好者创办的。第二，关于消费类互联网公司的一个好消息是，你可以越过创业者来直接分析公司业务增长的数据。如果阿克塞尔再遇到一家每天都会有用户多次访问的互联网产品，那么无论发生什么，都应该投资它。**在一个指数法则的世界里，错过机会的隐形成本远远大于以损失投资本金为代价的风险成本**。作为讯佳普交易最坚定的支持者之一，埃法西可以看到合伙人的思维已经逐渐发生了变化，阿克塞尔不会再在面对下一个像讯佳普一样的投资机会时少见多怪了。埃法西后来回忆道："当我第一次来到阿克塞尔时，我以为所谓的'思维准备'训练是胡说八道，但事实显然不是这样。"

2004 年夏天，埃法西和妻子的家人在芝加哥度假。一位朋友打电话给他，向他介绍了一家名叫"聚友网"（Myspace）的初创企业的情况。聚友网是一个新型的通信平台，一种另类的社交网络产品，它正在与该领域一家名为"交友网络"（Friendster）的先驱产品竞争，后者由凯鹏华盈和基准资本投资。引起埃法西兴趣的是这两家竞争公司之间的差异。聚友网避开了困扰大多数社交网络产品的问题，即随着更多人加入，最初的网络社交氛围会逐渐淡化，早期用户会变得越来越不满。

"看看聚友网，"埃法西的朋友说，"他们的用户定位做得更好。"正如事先准备好的思维训练让阿克塞尔开始关注病毒式增长的互联网初创企业一样，埃法西的研究也让他真正发现了一个新机会。因此，尽管交友网络当时一直是社交网络领域的典范，但它所存在的问题表明，这个业务概念本身就拥有局限性。"而聚友网则给我一种感觉，那就是它会与众不同。"埃法西后来说道。

Facebook 爆炸式流行

2004年12月，埃法西联系了斯坦福大学的研究生钱智华。钱智华当时在阿克塞尔兼职，主要工作是帮助阿克塞尔注意有哪些初创企业的产品在校园里大受欢迎，他提到了一家叫作 Facebook 的企业。于是埃法西找来了一位斯坦福大学校友的电子邮件地址，利用这个电子邮件登录，他就能够访问钱智华提到的这个网站。在埃法西看来，这个加入"门槛"本身就是一个充满希望的迹象。通过限制斯坦福大学的用户以外的人访问网站，Facebook 解决了交友网络面临的有不受欢迎的访客自由加入的问题，这相当于给俱乐部安装一个会员识别系统。

登录后，埃法西看到该网站被贴上了"Facebook Stanford"（脸书·斯坦福）的标签，这令他印象深刻。因为这代表着该网站不只是一个被称为"Facebook"的普通的社交网站，或是在世界范围内运营的社交网站。它承诺建立一个定制的社区，这会让斯坦福的学生们有一种加入自己人群体的感觉，他们会觉得这就是他们自己的俱乐部。

埃法西决定与这项"精明的生意"背后的团队会面。但不巧，Facebook 的老板马克·扎克伯格和肖恩·帕克刚刚嘲弄了红杉资本。正如其睡衣恶作剧所显示的那样，扎克伯格和帕克最喜欢的就是冷落著名的风险投资人。

埃法西用尽了所有常规的方式来试图越过这个障碍。通过一个曾经去 Facebook 面试过的朋友的帮助，他得到了和帕克进行电话交谈的机会，但是又被帕克爽约了。接下来，埃法西发现他的另一个朋友马特·科尔勒（Matt Cohler）最近开始为帕克工作，他想通过科尔勒和帕克认识一下，但帕克对此不感兴趣，再次拒绝了。

2005年初，埃法西从一位同事那里听说，Facebook已经开始与其他投资人对话。他深吸了一口气，又发了一封电子邮件给帕克，不过邮件再次石沉大海。埃法西只好又给帕克打了个电话，但帕克甚至没有回复他的语音留言。

埃法西于是又找了第三个门路。他得知领英的创始人里德·霍夫曼投资了Facebook，而一位名叫彼得·芬顿（Peter Fenton）的阿克塞尔合伙人与霍夫曼关系密切。埃法西请芬顿帮他，但又"撞了南墙"，Facebook的老板们依旧不愿意和他见面，不过这一次的拒绝好歹有了理由。霍夫曼向芬顿解释说，帕克和扎克伯格认为，风险投资人永远不会理解他们的公司，也开不出一个合适的价格。霍夫曼还提到，Facebook已经收到了来自企业投资人的高报价，他说："你们不会匹配他们的报价，这不值得埃法西再花时间。"他的潜台词好像在说，不与Facebook的老板们见面才是最符合阿克塞尔利益的做法。

芬顿把消息转达给了埃法西。埃法西坚持说："这值得我花时间！我愿意为此付出自己的时间。"于是，芬顿又打电话给霍夫曼，并转述了埃法西的话。在传达了Facebook拒绝的理由后，霍夫曼觉得可以为埃法西提供一些帮助，如果阿克塞尔承诺认真对待Facebook，不做出侮辱性的低报价，那么霍夫曼可以安排他与帕克进行一次会面。然而即使在这之后，会面也没有达成。霍夫曼尽了最大努力，但帕克就是避而不见。

2005年的愚人节，埃法西终于厌倦了等待。他发出的电子邮件收不到回复，帕克的电话也打不通，他已经多路并进，但是依然一无所获。他只好使出了杀手锏，决心当一名"不速之客"——不管有没有预约，他都要直接亲自去Facebook的公司总部。

那是一个星期五的下午，埃法西问另一位 30 多岁的同事是否愿意陪他前去，毕竟两位阿克塞尔投资人的到访会比埃法西自己一个人去给人留下更深刻的印象。并且，如果埃法西打算把这笔交易转手他人，他也好有个盟友。不巧，埃法西的年轻同事正忙，无法赴约，但恰巧在公司大楼里的联合创始人阿瑟·帕特森愿意陪他一同前往。埃法西认为，这正体现了阿克塞尔崇尚合作的企业文化。

埃法西和帕特森沿着帕洛阿尔托的大学路走过了 4 个街区。33 岁的埃法西身材高大、头发稀疏、脸颊饱满、体格健壮；而 60 岁的帕特森则身材苗条，钢丝般的头发梳得整整齐齐。两人到达爱默生街的 Facebook 办公室后，登上了一段刚喷上涂鸦的长楼梯，楼梯顶部是一幅骑着大狗的女人的巨大图画。阁楼空间里摆放的宜家家具只是简单组装的半成品，就像一张巨大的拼图，已经让人完全放弃了将其组装完毕的想法。半空的酒瓶散落在地板上，这是科尔勒刚过去的 28 岁生日的证明。

科尔勒本人状态不佳，他正在为组装家具费心费力，还刮破了自己的牛仔裤，他的左裤腿敞开着，甚至可以看到里面穿的短裤。在看到两位来访的投资人后，科尔勒对埃法西喊道："嘿，凯文。"尽管埃法西一直希望见到肖恩·帕克和马克·扎克伯格，但他被告知两人可能是生病了，今天都不在，于是埃法西和帕特森只得和衣衫不整的科尔勒坐了下来。

即使一副衣衫不整的形象，科尔勒也给人留下了深刻印象。他滔滔不绝地讲述了 Facebook 是如何增长的，并且介绍了每天活跃在 Facebook 网站上的用户数量以及这些用户花在网站上的时间。帕特森在早期曾做过传媒公司方面的研究，相对于他记忆中的那些传统产品，Facebook 的用户参与度确实令人震惊。此外，这次面谈的所有内容都在过去两年"思维准备"训练的"射程范围"内。Facebook 的创始人是离经叛道、难以捉摸的，他们的办公室的壁画简直可称得上不雅。但如果你不管他们那些行为，而把注意力集中在他们的数据上，那么 Facebook 无疑是一个不容错过的机会。

过了一会，帕克和扎克伯格在楼梯顶部出现了，他们完全没有生病，正在嚼着墨西哥煎饼。埃法西知道他们对风险投资的问题很不耐烦，因此没有问任何问题。他向帕克和扎克伯格保证，自己明白 Facebook 可以创造多么大的价值，先发制人地消除了他们的疑虑。"星期一来参加我们的合伙人会议吧，我保证我们会在当天就达成投资意向，如果没有达成我就再也不来打扰了。"埃法西坚定地说。

帕克同意第二天晚上和埃法西一起喝杯啤酒。在回阿克塞尔办公室的路上，帕特森拍了拍埃法西的背，他表示，他们所做的"思维准备"训练终于取得了成效。"我们必须这样做。"他欣喜若狂。

在第二天差不多该吃午饭的时候，埃法西去了斯坦福大学。他随意拦住路过的学生，询问他们是否知道 Facebook。"我根本都无心学习了，对这个软件上瘾了。"一个人回答。"我天天都在围着它转。"另一个人说。埃法西又联系到了匹兹堡杜肯大学的一名大二学生，这名学生告诉他："Facebook 是 10 月 23 日向杜肯大学开放的。""你竟然知道这么准确的日期？"埃法西问道。"当然。"她回答说，几个月以来，杜肯大学的学生们就一直期待着 Facebook 的开放，她和朋友们都迫不及待地想试试。

埃法西和妻子聊了聊，他说自己从未见过这么汹涌澎湃的产品需求。"我必须投资这家公司。"他下定决心。

专家型投资人躬身入局

当天晚上，埃法西在斯坦福大学附近一个嘈杂的学生聚会上见到了帕克。帕克重申，Facebook 非常有价值，而阿克塞尔是不会提供符合他们期望的估值的，他对此十分确信。埃法西猜想，他是真的确信这一点，还是只是想自抬身价？但不管怎样，帕克无疑是在抓住机会享受着嘲弄风险投资人的感觉。埃法西请求帕克给他一个机会，让他们看看阿克塞尔到底能给出多高的报价，而帕克唯一要做的就是和扎克伯格一起参加星期一的合伙人会议。星期一上午，阿克塞尔团队在会议室集合，等待着帕克和扎克伯格的到来。"他们会来吗？"一名团队成员对此颇为担忧。不过在上午10点时，他们还真的来了。

如果阿克塞尔仍然坚持其传统的投资逻辑，那么这次会议无疑会失败。像穿着睡衣出席红杉资本会议一样，最重要的来访者马克·扎克伯格穿着短裤和阿迪达斯凉拖鞋便出席了会议，在整个会议过程中，他也几乎没说什么话。当被劝说介绍一下自己的背景和对公司的愿景时，他仅仅花了两分钟就敷衍了事。所以现在的情况是，阿克塞尔的合伙人被要求投资一名20岁、根本不愿意搭理他们的年轻人。但多亏了事前的"思维准备"训练，团队并没有被吓倒。"我们已经决定，与像扎克伯格这样离经叛道的人物合作并非完全不可能。"埃法西后来回忆道，"事实上，合作反倒很有可能成功。"

肖恩·帕克和马特·科尔勒身穿运动夹克配内搭T恤，倒还显得稍微正式一点，他们随后的陈述也消除了人们对扎克伯格行为方式的疑虑。他们详细介绍了Facebook是如何高效地在一个接一个的美国校园里迅速传播的：多所大学都想要他们提供产品服务，为了能加快自己通过审核的进度，学校还会提供自己学生的电子邮件、运动队和俱乐部信息、班级名单及其他信息。这样一来，Facebook甫一上线，就能在每个校园"俘获"一大批学生用户，立即达到广泛传播的效果。此外，尽管社区中的学生人数在不断增加，但Facebook的境遇却与交友网络面临的难题完全相反。因为多数的大学生在其他大学都有高中同学，所以当这些大学加入Facebook社群时，早期用户的忠诚度反而更高了。换言之，Facebook并未遇到用户数量和用户参与度之间成反比的困境。

会议结束时，阿克塞尔方面达成了完全一致的共识。没有人在意扎克伯格的沉默，没有人在意Facebook办公室里的不雅装饰，也没有人担心红杉资本的老板迈克尔·莫里茨和道格·莱昂内曾警告阿克塞尔提防帕克，相反，阿克塞尔唯一看重的就是该产品的爆炸式流行。至于还未满21岁的扎克伯格而言，他的年轻只会使他显得更真实。

不过，真正的问题其实是如何才能让Facebook接受阿克塞尔的投资。阿克塞尔知道自己面对的对手是一家企业投资方，并且很可能是一家大型传媒公司。帕克透露了竞争对手提供的条件：6 000万美元的交易前估值（即不算入新投入资本的价值）。经过深思熟虑后，阿克塞尔以同样6 000万美元的估值向Facebook表达投资意向，但要求比其他投资人投的额度都更高。当晚，科尔勒回复了阿克塞尔一封电子邮件："谢谢，但不用了。"显然，竞争对手的出价是真的。到了这个时候，阿克塞尔的执行合伙人、业界"交际花"吉姆·布雷耶（Jim Breyer）已经查明，这个出价几乎肯定是来自华盛顿邮报公司。

第二天，阿克塞尔团队重新考虑如何提加报价。那天下午，埃法西和两名同事沿大学路一路走到Facebook办公室，当时Facebook团队正在开会。他甩出了一个新报价：7 000万美元的交易前估值，并且，阿克塞尔还计划后续再向Facebook投资1 000万美元，使其总估值达到8 000万美元。这一次，帕克终于被打动了。"好吧，这是值得考虑的。"他承认。

现在，阿克塞尔的出价已经超过了其竞争对手，但麻烦的是，扎克伯格已经与华盛顿邮报公司达成了口头协议，因为他相信该公司首席执行官唐·格雷厄姆（Don Graham）不会干涉他对Facebook的领导。帕克的遭遇使他相信硅谷的风险投资人都是坏蛋，所以他认为也许最好还是跟定华盛顿邮报公司，哪怕接受一个更低的估值。

当天晚上，阿克塞尔在一家名叫"乡村酒吧"的餐厅为扎克伯格和他的团队准备了一个小型晚宴。虽然名字很"乡村"，但这其实是一家米其林星级餐厅。在晚宴上，大家讨论了Facebook的增长战略，阿克塞尔的两名"东道主"埃法西和执行合伙人吉姆·布雷耶试图诱使扎克伯格加入谈话。尤其是布雷耶，星期一的会议之后，他和扎克伯格建立了私人联系，这位年轻的创始人似乎对布雷耶金色的名片盒及温和且自信的气质印象深刻。但此刻，扎克伯格却对布雷耶置若罔闻，他沉默了一会，然后转而自言自语，仿佛全神贯注于内心的对话。不一会儿，他起身去了洗手间，消失了很长一段时间。

马特·科尔勒去找他，发现他正盘腿坐在男厕所的地板上哭泣。"我不能这么做。我都答应人家了！"扎克伯格抽泣着，他欣赏吉姆·布雷耶，但接受布雷耶的投资却让他很为难，因为对华盛顿邮报公司的唐·格雷厄姆做出这么绝情的事情是他无法忍受的。"你为什么不打电话给唐，问问他是怎么想的？"科尔勒建议道。

扎克伯格渐渐镇定下来，然后回到了桌上。第二天早上，他与唐·格雷厄姆取得了联系，说出了他得到了更高报价的消息。尽管他尊重唐·格雷厄姆，但他意识到布雷耶在帮助初创企业成为明星企业方面有更多经验。他也知道帕克对风险投资的敌意，但他还是对阿克塞尔心存赞许，因为他们愿意用大笔资金支持自己的信念。

唐·格雷厄姆不准备卷入竞购战，他的朋友兼导师沃伦·巴菲特曾向他传授价值投资的原则，这使他对硅谷推崇的指数法则持怀疑态度。他没有向扎克伯格提出更高的估值，而是采取了心理攻势。"你知道拿他们的钱和拿我们的钱是不同的，对吗？"唐·格雷厄姆问，"我们是不会去教你如何管理公司的。"

考虑到硅谷的年轻人反叛风潮，唐·格雷厄姆的心理攻势本来是很有可能成功的。因为就在一个月前，YC 创始人保罗·格雷厄姆还在用他那"糟糕的风险投资"理论谴责风险投资人给年轻企业家投入了过多资金。此外，彼得·蒂尔曾以天使投资人的身份投资 Facebook，并担任其董事会成员，他也强调创始人应该保留对自己公司的控制权，而不是与风险投资人分享治理权。但即使在这种大环境下，唐·格雷厄姆的心理攻势居然还是失败了。在睡衣恶作剧等一系列对风险投资公司特立独行的试探后，扎克伯格仔细考虑了与风险投资公司打交道的结果，最终由衷地接受了阿克塞尔的投资。

眼见木已成舟，唐·格雷厄姆也不失优雅地将扎克伯格从道德困境中解救了出来，他祝扎克伯克和阿克塞尔合作顺利。至此，Facebook 的发展道路已经确定。

对肖恩·帕克来说，阿克塞尔和 Facebook 的交易带来了两种后果。从积极的一面来看，这巩固了他作为谈判高手的声誉。他巧妙地"玩弄"着这些风险投资"追求者"，并在谈判的最后阶段获得了一系列额外的胜利，让扎克伯格拥有了更多的财富，同时保有了对自己公司的控制权。但几个月后，故事的结尾还是波澜再起。2005 年 9 月，在 Facebook 去掉原本名称中的"The"后不久，阿克塞尔就将帕克从 Facebook 开除了，原因是帕克像当年在普莱克索时一样，又一次做出了古怪行为，又一次触犯了法律。他因在一栋海滨别墅内藏有违禁品而被捕，当时他正与几个朋友聚会，其中甚至包括一名未成年女孩，她是帕克在 Facebook 的助手。此前，阿克塞尔可以忽略 Facebook 办公室里露骨的壁画，但现在，他们认定帕克真的越界了。曾在 Facebook 董事会占有一席之地的阿克塞尔执行合伙人吉姆·布雷耶抓住这一负面事件，要求帕克离开公司。尽管扎克伯格希望他们能原谅自己的朋友，但布雷耶还是坚持要帮助 Facebook 消除公司内部的"腐化分子"。与在普莱克索的结局一样，帕克被迫放弃了一半的期权，要知道 5 年后，这些期权将价值约 5 亿美元。

对于风险投资行业而言，Facebook 的交易表明，传统的风险投资人其实是可以应对年轻人的反叛的。风险投资可以网罗斯坦福大学的研究生们，可以培养一个 30 多岁的投资人并赋予其权力，也可以利用 40 多岁的执行合伙人的处事经验和人脉，甚至可以依靠 60 岁创始人的投资嗅觉，以做出好的判断。2012 年 Facebook 上市时，阿克塞尔获得了超过 120 亿美元的惊人收益。由于容忍了年轻人的傲气，这一合作关系得到了充分的回报。

但 Facebook 事件也表明，至少就目前而言，风险投资人的忍耐也是有限度的。对于像帕克这种一方面把风险投资人描绘成恶棍，而另一方面自己却因违法被警察抓捕的"不守规矩者"，风险投资人有能力维护自己的权威。不过，10 年后，正如我们即将看到的，这种惩罚和限制的能力将逐渐减弱。

"古老的魔法"不再重演

如果说阿克塞尔具备了面向 21 世纪的成功条件，那么凯鹏华盈的故事则表明，成功不是理所当然的。在 20 世纪 80 年代和 90 年代，凯鹏华盈一直是绝对意义上的头部风险投资公司，其投资组合公司的市值据说占整个互联网行业总市值的 1/3。然而，到 2015 年左右，在经过一系列平庸的投资之后，凯鹏华盈终于从榜首"退位"了。

凯鹏华盈排名的下滑尤其引人注目，是因为风险投资行业的业绩具有路径依赖性：当他们投资的初创企业获得成功时，这会让风险投资公司获得声誉，同时又让他们在投资下一批潜在赢家的竞争中占据优势。有时，面对知名的投资机构，创业者甚至会自降身价，因为他们很看重知名投资人的认可。这种声誉和绩效相互促进的自我强化优势，会引发一个微妙的问题：风险投资真的有真功夫可言，还是表现最好的人其实都只是活在过去的"荣誉簿"上？凯鹏华盈的故事展现了学术研究中已经证明的一个事实：声誉的确很重要，但它不能保证永远的成功。每一代人都必须获得自己的成功。

凯鹏华盈排名的下滑通常被归因于一次极其糟糕的投资。从 2004 年开始，这家公司开始追求拥有所谓"清洁技术"的初创企业，从太阳能到生物燃料再到电动汽车，他们将赌注押在有助于应对气候变化的技术上。2008 年，凯鹏华盈将投资资金翻倍，专门又为清洁技术领域设立了一个拥有 10 亿美元资金的成长型基金，事后证明这完全是理想主义者的一厢情愿。凯鹏华盈的主要合伙人约翰·杜尔公开承诺过，要为拯救地球生态出一份力。他毫不掩饰自己的情绪，在谈论这一话题时,他喜欢引用十几岁的女儿玛丽的话:"爸爸,你们这一代人制造了这个问题,你们最好去解决它。"与此同时,杜尔坚持认为绿色发展会带来经济效益,他提醒人们,能源交易将是一项市场规模达到6万亿美元量级的业务。2007年,他说道:"记得互联网吗?我告诉你,清洁技术的市场比互联网的市场还要大。"

无论清洁技术在现实生活中的重要性如何,它对风险投资人来说其实都是一个艰难的领域,并且杜尔所一直提及的市场规模,实际上和其盈利性也是两码事。从事开发风能、生物燃料或太阳能电池板的初创企业是资本密集型企业,巨额亏损的风险本身就较高。此外,这些企业的项目周期长,而少数成功项目的年回报率也令人沮丧。由于清洁技术巨大的资本需求和较长的项目周期,作为补偿,清洁技术的投资人理论上可以以较低的估值进行投资,并且还可以要求企业为其资金提供额外的股本,但由于年轻人的反抗和长久以来的"友善对待创始人"的风潮,杜尔不愿以此方式投资。而令这一错误雪上加霜的是,杜尔早期对清洁技术的投资集中在缺乏明确"护城河"的企业上,这些企业从事的太阳能和生物燃料项目涉及生产能源,这是一种统一价格的商品,且其价格变化具有极大的周期性。果不其然,当油价在2008年夏天暴跌时,杜尔的替代能源项目赌注就宣告失败了。此后,大量进口的、得到补贴的太阳能电池和液压技术的出现,进一步拉低了能源价格。与此同时,凯鹏华盈在市场上一系列的挫败还源于杜尔对政策的错误预判,他高估了美国联邦政府兑现其碳税或碳监管承诺的意愿。

对于凯鹏华盈的有限合伙人来说,结果是痛苦的,他们第一轮清洁技术投资的表现尤其糟糕,2004年、2006年和2008年募集的基金也因此遭受损失。十几年后,在2006年就投资了该基金的一位有限合伙人抱怨说,他损失了几乎一半的本金。不过,在凯鹏华盈的第二轮清洁技术投资中,始于2008年的绿色成长型基金表现相对更好,涉足了一些有护城河的企业,其中包括很成功的明星企业。截至2021年,凯鹏华盈投资的植物肉产品公司"别样肉客"(Beyond Ment)已经创造了107倍的收益,电池制造商"量子电池"(Quantum Scap)创造了65

倍的收益，而"智能太阳能"公司恩菲斯（Enphase）也创造了 25 倍的收益，这样的收益至少足以使一只风险投资基金在业内排名前 25%，但凯鹏华盈的整体表现依然沉闷。当初在 2001 年的鼎盛时期，维诺德·科斯拉和约翰·杜尔分别在《福布斯》富豪榜单上排名第一和第三，而到了 2021 年，杜尔名列第 77，而在前 100 名中也没有其他的凯鹏华盈合伙人。

一开始，当坏消息传来时，大多数凯鹏华盈的有限合伙人都还会坚持与该公司合作，这证明了路径依赖的力量，他们希望"古老的魔法"会重演。毕竟杜尔在投资谷歌和亚马逊上的成功使他成为有史以来最成功的风险投资人之一，而且他本人极富人格魅力。后来，即使内部人士知道凯鹏华盈早已名不副实，但一些有限合伙人认为与这家硅谷巨擘建立关系仍有价值，因此选择继续与之合作。例如，据管理母基金的机构透露，他们旗下的一些小规模、不成熟的养老基金的投资人，听到他们的资本由传奇的凯鹏华盈管理就会非常欣喜，毕竟要不是有母基金为中介，他们做梦也想不到能获得这种"特权"。但是，到了 2016 年，就连这些有品牌意识的投资人也开始与凯鹏华盈渐行渐远，凯鹏华盈的名字已经不再有吸引力，而杜尔也从合伙人的位置上黯然退场。

在一定程度上，"清洁技术投资的失败导致凯鹏华盈陷入困境"这样标准的解释是正确的。不过，作为在第一次互联网浪潮中收获颇丰的公司，他们一方面宣扬摩尔定律和梅特卡夫定律的力量，另一方面又转头冲进了那些缺乏这些神奇力量的行业，这十分令人惊讶。所以，凯鹏华盈在清洁技术投资上的失败，也揭示了一个关于风险投资业务的微妙真相：正如以阿克塞尔对 Facebook 的投资为代表的许多案例所证明的那样，风险投资是一项团队运动，通常需要多个合作伙伴才能达成一项"本垒打"交易，而牵头的投资方并不总是进行投后管理的机构。为了让一个风险投团队高效地工作，合作文化是正确且必需的。这就是凯鹏华盈没有做对的地方。

在凯鹏华盈成立的最初几年，这种合作关系似乎是不平衡的。汤姆·珀金斯是真正在江湖中兴云布雨的大佬，是天腾电脑和基因泰克背后的天才主脑，他的光芒无疑掩盖了其他三位知名合伙人。但是，如果你深入观察，就会发现其他合伙人也是很重要的。他们的重要性不一定体现在投资上，而是体现在他们对珀金斯的影响上。当珀金斯的想法变得疯狂时，他们能够说服他停手；而当他发脾气威胁要毁掉一笔交易时，他们知道如何平息事态。

下面的故事恰恰说明了这一点。1983年，米奇·卡普尔出现在凯鹏华盈的办公室，向他们推销莲花发展公司。珀金斯毫无征兆地勃然大怒："我不明白自己为什么要浪费时间听一些我们显然不打算投资的公司的创始人说话。"他咆哮着冲出了办公室。约翰·杜尔在凯鹏华盈工作了三年，而现在他看起来就像个泄气的气球。他和卡普尔一起努力准备了很久的商业计划书还没完整呈现出来就已经失败了。这种时候，团队合作的价值就开始发挥作用了。"默默无闻"的合伙人弗兰克·考菲尔德（Frank Caufield）向杜尔保证，他会去和珀金斯讲道理，他知道如何让珀金斯平静下来并变得愉悦。于是杜尔重新振作了起来，莲花发展公司的项目也得以继续进行，大家都忽略了通过会议室的玻璃墙可以看到的珀金斯沉思的身影。多亏了考菲尔德的干预，珀金斯的这场大怒没有导致什么后果，投资莲花发展公司的交易完成了。珀金斯不稳定的情绪本来可能会让这家合伙企业损失数百万美元的收益，但却受到了其他合伙人优雅的控制。

从20世纪80年代末到21世纪初，凯鹏华盈实现了更好的平衡。约翰·杜尔和维诺德·科斯拉成了珀金斯的两位继任者，尽管他们都是专横、难搞又极其成功的人，但有两位"超级巨星"在位总比只有一位要好得多，因为他们可以成为对方的"照妖镜"。当然，与早期一样，凯鹏华盈依然有一些不太知名的合作伙伴对于整个团队而言至关重要。其中一位合伙人名叫道格·麦肯齐（Doug Mackenzie），以善于提出尖锐的问题而闻名。他认为，在风险投资中，乐观主义者获得荣誉，悲观主义者才能人们脚踏实地。另一位名叫凯文·康普顿（Kevin Compton）的合伙人则是凯鹏华盈公司道德形象的守护者。"凯文是道德指南针。"一位年轻的凯鹏华盈投资人回忆道。还有人说："我很喜欢他，他一点都不自负，是一位很好的导师。"

然而，在 21 世纪的第一个 10 年，凯鹏华盈失去了这种平衡，这一定程度上源于该公司合伙人数量的增长。当基准资本等传统风险投资公司仍然只有几位普通合伙人时，凯鹏华盈已经有差不多 10 位合伙人了，这还不算各种高级顾问和初级投资人。2004 年，维诺德·科斯拉厌倦了这种笨重的结构，辞职并创办了自己的投资公司，这样一来就没人能在想法上制约杜尔了。同年，麦肯齐和康普顿紧随其后，创建了一家名为"雷达"（Radar）的合伙企业。杜尔对此做出了应对，他招募了一些著名人士取代了这些经验丰富的同事。2000 年，他聘请了硅谷顶级软件销售大师、缔造了甲骨文公司（Oracle）的雷·莱恩（Ray Lane）；2005 年，他与太阳微系统公司的联合创始人比尔·乔伊（Bill Joy）以及美国前国务卿科林·鲍威尔（Colin Powell）合作，后者签约担任战略顾问；2007 年，杜尔邀请前副总统阿尔·戈尔成为高级合伙人，使他的团队更加完善。但事实上，这些新来者没有投资经验，又都是五六十岁的人，这使得凯鹏华盈实际上与阿克塞尔的理念背道而驰，后者笃信应当招募进取心强的后起之秀并对他们进行培训。[①]

凯鹏华盈企业文化的变化为后续清洁技术的投资失败埋下了隐患：当杜尔决定押宝在一个如此具有挑战性的领域时，并没有人来阻止他。人们尤其怀念康普顿和麦肯齐，因为他们曾公开对清洁技术表示过怀疑，认为它的资本过于密集，周期太长，而且太受制于政府监管，不太稳定。

事后看来，康普顿甚至认为，清洁技术投资的错误违反了汤姆·珀金斯本人传下来的"祖训"。**珀金斯从没有押上全部身家进行高风险押注过，反而是利用**

[①] 一位凯鹏华盈的前合伙人回忆道："引进高级管理人员是有风险的。这些高级管理人员已经到了习惯于发号施令的职业生涯阶段。但在被投公司的董事会上，风险投资只是一种声音：你必须发挥影响力，而不是发出命令。而且，并非所有的管理者都是伟大的投资人。"

少量资本来消除风险投资中的主要风险,这种风险被他称为"白热化风险"。此外,珀金斯并没有沉迷于新技术,而是经常警告说要想让创新发挥作用,它必须比之前的技术有根本性的改进。"如果新技术比起旧技术没有10倍以上的进步,那就等于没有进步。"他断言道。如果凯鹏华盈没有经历人才流失,康普顿和麦肯齐会当场提出这些论点。但是,没有了这些老员工的参与,"约翰的权威变得不可挑战。"一位内部人士不夸张地感叹道。汤姆·珀金斯的公司从一个"白热化风险"消除者变成了一个内部"高呼万岁"的风险承担者。

不过,在回顾这一时期时,杜尔否认自己在公司占据主导地位。"我们从未有过一家独大的执行合伙人或首席执行官,我从未扮演过那个角色,"他说,"我们并不会仅仅因为约翰·杜尔想投资就投资了。"但他的大多数前同事都不同意这种说法,杜尔超凡的魅力,再加上他在风险投资界的超然地位,让人对他上面的辩白产生怀疑。此外,凯鹏华盈的根本问题是企业文化问题,这一问题源于公司内部权力结构的不平衡。这种不平衡影响了一切,包括那些可能挽救清洁技术损失的举措,其进入中国市场的举措也遇到了麻烦。杜尔无法确保本地的团队能保持团结一致,而他的美国合伙人又缺乏足够高的地位来弥补他这一不足之处。同样,凯鹏华盈也未能通过对传统互联网领域的风险投资来弥补清洁技术投资上的损失,因为过去的光辉成就让他们缺乏放下身段来与年轻创始人联系的勇气。于是他们错过了那个时代的众多"本垒打":优步、Dropbox(多宝箱)、领英、WhatsApp、条纹支付,等等。在这一时期,凯鹏华盈取得的少有的一项成功是聘用了摩根士丹利前分析师玛丽·米克尔(Mary Meeker),她是互联网分析领域的先驱。与其他大约同期加入的老牌大佬不同,米克尔是在投资界成长起来的。她继续运营着一系列成长型基金,通过在靠后的轮次投资那些风险投资团队曾经错过的公司获利,部分弥补了凯鹏华盈的业绩。

凯鹏华盈近年来最惨痛的失败更是其理想主义和管理不善二者"惨痛"结合的集中体现。从20世纪90年代末期开始,杜尔发起了另一场崇高的运动:他开始寻求在风险投资行业中打破性别的不平衡。与他那一代大多数的西海岸工程师相比，他更相信聪明的女人。他的妻子曾是英特尔的工程师，他也很宠爱自己的两个女儿。此外，时间已经到了20世纪90年代末，显然早就应该进行这样的改革了。在20世纪70年代，技术领域一直面临高职级女性匮乏的窘境，当然，在当时几乎所有行业都缺少女性。不过，随着女性在其他领域的不断进取，她们在科技领域的"缺席"变得引人注目。20世纪90年代末，投资银行和管理咨询行业的女性占比是风险投资行业的5～7倍。在风险投资机构的新员工中，女性只占9%，且她们的"缺席"一直在持续。有成就的女性通常在择业的时候倾向于把风险投资行业从名单上删除，这似乎成了一个传统，就像麻省理工学院斯隆管理学院的罗汉俱乐部一样[1]。在这一时期，一位名叫艾琳·李（Aileen Lee）的年轻亚裔美国银行家将该行业斥为"在康涅狄格州的商人父亲身边成长起来"的白人男孩的私家领地。

1999年，在摩根士丹利工作了一段时间并获得了哈佛大学的第二个商科学位后，艾琳·李接到了一位女性的电话，她介绍自己是一名猎头，并问艾琳·李是否会考虑在凯鹏华盈为约翰·杜尔工作。

"在那工作的都是男人，"艾琳·李说，"我不会有朋友的。"招聘人员反驳了她。"如果连你都不去面试，那这样的世界永远不会改变。"招聘人员告诫道，"男人们可不会说出像你刚才那样的话。"

"她真的知道怎么打动我。"艾琳·李后来笑着说。艾琳·李去见了杜尔，决定要测试他一下。她告诉他，她已经计划好了自己的生活：28岁结婚，30岁生第一个孩子，32岁生第二个孩子。她已经快30岁了，目前还暂时落后于计划。她告诉杜尔："我想让你知道，我现在的计划就是赶上我的计划。"她不知

---

[1] 根据哈佛商学院的一篇论文，获得科学和工程学博士学位的女性比例至少是进入风险投资行业的女性比例的3倍：从1990年到2012年，这一比例从30%上升到40%以上。同样地，在此期间获得MBA学位的女性比例从35%上升到了47%。

道自己是否真的适合干风险投资。"我觉得这些都没问题。"杜尔回答道。

艾琳·李接受了这份工作，但仍然感到紧张。她是凯鹏华盈投资团队中最年轻的成员，也是唯一的女性。她经常觉得别人在对自己指指点点。事实上，即便她在那里工作了多年，甚至是那里为数不多的几名从普通员工成长为合伙人、最终成为高级合伙人的人，她都还有这种感觉。对于这种恼人的敌意，艾琳·李这样解释：当一个男人加入凯鹏华盈时，他很自然地就能融入团队，如果他说了什么蠢话，就只会被人在背上打一巴掌，整个气氛会很有趣，而不是尴尬；但是，作为一名女性，她永远没法指望拥有这种友情和放纵，如果她说了蠢话，她的地位就会受到影响。所以，艾琳·李只能通过谨言慎行来缓解这个问题。"你为什么不多说点呢？"她的同事们很好奇。艾琳·李听取了这些反馈，并发表了更多意见，但同一位同事又反过来警告她不要太武断。

过了一段时间，艾琳·李赶上了自己的计划，她怀孕了。当她休产假不在的时候，一个合伙人顶替了她的一个企业董事职位。令人震惊的是，没有人告诉她这件事。艾琳·李后来说道："这会让我觉得他们甚至不记得我的存在。"

为什么凯鹏华盈在提拔女性方面走在了前列，但却未能创造出一个能让艾琳·李乐在其中的环境？回顾过去，作为一名成功的风险投资人和公司负责人，艾琳·李认为问题在于凯鹏华盈管理不善，而不是因为公司对女性存在什么恶意或偏见。因为让女性加入不可避免地需要公司有意识地重新制定一些惯例和规则，就像成立一个中国团队需要一个计划来管理中国团队和母公司之间的关系一样。但杜尔事务太繁忙了，没空落实这种组织改革，公司的其他人也缺乏为他做这件事的权力。"没人在意公司会成什么样。"艾琳·李后来说。

艾琳·李并不是唯一一位在杜尔手下工作过的女性。2000年，斯坦福大学的MBA学生特雷·瓦萨洛（Trae Vassallo）去听了杜尔在校园里发表的鼓舞人心的演讲。后来她走到杜尔面前，向他请教问题。在学习商科之前，瓦萨洛已获得了两个工程学位，并申请到了 13 个专利。杜尔意识到瓦萨洛的能力，并抓住机会把她介绍给一家初创企业，这家企业后来邀请她成为联合创始人。"如果没有约翰，这一切都不会发生。他认为在谈判桌上保持多样性很重要，"瓦萨洛后来说，"他积极寻找能帮助年轻女性的机会。"

大约一年后，当瓦萨洛离开那家创业公司时，她又再次得到了杜尔的指导。在杜尔的邀请下，瓦萨洛加入了凯鹏华盈，成了一名无报酬的常驻企业家。2002 年，她因为要养育她 9 个月大的孩子，需要一份收入，而那时她丈夫还在商学院读书，于是杜尔给了她一份带薪工作，担任投资助理。2006 年，她进行了第一次投资。"我真的觉得约翰关心我的职业。"瓦萨洛再次说道。

但是，随着瓦萨洛在凯鹏华盈待的时间不断增加，她的失望情绪开始积累。杜尔现在已经雇用了多名女性，她们都很聪明而随和，杜尔显然知道如何发现人才。但她们无法得到提拔，更糟糕的是，她们甚至没有机会证明自己，因为公司的老员工们不想为她们创造展示自身能力的空间。2008 年，瓦萨洛的一位年轻同事——一个名叫鲍康如的女性投资人与一家名为 RPX 的初创企业达成了一项投资。但事后，却是一位名为兰迪·科米萨（Randy Komisar）的高级合伙人担任了 RPX 的董事会成员。2010 年，瓦萨洛本人帮助凯鹏华盈与一家名为"安乐窝实验室"（Nest Labs）的初创企业达成了投资协议，安乐窝实验室是一家制造智能恒温器和烟雾探测器的公司。但是最后又是科米萨占据了董事会席位，2014 年安乐窝实验室以令人满意的 22 倍价格出售给谷歌的时候，还是他获得了大部分赞誉。

当时，鲍康如和瓦萨洛都没有抱怨这些决定，毕竟科米萨是科技领域的一名"老手"，他与安乐窝实验室的创始人有着深厚的私交。而瓦萨洛当时确实认为，凯鹏华盈有兴趣遵循阿克塞尔模式以实现优质的管理，并且培养团队中的年轻成员。确实任何人都不应该背叛"第 22 条军规"，而这也就意味着：要进入董事会，你必须已经在董事会里。

2012 年 5 月，随着一场性别歧视诉讼的结束，凯鹏华盈愈演愈烈的紧张关系达到了极点。原告是曾参与 RPX 交易的投资方鲍康如，她毕业于普林斯顿大学和哈佛大学法学院。与艾琳·李和瓦萨洛一样，鲍康如也是杜尔亲自提拔的。2005 年，杜尔让她担任自己的首席特助，并强调说凯鹏华盈是硅谷为数不多的关心提升女性地位的机构之一。但是，也像艾琳·李和瓦萨洛一样，鲍康如逐渐意识到，杜尔的正派作风和他领导的公司的组织文化并不一致。正如她所说，凯鹏华盈"充满了加利福尼亚式的表面合作，在这里，一切都是外表看起来光鲜亮丽，但关起门来，他们就会扔掉你的投资方案，给你使绊子，要么就是让你去像西西弗一样来回搬石头，做一些耗时、低效、徒劳的任务，直到你放弃为止"。

不过鲍康如的诉讼陈情不够有利，她声称因性别歧视而无法晋升。作为应诉，凯鹏华盈提供了证据，证明鲍康如是一个难相处的同事，而她得不到晋升，是因为她的表现不足以让她得到更高的职位。凯鹏华盈通过提交鲍康如的绩效评估来支持这一论点，于是陪审团裁定凯鹏华盈在所有罪名上均被判无罪。但鲍康如的指控给凯鹏华盈的声誉蒙上了阴影。她声称，一名名叫艾吉特·纳泽尔（Ajit Nazre）的合伙人在过去 5 年里一直骚扰她，妨碍她的工作，尽管她一度短暂地同意与他交往。纳泽尔方面则发表声明称，他不是本案的被告，凯鹏华盈也对鲍康如的指控进行了否认。鲍康如还声称，一名更资深的合伙人向她赠送了一份带性暗示的礼物，并邀请她参加星期六的晚宴，还提到他的妻子晚上不在家。她坚称，自己对该合伙人多次投诉，都未能使公司采取措施改善女性的工作环境。同时，瓦萨洛则在庭审中证实，纳泽尔曾邀请她参加纽约的一次商务晚宴，但当两人到达纽约时，她却发现议程上根本就没有商务晚宴。据说瓦萨洛还不得不阻止纳泽尔进入她的酒店房间。最糟糕的是，瓦萨洛向凯鹏华盈的一名普通合伙人报告了这起事件，却得到了"你应该感到受宠若惊啊"的回复。而一直到这整件事情败露之后，纳泽尔才被驱逐出公司。

凯鹏华盈并不是唯一一家对性别问题处理不当的公司。阿克塞尔对 Facebook 那些不得体的壁画满不在乎的态度也告诉人们，对女性的轻视在科技界被视为正常现象。在鲍康如案审判后,瓦萨洛对硅谷的 200 多名女性进行了访谈:在这其中,60% 的人发生过非自愿的性行为,33% 的人担心自己的安全,60% 的人对公司在骚扰投诉的处理方式感到不满。与此同时,哈佛大学的保罗·冈珀斯(Panl Gompers)发起的研究表明,男性风险投资人未能与女性同事进行有效的合作。对于男性风险投资人来说,如果他们的合作伙伴有良好的投资业绩,那么他们也会获得更好的业绩,这凸显了团队合作的优势。然而,女性风险投资人并没有享受到这样的好处,这大概是因为男性合伙人并没有和她们分享自己的人脉或想法。值得注意的是,在拥有多个女性合伙人和正式人力资源系统的企业中,这种女性劣势就不存在了。正如艾琳·李、瓦萨洛和鲍康如所怀疑的那样,风险投资行业这种依赖俱乐部式非正式人际关系的运作模式对女性很不利。

约翰·杜尔的理想主义是真诚的,也是比较令人钦佩的。他满怀激情地相信,风险投资推动创新是一股向善的力量,这会让清洁技术成为不可阻挡的大趋势。他认为硅谷排斥女性的风气其实是浪费人才。尽管这和当时的社会风气背道而驰,但这是正确的观点。通过大力支持清洁技术和女性进步,他确实也推动了历史向前发展。例如安乐窝实验室的智能恒温器就成功了,而且早期的失败其实也为更成功的第二轮清洁技术投资扫清了障碍。同样,尽管凯鹏华盈最终未能留住这些有才能的人,但杜尔聘用女性最终还是对女性有利的。到 2020 年,有 4 名曾在凯鹏华盈工作的女性经营着自己的风险投资机构,3 名女性跻身全球风险投资人前 100 名。但是,杜尔仅仅理想化地拥抱了变革,却没有花力气去细化落地方案,这样的做法几乎毁掉了他的公司。**风险投资是一项团队运动,运作失调的团队就会是输家。**

就阿克塞尔而言,在投资 Facebook 后的几年里,公司"茁壮成长",这证明了团队合作的力量;它在不依靠某一两个强力投资人的情况下就投资了一系列"大满贯"公司。阿克塞尔的前 7 项投资,每项都产生了超过 5 亿美元的利润,并且是由 7 组(实际上是 8 人,因为其中一个项目是两个人的成果)不同的合伙人主导的。与凯鹏华盈相比,阿克塞尔雇用的女性更少,但在赋予她们权力方面则更为成功，他们让两名女性晋升到了公司的最高层。阿克塞尔培养和信任年轻投资人的文化似乎成了其成功的秘诀。吉姆·斯沃茨回忆道："与Facebook或任何其他投资相比，我更为这种文化传承和在企业中成长的每一个人感到自豪。"

阿克塞尔的胜利和凯鹏华盈的失败彰显了风险投资行业的动荡变迁。科技泡沫的破裂、年轻人的反抗、移动互联网平台的崛起、清洁技术的虚假繁荣、行业中令人担忧的性别对立和来自中国的机遇和挑战——所有这些都实实在在地将强者和弱者区分开，表明仅仅依靠路径依赖效应是不足以保证绩效的[①]。著名的风险投资公司面临着像创始人基金这样的新贵的挑战。诚然，风险投资这个投资于颠覆性创新的行业，本身也在不断地被颠覆。而到了2008年，当风险投资行业还在应对这些冲击时，整个世界的金融体系遭遇了自20世纪30年代以来最大的崩溃。风险投资行业将会再次改变，不过并不像人们预想的那样。

[①] 2015年，一项研究证实，著名风险投资公司不能想当然地认为自己的地位不可动摇，2000年以来，超过一半的顶级风险投资案例是由新兴的风险投资合伙企业完成的。

风险投资箴言

- 任何风险投资其实都是站在杂乱信息之上的惊险一跃，最终得出一个非黑即白的"是或否"的决定。

- 在一个指数法则主宰的世界里，错过机会的隐形成本远远大于以损失本金为代价的风险成本。

- 如果新技术比起旧技术没有 10 倍以上的进步，那就等于没有进步。

- 风险投资公司可以一方面通过挑选一条有前途的赛道来降低风险，另一方面通过向年轻成员放权来拥抱风险。如果你知道年轻的投资人正在一片"肥沃的土地"上工作，那么让他们放开手脚去做就容易多了。

- 仅仅依靠路径依赖效应是不足以保证绩效的，风险投资这个投资于颠覆性创新的行业，本身也在不断地被颠覆。

T h e   P o w e r   L a w

THE POWER LAW

Inside Silicon Valley's Venture Capital Machine

第 12 章

成长股权兴起，
"全球套利"时代来临

The Power Law

> **Rather than looking at profit margins, Try to look at incremental margins. By thinking incrementally, Investors could see into the future.**
>
> 比起利润,
> 投资人更应关注增量利润。
> 通过增量思考,
> 投资人可以预见未来。

Inside Silicon Valley's Venture Capital Machine

2009年初，Facebook的首席财务官吉迪恩·余（Gideon Yu）接到了一个来自莫斯科的电话。电话中，一个柔和的俄罗斯声音告诉吉迪恩·余他想投资Facebook。当时，Facebook已经从彼得·蒂尔和阿克塞尔等那里筹集了资金，最近也从微软获得了一笔注资，因此它不再接受任何其他注资了。吉迪恩·余告诉这个来电者不要再浪费时间了，"我怎么能知道你是不是认真的呢？"吉迪恩·余向他提出了疑问。来电者没有放弃，他带着一种温和但坚定的态度。他想和吉迪恩·余见面聊。"如果只是为了见见我，就别大老远地赶过来了。"吉迪恩·余直截了当地拒绝道。在地球的另一端，来电者放下电话，从落地窗向外眺望。他身材矮小，鼻子向右弯曲，脸型椭圆，留着光头。他的名字是尤里·米尔纳（Yuri Milner），他从未去过硅谷。然而，这种情况即将改变。米尔纳无视吉迪恩·余的警告，订了一张飞往圣弗朗西斯科的机票。飞机降落后，米尔纳又给吉迪恩·余打了个电话。他告诉吉迪恩·余自己现在已经不在莫斯科了，问吉迪恩·余是否愿意见他。

吉迪恩·余有些惊讶、好奇，甚至被米尔纳折服，于是提议与他在帕洛阿尔托的一家星巴克见面。毕竟，为Facebook筹集资金是自己的工作。如今，即使是有些离奇的投资人也值得一见。在雷曼兄弟倒闭引发金融危机之后，美国的养老基金和捐赠基金被吓坏了，已经投资了 Facebook 的风险投资人们对追加投资也持保留态度。

他愿意冒数亿美元的风险，放弃对公司的任何话语权

吉迪恩·余来到了星巴克，发现米尔纳已经到了，还带着一个从伦敦飞来的商业伙伴。米尔纳点了红茶，然后提出了自己的建议。他从一个高盛银行家那里听说，Facebook 可能不得不以低于上一轮的估值——150 亿美元的价格筹集资金，但他愿意给出高价。他的起始报价是 50 亿美元。

这一出价十分慷慨，足以引起吉迪恩·余的注意。但是，这个数字背后的逻辑更令人信服。Facebook 的用户数量最近突破了 1 亿大关，许多硅谷的风险投资人认为它的用户数量已接近饱和了。但米尔纳却不这么认为，并提供了支持他观点的证据。他的团队编制了一套表格来观察多个国家或地区的消费类互联网行业，他们跟踪每日、每月用户数量和用户在网站上花费的时间等。米尔纳本人已经投资了俄罗斯版的 Facebook，名为 VKontakte（保持联络），并从内部见证了它的成长。所有的经验都告诉他，饱和论是完全错误的。Facebook 仍然不在美国排名前 5 的网站之列，而在其他国家，最大的社交媒体公司一般都排在前三名。如果美国互联网市场遵循这种典型的模式，那么 Facebook 在未来仍将迎来巨大的增长。

米尔纳继续说，Facebook 在将用户量转化为收入方面落后于其他国家的社交媒体网站。由于身处硅谷，扎克伯格很容易从投资人那里筹集到资金，因此他没有受到太多需要从用户身上榨取资金的压力。相比之下，其他国家的社交媒体企业从一开始就被迫要最大化其收入。米尔纳用团队制作的表格记录向吉迪恩·余展示了这一现象：在中国，大部分社交媒体的收入来自销售虚拟礼物，而 Facebook 甚至没有尝试过这种业务；而在俄罗斯，VKontakte 从每位用户那里获得的收入是 Facebook 的 5 倍。经验表明，扎克伯格从他的"思想共享"商业模

式中盈利的空间十分巨大。得益于其全球视野，这位从未涉足硅谷的俄罗斯人比帕洛阿尔托的风险投资人更了解Facebook。吉迪恩·余被他的观点深深吸引了，他邀请米尔纳与扎克伯格会面。

米尔纳身着深色毛衣和洁净的白衬衫，来到了扎克伯格的会议室。朴素的衣服、镇静的声音、圆润的光头，他没有展现出任何咄咄逼人的气势。他继续简明地重复着自己的观点，并指出Facebook的许多用户都在美国以外。他表示自己在世界各地的社交媒体运营上都拥有丰富的经验，他了解各个国家的详细情况。

在接下来的几个星期里，米尔纳用两项创新的举动，让他的出价更加诱人。他知道扎克伯格小心翼翼地保护着他对Facebook的控制权，最近刚拒绝了一位要求获得两个董事会席位的投资人。所以米尔纳宣布，他不会要求哪怕一个董事会席位，扎克伯格有权行使米尔纳所持股权的投票权。仅这一项举动，就足以打消创始人对筹集资金的主要疑虑。米尔纳的注资不会稀释创始人对其公司的控制，而是使其更加集中。

米尔纳的第二项创新举动消除了创始人的另一个担忧。2008年8月，扎克伯格遇到了成功的创业公司选择延迟上市后都会经历的困扰。以所持股票期权的价值衡量，Facebook的早期员工已经成为百万富翁，但他们无法将账面财富转化为汽车或公寓。为了解决士气问题，扎克伯格承诺让老员工们出售大约20%的锁定期股票，他本来认为领投Facebook下一轮融资的投资人会很乐意从员工那里购买这些股票，但全球金融危机的爆发打乱了扎克伯格的计划。因为暂时不会有新的融资，所以员工们也没有新车或公寓了。

米尔纳承诺解决这个问题。除了公司新发行的股票，他还乐意购买员工股票。更重要的是，他提出了一个巧妙的设计：他将为公司发行的股票支付一个价格，而为Facebook员工出售的股票支付一个更低的价格。在某种程度上，公司发行的股票显然应该更有价值：它们具有优先权，具有一些预防损失的保护措施。米尔纳利用两级定价为他的谈判武器库增加了一个秘密武器，他可以为扎克伯格提供令他满意的一级股票估值，同时通过向员工压低转让报价来降低收购成本。

正如米尔纳和 Facebook 在 2009 年的头几个月所谈判的那样，这种两级定价技巧被证明是有用的。在股市复苏的鼓舞下，与米尔纳竞争的风险投资人找到了扎克伯格，但米尔纳的出价超过了他们。一方面，他制作的多国电子表格数据让他有信心支付更多费用；另一方面，两级定价使他能够在提高出价的同时控制了总收购成本。

马克·安德森，那位在 20 世纪 90 年代联合创立网景公司的软件天才，凭借 Facebook 董事会成员的身份，近距离观察了这次出价竞争。他看到美国科技行业投资人提出了他们认为不错的报价：50 亿美元、60 亿美元，甚至 80 亿美元。但此时，扎克伯格已经将目光投向了 100 亿美元的估值——一个只有米尔纳愿意开出的价格。安德森打电话给其他投资人，警告他们："你们马上要错过机会了。尤里出价 100 亿美元，你们要输了。"每一次，安德森都收到了相同的回复："这个俄罗斯人是个疯子……真是人傻钱多，这太疯狂了。"

安德森知道，事实并非如此。米尔纳既不疯也不傻，甚至不像孙正义那样有时有些轻率。相反，使米尔纳与众不同的是他的数据驱动方法。他精心编制了全球社交媒体公司的关键指标，由此得出的 Facebook 收入预测告诉他，100 亿美元的估值是合理的。

2009 年 5 月末，当沈南鹏正在巩固他对红杉中国的领导地位，而凯鹏华盈因其对清洁技术的投资苦苦挣扎时，米尔纳和扎克伯格结束了谈判。米尔纳的数字天空技术投资集团（Digital Sky Technologies Investment Group，下简称"DST"）购买了价值 2 亿美元的 Facebook 公司股票，以换取其 1.96% 的股权，从而使扎克伯格获得了他想要的 100 亿美元的交易前估值。与此同时，DST 安排以 65 亿美元的较低估值购买了员工手中的股票，员工们对现金的渴望抵消了他们对米尔纳报价的任何疑虑。由此，DST 最终购买了价值超过 1 亿美元的廉价股票，将 Facebook 混合估值推至 86 亿美元。

不出所料，米尔纳通过这笔投资赚得盆满钵满。正如他所预料的那样，Facebook 的用户数和收入呈爆炸式增长。18 个月后，也就是 2010 年底，该公司的估值达到了 500 亿美元。DST 坐拥超过 15 亿美元的利润，而 Facebook 继续飞向更广阔的天地。

对于硅谷来说，这是一个分水岭。13 年前，孙正义大胆地向雅虎投资了 1 亿美元，震惊了传统的风险投资公司。作为对比，米尔纳第一次便购买了价值超过 3 亿美元的 Facebook 股权。同样的，孙正义相当于向雅虎提供了上市前的过渡性融资，而米尔纳向 Facebook 注入如此多的资金，实际上也推迟了扎克伯格进行 IPO 的需要。DST 的资金既满足了 Facebook 对成长型资本的需求，也满足了其员工对股票流动性的需求。这似乎表明，私营科技公司可以推迟 3 年上市。其结果是，私营科技公司在上市成为公众公司之前，能创造大量只属于风险投资人的财富。

与此同时，米尔纳对 Facebook 的投资预示着风险投资人"为企业家赋能"的方式进入了下一阶段。彼得·蒂尔曾在沙丘路宣传自己的对创始人友好的投资理念，而米尔纳则将这一理念推向了一个全新的水平。他在后期进行投资，并注入了更多的资本；最值得称道的是，他愿意冒数亿美元的风险，放弃对公司的任何话语权。蒂尔对创始人的尊重是基于他对指数法则的理解，而米尔纳则更简单地表达了他的让步。他正在投资一家在规模和成熟度上足够上市的公司，因此，他会表现得像一个上市公司的股市投资人那样，采取被动策略。

1995 年，网景公司的上市证明了发展势头强劲的互联网初创公司不一定先盈利才能上市，这引发了 20 世纪 90 年代的互联网热潮。2009 年，米尔纳对

Facebook 的投资则传达了相反的信息：一家成熟且盈利的公司也可以选择保持私有状态。通过接受米尔纳的资金，科技公司创始人可以摆脱传统风险投资人的常规监督要求（比如要求董事会席位）。与此同时，科技公司创始人可以避免公开上市的约束，这些约束包括与华尔街分析师的季度电话会议、信息披露监管、与希望做空其股票的对冲基金交易员斗争等。过去认为，当科技公司飞速发展并且创始人过度自信时，通常的私人或公共治理手段将会失效。20 世纪 70 年代，风险投资人基于实践发明了围绕初创企业创始人构建公司治理体系的模式。现在米尔纳正在颠倒这个模式，他正在保护创始人免受监督。

就像网景的上市一样，米尔纳的投资最终引发了一场过度的繁荣。这次不是 20 世纪 90 年代过热的 IPO 泡沫，而是科技公司创始人狂妄自大的泡沫。

"中国是世界上最有前途的数字市场"

米尔纳对 Facebook 的变革之路始于曼哈顿中城的一间办公室，那里是一家名为"老虎环球基金"（Tiger Global）的小型对冲基金所在地。该基金的年轻创始人蔡斯·科尔曼（Chase Coleman）曾在华尔街的一家传奇机构——朱利安·罗伯逊（Julian Robertson）的老虎管理公司（Tiger Management）工作过。之后，他在罗伯逊的支持下独立出来。2001 年科尔曼独立时，距离米尔纳出现在硅谷还有 8 年的时间，但一系列奇怪的事件将他刚刚起步的基金与温和的米尔纳联系了起来。

科尔曼创立公司时只有 20 多岁，管理年长的下属令他感到畏惧。因此，他四处寻找比他更年轻的人才。经过一番搜索，他找到了一位名叫斯科特·施莱弗（Scott Shleifer）的分析师。施莱弗声音洪亮，笑容满面，始终精力充沛，他刚刚结束在私募股权基金黑石公司（Blackstone）的工作，他在那里工作了 3 年，每星期工作 80 小时。值得注意的是，经历了这段工作后，施莱弗还是笑容满面。

2002年的夏天，在施莱弗入职老虎环球基金的几个月后，一位朋友打来电话，询问施莱弗的近况如何。"我的工作进展得很糟糕。"施莱弗自嘲地回答。他的任务是寻找半导体和硬件方面的投资目标。但在纳斯达克科技泡沫破灭之后，他找不到任何令人兴奋的东西。而施莱弗的朋友情况更糟，他所经营的专注于科技领域的基金破产了。但他同意帮帮施莱弗，给施莱弗发了一份自己关注的公司的名单。

施莱弗收到了一封电子邮件，里面是朋友提到的公司名单，上面带有互联网基础设施建设、互联网消费和在线服务（如搜索引擎或招聘信息）等公司分类标签。施莱弗注意到了朋友在名单中列出了3家中国门户网站公司，分别是新浪、搜狐和网易。这3家公司在互联网泡沫破灭前都已上市，它们的成功都离不开林夏如和徐新等风险投资人的帮助。这些风险投资人押注于创始人的性格和市场潜力，但现在施莱弗将运用一种不同的投资技巧。这3家公司已经成熟到拥有稳定的用户、收入和固定的支出成本，作为在黑石接受过1 200小时培训的分析师，施莱弗可以用盈利模型计算出它们的公允价值。

施莱弗采用了一种在黑石来说非常标准，但对硅谷大多数风险投资人来说都很陌生的分析方法。他不关注利润（即扣除成本后剩余的收入份额），而是关注增量利润（即收入增长中最后归为利润的份额）。任何一个业余分析师都可以看到，这3个中国门户网站的利润率都是负数；简而言之，他们正在赔钱。但是专业人士会知道，要专注于增量数字，它们看起来非常积极。这些网站成本增长的幅度要比收入增长的幅度小得多，因此大部分额外收入都将转化为利润。顺理成章的是，收入增长将很快推动这3个门户网站盈利。通过增量思考，施莱弗可以预见未来。

受到这些想法的鼓舞后，施莱弗开始搜寻更多关于这些公司的信息。事实证明，这是一个挑战。科技股崩盘后，华尔街的投资机构不再撰写关于门户网站公司的报告，甚至不会发布他们写好的旧报告，因为他们深陷危机后的诉讼泥潭之中。但施莱弗很幸运，他的 3 个中国投资目标的首席执行官和首席财务官都能熟练使用英语沟通。他安排了一系列电话预约，然后在办公室过夜，以便在中国工作时间拨打电话。

在每次通话中，施莱弗都以轻松的语气提到门户网站的增长速度将会放缓。他在诱导对话者承认其弱点。"不，中国在线广告的增长才刚刚开始。"电话里传来了回复。"增长所需的成本呢？"施莱弗试探道，如果收入增加了，成本不会也增加吗？电话那头回复道："当然，成本会增加，但比收入的增速慢得多。"施莱弗记录了这个好消息：收入的高增速将保证增量利润的丰厚。但他也发现了一些意想不到的东西。电话里的声音一个接一个地宣称，施莱弗是他们多年来与之交谈的第一位西方金融家。

在硅谷，投资人追求一笔交易的原因往往是其他投资人也在追求它。这种从众心理有其合理性：当多个著名的风险投资人追逐一家初创企业时，这种信号很可能会吸引来有才华的员工和重要的客户。但施莱弗在东海岸的训练教会了他相反的本能。最近，他阅读了富达基金经理彼得·林奇的传奇故事，其中描述了如何识别潜在的、能够增长 10 倍的投资目标，林奇将这一过程称为"跟踪 10 倍股"。林奇是这样解释的：如果你喜欢一只股票，但其他专业投资人并没有持有它，这其实是一个重要的买入信号——当其他人意识到这只股票的价值时，他们的热情会推高这只股票的价格。按照同样的逻辑，如果你喜欢一只股票而华尔街分析师没有报道它，这也是一个重要的买入信号：当没有人仔细研究这只股票时，它很有可能被错误定价。最后，林奇列出了第三个重要的买入信号：当首席财务官告诉你他们已经很久没有与投资人交谈过时，你可能真的碰到了一个难得的机会。施莱弗打电话给中国公司时，产生的奇妙预感与第三个信号不谋而合。

施莱弗感到非常兴奋，他记下了电话中所说的关于增长的重要信息，并将它们输入到自己的盈利模型中。当然，仅就当时而言，这些门户网站正在亏损。

但由于收入的增长速度远快于成本，这些网站 2003 年的利润就将激增，并占到公司当时市值的 1/3 左右。施莱弗计算出，2004 年，网站的利润可能等于当时市值的 2/3；而 2005 年，利润将等于当时市值。换句话说，投资人几乎可以免费投资这些门户网站。如果老虎环球基金投入 1 000 万美元，它将在第一年获得 330 万美元的利润，第二年获得 670 万美元的利润，到此便可以收回投资成本。在第三年，它将获取另外 1 000 万美元的收益，并有望在未来几年获得指数级财富。

熬了一整夜后，施莱弗走入了科尔曼的办公室。他告诉科尔曼他的投资目标：新浪、搜狐、网易。"让我们起舞吧！"他补充道。

平日里，与施莱弗的兴奋相比，科尔曼更加沉着冷静。但这次，施莱弗一向他展示那些预测数字，便迅速赢得了他的支持。施莱弗提议在一个他没有去过的国家下注，这丝毫没有对科尔曼造成困扰。老虎管理公司的创始人朱利安·罗伯逊教导说，最好的投资往往在其他国家，因为华尔街的人很少涉足那里，并且当地的投资人不够成熟。科尔曼记得罗伯逊说过："作为一名棒球手，如果我可以去日本或韩国的小联盟打比赛，为什么还要待在这里苦苦寻求大联盟的出场机会？"这与硅谷投资人传统的狭隘观点完全相反。

在 2002 年 9 月和 10 月，老虎环球基金适时收购了价值 2 000 万美元的新浪、搜狐和网易股权，占该基金 2.5 亿美元投资组合的约 1/10。一小群纽约人成了中国数字经济最大的公众股东。

到 2003 年夏天为止，老虎环球基金在中国的头寸升值了 5 到 10 倍，而在不到一年里，整个老虎环球的对冲基金规模从 2.5 亿美元扩大到 3.5 亿美元。科尔曼将施莱弗提拔为合伙人，并让他从格子间搬到了独立办公室。两人将在投资之路上携手并进，最终米尔纳也将加入这一行列。

施莱弗认为，是时候对在中国的投资进行一些新的思考了。风险投资人们别无选择，只能持有非流动性头寸，而对冲基金与其不同，可以随时自由出售头寸。这些门户网站的股价已经升得如此之高，老虎环球基金是否还应该继续持有它们？"我们必须更加深入地分析，"施莱弗回忆道，"这些门户网站股票增长的持久性如何？做投资，要在不同的价位提出不同的问题。"

施莱弗这次按照朱利安·罗伯逊的另一句格言做出了行动：要评估一家公司的前景，你必须与它的客户交谈。他找出是谁在中国门户网站上购买广告位，然后联系了购买者，并询问他们是否愿意为此投入更多钱。施莱弗得到了好消息：投放广告最多的电子商务公司对广告效果非常满意，对他们来说，更多的广告意味着更高的销售额。更重要的是，这些电子商务公司自己的生意也蒸蒸日上，这意味着他们以后肯定会投放更多的广告。因此，新浪、搜狐、网易的股票仍然值得持有。但电子商务公司的蓬勃发展也意味着他们需要筹集资金。察觉到了又一个潜在的10倍股机会，施莱弗决定去一趟中国。

当时非典型肺炎疫情正在中国流行，因此施莱弗的母亲对儿子的计划并不赞同。考虑到母亲的担忧，施莱弗在前往亚洲之前准备了一些口罩。

在中国待了两星期后，施莱弗圈定了5家值得投资的公司。因为疫情所带来的经济影响，他向每家公司都争取到了便宜的价格。但是，他遇到了一个障碍：这些公司都是私有的，一旦投资，老虎环球基金将不得不持有非流动性头寸。对于对冲基金来说，这些非流动性头寸是很难处理的。尽管对冲基金的有限合伙人有权撤回投资，只要提前一两个月通知就可以，但这会让对冲基金在短期内的流动资金减少。必须长期持有的非流动性资产，加上短期内可能流失的流动性资金，二者构成了一个不稳定的组合。如果有限合伙人决定撤资，老虎环球基金将陷入困境。

对于大多数传统的对冲基金而言，由于中国私营公司的股票流动性不足，施莱弗的提案肯定不会通过。能随时自由地抛售头寸，正是对冲基金投资风格的关键所在。乔治·索罗斯的一个出了名的特点正是这种风格的体现：他能快速对会议上的不同意见做出反应，有时会突然从椅子上"跳"起来，彻底改变自己的投注。同时，对对冲基金而言，能自由地做空和做多，即自由地通过押注股票的下跌和买卖股票获取利益，这一点同样重要。如果老虎环球基金投资私有股权，是没有办法做空它们的。但幸运的是，施莱弗的老板蔡斯·科尔曼并不准备照搬对冲基金的"标准做法"。在朱利安·罗伯逊手下工作时，科尔曼的任务是在20世纪90年代后期的互联网泡沫中寻找做多和做空的机会，他很快理解了为什么做多要比做空更胜一筹。一次很好的做空操作，就算被投公司的股票价值归零，最多也只能使你获得1倍的利润，但一次成功的做多操作可以使你获得5～10倍利润。"为什么要付出两倍的工作时间，却只获得一半的利润？"科尔曼陷入了思考。此外，同时投资上市公司和私营公司产生的协同效应也将大有裨益。正如施莱弗在中国所展示的那样，了解上市公司将有助于老虎环球基金识别优秀的私营公司。科尔曼越考虑越觉得施莱弗的提案值得一试，但他必须管理好持有无法出售的头寸所带来的流动性风险，以及可能在短时间内缺少流动资金的风险。2003年7月，科尔曼想出了一个解决办法：他将建立一个单独的资金池用于投资私有股权，并将对冲基金投资所运用的分析技术与风险投资基金的结构相结合，这意味着有限合伙人资金将被长期锁定。一方面，老虎环球基金将忠于对冲基金的传统，依照其过去的盈利模型做出投资决策，而不会对企业家的性格或愿景进行风险投资式的押注。同时，他们也将放眼全球，但不会像风险投资那样深度参与到当地的关系网络中。另一方面，老虎环球基金也将借鉴风险投资的经验，使用锁定的长期资金投资私人科技公司。它将安心等待初创公司度过生命的最初阶段，看清哪些创业者真的很优秀，而哪些创业者只会在推介会上说得天花乱坠。

科尔曼起草了一封致老虎环球基金投资人的信，宣布了他要成立私募股权基金的消息。他描述了他和施莱弗如何将数字时代的公司划分为互联网门户网站、在线旅游服务平台网站和电子商务网站等多种类别。他们的投资诀窍是：在每个国家逐个找出每个类别中最好的公司。与风险投资人不同，老虎并不打算押注那些刚刚实践新鲜想法的初创公司。相反，它喜欢在某个市场中有着成熟商业模式的公司。老虎的目标是投资 eBay 韩国或通过与艺龙合作进入中国的在线旅游网站公司艾派迪（Expedia），科尔曼和施莱弗形象地称这种策略为选择"那一类中的这一个"（the this of that）。

科尔曼继续解释称，老虎环球基金自上而下的分析显示，中国是世界上最有前途的数字市场：中国的网民比例将在未来 5 年内增加两倍，其他因素也将使这一数字增长得更快；带宽技术的提高将有助于互联网用户上网时间的增加。同时，中国的经济增长速度令人震惊。科尔曼告诉投资人，老虎环球基金的合伙人已经访问了中国，并确定了 5 个很有价值的投资目标：中国最大的两个在线旅游网站公司、两个最大的电子商务网站公司和一家名为阿里巴巴的商业平台。

科尔曼希望为老虎环球基金的私募股权基金筹集 7 500 万美元，但他遇到了阻力。"20 多岁的美国年轻人谈论他们在中国发现的有趣的投资……别人认为我们完全疯了。"科尔曼后来说。许多人仍然沉浸在对科技泡沫破灭的恐惧和对投资互联网领域的怀疑中。尽管受到了质疑，科尔曼还是设法筹集了 5 000 万美元，这足够他们完成一些投资了。

然而，要完成对所有 5 家中国公司的投资，这笔钱就不够了。作为风险投资思维和对冲基金思维之间差异的例证，老虎环球基金选择放弃了阿里巴巴。施莱弗已和阿里巴巴谈成了一份协议，约定以 2 000 万美元收购该公司 6.7% 的股权，这本可以为老虎环球基金带来数十亿美元的利润。但老虎环球基金因为看不透马云而推迟了投资：他有一个帮助西方企业寻找中国供应商的网站 Alibaba.com，但他正计划将该网站向类似于 eBay 的模式转型。对阿里巴巴的投资不仅仅是赌"那一类中的这一个"，而是下注到一位打算征服一个新市场的企业家身上。通过评估马云的性格和其团队的素质，风险投资人可能会觉得这次冒险是值得的。但老虎环球基金在过去屡试不爽的方法这次却失灵了：它对增量利润等指标的关注使其无法捕捉到这位创业天才的价值。

他们还有一个在中国的投资差点就泡汤了,这也暴露出了老虎环球基金的一些短处。住在北京东方君悦大酒店时,施莱弗曾与未来的红杉中国总裁、携程联合创始人沈南鹏讨论过投资方案。两人就估值达成了临时性的一致。但在他离开中国几星期后,因为非典型肺炎疫情结束了,携程的收入猛增,携程要求将估值提高50%。当时,施莱弗正坐在他位于曼哈顿的办公室里,为丧失了此前因疫情而达成的折扣价格而愤怒。这将老虎环球基金置于了一个尴尬的境地,因为在筹资的过程中,科尔曼已经告知了有限合伙人们施莱弗谈好的价格,有限合伙人们将按照这一价格出资,但现在根据这一价格,交易已无法完成。

施莱弗放下电话,开始思考。如果一个风险投资人遭遇了这种状况,可能已经取消了这笔交易。由于早期投资非常看重人和人之间的"化学反应",因此投资人在资金汇入之前感到被背叛的话,后果可能是致命的:例如阿克塞尔资本和讯佳普的谈判就因此破裂。当然,一旦资金汇入,风险投资公司就和被投公司在一条船上了,他们必须提供支持:因此阿克塞尔资本在悠游网络被爆出财务数据有出入后,仍决定继续支持悠游网络。然而,施莱弗关注的重点不是人和人的关系,而是现金流。等他冷静下来后,他才意识到,不管多么令人气愤,沈南鹏是对的。非典型肺炎疫情的结束确实会极大增加携程的收入。

施莱弗走到科尔曼的办公室,告知了他在经历了打电话时的暴躁后,思考得出的结果。老虎环球基金应该放下骄傲,专注于携程的盈利数字。更高的估值与更高的收入相匹配,其市盈率会保持不变。"让我们继续起舞吧。"施莱弗总结道。这件事发生的71天后,携程上市,老虎一举获利4 000万美元。即使在16年后,在一般的家庭条件中长大的施莱弗在讲述这个故事时也忍不住哽咽。"我爸爸以卖沙发为生,而我们在这一笔投资中就赚了4 000万美元。"他诉说着,声音逐渐哽咽起来。

成长型投资蓬勃发展

老虎私募股权基金的创立标志着一种新型科技投资工具的诞生。像许多创新一样，它并不是计划好的，而是偶然诞生的。"我们没有进行什么'嘿，让我们成为私募股权投资人'的严肃讨论。"科尔曼后来说。但通过从对冲基金选股转向私募股权投资，老虎私募股权基金为米尔纳后来投资Facebook提供了一个模板。老虎私募股权基金采用的工具包具备以下能力：它能够建立覆盖全球各个行业杰出公司的电子表格，并对这些公司的收益和公允价值进行建模分析；它也能够快速响应和应对来自其他大洲投资目标的变化所带来的冲击。在老虎私募股权基金的案例中，这种冲击是非典型肺炎疫情对携程估值的影响；在米尔纳的案例中，则是雷曼兄弟的倒闭。毕竟，米尔纳要想学习老虎环球基金的模板，他得先知道它的存在。

2003年底，也就是携程上市前后，施莱弗飞往莫斯科，再次寻找"那一类中的这一个"：他听说俄罗斯有两个"雅虎"和一个"谷歌"。他与米尔纳的第一次会面发生在一家位于旅馆屋顶的酒吧里。酒吧的主人有一种安静、不张扬的气质，那正是尤里·米尔纳。

令施莱弗惊讶的是，米尔纳和他有着同样的思考方式。米尔纳的父亲是一位管理学教授，他本人是第一位在沃顿商学院学习的俄罗斯人，专业是美国商业研究。20世纪80年代的并购大师们，比如亨利·克拉维斯（Henry Kravis）、罗纳德·佩雷尔曼（Ronald Perelman）、迈克尔·米尔肯（Michael Milken）都被米尔纳视作英雄。回到俄罗斯后，米尔纳在1998年的金融危机中失去了在银行的工作，之后，米尔纳阅读了一系列投资银行的研究报告，试图从中寻找职业灵感，其中有一份是摩根士丹利的明星科技分析师玛丽·米克尔所写的互联网报告。当时，俄罗斯没有人谈论互联网，而米尔纳本人甚至没有使用过电子邮件。但米克尔在报告中阐述了互联网将如何渗透到世界各地，以及某些在线商业模式将如何像设计精美的冲浪板一样，成为潮流的中心。正如米尔纳后来所说的，这是一种神启。

米克尔最喜欢的公司是亚马逊、雅虎和 eBay，因此米尔纳决定选择其中一家并推出俄罗斯版的"克隆式"公司。后来他决定三家公司都要模仿，他说："让我们三个都做吧！" 2003 年，当遇到施莱弗时，米尔纳已经放弃了建立"类亚马逊"公司的尝试，他的"克隆"eBay 项目也陷入了困境，但他的"类雅虎"网站——电子信箱服务网站 Mail 正在蓬勃发展，而且他已经通过其他互联网公司获得了一些股权。现在他向施莱弗介绍了他的情况。基于对雅虎的各个"克隆版"网站在其他国家的盈利情况分析，米尔纳的 Mail 很快就会价值 10 亿美元。一个名叫 Rambler（漫游者）的竞争产品也将价值 10 亿美元。另外，俄罗斯版的"谷歌"——Yandex（综合搜索）将价值 20 亿美元。

2004 年上半年，老虎环球基金适时投资了 Mail、Rambler 和 Yandex。第二年，即使施莱弗已经到了拉丁美洲去追逐"那一类中的这一个"，他与米尔纳的关系依然在逐渐加深。老虎私募股权基金成为米尔纳的投资集团 DST 的第一个机构支持者。通过米尔纳，老虎私募股权基金接触到了俄罗斯的其他互联网公司，包括 Facebook 的克隆版网站 VKontakte。另一方面，通过老虎私募股权基金，米尔纳也意识到了进行全球化投资的可能性。"突然间，整个世界向我敞开了大门，"米尔纳后来说，"老虎私募股权基金激发了我的灵感。"

1996 年，当特立独行的孙正义以外来者的身份展示了 1 亿美元投资的巨大威力时，红杉资本等少数机构快速学习借鉴了这个案例，并发起了成长型投资基金，但 2000 年纳斯达克的崩盘使这股基金风潮失去了资金动力。之后，在 2003 年，中国电子商务发展的诱惑促使纽约的一家对冲基金——老虎环球基金进入了私募投资领域。2004 年和 2005 年，纽约人施莱弗与俄罗斯人米尔纳建立了合作伙伴关系，分享了他们自上而下的分析方法，后来他们将这种方法称为"全球套利"。2009 年，俄罗斯人借鉴纽约人的"投资工具包"，在帕洛阿尔托的一家星巴克里，让韩裔美国首席财务官吉迪恩·余惊叹不已。由此，一个想法传遍了世界。从此以后，科技投资将与以往大不相同。

米尔纳在 2009 年投资 Facebook 时所采用的革新式投资逻辑立即吸引了模仿者，其中反应最快的是老虎私募股权基金。简单地说，老虎私募股权基金对它的俄罗斯盟友入侵了它的主场感到恼火，开始在硅谷寻求自己的成长型投资机会。在米尔纳投资 Facebook 的几个月后，科尔曼和他的团队向 Facebook 投资了 2 亿美元，这也是他们首次投资一家美国公司。他们的投资逻辑和米尔纳是一样的，仍可以归结为"那一类中的这一个"，只是现在他们是把投资国外科技企业的经验拿来照亮美国公司的未来道路，而不是反过来。考虑到预期收益，并与中国的腾讯等其他国家的互联网公司的价值进行交叉比较后，老虎私募股权基金发现即使不得不支付比米尔纳更高的估值，投资 Facebook 也很划算。"我们可以收购 Facebook 的股权，这家公司基本上在全球很多地区都占主导地位，其估值却低于腾讯在公开市场上的估值。"科尔曼后来回忆道，仿佛在描述在人行道上发现的一张中奖彩票。投资 Facebook 后，老虎私募股权基金还提高了对社交网络公司领英和游戏公司星佳（Zynga）的押注。

米尔纳不仅开创了先例，还邀请其他人参与他发现的好项目。例如，老虎私募股权基金对星佳的投资，就是由米尔纳的 DST 牵头、老虎私募股权基金参与的一轮融资。米尔纳已经在国外投资了 4 家游戏公司，其他人自然相信他对星佳未来的看法。2010 年 4 月和 2011 年 1 月，米尔纳又牵头发起了两轮对团购网站高朋网（Groupon）的投资，普信集团、富达和美国资本集团等传统基金管理公司也加入了联合投资财团。同样地，私募股权投资集团银湖资本（Sliver Lake）、对冲基金马威克资本（Maverick Capital）、摩根士丹利、凯鹏华盈等硅谷风险投资公司也被吸引加入。凯鹏华盈聘请了玛丽·米克尔，显示出他们对成长型投资的热情。2011 年 6 月，在登上《福布斯》年度全球亿万富豪榜的封面后不久，米尔纳领投了音乐流媒体服务声田。这一次，刚刚募集到 8.75 亿美元成长型基金的阿克塞尔资本成了他的投资伙伴之一。

在非常短的时间内，米尔纳搭建并推动了一种新的技术投资框架。就像 YC 在 2005 年创立后推动"科技孵化器"的概念兴起一样，米尔纳也展现了他是如何向早早具备突破潜力的公司提供资金的。并且，通过允许创始人行使他拥有的投票权和为员工提供出售股权的方式，他也推动了成长型投资的蓬勃发展。2009 年，也就是米尔纳投资 Facebook 的那一年，投资于美国私营科技公司的资本总额为 110 亿美元。到 2015 年，这一总额已跃升至 750 亿美元，其中大部分增量来源于后期投资和成长型投资。艾琳·李是一位女性风险投资先驱，她现在已经离开凯鹏华盈创立了自己的机构，她投资了 51 家公司，这些公司筹集了至少 6 轮融资，平均每家公司融资额达 5.16 亿美元。在这股资本浪潮中，私营科技公司的估值经常达到 10 亿美元或更高，艾琳·李称这些公司为"独角兽"。

"我们的口号是'由企业家帮助企业家'"

米尔纳最大的影响在一个意想不到的季度发生了。2009 年初，网景公司创始人兼 Facebook 董事会成员马克·安德森与他在网景公司的同事本·霍洛维茨（Ben Horowitz）一起创办了一家风险投资公司。与其他引人注目的新进入者，如 20 世纪 80 年代的阿克塞尔资本、20 世纪 90 年代的基准资本、2005 年的创始人基金一样，安德森和霍洛维茨试图让自己与众不同：他们声称发明了一种新的风险投资方式。尽管他们在营销宣传时没有提到米尔纳，但米尔纳的影响是显而易见的。

安德森-霍洛维茨公司的创立是年轻人反抗传统风险投资模式的体现。在离开网景公司后，霍洛维茨与安德森一起创办了一家初创企业"响云"（Loudcloud）。作为响云的年轻首席执行官，霍洛维茨被基准资本的合伙人激怒了，因为该合伙人要求用一个"真正的首席执行官"替换他。霍洛维茨以挑衅的态度做出了回应，他与谷歌的谢尔盖·布林和拉里·佩奇表达了同样的观点，坚持认为最成功的科技公司是由其最初的创始人经营的。他还认为，萨特山创投提出的"奎茂模式"所包含的让创始人服从外部首席执行官的做法起到了负面作用。**比起用所谓"真正的首席执行官"替代技术背景出身的创始人，风险投资人更应该指导创始人成为成熟的管理者。**

其他在年轻人反叛时期创立的风险投资基金往往不重视初创企业对指导的需求。彼得·蒂尔认为，超级明星创始人在创业时已经具备了极强的能力，就好像有什么神奇的蜘蛛咬过他们一样。他认为，就像 YC 的保罗·格雷厄姆所说，其实创始人没有什么可学的。"提供用户喜欢的东西，并且让开支小于收入，这有什么难的？"但霍洛维茨认为，即使是才华横溢的创始人也必须经历一段艰苦的学习期。在带领响云走出 2000 年后科技衰退的废墟时，他自己对此就深有体会。他引人入胜的回忆录《创业维艰》（*The Hard Thing About Hard Things*）很好地反映了创业的艰难。

2007 年，他的公司——现名为奥普斯维尔（Opsware）成功转让后，霍洛维茨开始与安德森合作进行天使投资。他们构建了一个包含 36 个小型公司的投资组合，按通常顺序，下一步就是进行风险投资。但安德森和霍洛维茨明白，顶级创业者往往只与顶级风险投资公司打交道，因此他们不得不想办法直接进入第一梯队。平庸就意味着失败，因为风险投资行业的大部分利润都被少数精英机构赚取。

为了让自己脱颖而出，安德森和霍洛维茨向技术背景出身的创始人提出了一种全新的方法。他们承诺不会像传统风险投资公司经常做的那样找人取代创始人，也承诺不会像新的风险投资公司那样，在初创企业面临困难时直接放弃他们。相反，当棘手的问题出现时，他们会指导创始人如何激励高管，如何团结销售团队，如何让一个为公司倾注全部精力的忠实朋友适时让位。与此同时，安德森和霍洛维茨将为创始人提供经验丰富的首席执行官所拥有的那种关系网，包括与客户、供应商、投资人和媒体的关系。阿克塞尔资本通过专注于特定领域而与众不同，基准资本提出了高管理费、小基金规模的"更好架构"，创始人基金承诺支持最具原创性和个性的公司。安德森和霍洛维茨承诺，要让想成为首席执行官的技术人员的学习曲线变得平滑。

安德森和霍洛维茨乐于承认"厚颜无耻"的公关风格是他们战略的重要组成部分。霍洛维茨是一个保罗·格雷厄姆式的人物，但比格雷厄姆的特征更加鲜明，他是一位变成了企业家的计算机科学家。他曾写过关于商业和生活的博客，吸引了一群狂热的追随者。至于安德森，他的名声更加响亮，并且他和霍洛维茨都热衷于利用这一点。安德森被称为网景公司背后的天才，以其195.6厘米的身高和光头造型令人难忘。安德森能以令人惊叹的速度提出和执行各种想法，并用事实和数据来有力地支持他的结论。在他的新风险投资公司成立前后，安德森登上了《财富》的封面，并接受了长达一小时的电视采访，他自信地宣称："我们的口号是'由企业家帮助企业家'。"

当然，安德森在宣传中提到的特点并不像他宣称的那么新颖。一方面，许多风险投资人都有创业经验，比如几乎所有早期的凯鹏华盈合伙人，更不用说彼得·蒂尔、保罗·格雷厄姆、尤里·米尔纳等。指导创始人的想法也不是他们原创的。当迈克尔·莫里茨帮助杨致远成为名人时，或者当他说服 Paypal 的麦克斯·拉夫琴不要过早地将自己的公司卖给 eBay 时，他就是在指导技术创始人成为商业领袖。同时，最优秀的风险投资人也不一定要亲自创立过企业。一个企业家通常只在一两家公司工作过，而年轻时加入风险投资行业的风险投资人则能够在数十家初创企业的幕后工作。在 2007 年，一个影响力不亚于安德森的人物曾说过："拥有 20 年风险投资经验的作用是无可取代的，这意味着你目睹了远超你想象的各种初创企业遭遇的奇怪状况。"

2009 年 6 月，也就是米尔纳完成 Facebook 交易后的一个月，安德森和霍洛维茨宣布从投资人那里筹集了 3 亿美元。为了兑现指导创始人的承诺，该合伙企业承诺招募比其他风险投资公司更多的员工人数。过去，其他风险投资公司也曾聘请过专注于帮助被投公司而不进行投资的"运营合伙人",但安德森和霍洛维茨的目标是在其旗下建立更综合的咨询团队。他们会有一个团队帮助初创企业寻找办公空间,另一个团队负责提供宣传方面的建议,还有一个团队负责寻找关键的新员工或介绍潜在客户。

在某种程度上,安德森-霍洛维茨公司指导创始人的承诺落到了实处。安德森-霍洛维茨公司经常被缩写为 a16z[①],这家公司支持了一系列技术背景出身的创始人,并帮助他们学习商业规则。通常,关键的指导并非来自精心构建的咨询服务团队,而是来自安德森和霍洛维茨本人。例如,在网络初创企业尼基拉(Nicira)的案例中,霍洛维茨使公司避免了两个代价高昂的错误。

第一个是在安德森-霍洛维茨公司成立之前,当时霍洛维茨还是天使投资人。尼基拉的创始人是刚从斯坦福大学计算机科学专业毕业的博士马丁·卡萨多(Martin Casado),霍洛维茨向他提供了资金支持。有一天,霍洛维茨参观了该团队在帕洛阿尔托的办公室。这间办公室由一间牙科诊所改建而成,诊所周围环境脏乱,前面是一家名为安东尼奥疯人院的台球酒吧。

卡萨多向霍洛维茨咨询如何为其网络软件定价。他太专注于构建网络的技术问题,一心钻研用云端运行的纯软件来取代物理路由器的计划,而认为定价是一件小事。他本来几乎就要随意选择一个价格,并认为即便出了问题只需改改数字就行了。霍洛维茨竖起了手指。安德森会轻松地表达自己的想法,而霍洛维茨则要花时间推敲自己的措辞。他举止稳重,深思熟虑,就好像多年创业的艰辛仍然压在他身上。当卡萨多等待着回复时,霍洛维茨凝视着窗外。"当极好的想法正在形成时,他就会露出那种表情。"卡萨多后来说。

[①] 安德森-霍洛维茨公司(Andreessen Horowitz)的名字取自两位创始人的姓氏,简称 a16z 取其头尾字母,"16"代表了中间的字母数量。——编者注

"马丁，没有任何一个决定会比定价更能影响你的公司价值。"霍洛维茨用神谕般的语气宣称。当一家软件公司推销一种以前没人见过的原创产品时，它就有了一个定价的机会。它设定的价格会给客户留下牢固的印象，使得其以后很难提高价格。此外，定价的差异会对公司的利润产生更大的差异。如果一名销售人员的年薪为20万美元，并且他每年能与6个企业客户签约，若将产品定价为5万美元，那么公司的收入将是30万美元，扣除销售人员工资后公司还剩10万美元的利润。但如果将价格定为该水平的两倍，即10万美元，公司的利润则将翻两番，达到40万美元。在某种程度上，初次创业者很少意识到，这种利润率的差异可以改变他们公司的价值。

"如果没有成本，我想我会把价格定得很低，然后通过发明新的东西来创造更多的利润，"卡萨多承认，"这是技术背景出身的创始人的偏见。"

2010年1月，安德森-霍洛维茨公司领投了尼基拉的A轮融资。霍洛维茨加入了董事会，并与安德森-霍洛维茨公司的团队一起帮助公司扩大了业务。尼基拉通过安德森-霍洛维茨公司的关系网大约招募了20名工程师，而尼基拉的第一批客户，包括AT&T等大公司，也来自安德森-霍洛维茨公司的介绍。这家初创企业构建基于云端的网络基础设施的承诺正在成为现实。从此以后，网络将完全由软件组成，就像闹钟功能已经由智能手机中的代码实现一样。

2011年夏天，尼基拉的成功为它带来了惊人的收购报价。思科计划以6亿美元收购这家公司，相当于市盈率的300倍。卡萨多想牢牢把握住这个机会，但霍洛维茨进行了第二次干预。惊人的高额出价表明，卡萨多在谈判中的地位比他预想的要强大得多。"我在创业时就看到了这一点，"霍洛维茨后来说，"高报价是环境发生变化的信号。收购方的高报价意味着你不应该接受它！"

"马丁，思科开出这个价格是因为他们的客户告诉他们，你的业务是网络行业中最令人惊奇的事情。"霍洛维茨说道，当大客户开始传播这种信息时，其他收购方很快就会出现在尼基拉的门口。"不要只卖给思科，要按正规流程走。"霍洛维茨坚定地说。安德森则以他自己絮絮叨叨的风格强调了这一信息，他告诉卡萨多："不要卖，不要卖，不要卖，这才刚刚开始。"

当霍洛维茨表示他将利用董事会席位反对出售时，卡萨多拒绝与他交谈。但经过几星期的愤怒之后，卡萨多冷静了下来，他觉得霍洛维茨是对的，自己没有必要满足于收到的第一个报价。尼基拉正式聘请了一名投资银行家来组织招标。结果是，尼基拉不是以 6 亿美元，而是以 12.6 亿美元卖给了思科的竞争对手。霍洛维茨毫不夸张地说道："我让公司的价值翻了一倍。"

毫无疑问，霍洛维茨是一位发挥了重要作用的董事会成员。2010 年 2 月，在尼基拉 A 轮融资后不久，他又领导安德森－霍洛维茨公司投资了一家名为奥克塔（Okta）的初创云软件公司。尼基拉在云端实现了网络功能，而奥克塔将在公司的云端软件工具和员工之间建立了一个接口。奥克塔的想法是，可以用受安全登录保护的单一网关来保护公司数据。但到 2011 年秋天，奥克塔陷入了困境，它没有达到销售目标，现金流也将告竭。雪上加霜的是，一位很有才华的工程师也宣布辞职。

霍洛维茨与这位工程师坐在一起，希望了解他离开的原因。在交谈过后，霍洛维茨发现，整个工程团队士气低落，因为奥克塔的首席执行官托德·麦金农（Todd Mckinnon）将糟糕的销售业绩归咎于他们。于是霍洛维茨找到了麦金农，并告诉他："别再归罪于工程师了。""你的意思是，不追究任何人的责任？"奥克塔问道。霍洛维茨回答说，过于强硬的态度会导致更多人逃离。当务之急是，在奥克塔真正面临的销售策略问题时，仍然能把工程师留在公司。这家初创企业一直试图将其开发的安全仪表板出售给小公司，但小公司通常不关心网络安全。

根据霍洛维茨的建议，奥克塔重组了其销售团队。他们还按照拥有广泛关系、能搞定大型企业客户的条件寻找新的销售主管。面试结束后，麦金农打电话给霍洛维茨讨论销售主管的人选。电话打来时，霍洛维茨正开车去另一家初创企业开会，雨水模糊了挡风玻璃的视野。在电话里，麦金农告诉了他自己选择了哪个候选人。霍洛维茨将车靠边停下。因为他意识到，这个电话马上就会占用他所有的注意力。他认为，麦金农选错人了。于是当麦金农说完，霍洛维茨直截了当地打击了他。"如果你弄错了，这是你最后一次负责招聘。"他直言不讳地说。

让麦金农意识到问题的严重性后，霍洛维茨解释了他的理由：安德森－霍洛维茨公司的招聘团队发现了另一个霍洛维茨熟悉的候选人，毫无疑问，他可以胜任这项工作。不管麦金农在面试中有多喜欢他看中的那个人，在一个不认识的人身上冒险都是不负责任的。虽然创业公司和风险投资公司都在拥抱风险，但是当你已经处于不稳定状态时，就别再增加不必要的风险了。

霍洛维茨的斥责显示出安德森－霍洛维茨公司与众不同的实力。尽管安德森－霍洛维茨公司是"年轻人反叛"的产物，但它不一定每时每刻都对创始人友好相待。它旨在帮助技术背景出身的创始人取得成功，但如果创始人们将要犯错误，安德森－霍洛维茨公司毫无疑问会与他们针锋相对。彼得·蒂尔的基金从未在董事会投票中反对过创始人，米尔纳甚至不要求获得董事会席位，但霍洛维茨更亲力亲为：他将保罗·格雷厄姆对技术背景出身的创始人的信念与唐·瓦伦丁的强硬手段结合起来。现在，在奥克塔销售主管选拔的问题上，霍洛维茨战胜了麦金农。更保险的候选人被聘用了，公司的命运发生了翻天覆地的变化。到2015年，奥克塔已成为一家"独角兽"公司。

然而，无论霍洛维茨发挥了多大的作用，他亲力亲为的贡献既不是风险投资史上的新鲜事，也不能完整地解释安德森－霍洛维茨公司的出色表现。在招聘人才、寻找客户、制定战略和鼓舞士气方面提供帮助，是风险投资的标准做法。但这些做法发挥的作用可能比不上安德森－霍洛维茨公司对投资目标的准确选择。在尼基拉和奥克塔的案例中，只有对云计算趋势有深入了解的风险投资人才能看到机会；可以说，安德森和霍洛维茨成功的关键因素不是他们的创业经验，而是他们受到的计算机科学训练。同样地，安德森－霍洛维茨公司的成功与它赶上了好时机也有很大关系。该公司在长达10年的牛市（尤其是在软件领域）开始时成立，智能手机、云计算和无处不在的宽带的出现为程序员带来了一个黄金时代。两个具有计算机科学背景的强大合伙人简直是这一时代背景下的理想组合，安德森在《华尔街日报》的一篇文章中宣称："软件正在吞噬世界。"这句话精辟地概括了那个时代。这肯定比对新风险投资方法的公关炒作更能解释安德森－霍洛维茨公司的成功。

但安德森－霍洛维茨公司早期确实有一项隐秘的创新，是他们在宣传中并未提到的。与过去雄心勃勃的风险投资公司不同，安德森－霍洛维茨公司将经典的早期投资与米尔纳式的成长型投资结合在了一起。

2009年9月，安德森－霍洛维茨公司在创立后不久，便斥资5 000万美元购买了颠覆性的互联网公司讯佳普的股权，该公司当时已被eBay收购。这笔投资的金额占安德森－霍洛维茨公司第一只基金总资金的1/6，但这与安德森－霍洛维茨公司对指导技术背景出身的创始人的承诺毫无关系。毕竟，讯佳普已经成立6年了，公司各方面都较为成熟。相反，投资讯佳普的决策与安德森最近和米尔纳的接触，以及安德森在硅谷关系网络中心的特殊地位有关。

安德森－霍洛维茨公司做对讯佳普投资的决定，起因于安德森有一次出席了eBay的董事会。2005年，eBay收购了讯佳普，这家拍卖业巨头正努力将通信业务整合进自己的商业模式。在一系列管理纠纷中，eBay解雇了讯佳普的瑞典籍创始人，作为反击，这位创始人针对讯佳普核心技术的所有权归属问题起诉eBay。当私募股权投资集团银湖资本提出要从eBay手中买走讯佳普时，讯佳普的创始人也附带起诉了银湖资本。

作为eBay董事会成员，安德森目睹了这场纠纷的每个阶段。因为对米尔纳在投资Facebook时做出的改变非常熟悉，安德森这次看到了机会。凭借自己作为软件大师的声誉,他与讯佳普的创始人取得了联系。他了解他们的远见和技术实力;事实上,讯佳普这种能够取代硬件的软件产品正是安德森-霍洛维茨公司所喜欢的。安德森强调,他相信讯佳普有能力将产品迁移到云端,并提出了一项让创始人重返公司的交易。银湖资本将购买讯佳普略多于一半的股票;讯佳普创始人若放弃诉讼可获得14%的股权;而安德森将获得投资5 000万美元的权利。

交易顺利进行,安德森帮助新的所有者解决了讯佳普管理层的障碍:原来30名经理中的29人被替换。之后安德森再次使用董事会的关系,帮助促成了讯佳普和Facebook的结盟,从此,Facebook用户将能够通过讯佳普进行视频聊天。正如安德森-霍洛维茨公司预测的那样,事实证明讯佳普的技术团队足够强大,可以逐步完成产品向云端的迁移。讯佳普的用户数量猛增,从交易前的4亿跃升至次年的6亿。随着智能手机的普及,通过互联网拨号变得几乎与通过传统电话线拨号一样简单;讯佳普突然变成了玛丽·米克尔比喻中的冲浪板,作为一个精心设计的平台,赶上了最新的科技浪潮。微软看中了讯佳普的潜力,以85亿美元的价格收购了该公司,是银湖资本报价的3倍。仅仅经过了18个月,安德森-霍洛维茨公司就获得了1亿美元的利润。

完成了对讯佳普的变革之后,安德森又进行了一些米尔纳式的成长型投资。安德森-霍洛维茨公司还利用其第一只基金的资金,与DST一起投资了游戏公司星佳,并在移动应用程序四方服务(Four-Square)上投入了2 000万美元。安德森-霍洛维茨公司的第二只基金募集到了6.5亿美元,向Facebook和Twitter各投资了8 000万美元,向高朋网投资了4 000万美元,也向图片分享应用软件拼趣(Pinterest)和房地产租赁平台爱彼迎(Airbnb)各投资了3 000万美元。对于一个标榜自己是"早期创业医生"的风险投资机构,将超过1/3的资金用于成长型投资与其品牌理念不符,但这个令人惊讶的转变证明了一个人的影响力。"我们进行了一次'赌博',赌成长扩张阶段的投资机会已经出现,"安德森后来说,"这在很大程度上与尤里·米尔纳有关。"

安德森和霍洛维茨实现了他们的目标：他们跻身风险投资行业的顶级梯队。他们的第一只基金在 2009 年发起的风险投资基金中排名前 5%，扣除费用后的年回报率为 44%，是同期标普 500 指数的 3 倍。特别是受米尔纳启发而完成的对讯佳普的投资，帮助安德森－霍洛维茨公司在其发展初期就取得了不俗的业绩，展现了自己的能力，也让它能筹集大量后续资金、招募更多投资合伙人，并扩大其内部咨询业务。随着凯鹏华盈掉出硅谷顶级投资公司行列，安德森－霍洛维茨公司填补了它的位置。

最初，安德森－霍洛维茨公司的成绩被认为是对其所谓的颠覆性投资模式的证明。因此，其他风险投资机构开始效仿它，也为自己投资的公司提供指导和支持服务，并采用"由企业家帮助企业家"的模式。但后来发生了一件有趣的事情：根据 2018 年底的一项评估，接下来的两只安德森－霍洛维茨公司基金的表现与标普 500 指数相差无几，它们的临时账面收益在风险投资公司中仅分别排在前 75% 和 50% 左右。起初，该公司已跻身顶级投资公司行列，但紧接着，安德森－霍洛维茨公司两次违反路径依赖效应的规律，使其两次掉到了中游水平。

发生了什么呢？最明显的解释是，当安德森－霍洛维茨公司的业务扩张时，他们的才能被稀释了。起初他们认为"由企业家帮助企业家"和指导技术型创始人相当于一种新的风险投资方法，这种方法将获得大规模成功。但他们最后发现，受他们指导的初创公司成功与否与这一投资方法的关系不大，而与他们自己在硅谷的地位有关。当安德森－霍洛维茨公司聘请更多的投资合伙人时，它遵循其引以为豪的规则，要求所有人都必须有创业背景，但其中的一些合伙人没有取得成功。事实证明，拥有创业背景的合伙人并不一定拥有挑选适合投资的创始人的能力。2018 年，安德森－霍洛维茨公司首次将非企业家提升为普通合伙人。"承认错误对我来说是一件大事，"霍洛维茨在接受《福布斯》采访时坦承，"我们本应该更早地改正这个错误，不管怎么说，我们最终做出了改正。"

在成立时就轰动一时的风险投资公司往往有两个共同点：一是有一些特殊的

投资和经营方法，二是他们有知名的合伙人和强大的关系网络。在少数情况下，特殊方法能够解释大部分成功。尤里·米尔纳就是这种情况，他在没有任何关系的情况下到达硅谷，随后直接攀上了巅峰。老虎环球基金也是这种情况，它临时构建了对冲基金/风险投资混合模型。YC 或多或少也是这种情况，其批量进行的种子投资确实很新颖。但在大多数例子中，新风险投资公司的成功是因为创始人的经验和地位所带来的影响，而不是因为他们声称的独创性方法。学术研究证实了这个显而易见的事实：风险投资的成功很大程度上归功于人际关系。"硅谷盛行个人崇拜，"英国风险投资人马特·克利福德曾经说过，"但这些被崇拜的个人其实代表了关系网络的胜利。"

风险投资箴言

- 当首席财务官告诉你他们已经很久没有与投资人交谈过时，你可能真的碰到了一个难得的机会。

- 要评估一家公司的前景，你必须与它的客户交谈。

- 比起用所谓"真正的首席执行官"替代技术背景出身的创始人，风险投资人更应该指导创始人成为成熟的管理者，"由企业家帮助企业家"。

- 在每个国家逐个找出每个类别中最好的公司，选择在某个市场中有着成熟商业模式的公司。这种策略为选择"那一类中的这一个"。

- 风险投资的成功很大程度上归功于人际关系。

The Power Law

THE POWER LAW

Inside Silicon Valley's Venture Capital Machine

第 13 章

是什么让红杉资本不断取得成功

T h e   P o w e r   L a w

The best ventune capitalists consciously create their luck.

最好的风险投资人
在有意识地创造他们的好运。

Inside Silicon Valley's Venture Capital Machine

2010年夏天，也就是安德森-霍洛维茨公司成立一年后，凯鹏华盈的合伙人乔·拉科布（Joe Lacob）进行了一项很反常的投资。拉科布在凯鹏华盈任职的23年里投资了大约70家企业，涵盖生命科学、能源、电子商务等各个行业，但他这次的投资对象有所不同。它成立于64年前，也就是1946年，并不能算是一家初创企业，而且它的团队士气低落，在创新方面也乏善可陈。然而，拉科布发现了它的巨大潜力，他与几个投资伙伴一起，向加州北部衰败的篮球队金州勇士队投资了4.5亿美元。

接下来发生的事情成了一个席卷硅谷的、使其更加繁荣的标志性事件。拉科布带来了一个由技术人员和好莱坞人士共同组成的、充满创意的人际网络，令金州勇士队像一个热门的社交媒体平台一样一飞冲天。在被拉科布收购前一年，金州勇士队输掉了那个赛季2/3的比赛，但是他们在2015年打进了NBA总决赛，并在接下来的4年里每年都打进了决赛且三度夺冠，还创造了NBA单赛季最多获胜场次的记录。他们以远距离投射三分球为基础，构建了一套更具得分效率的战术体系，出色的成绩让这套战术体系远近闻名，也很快就吸引了一些球队模仿。金州勇士队的主场座无虚席，门票价格飞涨，于是拉科布将球队主场从东奥克兰的破旧场馆搬到了圣弗朗西斯科的一座豪华体育馆。到2020年，据估计，金州勇士队的估值达35亿美元，几乎是拉科布和他的财团所投资金额的8倍，一支篮球队竟然产生了风险投资式的回报。

最棒的篮球队都有一些明星球迷，摄像机会常常在赛前寻找他们的身影，比如杰克·尼科尔森（Jack Nicholson）是洛杉矶湖人队的球迷，斯派克·李（Spike Lee）是纽约尼克斯队的球迷，等等。自然而然，金州勇士队的球迷中有许多《福布斯》最佳创投者名单的上榜人物，包括投资了eBay的基准资本基金合伙人鲍勃·凯格尔、曾长期担任红杉资本执行合伙人的马克·史蒂文斯（Mark Stevens）等，安德森-霍洛维茨公司的联合创始人本·霍洛维茨和投资了谷歌的超级天使投资人罗恩·康韦也是金州勇士队的忠实粉丝。这种体育界和科技金融领域的融合以两种模式进行：风险投资人倾力支持金州勇士队，而金州勇士队员们则成了风险投资人。球队的明星前锋凯文·杜兰特[①]构建了包括共享单车企业酸橙单车（Lime Bike）、外卖平台应用配送伙伴（Postmates）等大约40家初创企业的投资组合。身高198厘米的防守专家安德烈·伊戈达拉建立了一个类似的风险投资"帝国"，已经退役的金州勇士队球员大卫·李则被招募为职业风险投资合伙人。金州勇士队的天才球员斯蒂芬·库里拥有图片分享应用拼趣的部分股权，他还和伊戈达拉一起发起了一项名为"球员科技峰会"的活动，将其他队员带入一个新赛道。

为什么不参与进来呢？在2010年之后的几年里，几乎硅谷的所有人都被科技狂热所触动。从圣何塞到圣弗朗西斯科的这片狭小土地上，坐落着世界上最有价值的5家公司中的3家：苹果、谷歌和Facebook；一些最令人兴奋的领域的"开拓者"也在这里，如爱彼迎、特斯拉和优步。这片土地经常被比作文艺复兴时期的佛罗伦萨，可以肯定的是，它是一块"吸金石"，也是一个多民族、多元文化的大熔炉和创新中心。由此产生的不平等现象同样令人震惊。例如云服务巨头Salesforce可以在圣弗朗西斯科市中心竖起一座直冲云霄的玻璃高塔，但同时

[①] 凯文·杜兰特于2016年至2019年效力于金州勇士队。——编者注

由于房地产价格飙升，很多初创企业甚至几乎买不起所谓的"车库"做办公室。而这里的交通状况也和曼谷一样糟糕，因为程序员们大多住在城里，他们需要乘坐双层巴士前往帕洛阿尔托附近的科技园区。

与之前的繁荣类似，风险投资依然是发展的核心推动力。在金融危机发生后的 2009 年到 2019 年的 10 年间，美国风险投资人的数量增加了一倍多，它们资助的初创企业数量也增加了一倍多。现在，该行业比以往任何时候都更成熟，可以为任何规模或类型的初创企业提供量身定制的投资，包括天使投资、企业孵化器的批量投资、以企业家为主导的早期投资和数据驱动的成长型投资，应有尽有。风险投资人们专攻的领域覆盖了从人工智能到生物技术再到加密货币的方方面面，更不用说农业技术、大数据和云服务了。当华尔街从 2008 年的金融危机中痛苦地复苏时，监管机构为了防止政府未来需要再次花纳税人的钱来救市，于是剪断了华尔街扩张的"翅膀"。而与此同时，西海岸的金融活动正沿着三个方向积极扩张：进入新行业、进入新地区，以及延长初创企业的生命周期。2013 年，当艾琳·李发明"独角兽"这个词时，她只统计出 39 家符合标准的公司，不到两年后，这个数字就变成了 84 个。

红杉资本成功公式的理性与柔软

最能代表这一繁荣的风险投资机构是红杉资本。在 20 世纪 80 年代和 90 年代，红杉资本和凯鹏华盈一直是硅谷排名前两位的风险投资公司，它们在一些方面很相似：都专注于网络设备、软件和互联网领域，都擅长帮助初创企业兴旺发达。在 21 世纪的第一个 10 年，当约翰·杜尔正处于他的巅峰时期，而红杉资本错误地站在"年轻人反叛"的对立面时，凯鹏华盈似乎更加强大。但在第二个 10 年，形势发生了逆转，凯鹏华盈和红杉资本开始反向而行，凯鹏华盈开始涉足清洁技术领域，而红杉资本则保持谨慎。当凯鹏华盈引领聘用女性的潮流时，红杉资本最初在这一问题上起步较晚，但随后灵活地实现了转变。约翰·杜尔与维诺德·科斯拉反凯鹏华盈团队的其他成员分道扬镳时，迈克尔·莫里茨仍然与道格·莱昂内保持着紧密联系，后者贡献了工程学方面的知识和用人识人的能力，帮助莫里茨实施他的宏大战略。杜尔喜欢聘请50多岁的名人，而红杉资本没有兴趣招聘这样的高管，正如莫里茨所说："他们太成功了，以至于在前进时失去了活力，他们对成功已没有足够的渴望，也有太多的外部事务分散他们的注意力，最重要的是，他们还没有准备好再次成为菜鸟。"

这些方法上的差别最终导致了他们业绩上的惊人差别。2021年，当凯鹏华盈的合伙人几乎从《福布斯》最佳创投者名单上消失时，红杉资本的合伙人占据了第一和第二的位置，并在前十名中占据了三个位置，红杉资本成为行业中遥遥领先的公司。它主导着风险投资行业在美国和中国的大多数业务，支持着从爱彼迎、WhatsApp到字节跳动、美团等"独角兽"企业。从风险投资到成长型投资，甚至到带有实验性质的对冲基金投资，红杉资本似乎在它所触及的所有领域都取得了成功。在整个硅谷，竞争对手们不停地讨论是什么让红杉资本不断取得成功，因为没有其他的团队能在如此出色的水平上维持这么久。

红杉资本的成功始于莫里茨和莱昂内的联合，他们是风险投资史上最成功的搭档。莫里茨注重战略，而莱昂内注重实操；莫里茨讲究纪律，而莱昂内比较随性；莫里茨是英国人，上过意大利语课，莱昂内是意大利人，他开玩笑说和莫里茨一起工作就像上英语课。两人的关系存在潜在的冲突：莫里茨既想要与莱昂内结盟，又想要被公认为头号人物，而莱昂内偶尔会对莫里茨发脾气，但他们始终支持着彼此，从20世纪90年代中期唐·瓦伦丁退休开始，两人在红杉资本发展问题上的每一个重大决定都一拍即合。他们在沙丘路创造了最纪律严明、同时也最具实验性的公司文化。

红杉资本严明的纪律解释了为何莱昂内和莫里茨这两个完全不同的人能够如此团结。对莱昂内而言，作为顽强拼搏的意大利移民，努力工作是一种本能。有一次，莱昂内为了考验自己的意志力，在没有使用麻药的情况下钻了牙。事业、家庭和保持体形是他生活的全部，他没有时间与那些想和名人交往、加入华而不实的慈善委员会或在会议上浪费时间的合作伙伴相处。他也不会容忍那些不能全力以赴的同事。而毕业于牛津大学的作家莫里茨对赢得竞争的渴望则以一种不同的形式呈现出来，但同样坚定。自从他早年担任商业记者以来，莫里茨一直憧憬着自己能够依靠耐心和意志力，"向着一个有意义的目标坚持不懈地、自律地前行"，一步一步地取得最终的成功。莫里茨表示，超越平庸往往需要的是战胜精神上的挑战。你必须全身心投入，像史蒂夫·乔布斯一样，把完美主义视为一种必然，而不仅仅是一个可选项，或者像英国传奇足球教练亚历克斯·弗格森一样全力以赴。莫里茨在写一本关于领导力的书时将弗格森作为了人物原型，并请他担任了合作作者。杰森·卡拉卡尼斯（Jason Calacanis）是一位见识过许多风险投资机构内部情况的企业家，在回忆莫里茨和莱昂内是如何培养出一种使红杉资本脱颖而出的公司文化时，他说："我按事先约定好的时间在上午 8 点 30 分出现在红杉资本总部，并在会议室与某个合伙人和初创企业代表会面。下午 4 点，我会在红杉资本总部闲逛和喝咖啡，然后看到同一个合伙人仍然在那里，仍在与初创企业代表会面。"

意志力只是红杉资本成功公式的第一个组成部分。莫里茨和莱昂内还高度关注初创企业的文化，他们认为，外部投资的成功来自初创公司内部对卓越的追求。莫里茨列举了初创企业会面临的一系列挑战：如何推进人才招聘、团队建设和公司制度标准的制定；如何应对员工灵感和动力缺失问题，避免自满；如何面对新竞争对手的挑战，坚持自我革新，以及不断通过辞退表现不佳的员工的方式保持团队"先进性"。在这一系列的挑战中，团队建设和青年人才的发展是特别优先事项。正如莫里茨所说，红杉资本坚信"要培养那些虽默默无闻，但拥有自主能力，以及有望成为下一代领导者的人才"。当然，这句话也可以用来描述阿克塞尔是如何培养凯文·埃法西的，但显然红杉资本在培养新员工上更有针对性。

鲁洛夫·博塔的故事说明了莫里茨和莱昂内是如何培养人才的。2003 年，红杉资本聘请了时任 Paypal 首席财务官的博塔，这是与那些积极进取的 Paypal 前员工建立联系的一个妙招，如果不这么做，那些 Paypal 出身的人并不会与红杉资本紧密合作。除了拥有Paypal方面的人脉，出生于南非的博塔的个人特质也让他成为红杉资本的理想雇员：他曾是斯坦福大学商学院的佼佼者，并且作为一名移民充满奋斗的动力。他还不到30岁，没有投资经验，所以公司的高级合伙人把培养他作为一项重要使命，当然，如果博塔没能脱颖而出，他们会像关闭一家濒临倒闭的初创企业一样冷酷地把他赶出去，让他带着一份密不透风的保密协议去走自己的路。但他们有着帮助博塔的强烈意图，希望将他培养成为一名红杉资本的"战士"。

像红杉资本的所有新员工一样，博塔先跟随经验丰富的同事开展工作。他参加了不同的高级合伙人会议和不同类型公司的董事会会议，吸收了一系列截然不同的创业文化。他积极地从老前辈那里汲取建议，唐·瓦伦丁很快告诉他，最好的创始人通常是最难对付的那类人。在办公室待了几个月后，博塔做出了他的第一笔投资，对象是一家名为Xoom（埃克苏姆）的汇款公司，此时，一位高级合伙人提出了一个双赢的方案。首先，这位高级合伙人进入该公司的董事会，并将博塔以观察员的身份带到会议上，如果公司获得成功，两人将互换角色，博塔将获得正式的董事会席位，成为一家抢手的初创企业的董事。"如果公司不成功，将由我而不是你承担失败的责任。"高级合伙人说，博塔同意了这一方案。最终，Xoom汇款公司蒸蒸日上，博塔正式度过了学徒期，并升任该公司的董事会成员。这与凯鹏华盈的做法相反，在那里高级合伙人会从年轻投资人的手头把最好的机会抢过来据为己有。红杉资本的做法甚至比阿克塞尔还好，后者的管理合伙人吉姆·布雷耶直接占据了Facebook的董事会席位。

Xoom汇款公司的经营情况花了几年时间才见好转，与此同时，红杉资本的合伙人们帮助博塔度过了不可避免的黑暗时期。表现糟糕的初创企业倒闭的速度通常比表现优异的初创企业成功的速度更快，因此，在公司盈利之前，往往会先出现令人沮丧的亏损。博塔第一次遇到他所投资的公司价值归零的情况，他在合伙人会议上痛苦地报告了这一事实，禁不住泪流满面。通常情况下，他很镇定，而且对自己的判断很有把握，这更加衬托出失败令他多么痛苦。然后，在任职 3 年后，博塔从痛苦转变为兴高采烈。2005 年，他领导了红杉资本对视频平台 YouTube 的 A 轮投资；2006 年，经过异常短暂的交涉后，该公司就被谷歌收购了，红杉资本的投资获得约 45 倍的回报。又过了 3 年，博塔再次陷入了困境，这一次，他的痛苦不是因为投资失败，而是因为错过了极好的投资项目：当 Twitter 还是一个简陋的消息传递平台时，博塔放弃了它。他曾一度追逐 Facebook，却在那场奇怪的睡衣恶作剧中受尽折磨。即使是投资 YouTube 的成功也变味了，回想起来，他觉得红杉资本的卖出时点太早了。对于任何风险投资人来说，这些财富波动都会对自己的判断力造成严重破坏：当你评估下一笔交易时，黑暗时期会让你过于谨慎；相反，成功的快乐也会让你狂妄自大。回顾这段时期，博塔很感激公司合伙人们始终围绕在他身边：当他情绪低落时，他们鼓励他大胆尝试；当他情绪高涨时，他们帮助他避免因自满而对创业公司的前景过于乐观。

尽管红杉资本有着理性和纪律严明的文化，但该公司在团队建设上却有着令人惊讶的柔软的一面。工作之外的合作关系始于所谓的"破冰"：同事们会彼此敞开心扉，谈论婚姻中的张力、工作中的不安全感或家庭问题等话题。对此，道格·莱昂内表示："如果每个人都愿意敞开自己的心扉，并且没有人趁此机会打别人的主意，公司中就会营造出一种信任的氛围。"工作之余，红杉资本还举办过扑克锦标赛，合伙人们为争夺奖品同台竞技。该赛事奖品为"唐·瓦伦丁的花格外套"———件非常花哨的红黄黑相间的夹克。而对博塔而言，这样的活动帮助他与同事建立了友谊。一次活动中，在非常泥泞的夺旗橄榄球比赛场上，博塔在南非的童年记忆被唤醒，他本能地冲向一个肌肉发达的对手，并用橄榄球式的铲球击倒了他。幸运的是，经过这件事后，他们成了朋友。"这是我们建立友谊的开端。"博塔后来回忆道。

这种团队建设也体现在红杉资本庆祝其成功的方式上。当投资组合中的一家公司实现盈利，风险投资决定退出时，通常媒体只会介绍位于董事会中的那个合伙人，就好像风险投资是一种孤狼式的运作方式。红杉资本则特意将胜利归功于集体，认为成功的投资几乎总是集体努力的成果。例如，当红杉资本庆祝其成功出售聊天软件 WhatsApp 时（这也是迄今为止红杉资本回报第二多的项目），红杉资本内部记录的"里程碑备忘录"首先向领导该交易的合伙人吉姆·戈茨（Jim Goetz）致敬，他曾是在夺旗橄榄球比赛中被博塔击倒的"受害者"。但里程碑备忘录很快转而显示出另外的信息，称 WhatsApp 是"红杉资本典型的集体成果"，十多位合伙人为这次胜利做出了贡献：红杉资本内部富有才华的招聘经理帮助 WhatsApp 将其工程师团队的规模扩大了 5 倍；博塔和莫里茨为 WhatsApp 的分销和全球战略提供了咨询；红杉资本在印度、新加坡和中国的团队为 WhatsApp 提供了实地情报；红杉资本的媒体主管帮助 WhatsApp 内向的首席执行官扬·库姆（Jan Koum）成为公众人物。在里程碑备忘录中，红杉资本还特别致谢了一位名叫塔尼娅·希拉奇（Tanya Schillage）的办公室助理。在达成出售协议的前一天凌晨 3 点，在库姆要去敲定出售文件的途中，他的车抛锚了，希拉奇得到消息后立刻展开行动，为库姆找了一辆新车。不知她是用了什么办法在夜间完成了这项壮举——她竟然为库姆提供了一辆与他的座驾几乎相同型号的保时捷。

让今天的明星企业家去寻找下一个

为了深化团队合作，并推动莫里茨所强调的自我革新，红杉资本迅速向冉冉升起的新合伙人授予管理公司的职责。2009 年，红杉资本的领导层悄然发生转变。表面上，莫里茨和莱昂内继续掌权，并保有"执行合伙人"的头衔，但美国分部风险投资业务的一线管理权非正式地移交给了吉姆·戈茨和鲁洛夫·博塔。这对年轻二人组的出现不仅带来了一系列新的想法，还加强了红杉资本投资流程的严谨性。

吉姆·戈茨推动的主要创新是强调建立主动性的思维。他的投资生涯始于阿克塞尔，在那里他吸收了"做有准备的头脑"这种思维方法，他看到这种自上而下的、预期式的思维方法在红杉资本特别有用。由于红杉资本是硅谷里处于领先地位的风险投资公司，大多数初创企业的创始人都渴望向它推销自己。根据红杉资本自己的统计，在最终由排名前 24 位的风险投资机构所投资的初创企业中，大约 2/3 的创始人都曾邀请过红杉资本参与投资。但这种交易上的特权地位既是福也是祸，合伙人的日程中挤满了接待来访者的各种会议，使他们的行程安排很容易变得被动。

为了应对这种危险，戈茨将阿克塞尔的"做有准备的头脑"方法带到了红杉资本，带领合伙人们理清技术发展趋势，勾勒出未来技术领域的三大图景，并预测哪些类型的初创企业会从中获得成功。他很早就勾勒出移动互联网发展格局的详细图景，并列出了影响移动互联网未来发展的三大核心，即电话运营商将要建造的基站、手机中的芯片以及在手机上运行的软件。他勾勒出的第二个图景是，数据从用户设备向云端迁移将成为未来趋势，他还据此预测了新的硬件配置、软件业务模型和其中潜在的安全漏洞。第三个图景侧重于关注"开发者的崛起"，他认为，在全球范围内，所有正在改变现代生活的软件仅由 2 500 万名程序员编写，人数仅占全球人口的 0.33%，因此任何能提高这个小群体生产力的东西都会非常有价值。早在马克·安德森宣称"软件正在吞噬世界"之前，红杉资本就已依据第三个图景在软件开发领域进行了大量投资，例如 3D 电影和游戏的软件开发平台优美缔（Unity），数据库创新公司萌阔软件（MongoDB）和领先的开源代码存储库 GitHub。到 2020 年底，红杉资本在这三家公司的股权合计价值约 90 亿美元。

戈茨引领了"做有准备的头脑"方法在红杉资本的建立，而博塔率先将行为科学应用到风险投资中。这是一个激进的想法，但博塔的同事认为它给红杉资本带来的影响是变革性的。在其他风险投资机构中，投资人经常吹嘘自己是依靠直觉进行投资，他们声称拥有一种投资第六感，即所谓"模式识别"能力。"我的整个职业生涯都是这样，我不知道自己是怎么做到的。"一个成功的风险投资人不无得意地说。但博塔指出，在早在 20 世纪 70 年代的著名实验中，心理学家就已经展示了人类的反应是如何背离理性的，并且他着手将这些研究成果应用到了红杉资本星期一的合伙人例会上。他的目标，或者说最低限度的目标，是使投资决策过程在一星期内保持一致。"有时我们觉得，如果我们在前一个星期或下一个星期审视某家公司，我们的决定就会不同，"博塔解释说，"这可不像是能持续成功的做法。"

博塔对行为科学的关注部分是因为他过早出售了YouTube。在接受谷歌的收购要约时，创始人的行为与行为实验所预测的完全一样：人们通常愿意为了避免损失而去冒险，但在价格等因素不断上涨时，他们会非理性地规避风险。通过审查红杉资本的退出模式，博塔确定，尽管莫里茨早先曾努力延长持有期，但红杉资本仍反复发生过早卖出的行为。行为科学领域的文献中还提到了另一种引起博塔注意的经常性行为，那就是风险投资人遭受着"证实偏差"的影响，即忽视那些与自己的观点相反的信息。在红杉资本，合伙人有时会错过有吸引力的B轮交易，仅仅因为他们不想让自己有糟糕的感觉，他们不愿意承认自己在A轮阶段没有投资这家初创企业其实是错误的。[①]

克服证实偏差的第一步是认识它，于是博塔从公司外邀请了心理学家向合伙人们具体解释产生这种认知偏差的原因和影响。他带领同事们对过去的决策进行了痛苦的事后分析，反复审视那些他们做出错误判断的时刻。此前，合伙人们曾试图从失败的投资组合公司案例中吸取教训，而现在，博塔同样关注那些红杉资本拒绝投资但在后来大获成功的一些初创企业的案例。为了进行科学的事后分析，合伙人们保留了投资会议上所有的投票记录。"这不是为了找替罪羊，"博塔解释说，"唯一的目的是弄清'作为一个团队我们学到了什么'。如果我们能够更好地做出决策，那就能成为我们优势的来源。"

---

① 红杉资本的合伙人在评估初创企业的价值时，有时会受到其他投资人估值的影响，即使其他投资人知道的比他们还少。例如，2015年1月，红杉放弃了对3D软件平台优美缔双倍下注的机会，因为该公司在最近的收购要约中确定了估值。7个月后，红杉资本承认了错误并进行了投资，但到那时，优美缔的估值几乎翻了一倍。

除了进行事后分析，博塔还开始在实时决策中建立新的规范。为了消除决策科学所指出的"金融风险厌恶"现象，合伙人们在每份投资备忘录中都引入了一个"预演"环节，即描述将投资的这家公司在一切顺利的情况下将如何发展。通过将此环节纳入决策流程，合伙人们将有机会充分表达自己对这笔交易的兴奋之情，而如果没有这个环节，这种对美好预期的坦率表达会让合伙人感到压力。"我们都深切地渴望避免因错判形势而尴尬，"吉姆·戈茨反思道，"但我们干这一行就无法避免这类尴尬局面，我们需要足够舒适的氛围，才能大声说出可能发生的好事情。"

红杉资本也开始围绕"锚定"问题进行制度设计。所谓"锚定"，即根据他人的观点进行判断，而不采取独立立场、仔细研究证据的做法。在大多数风险投资公司中，合伙人会就他们正在评估的初创企业互相交流，这样做一部分是为了征求建议，一部分是为了在星期一的合伙人会议投票开始前招募盟友。在红杉资本，合伙人们决定，为了尽可能做出最理性的决策，**应该禁止拉票**。同时，在做出决定之前，他们每个人都会以完全客观的心态阅读投资备忘录，尽最大努力避免群体思维，然后他们会带着自己的立场，参加星期一的合伙人会议。"我们不想要被动式的答复，如'如果你愿意就去做'，"莱昂内说，"一场投资的发起者需要帮助，主导一项投资是非常孤独的。"

2010 年，根据莫里茨的想法，博塔开始构建红杉资本的"侦察员计划"，这是受天使投资理念的一种变体。大多数天使投资人都曾是创业者，他们已经从初创企业中套现，有足够的财富，但他们对商业环境的理解已经过时了。与此同时，活跃的企业家们的财富被捆绑在他们的公司中，因此他们缺乏现金来进行天使投资。随着成长型投资的出现，这变得越来越成为一个问题，因为企业家们一再推迟他们从初创企业中获利的时刻。"想象你是德鲁·休斯顿（Drew Houston），在 2012 年你的身价高达 1 亿美元，但你甚至付不起租金，更别提有余力投资其他公司了。"博塔以 Dropbox 的两位创始人之一为例解释道。**因此，博塔和他的合作伙伴想出了一个解决办法："我们给你 10 万美元来投资，如果**

成功，我们拿走一半的收益，作为侦察员的你可以保留另一半。"显然，这种安排将为红杉资本带来投资线索，这意味着已经成功的顶级创业者可以通过这个方式为红杉资本寻找下一批企业者中最耀眼的明星。

就像提出自己的天使投资型模式——侦察员计划一样，合伙人们也对安德森-霍洛维茨公司的创立做出了反应。在安德森-霍洛维茨公司大肆宣传其对初创企业在公司建设方面的帮助之后，红杉资本扩大了其内部的"运营合伙人"团队，这一团队的工作就是为投资组合公司提供咨询服务。在2010年前后，红杉资本开始为创业者举办研讨会，通过一个名为"基础集训营"的活动，将创业者们聚集到山上度过周末，现场有篝火、棚屋帐篷，以及从技术到建筑的各类主题演讲，另一项名为"公司设计计划"的项目则以公司合伙人讲授课程为特色。在2020年新冠肺炎疫情暴发时，红杉资本推出了一款名为"Ampersand"（安珀桑德）的应用程序，获得红杉资本投资支持的创业者们可以使用它来保持联系，并交流、评估管理上的想法，例如讨论当员工们远程工作时，是否应该调整他们的薪酬，以及如何帮助心理健康恶化的团队成员等。

2012年初，在戈茨和博塔非正式地获得晋升3年后，莱昂内收到了莫里茨发来的一条奇怪的信息：莫里茨想在下个星期六到家里来探望自己。当莫里茨到访时，他告诉莱昂内，因为一个不愿提及的健康问题，他将不得不放弃"执行合伙人"的职位。这对搭档已经不知疲倦地合作了16年，莫里茨一直是红杉资本的主导人物，主持关键会议并确定公司的发展方向，但现在莫里茨的隐退意味着一个时代即将结束，莱昂内将不得不填补这个空缺。

领导权的交接对合伙企业而言是危险的，尤其是在合伙人已经赚到钱，并且有办法抛开一切享受人生的情况下。在处理莫里茨的权力交接问题时，莱昂内采用了金州勇士队T恤衫上所宣扬的"群体优势"式的方法。他没有让某个人取代莫里茨，而是加倍关注红杉资本的团队文化。他飞往中国香港，请沈南鹏担任执行合伙人，然后立即再次飞回美国，去请吉姆·戈茨担任执行合伙人，这样一来，莱昂内以自己为核心构建了领导红杉资本的"三驾马车"。为了确保他的队友们有强大的动力，他将自己的薪水削减了1/3，签字放弃了一大笔未来薪酬，并将这部分收益分享给他人。这是一次平滑的转变，5年后，红杉资本重复了同样的壮举。2017年，年仅51岁的戈茨决定下台，因为43岁的博塔已准备好升任执行合伙人，这种管理层的更新换代为下层的人才创造了空间。此外，44岁的明星合伙人林君叡成了美国风险投资团队的联合负责人。就这样，红杉资本将"群体优势"与对更新换代的信念结合起来，推动着它的未来发展。

红杉资本纪律严明的团队和大胆的实验性变革揭示了风险投资获得成功的秘诀。单独来看，每一次风险投资的成败似乎都取决于偶然性：投资人或是收到了随机推荐，或是遇到了有灵感的年轻人，或是通过某种秘密"渠道"与年轻人建立了联系，等等。雅虎的杨致远在解释这种联系时神秘地表示，迈克尔·莫里茨与他"灵魂契合"，而另一位红杉资本支持的企业家托尼·津盖尔（Tony Zingale）则表示，他与道格·莱昂内相处得很好，因为"莱昂内也是个热情似火的意大利人"。抛开这些琐碎的解释，红杉资本确实揭示了看似随意和偶然的事件背后的原理：最好的风险投资人在有意识地创造他们的好运，他们系统性地工作，增加了好运发生的概率，使这种好运反复出现。

红杉资本在21世纪大部分的成功投资都源于这种在21世纪头几年实施的系统性工作。通过招募年轻的鲁洛夫·博塔并有意识地丰富他的资历，红杉资本为获得数十亿美元的利润奠定了人才基础。在YouTube和Xoom的投资获得成功后，博塔接连投资了金融科技公司方盒支付（Square）、基因检测公司纳提拉（Natera）和23andMe（真我基因）、热门社交媒体Instagram以及数据库创新公司萌阔软件，并取得了一系列的巨大成功。在2020年4月《福布斯》发布的"最佳创投者名单"中，博塔排名第三。5个月后，他庆祝了软件开发平台优美缔的IPO，因为红杉资本在对其投资中获得了超过60亿美元的收益。

怀疑者可能会说，这个故事听起来太简单了，真的是红杉资本对博塔的教导带来了那些超乎寻常的胜利，还是其实博塔本人就拥有非同寻常的天赋或运气？如果你孤立地看待博塔的故事，可能很难得出答案，但如果你考虑到红杉资本为培养每一名新员工所做的努力，就能清晰地发现系统性的基础工作所起到的作用了。在红杉资本，不仅仅只有博塔早早有机会成为成功初创企业的董事会成员，也不仅仅只有他可以与一位经验丰富的合伙人导师配对，每一名新员工都有机会，这是红杉资本的标准做法。为了体现对员工培训的重视，道格·莱昂内特别强调会亲自与每名新员工谈话，他会问新员工从最近一次合伙人会议中学到了什么。他这样提问隐含的意图是什么？① 让我来举个例子。萨米尔·甘地（Sameer Gandhi）在加入阿克塞尔之前是红杉资本的初级合伙人，他还记得莫里茨是如何不厌其烦地指导他进行时间管理的。莫里茨会说："让我们看看你去年的日程，看看你都去了哪里。"然后他会继续问道："你把时间都花在了哪里？那些是你必须做的事吗？为你带来成效了吗？"总之，**鲁洛夫·博塔**的成功无疑反映了他的才能和运气，但必须强调的是，他是在一种能够激发才能、创造幸运的文化氛围中工作，也难怪他的许多队友表现都非常出色。

2010 年至 2015 年，红杉资本在美国最成功的投资是聊天软件 WhatsApp，后来红杉资本将其出售给了 Facebook，大多数对这笔投资的描述都强调了戈茨表现出的努力。最初，WhatsApp 创始人扬·库姆躲在芒廷维尤的一栋大楼里，门上没有任何标志，他拒绝回复戈茨的电子邮件。当戈茨最终得以与库姆会面时，迎接他的是一个戴着小圆帽的不苟言笑的身影和一双可怕的目光。"我肯定遇到麻烦了。"戈茨回忆道。后来，戈茨花了两个月的时间才说服了库姆拜访红杉资本，但即便准备了这么久，库姆来到红杉资本时还是小心翼翼。戈茨没有让性格内向的库姆向整个公司做自我介绍，而是带领他与一些合伙人进行了一次随

---

① 莱昂内对指导新员工的投入反映在他对一个在风险投资领域常见理论的蔑视上：除非能评估新员工多年的业绩记录，否则你无法挑出优秀的新员工。在莱昂内看来，只有漫不经心的管理者才会持有这样的观点。敬业的管理者在更早期的阶段就知道谁是优秀的，因为他们很专注。"你不必等到期末考试才知道谁是好学生。"莱昂内说。

意的问答。最终，戈茨帮助库姆克服了害羞，并赢得了他的信任，这听起来真像是一个完美的风险投资童话。

然而，在这个关于追逐和吸引的童话背后，还有另一个故事。戈茨强调"主动性"，他构想了一个他称之为"早起的鸟"的系统，这个系统可以帮助他从苹果的应用商店中寻找有用的投资线索，于是红杉资本编写了这个系统的代码，使其可以跟踪60个国家的消费者所使用的软件的下载量。正是这种数据侦察让戈茨注意到了WhatsApp，它在60个国家中的大约35个应用商店中下载量排名第一或第二，尽管这个应用软件在美国还不出名，但这种状况的改变似乎只是时间问题，因此戈茨决定在他的竞争对手发现这个机会之前访问WhatsApp的开发者。当然，这个系统所统计到的数据并不是戈茨投资的直接原因，但它增加了投资发生的概率。如果你认为它把投资概率提升了10%，那么创造这个网络爬虫系统的价值就达到了数亿美元，因为红杉资本对WhatsApp的投资产生了35亿美元的利润。由于连同这项投资在内的几项成功投资，戈茨连续4年占据"最佳创投者名单"的首位，直到2018年，他在红杉中国的队友沈南鹏才接过了这个位置。

这种"表面上是偶然，更深层次是因为系统性努力"的带有双重意义的故事也在其他成功的红杉资本投资人身上发生过。例如，在2009年春天，一位名叫格雷格·麦卡杜（Greg McAdoo）的红杉资本合伙人来到YC所在的大楼并与保罗·格雷厄姆进行了交谈，麦卡杜想知道，什么样的创业公司可以在金融危机后的经济衰退中幸存下来。格雷厄姆谈到了一些具有"智力上的坚韧品质"的创业公司，这时在YC的一张长桌边，一群年轻人正挤在一台笔记本电脑前，格雷厄姆向他们点了点头。麦卡杜接近了他们，并凭借自己对商业模式的理解让年轻人们赞叹不已，这一行为促成了红杉资本对房产租赁平台爱彼迎的投资，并最终为其创造了数十亿美元的利润。投资爱彼迎的故事听起来可能会有一种"风险投资在做投资时非常随意"的感觉，让大家觉得风险投资人的能力与其所能获得的回报完全不成比例。但更深层次的事实是，麦卡杜对YC的访问其实一点儿也不随意，他去那里是因为红杉资本已经有意地让自己成为 YC 的主要合作者，他们已经投资了多名 YC 毕业生，并为 YC 的种子基金提供了资金。而麦卡杜之所以能够让爱彼迎的创始人们惊叹不已，一方面是因为他早已预见到现有的租房业务模式已经成熟，可以进行数字化革新，另一方面则是他之前就花时间研究了可以挑战现有租房服务企业地位的一些方式。其他风险投资机构会关注到爱彼迎，然后失去投资兴趣，因为它们觉得房主会接纳陌生人的想法似乎很古怪，而麦卡杜则是带着"有准备的头脑"来到爱彼迎团队的面前的，这代表着戈茨鼓励的思维方法正在带来回报。

红杉资本还投资了文件共享公司 Dropbox，这家公司也是 YC 批量投资的产物。在这笔投资中，关于偶然性和系统性努力的故事更加耐人寻味。在一个 YC 宣讲日，Dropbox 的创始人德鲁·休斯敦（Drew Houston）和阿莱希·费尔多西（Arash Ferdowsi）正在向一屋子的投资人推介他们的业务，这次展示成了红杉资本好运的开端。展示结束后，两位创始人被一个头发花白的开朗男子逼到了墙角，他自称叫佩伊曼·诺扎德（Pejman Nozad），这位新朋友似乎出于一种最武断的原因关注了 Dropbox 的创始人们：他是来自伊朗的移民，和费尔多西的父母一样。诺扎德打出了移民牌，用波斯语和费尔多西交流，并答应帮助 Dropbox 筹集资金。他邀请创始人们到他的住所，那是一家卖波斯地毯的商店。

费尔多西和休斯敦接受了邀请，去一趟对他们而言也不会有什么损失，但当休斯敦到达那家店时，他开始隐隐地感觉自己有些愚蠢。这位地毯经销商用波斯音乐招待他们，端上用玻璃杯盛的茶，并礼貌地递给他们糖块，这是一个堪比好莱坞喜剧的场景。当诺扎德向费尔多西询问他父母的家乡和他最喜欢的波斯菜时，休斯敦甚至想知道这整件事是否是一个节目的安排，也许他正在一个整蛊真人秀节目中扮演被捉弄的角色。

尽管有种种不正常的表象，但诺扎德对投资 Dropbox 是完全认真的。除了地毯经销商的身份外，他还是红杉资本的非正式侦察员。一年前，道格·莱昂内在诺扎德的地毯商店向创业者们发表演讲，并鼓励诺扎德寻找可能有吸引力的投资机会。在那次会面之后，诺扎德成为红杉资本与硅谷的伊朗移民联系的纽带，这一移民群体包括了 eBay 的创始人皮埃尔·奥米迪亚和优步后来的老板达拉·科斯罗萨西（Dara Khosrowshahi）等。红杉资本重视诺扎德的人脉，因为它相信移民的勇气和毅力，也因为红杉资本一直与移民息息相关：莫里茨、莱昂内和博塔分别出生于英国威尔士、意大利和南非，而红杉资本的成功投资案例中，有 3/5 的公司至少有一位移民创始人。换句话说，看似偶然的事情实际上恰恰相反，诺扎德是红杉资本确保能获得最好的投资机会这一战略的一部分。

在诺扎德关注 Dropbox 3 年后，红杉资本正式的侦察员计划开始启动，这类看似随意的故事变得越来越普遍。以前，天使投资时常与风险投资存在竞争，但现在这种竞争被红杉资本转变为一种加深同下一代创业者联系的机制。在对癌症检测初创企业健康护卫（Guardant Health）投资的案例中，侦察员对它的投资导致红杉资本跟进 A 轮投资，最终为红杉资本带来了超过 10 亿美元的收益。在另一个案例中，侦察员计划使红杉资本成功押注图钉信息（Thumbtack），这是一款帮助消费者在线寻找线下社区服务（如管道工或家庭教师）的应用程序。但到目前为止，侦察员计划的最大胜利是红杉资本对支付领域初创企业条纹支付的投资。如果说是红杉资本在有意识地创造让好的投资机会更易出现的环境，那么这次投资就是最完美的案例，如果说"人为的巧合"存在的话，红杉资本就是制造这种巧合的大师。

入股条纹支付，开始主导风险投资行业

条纹支付的创始人是一对名叫帕特里克·克里森（Patrick Collison）和约翰·克里森（John Collison）的爱尔兰兄弟，即使按照硅谷的标准，他们也非常年轻。帕特里克身材瘦削，一头红发，年纪稍大，16 岁时就获得了爱尔兰的国家科学奖。他创造了一种 Lisp 语言的变种，而 Lisp 语言是 YC 的保罗·格雷厄姆最钟爱的计算机语言。在那之后，帕特里克用几个月的时间完成了剩余的两年

高中学业，并获得了麻省理工学院的奖学金，为了庆祝毕业，他跑了一场马拉松。黑头发的弟弟约翰也紧跟哥哥的步伐。2007 年，16 岁的他离开了位于爱尔兰西部的家乡，到美国投奔帕特里克，两人共同创办了他们的第一家软件公司。第二年，他们卖掉了这家公司，成了百万富翁，随后，帕特里克回到麻省理工学院，约翰则被哈佛大学录取。

2009 年，20 岁的帕特里克和 18 岁的约翰在帕洛阿尔托度过了夏天。他们一直在酝酿一个新的商业理念，想要创建一家公司，来彻底改变需要收款的电子商务网站的体验。作为在麻省理工学院的一个副业，帕特里克创建了一个维基百科的可下载版本，却发现为它筹集资金是多么困难。当时，处理信用卡转账既昂贵又令人烦躁，尽管前期 Paypal 带来了一些希望，但在线支付仍处于黑暗时代。克里森兄弟开始着手解决这个痛点，他们通过建立会计平台来管理现金流、验证付款人身份和防范欺诈行为，电子商务商家只需将几行代码粘贴到为其网站提供支持的软件中，就可以连接到克里森兄弟的服务。

对于几乎所有风险投资人来说，克里森兄弟的这个想法都很有趣。兄弟俩已经创立并出售了一家公司，而且他们在当下的数字经济中发现了一个战略细分市场。一旦电子商务企业将克里森兄弟的代码整合到他们的网站中，并同意将他们的每笔收款的一部分作为使用代码的费用，克里森兄弟将在全世界爆炸式发展的电子商务领域中占有一席之地。一旦克里森兄弟的代码得到广泛应用，就很难被取代了，因为一旦一个支付平台将数千家供应商与数百万消费者联系起来，这不是一件能轻松被替换的东西。简而言之，克里森兄弟的项目拥有风险投资人所寻找的一切：利润丰厚的目标市场、对抗竞争对手的天然"护城河"以及拥有良好创业记录的团队。问题在于，哪位投资人会赢得与这两位天才的青睐。

当帕特里克来到达帕洛阿尔托时，他的第一个电话打给了 YC 的保罗·格雷厄姆，这证明了格雷厄姆的特别之处。当时，YC 已成立了 4 年，格雷厄姆已经利用他在年轻黑客中受崇拜的地位发展出一个强大的网络。他结识克里森兄弟是在帕特里克仍在爱尔兰读高中时，帕特里克曾通过电子邮件向他询问编程问题，"我不知道他是一名高中生，因为他的问题非常复杂。"格雷厄姆后来回忆道。帕特里克来美国的大学面试时，就住在格雷厄姆家，格雷厄姆又向他介绍了一些 YC 培养的公司创始人，这促成了克里森兄弟第一家创业公司的成立。格雷厄姆还将帕特里克介绍给了 YC 社群的其他年轻成员，其中包括 YC 的第一批毕业生山姆·阿尔特曼，他将在格雷厄姆退休后继续领导 YC。

在听说克里森兄弟之前，红杉资本就已经在与他们见面的"竞赛"中抢占了先机。原因在于，红杉资本与 YC 和保罗·格雷厄姆有着密切的联系，而且这些联系包括红杉资本投资了阿尔特曼的第一家创业公司，更重要的是，作为红杉资本支持的创始人，阿尔特曼很快就会成为红杉资本的首批侦察员之一。

后来，格雷厄姆邀请帕特里克·克里森参加他的"厨房会议"，同时也邀请了阿尔特曼。当三人聚在一起时，帕特里克还在变换着想法，他想开一家数字银行，但这在阿尔特曼看来似乎有点太遥远了。"当时我认为这不是那时最好的主意，但我认为帕特里克非常棒。"阿尔特曼后来回忆道。因此，格雷厄姆和阿尔特曼在厨房的餐桌上为克里森兄弟的未来冒险开出了天使支票——每人投资 15 000 美元，获得了公司 2% 的股权。

第二年夏天，克里森兄弟从大学退学，并搬到了未来的长期居住地帕洛阿尔托，他们对创立支付公司有了进一步的想法，并准备筹集更多资金。消息一出，格雷厄姆就通过电子邮件将自己在红杉资本的联系人迈克尔·莫里茨和格雷格·麦卡杜的联系方式发给了他们，与此同时，现在已经是红杉资本侦察员的阿尔特曼也通知了鲁洛夫·博塔。克里森兄弟始终是硅谷不知疲倦的人才搜寻者们最关注的对象。

接下来发生的是红杉资本与克里森兄弟之间看似偶然建立联系的迷人故事。多年后，约翰·克里森回忆起 2010 年夏天的某天，当时一辆黑色汽车停在了他与帕特里克和两个朋友合住的、狭窄的帕洛阿尔托公寓外。"一个威风凛凛、见多识广的亿万富翁下了车，走进公寓，嗅了嗅空气。"他回忆道。这个亿万富翁正是莫里茨。"你想喝点什么吗？"约翰问道。"好啊，"莫里茨回答，"你这儿有什么喝的？""哦，水或牛奶。"约翰回答。

"我不太确定迈克尔在早期阶段的我们身上看中了什么，"约翰谦虚地笑着说，"我们就像穿着宽大风衣的松鼠，勉强装出了一家公司的样子。"然后他若有所思地说："我认为迈克尔有他喜欢的创业者类型，大体上，他喜欢年轻的、大胆的、有移民背景的创业者。"

之后，帕特里克到位于沙丘路的红杉资本办公室拜访了莫里茨和博塔，他不管去哪儿，都骑着那辆枪灰色、带有红色条纹的赛沃洛（Cervelo）牌公路自行车。莫里茨询问了帕特里克的成长经历：一个在蒂珀雷里郡翠绿乡村长大的男孩，是如何成为一名在帕洛阿尔托向红杉资本做演示的创业者的？帕特里克描述了他成长的村庄德米尼尔，那里有两家酒吧，几家商店，一座 11 世纪建成的城堡，还有两位训练有素的科学家父母。莫里茨问及未来，如果一切顺利，帕特里克想象他的公司会是什么样子。通过这些问题，两人的感情更融洽了，之后莫里茨送帕特里克走出了大厅，他们俩站在门口聊天。

望向外面的道路，莫里茨看到了一件平常不存在的东西——帕特里克锁在路边栅栏上的赛沃洛自行车，他瞬间就有了个主意。他问帕特里克：喜欢到处骑行吗？是赛车手吗？骑过老洪达斜坡（一条从波托拉山谷的石桥到天际大道的知名高难骑行路线）的最佳时间记录是多少？当帕特里克说自己在不到 20 分钟的时间内爬上了老洪达斜坡时，他自己觉得在不知不觉中好像通过了一项测试。在莫里茨看来，帕特里克在一项高难的运动中具有竞争力这一事实，某种程度上反映了他的创业才能。

很快，克里森兄弟为他们的新公司取名为条纹支付。当然，红杉资本成为条纹支付的主要投资人还有多种原因。首先，莫里茨对人有着敏锐的判断力，他向帕特里克提出的问题旨在评估其韧性和雄心。其次，莫里茨了解数字在线支付的前景，毕竟他投资了Paypal。同时，他对向支付领域发起挑战的公司充满信心：在看到谷歌超越雅虎后，他愿意押注条纹支付会超越Paypal。但除了这些优势之外，红杉资本还得到了其侦察员网络的早期消息以及与YC的关系的帮助，所有这些因素的综合结果是，在条纹支付的早期支持者中，最有信心的便是莫里茨。红杉资本是条纹支付种子轮融资的最大投资人，提供了其A轮融资的几乎所有资金，莫里茨也是众多投资人中唯一获得了条纹支付董事会席位的人。到2021年，条纹支付的价值约为950亿美元，其中红杉资本的股权价值约150亿美元，而且还在不断上升。

多亏了对条纹支付和许多其他公司的成功投资，红杉资本开始主导风险投资行业，尽管该行业正变得日益拥挤。计算红杉资本在2000年至2014年间所有在美国的风险投资项目，即使不考虑管理费及其分红，红杉资本也已经获得了11.5倍净值的非凡投资收益，相比之下，这一时期风险投资公司的平均收益不到2倍净值。当然，红杉资本的成就也不是因为一些回报异常高的个案而产生的：如果你从样本中剔除收益前三名的公司，红杉资本在美国的风险投资项目中的收益仍为可观的6.1倍净值。红杉资本利用其在2003年、2007年和2010年筹集的资金，总共在美国进行了155次风险投资，其中，有20家公司产生了超过10倍的净值和至少1亿美元的利润，红杉资本在不同时间、不同行业、不同合伙人方面的收益具有惊人的一致性。"自从我1989年来到这里以来，我们已经聘请了200多名外部基金经理，"一只主流大学捐赠基金的投资主管惊叹道，"这些年来，红杉资本的业绩表现一直排名第一。"

拯救在亚洲的实验性投注

尽管红杉资本在美国的风险投资记录已经令人印象深刻，但其最大的成就源于其敢于跳出自己的舒适区。2005年，红杉资本进入中国，表现出对符合"莫里茨-莱昂内公式"的公司的投资兴趣。次年，红杉资本进军印度，与此同时，该公司开始涉足新的投资领域。红杉资本开始运营成长型基金、对冲基金，和一种名为"传承（Heritage）"的捐赠型基金。"你能想象吗，我加入红杉资本时，我们仅仅管理着一支4 500万美元的风险投资基金，而现在我们刚刚筹集了一支价值80亿美元的覆盖全球的成长型基金。"莫里茨惊叹道。

红杉资本的成功之所以引人注目，是因为来之不易。例如在印度，红杉资本认为它将重复在中国信任当地合伙人并获得成功的模式：莫里茨和莱昂内正式筹集了7亿美元的用于在印度或东南亚投资的专项基金，并将大权交给了一个由4名印度人组成的团队，该团队是从一家名为西桥资本（West Bridge Capital）的机构雇用来的。但5年后，红杉资本与这个团队的合作走向了终结，西桥4人组认为印度的早期风险投资还不成熟，因此提议将业务转为投资上市公司股票。当红杉资本表示反对时，西桥4人组在红杉资本的一个有限合伙人的帮助下脱身离开。在2011年的这次挫折之后，红杉资本本可以选择放弃在南亚的业务，事实上，一些合伙人的确想这么做，但莫里茨和莱昂内通过提拔印度团队中剩余的一名年轻成员，重新启动了印度分部，他们支持那些莫里茨称之为"虽默默无闻，却拥有自主能力"的人。红杉资本印度公司的新领导人是一个擅长交际的哈佛商学院毕业生，名叫塞伦德拉·辛格（Shailendra Singh），他过去5年的大部分时间都在红杉资本的美国总部工作，已经将红杉资本的文化内化于心。

辛格着手通过进行"子实验"来拯救红杉资本在亚洲的实验性投注。他承认该地区几乎没有创业传统，并认识到初创企业的创始人需要额外的帮助。他沿用安德森-霍洛维茨公司的模式，逐步打造出一支30多人的运营顾问团队，为初创企业提供销售、营销、招聘等方面的建议。鉴于红杉资本的沙丘路总部总共只有75人，其中还包括大约20来名投资人，这是一次相当大的扩张。2019年，辛格又采用了YC模式，提出了所谓的"浪涌"（Surge）计划。该计划将种子投资与创业强化课程相结合，要求创始人全身心投入5节课的课程中，每个课程持续一星期，该计划还故意将课程频率设置得比YC轻松的星期二晚餐会更密集。

通过让"浪涌"计划的创始人与成功的创业老手进行数十次会面，辛格的目的是让他们获得像 YC 所管理的创始人那样几乎天然的信心，而这种信心的建立仅仅是因为他们身处硅谷。"当一个年轻的创业者接触到足够多的成功人士时，他或她便会意识到，成功人士也是有血有肉的，"辛格说，"然后年轻的创始人会说，嘿，我也能做到这样。"

辛格将所有热情都倾注在启动印度市场上，他遇到的创始人几乎不明白他们在做什么，因此辛格不得不教导他们。例如在早期，他跟踪了一个名为"免费充值网"（Free Charge）的潜在投资对象，这是一个印度人用来在手机上管理银行账户的平台。但其 30 多岁的创始人库纳尔·沙阿（Kunal Shah）会让其他投资人望而却步，因为他不是印度著名的理工学院的毕业生，而且他没有上过商学院，相反，他在大学里所学的专业是哲学。但是，辛格没有囿于偏见，而是通过领英给沙阿发了消息，大名鼎鼎的红杉资本在数字经济发展落后的地区向一位谦逊的创始人伸出了援手。

辛格发送了消息，但得到的回应却是一片沉默。"这个来烦我的家伙是谁呢？"沙阿回忆起当时的想法，他从未听说过红杉资本，甚至从未听说过风险投资。后来，辛格让一个同样认识沙阿的熟人打电话，才联系上了他。这个熟人向沙阿解释道："这些是资助苹果和谷歌的人！"过了一会儿，沙阿如期出现在红杉资本在孟买的办公室，他没有特意做准备，比如准备幻灯片之类的，而且，他对辛格的一些问题感到困惑。

"你的 CAC 是多少？"辛格问。沙阿试图猜测"CAC"代表什么，但在给出了几个不符合标准的答案后，他放弃了伪装。"什么是 CAC？"他终于问道。"客户获取成本（customer acquisition cost），"辛格回答道，"即用营销预算除以出现在网站上的新用户数量。"沙阿想了一会儿，他的营销预算为零，因此他的 CAC 也为零，而且他为什么要纠结于一个与他的业务无关的缩略词呢？辛格继续问："你的用户数是多少？""每天 15 000 笔交易。"沙阿回答。

"是每个月吧?"辛格善意地纠正沙阿的口误,因为印度的互联网市场很小,免费充值网只有几个员工,每天15 000笔交易是难以置信的。沙阿想他可能确实是弄错了数字,于是检查了自己的笔记,然后抬起头来,说:"不,每天。"辛格简直不敢相信他听到的话。"我要投资!"他高兴地说。

但红杉资本的挑战才刚刚开始。作为尽职调查的一部分,辛格想了解免费充值网的用户留存率,但是沙阿从来没做过相关计算,所以辛格的团队不得不为他做这件事。在红杉资本进行种子投资后,免费充值网需要扩大其基础设施以应对不断增长的流量。作为一名非技术类创始人,沙阿感到毫无头绪,因此辛格的招聘人员为他聘请了一组程序员。不久之后,红杉资本聘请了一位谷歌前员工作为工程部门的负责人,而沙阿则以董事长的身份领导其他部分的业务。这次投资的一切流程都比预期的要长,但每当沙阿的情绪低落时,辛格都会给予他支持。"我会再给你100万美元,"辛格承诺,"我们会解决这个问题的。"

有一次,在一个特别困难的时期,沙阿丧失了勇气,因为免费充值网最新的用户指标很糟糕,而且钱快用光了。但是,像往常一样,辛格似乎不为所动,他表示,免费充值网的产品市场广阔,它一定会成功,筹集新资金不会成为问题。"你这人怎么回事?"沙阿质问他的风险投资支持者,"你怎么会有这种疯狂的乐观心态?""不用担心燃料,"辛格愉快地回答,"你只专注于让飞机起飞就好。"

在遇到红杉资本之前,沙阿只是模糊地梦想着建立一家价值数百万美元的公司,但最终,免费充值网在2015年以4.4亿美元的价格被收购,这是印度科技业的短暂历史中初创企业被收购的最高价格。回顾这一切的经历,沙阿坦言:"他们不得不教我一切。"

尽管红杉资本在印度和东南亚的回报落后于在硅谷或在中国的,但到2020年,他们正朝着正确的方向前进。辛格的资金支持了12家独角兽公司,包括印度教育科技先驱BYJU'S、东南亚的网约车巨头Gojek,以及电子商务市场电商百科（Tokopedia）。辛格本人也是他所在地区唯一一位出现在《福布斯》"最佳创投者名单"上的风险投资人。2020年夏天，红杉资本第8次和第9次筹集了用于印度和东南亚的投资基金，总额达13.5亿美元，是红杉资本在该地区最接近的竞争对手阿克塞尔印度筹资金额的两倍多。与此同时，库纳尔·沙阿正在努力打造其下一个创业公司信用金融（CRED），这是一家巧妙地将电子商务和信用评分系统结合起来的公司。当然，他像以前一样有红杉资本的支持，但这一次，他更清楚地知道自己在做什么。

成长型投资策略大获成功

红杉资本在其长期经营的本土市场中尝试了新的投资方式。在孙正义投资雅虎之后，莫里茨和莱昂内就开始下定决心，要关注成长型投资业务，避免被拥有更雄厚资金实力的"大型公司缔造者"超越。1999年，他们适时筹集了3.5亿美元的资金，并对那个时代的互联网宠儿进行了一系列押注。但在2000年，纳斯达克股市崩盘，红杉资本的基金当年亏损8 000万美元，下一年又亏损6 500万美元，一度损失了其价值的2/3。由于在成长型投资方面缺乏经验，红杉资本决定让该基金由现有的风险投资合伙人管理，而没有聘请专门的成长型投资专家团队。这一举措使这场灾难雪上加霜。最终，红杉资本动用了它从少数成功风险投资项目中获得的收益，弥补了这些业绩亏损。与其印度基金一样，红杉资本在成长型基金方面的实验也是以痛苦开端。

2005年，莫里茨和莱昂内顽固地又筹集了一只成长型基金，这一次，他们改进了策略，从成熟的成长型投资公司聘请了5名投资人。他们大多来自波士顿一家名为顶峰投资（Summit Partners）的声誉良好的机构，与尤里·米尔纳或孙正义的投资风格明显不同。他们受过训练，专门投资那些从未接受过风险投资的、名不见经传的公司，这些公司大多位于硅谷以外，能够自力更生，有些与技术领域无关。与红杉资本不同，顶峰投资不涉足花哨的交易，更喜欢寻找被低估的好目标，所以其员工的投资方式充分展示出其一板一眼的风格：他们坐在办公室里，打电话给符合他们标准的公司，然后开始计算收入和成本以预测收益，最后乘上一个估值倍数来计算公司的公允价值。在进行投资之前，顶峰投资的员工会要求以一个好价格成交，他们每个头寸的收益目标是 3 倍回报，因此成本的增加可能会使较好的投资机会变得毫无意义。

在刚来红杉资本的头几年，这些新加入者就像部落聚会上的陌生人。他们大量引入顶峰投资的方法论，而他们受过红杉资本培训的同事则继续将风险投资思维应用于成长型投资交易中。来自顶峰投资的投资人坐在下层的办公桌前，给陌生人随机打电话，将数字输入电子表格，他们更多考虑的是一些现实因素，而红杉资本的投资人则坐在上一层，头顶是金字塔形的天花板和明亮的天窗，他们更多考虑的是潜力。"那段经历非常曲折，"一位来自顶峰投资的新成员回忆道，"我们努力想要弄清楚在红杉资本工作意味着什么，而红杉资本则想弄清楚成长型投资人意味着什么。"两类成员选择了完全不同类型的公司，"我们会提出显然有效但并不那么令人兴奋的投资，"顶峰投资的前成员说，"经过红杉资本培训的团队会则提出非常令人兴奋的投资，但可能不会成功。"顶峰式的保守加上风险投资式的过度扩张导致了红杉资本在成长型投资领域表现平庸，红杉资本的有限合伙人开始变得焦躁不安。支持成长型投资团队和海外实验，是红杉资本向有限合伙人开出的能继续投资红杉资本在风险投资业务里的旗舰基金的条件，而一些人将红杉资本印度称为"惩罚基金"，因为它的业绩实在是糟糕。由于规模的原因，红杉资本乏善可陈的成长型投资对红杉资本的综合业绩造成了特别严重的影响。

投资创新往往源于两种传统的融合，比如老虎环球基金将对冲基金思维与风险投资思维相结合。果然，在 2009 年左右，红杉资本的两种冲突的风格开始融合，业绩出现了转机。顶峰式的投资人学会了如何做梦，红杉资本的风险投资人们则吸收了顶峰投资式的严明纪律。这一趋同的过程是逐渐发生的，期间伴随着对多项投资的辩论。但一个特别的事件成了红杉资本两种对立思维的熔炉。

故事要从一个名叫帕特·格雷迪（Pat Grady）的年轻人开始讲起。两年前，

24岁的他加入了红杉资本，此前他是顶峰投资"陌生电访"业务[1]的明星，任何人都可以看出他有非凡的动力。"他一看就是个老手。"道格·莱昂内赞许地说。但是，作为一个年轻的新人，格雷迪当然也会感到紧张，事实上，他在合伙人会议上焦虑得几乎说不出话来。当时，鲁洛夫·博塔甚至认为他的声带可能有问题，把他拉到一边并指导他如何演讲。当格雷迪真正提出意见时，这些意见往往反映出顶峰式的谨慎传统，因此别人给格雷迪起了个"不行博士"（Dr. No）的绰号。但是，起初在改变上没什么起色的格雷迪，后来很快地开始改变了。吉姆·戈茨帮助他克服了怯场，让他向同事们展示了一次他那"有准备的头脑"描绘的图景。"我还没准备好。"格雷迪说。但戈茨坚持说："不，你已经准备好了。"与此同时，博塔要求格雷迪对可能达成的交易不要那么消极。"听着，任何一个聪明人都可以想出各种理由来否决一项投资，但我们的工作是做出投资。"博塔提醒他。

2009年7月，在圣迭戈，格雷迪进行的陌生电访帮助红杉资本取得了先机，他联系上了现时服务（Service Now）——一家帮助公司管理工作流程的云软件开发商。幸运的是，将程序迁移到云端正是格雷迪最近在"有准备的头脑"环节描绘的图景，他认为，占领这个市场的公司市值将达到大约1万亿美元。而现时服务看起来也具备成为这个市场的赢家的必要条件：创始人弗雷德·鲁迪（Fred Luddy）是一位编程老手，有能力组建一支强大的团队，并且他们的软件非常好，那时就已经有了企业客户。

格雷迪在道格·莱昂内的陪同下飞往圣迭戈，在红杉资本，新手和老手经常一起组队。当他们回来时，他们向合伙人们提出了建议：红杉资本可以向鲁迪的公司投资5 200万美元以换取其1/5的股权，这意味着该公司的投后估值为2.6亿美元。

---

[1] cold callers，通常指第一次主动给从未谋面的人打电话。比方说销售人员给可能的目标客户打电话借此探索商机，或者求职者向雇主自荐。——编者注

格雷迪在顶峰时的一位同事极力反对，称这一出价是"疯狂的"。他认为，公开上市的软件公司的估值通常为其收入的 3 倍，但格雷迪和莱昂内却提议该公司的估值为其收入的 10 倍，他们真的相信现时服务的价值可以在这么高的估值基础上继续攀升吗？因为这么高的估值意味着现时服务必须至少将收入翻 3 倍才能达到与普通软件公司相同的估值倍数，然后，它必须再次将收入翻 3 倍，才能实现 3 倍的投资收益目标。

莱昂内和格雷迪的态度非常坚决。格雷迪以顶峰投资的方式，通过陌生电访潜在客户而发现了这个机会，现在，是时候以红杉资本的方式评估这个机会并承认它的前景了。他们认为，现时服务有着以下优点：一个优秀的创始人，一个经过验证的产品和一个处在蓬勃发展期的行业，而它的收入将增加 1 倍、2 倍甚至更多。此外，对投资现时服务持怀疑态度的人低估了红杉资本主动投资的价值。鲁迪和他的团队已经搭建了出色的软件，但他们业务的其他部分却落后了，如果莱昂内和格雷迪能够解决现时服务在财务和销售等方面的问题，公司的潜力将是无限的。格雷迪对现时服务的前景充满信心，甚至几乎忽略了顶峰投资"神圣不变的流程"，即构建现时服务的收入模型。在之后的投资过程中，他拼凑出了一个电子表格，但这几乎是事后拍脑袋做出来的。

2009 年 11 月，红杉资本正式投资现时服务，莱昂内占据了董事会席位，格雷迪则作为他的学生和盟友。在前几次会议上选择观望后，莱昂内开始鼓励鲁迪招募新员工，并利用他的人际网络为其引进优秀的候选人，在不到一年的时间里，他就物色到了一名绝佳的候选人。

在 2010 年的一个秋日，鲁迪与莱昂内、格雷迪一起上了车，他承认："嘿，我不知道我是否想成为首席执行官。"其实，两位投资人一直在为此做准备。当鲁迪只专注于编程时，他显然是最快乐的，并且现时服务扩张得越大，首席执行官的角色就越复杂，而鲁迪就越不适合，"我们会帮你搞定的，"莱昂内和格雷迪说，"不如我们带你去见一些人。"这与约翰·杜尔在谷歌的年轻创始人身上使用的方法不谋而合。

2010年10月7日，鲁迪在硅谷度过了充实的一天，他与一位曾带领公司上市的首席执行官共进早餐，并与6位和红杉资本有关联的明星企业的管理者们进行了会谈。每个人都在努力帮助鲁迪解决他害怕的复杂管理问题，更重要的是，他们似乎很享受帮助鲁迪。

那天晚上，鲁迪与莱昂内、格雷迪在帕洛阿尔托的希腊餐厅埃夫维亚共进晚餐，这里曾是X.com和Paypal的领导人试图商定合并计划的地方。经历了充实的一天后，鲁迪显得容光焕发。"今天真是太棒了，"他宣称，"现在我知道我想做什么了。我们去找个首席执行官吧。"

莱昂内帮助鲁迪从外部招聘了一位首席执行官，从而加快了现时服务的发展。这家公司从一家在管理上杂乱无章的初创企业变成了一台运转良好的企业机器，《财富》500强公司排队成为它的客户。与此同时，收购要约开始出现，报价也不断上升：4亿美元、15亿美元，最终达到25亿美元。显然，硅谷认为创始人担任首席执行官是更好的这种认知并不总是正确的。2011年底，当25亿美元的收购报价正式提出时，鲁迪显得兴高采烈，但是，根据格雷迪对云软件价值的分析，莱昂内确信即使是25亿美元也严重低估了公司价值。现在是按照科学的指导采取行动的时候了，鲁迪决心控制住兑现的自然本能，俯下身，紧紧抓牢不放手，然后一举获得所有的上涨收益。

问题在于，如何说服现时服务的董事会拒绝25亿美元的报价。董事会大多数成员恨不得双手赞成这个25亿美元的提案，而红杉资本没有能力阻止他们。因此，莱昂内想出了一个利用法律的策略，这是顶峰投资难以想象的实际操作技巧。现时服务与大多数美国公司一样在特拉华州注册，根据特拉华州的法律，董事会不能在未向其他人征求收购投标的情况下出售公司。于是莱昂内在现时服务董事会的电话会议上进行了一次伏击，宣称仓促出售是非法的。

莱昂内此举是听取了硅谷的威尔逊-桑西尼律师事务所的首席执行官史蒂夫·博克纳（Steve Bochner）的建议，但博克纳的说法与硅谷的普遍理解相矛盾，现时服务的总法律顾问否决了他。该律师坚持认为，征求竞争收购投标的法律条款仅适用于上市公司。[1]

当时是圣诞节假期，莱昂内和他的家人正在夏威夷度假，当他的家人在游泳池里畅游时，莱昂内却一直盯着电话。他的心中挂念着数亿美元悬而未决的上涨空间，于是他又给威尔逊-桑西尼的博克纳打了个电话。"史蒂夫，我被告知那条规则仅适用于上市公司。"莱昂内说道。"道格，"博克纳回答，"我们刚刚聘请了特拉华州衡平法院前任院长比尔·钱德勒（Bill Chandler），他是制定该法律的人，他确认未上市公司在出售时也必须货比三家。"对莱昂内来说，这简直是天籁之音，威尔逊-桑西尼有他理想的律师人选。

"我现在能给钱德勒先生打电话吗？"莱昂内问道。"当然。"于是，莱昂内与钱德勒进行了交谈，确认了钱德勒的观点，并请钱德勒为第二天的电话会议做好准备。然后他拿起电话，与现时服务的每个董事会成员交谈，并推动召开另一次电话会议。家人们坐在泳池边的椅子上，看着莱昂内红光满面。

第二天，现时服务的董事会再次正式召开。莱昂内重申了他的观点：根据法律规定，现时服务的董事会别无选择，必须组织一次公司股权拍卖。"不，这条规则仅适用于上市公司。"现时服务的总法律顾问重复道。"巧了，比尔·钱德勒阁下正好在我这边，他有话要说，"莱昂内戏剧性地宣布，"是他制定了该法律，我这就给他打电话。"董事会电话会议上一片死寂，有那么一刻，电影《安妮·霍尔》（Annie Hall）中的一幕在莱昂内眼前闪过。在这一幕中，伍迪·艾伦从广告牌后面召唤出了哲学家马歇尔·麦克卢汉本人，解决了关于哲学的争论。

---

[1] 这条法律不好理解的部分原因是，风险投资人通常持有优先股，从而有权阻止公司的出售，但红杉资本当时收购的是现时服务的二级股票，因此没有这种优势。

莱昂内拨通了钱德勒的电话，后者向现时服务的董事们准确地解释了他制定的法律是如何规定的。接着，总法律顾问温顺地做出了让步。因为担心公开拍卖可能最终卖给一个不受欢迎的收购者，董事会不得不搁置出售公司的想法。莱昂内成功保住了自己的机会，确保了其能抓住现时服务的上升空间。

6个月后，即2012年6月，现时服务上市，首日估值为30亿美元。正如莱昂内和格雷迪承诺的那样，它增长了3倍，又3倍，然后又增长了一些。随着股价继续上涨，现时服务使得红杉资本的成长型投资团队有史以来第一次实现了10亿美元的收益。

年轻的帕特·格雷迪守得云开见月明。2015年，他将会成为红杉资本成长型投资业务的联席主管，这代表着红杉资本常见的模式又一次出现，虽默默无闻但拥有自主能力的员工获得了晋升。但对于其他来自顶峰投资的新加入者来说，情况正好相反。正如莫里茨所说，风险投资领导者的任务之一是辞退表现不佳的人，因此其他新加入者一个接一个地离开了红杉资本。与此同时，对于红杉资本而言，现时服务的经验证明，它最终成功地打造出了一种独特的成长型投资方式，将顶峰投资传统的量化方法与风险投资人天生的风险偏好和积极性融合在一起。截至2021年初，红杉资本在2009年、2011年和2014年募集的成长型基金年化收益率约为30%，远高于投资上市科技股的回报率，并且2016年募集的基金年回报率高达70%。由于在食品配送公司极速上门（DoorDash）、视频会议服务商Zoom和云软件平台雪花（Snowflake）上的投资大获成功，红杉资本的持续努力得到了丰厚的回报。

向对冲基金领域进军

2008年，红杉资本进行了一次和老虎环球基金方向相反的转变：过去专注于私人投资领域的红杉资本，决定进军对冲基金领域。这个想法来自吉姆·戈茨，其计划是在最好的科技初创企业IPO之后继续投资。他想，为什么要把这些公司成熟阶段的收益让给其他投资人呢？毕竟，专注于科技领域的对冲基金在越来越多地向红杉资本寻求建议，这显然是因为红杉资本的洞察力可以帮助其获得公开市场的利润。此外，通过设立对冲基金，红杉资本将获得额外的工具，它可以通过"做空"输家来获利，而不是仅仅支持赢家。例如，苹果手机的出现让上一代移动设备黑莓黯然失色，因此，红杉资本选择做空黑莓的创造者捷讯移动科技公司（Research in Motion），并做多那些有望从即将到来的移动互联网浪潮中获利的公司。

与红杉资本的其他实验一样，闯入对冲基金领域被证明很有挑战性，2008年的金融危机也使筹集资金变得极为困难。红杉资本的有限合伙人已经出资支持了红杉中国、红杉资本印度和红杉资本的成长型基金，但这些基金的表现都不太好，而红杉资本在为其对冲基金"红杉资本全球股票基金"募资时，遭到了50个外部投资人的一致拒绝。除此之外，红杉资本的一名对冲基金员工很快就辞职了。

2009年，合伙人们咬紧牙关，用5 000万美元的私人储蓄发起了该基金，其中大部分来自莫里茨和莱昂内，但麻烦还是不断到来。就像来自顶峰投资的新加入者一样，被招募进红杉资本的外部投资人也很难融入团队。他们购买了相对成熟的公司的股票，包括一些与技术领域无关的公司，结果是，他们未能利用好红杉资本的天然优势进行投资。2016年，在经历了7年的惨淡表现后，对冲基金团队的三名年轻成员宣布辞职。

年轻成员离职的消息在一个艰难的时刻打击了红杉资本。当时，红杉资本正因为一场骇人听闻的丑闻而手忙脚乱：一个脱衣舞娘指控红杉资本的合伙人迈克尔·戈根（Michael Goguen）对其实施暴力和虐待。尽管戈根本人极力否认，但红杉资本很快决定与戈根断绝关系，让他辞职。尽管4年后，戈根打赢了控告他的官司，但当时对红杉资本来说是一个可怕的时刻。

与红杉中国、红杉资本印度或红杉资本的成长型基金一样，红杉资本本可以将对冲基金关闭，解决眼前的困境。有一些人确实想这样做，因为业绩低迷的基金损害了红杉资本的品牌，并造成了管理上的麻烦，但莫里茨的介入打消了这种消极情绪。尽管他已经放弃了红杉资本全球执行合伙人的职位，但他作为条纹支付等突破性公司的支持者继续发挥着作用。因为他是对冲基金最大的个人投资人，所以他有资格要求它坚持下去。

面对三名对冲基金团队成员的辞职和戈根的丑闻带来的双重打击，他承认红杉资本"正处于一个令人筋疲力尽和情绪低落时期的末尾"。"最简单、最省事儿的选择是关闭业务。"他补充说。但他坚持认为，对冲基金的最初设想仍然是合理的。红杉资本在数字化变革方面拥有特殊的优势地位，一个由出色的经理人组成的团队将有很大的机会干出一番业绩。莫里茨特别赞扬了一位名叫杰夫·王（Jeff Wang）的投资人的表现，他管理着对冲基金的空头部分。他认为，应该允许像杰夫·王那样虽默默无闻但拥有自主能力的人取得成功。

红杉资本采纳了莫里茨的建议，这份坚持最终获得了惊人的回报。红杉资本解雇了现任对冲基金主管并提拔了杰夫·王，由他继续实现最初的愿景。红杉资本将其对技术变革的理解转变为一种投资优势，让对冲基金板块成了前沿基金。例如，红杉资本的风险投资团队支持了护肤和化妆品初创企业光彩美妆（Glossier）和夏洛特·蒂尔伯里（Charlotte Tilbury），他们注意到这些新贵品牌已经找到了一种通过数字平台直接接触客户的方法。现在，对冲基金研究了这些公司使用的工具：它们会用 Facebook 或 Instagram 获取客户，用条纹支付付款，用 Shopify（肖普菲）作为数字店面，等等。风险投资团队已经投资了 Instagram 和条纹支付，这帮助对冲基金团队了解了整个行业图景，但红杉资本还没有投资 Shopify，这是一家可以极大地方便商家在线运营自己店铺的公司。对冲基金适时地在 Shopify 的股票上建立了大量头寸，到 2020 年，这一投资获得了惊人的 35 倍回报。

随着一波又一波创新浪潮的兴起，新的赢家和输家不断地产生，因为在任何时候，杰夫·王和他的团队都专注于大约 5 个"主题"。云软件的繁荣就是一个很好的例子。2018 年，也就是帕特·格雷迪首次向合伙人们阐述软件将迁移到云端这一问题的 9 年后，对冲基金投资人注意到了一些奇怪的事情：大多数类型的代码已经完成了预期中的迁移，但通信软件的迁移却滞后了。不过，这种异常似乎注定要结束，由于越来越多的人接受远程工作，这将使视频通话和消息系统成为日常生活的一部分。一家基于硬件的通信软件公司亚美亚（Avaya）最近宣告破产，表明在通信软件领域，云计算的时代已经到来。于是对冲基金投资人押注了 3 家云通信公司：推流通信（Tuilio）、铃盛（Ring Central）和视频会议公司 Zoom。前两家公司在接下来的两年中分别产生了 4 倍和 5 倍的回报，而在新冠肺炎疫情的影响下，视频会议成为企业日常交流的必要手段，因此 Zoom 成为 2020 年最具突破性的科技公司之一，其价值增长了 9 倍。与此同时，红杉资本的对冲基金选择做空传统电信公司，因为这些公司将在向云端的转移浪潮中走向失败。对一个主题的洞察带来了做空和做多两方面的成功。

到 2021 年初，红杉资本全球股票基金的资金规模达到了 100 亿美元，在短短十多年里，它的资产增长了 200 倍。自更换领导层以来的 4 年里，该基金的年均回报率为 34.5%，是标普 500 指数表现的两倍，在对冲基金行业中名列前茅。这次实验是如此成功，就连红杉中国也推出了自己的对冲基金。回顾这个传奇故事，莫里茨感慨地叹了口气："即便筹不到钱，并且最初的选择也失败了，但我们还是坚持了下来。"

对红杉资本而言，似乎推出面向亚洲的专项基金、成长型基金和对冲基金还不够有挑战性，于是它创建了名为"传承"的捐赠基金业务。他们的最初目的是管理红杉资本合伙人的财富，后来因为也要管理红杉资本投资的公司创始人的财富而转变为一项专项业务。2008 年，为了启动这项实验，红杉资本从斯坦福大学捐赠基金会聘请了两名投资人。自从唐·瓦伦丁第一次从大学捐赠基金投资办公室筹集资金以来，这些机构就一直处于财富管理的最前沿，特别是耶鲁大学捐赠基金的表现是如此出色，甚至各地的私人财富管理都试图效仿"耶鲁模式"。

自然地，莫里茨和莱昂内希望以同样的方式管理他们可观的财富，并且希望管理得更好。

他们从斯坦福大学招聘的核心人物，是 31 岁的基思·约翰逊（Keith Johnson），他是那种不拘一格的思想家，很自然地就融入了红杉资本。事实上，他在红杉资本的头几个月都在对抗自己在斯坦福大学捐赠基金学到的条块分明的思维方式。大学捐赠基金的做法是将投资划分为多个独立资产板块，如股票、债券、房地产、商品、对冲基金等，并让每个专家负责对应的板块。但约翰逊本人认为这种做法毫无意义，因为划分资产板块背后的理论是，各个独立板块的回报将以不相关的方式波动，从而平滑整体投资组合的表现。实际上，约翰逊坚定地宣称，这种低相关性的说法几乎没有统计证据。这其实也不奇怪，因为某个资产板块中的投资目标常常和其他类别混在一起。例如，如果投资日本的公开股票市场指数，你将拥有软银的部分股权，这其实代表了对既不是日本的，也不是公开上市的全球科技企业的押注。此外，在追逐低风险、多元化的过程中，大学捐赠基金付出了高昂的代价：通过将投资划分为不同的资产板块，他们正在扼杀组织内的辩论和交流文化。例如，当负责商品投资的专家建议押注镍时，其他专家并不能进行反驳，因为他们只能专注于自己的资产类别。

决定抛弃传统的资产板块划分方法后，约翰逊开始面对可怕的知识空白。过去的那种投资方式，比如如果决定要在房地产领域配置一定额度，那么就要在这一资产类别中选择一些投资目标达到规定的额度的方式，现在已经不适用了。今后，他的团队只需要去寻找很好的投资机会，而这些投资机会可能来自任何领域、任何地方，即可挑战的范围是无限的。传承基金必须决定现在该购买巴西的土地、中国的技术，还是在阿根廷陷入诉讼的对冲基金股权。每一项潜在投资都必须相对于所有其他投资进行评估，因此约翰逊必须招募极为优秀的多面手同事组建"一个能够以辨证思维，深思熟虑地比较苹果和橘子的团队"。与旧式的专家不同，红杉资本需要有兴趣学习一切的投资人，或者，正如约翰逊所说："你可以请来会说 8 种语言之一的人，然后要求他们掌握其他 7 种语言。"

约翰逊向莫里茨解释了他的愿景。他被雇来实施大学捐赠基金的模式，但现在他宣布该模式需要彻底更新。莫里茨在三四个星期里多次与约翰逊谈话，才理解了这个消息，最终他看着约翰逊警示道："我不想在任何事情上做第二名。"

莫里茨和莱昂内各向约翰逊的计划投入了 1.5 亿美元，并一起着手从外部投资人那里筹集更多资金，但是，与对冲基金一样，红杉资本这次也遭到了拒绝。在拜访了世界各地的潜在投资人后，该团队带着远远低于预期规模的资金回国，最终筹集到的外部资本大约只有 2.5 亿美元。

2010 年，传承基金开始进行投资，它既选择了像私募股权和对冲基金这样常见的领域进行投资，也选择了一系列像紧急兽医诊所这样独特投资领域的公司，并直接入股。比起分散资本，传承基金更相信主动投资的价值，所以它比其他捐赠基金的投资更加集中，只保留了 1/3 的外部经理。同样，由于取消了大类资产的界限，传承基金没有必须配置一定数量的商品或在亚洲等地区以及其他一些领域配置资产的要求，而是可以灵活地在投资策略之间调配资本。2013 年至 2015 年间，该基金的大部分收益来自其购买的上市公司股票和房地产。然后，在接下来的 3 年里，收益中贡献最大的是能源和对冲基金领域。接下来，从 2018 年开始，对成熟期科技企业的押注带动了业绩。到 2020 年，传承基金管理的资产已飙升至约 80 亿美元，其 1 年、3 年和 5 年的业绩比任何其他美国的捐赠基金都要好。"当有疑虑时，要果断地去尝试。"道格·莱昂内回顾这段时期时总结道。

"我想到了我们的业务与亚马逊的区别，"他继续说道，"亚马逊拥有客户、仓库、基础设施和其他一大堆东西。而红杉资本呢？除了几个投资人，红杉资本什么都没有，所以我们最好大胆地尝试。在我看来，保持活力的唯一方法就是不断去冒险。"

莫里茨有另一个他喜欢与采访者分享的小故事。他会等待别人问他那个绕不开的问题:"你最喜欢的投资是什么?"然后他会突然抛出答案,不是雅虎、谷歌、Paypal 或条纹支付,他会简洁地说:"红杉资本。"他解释道:"当人们撰写风险投资相关的书籍时,总是在写我们支持的初创企业,却从不写我们所做的最重要的投资,也就是我们自身的业务。"如果没有对决策科学的内在关注或对年轻新人的指导,也就是说,如果没有"早起的鸟"系统,没有与 YC 的关系,没有侦察员网络,红杉资本屡屡获得 10 倍以上投资回报的情形就不会发生。如果没有在中国和印度的毅力,如果没有在成长型基金、对冲基金和传承基金中表现出的勇气,红杉资本仍然会很出色,但不会如此非凡。

红杉资本的成功象征着这一时期金融业更广泛的转变:其核心区域从东海岸转到了西海岸,细分市场从公共资本市场转到了私人资本市场,投资领域也从金融工程领域转到了科技领域。2008 年金融危机之后,由于监管机构迫使华尔街著名的银行降低风险,这些银行利润丰厚的自营交易或多或少都停止了。美联储的量化宽松政策加剧了银行的困境,因为这些银行的核心业务是借入廉价的短期资金并将其长期放贷,而现在,因为长期利率被中央银行压低,它们不再能获得很大的"利差"。其他东海岸的资本也同样受到限制,因为金融风险被中央银行抑制,风险分析不再有利可图,因此曾凭借管理金融风险而蓬勃发展的对冲基金进入了平淡期。整个信贷基金行业由于基于债务构造了大量奇怪的衍生品而受到了责难和约束,在华尔街唯一发展势头良好的职业似乎只有风险合规官了。综上所述,传统的金融部门不再是舞台的焦点。2010 年至 2019 年末,摩根士丹利和高盛的股价分别上涨了 77% 和 36%。与此同时,标普 500 指数上涨了 189%,而科技巨头的股价则一飞冲天,比如苹果的股价上涨了 928%。

红杉资本和其他效益较好风险投资机构是这次洗牌的赢家。在 21 世纪的第一个 10 年,投资人对低利率的反应是按照华尔街的方式追求收益,去持有比正常利率高几个百分点的次级抵押贷款债务。当这一策略在 2007 年至 2008 年以灾难性的失败告终时,投资人开始寻求硅谷式的收益方式,去押注私营科技公司。与次贷一样,这次仍然是为了额外的回报而承担额外的风险,但与押注次贷不同的是，押注科技公司有机会产生持久的利润。值得庆幸的是，金融危机恰逢智能手机、云计算和移动互联网的出现，这是将资本从金融工程领域转向科技领域的绝佳时机，对于风险投资机构而言，在新平台上建立辉煌业务的机会到来了。2011年发起的风险投资基金平均每年收益率都比标普500指数高7%，另外正如我们在红杉资本中看到的那样，顶级风险投资基金的表现远不止于此。美联储坚持低利率政策的时间越长，顶级风险投资基金寻求技术驱动的收益的势头就越强劲。受到尤里·米尔纳的启发，银行、私募股权公司和对冲基金蜂拥而至。到2020年，老虎环球基金管理着惊人的400亿美元的资产，而朱利安·罗伯逊的老虎环球基金管理公司的另外两个分支孤松资本（Lone Pine）和高都资本（Coatue）正与之竞争得难解难分。

对于红杉资本而言，科技越发重要的情况带来了一个战略问题。红杉资本处于追逐科技的风险投资行业中，它实现了迄今为止最好的业绩回报，以此几乎可以筹集到任何数量的资本。2020年，红杉资本在伦敦开设了欧洲办事处。凭借遍布三大洲的分支机构，它已准备好走向全球。1972年，在红杉资本成立时，风险投资是一个小众业务，因为信息技术本身就是一个小众业务。但到了21世纪，科技已成为经济增长的主要驱动力，而红杉资本则成了激发科技活力的金融大师。随着红杉资本成立50周年的临近，如果它愿意的话，它甚至有机会挑战华尔街。鉴于该公司不知疲倦的文化，它似乎不太可能故步自封。

与此同时，对于风险投资行业的其他机构来说，还有一个更黑暗的问题。美联储的宽松货币政策往硅谷带入越多的缺乏经验的资本，风险投资行业的老人们就越担心泡沫的出现。好公司数量有限，而追逐他们的资金实在太多了。终有一天，当音乐停止时，硅谷将面临一场洗牌。

> **风险投资箴言**
>
> - 向着一个有意义的目标坚持不懈地、自律地前行，一步步地取得最终的成功。你必须把完美主义视为一种必然，而不仅仅是一个可选项。
>
> - 外部投资的成功来自初创公司内部对卓越的追求。要培养那些虽默默无闻，但拥有自主能力，以及有望成为下一代领导者的人才。
>
> - 让已经成功的顶级企业者去寻找下一批创业者中最耀眼的明星。
>
> - 投资创新往往源于两种传统的融合。
>
> - 保持活力的唯一方法就是不断去冒险。
>
> T h e   P o w e r   L a w

THE POWER LAW

Inside Silicon Valley's Venture Capital Machine

第 14 章

当音乐停止时，
硅谷面临一场洗牌

The Power Law

> **Venture capital had been the best form of finance for innovative young firms. But it could not prevent reckless late stage investors from playing poker with unicorns.**
>
> 风险投资已确立为
> 创新型初创企业的最佳融资形式,
> 但它无法阻止鲁莽的后期投资人
> 在独角兽牌局中肆意妄为。

Inside Silicon Valley's Venture Capital Machine

血液诊疗和泽尼菲特陷入泥潭

2014年夏天,《财富》宣告了一位科技新星的到来:一个30岁的大学辍学生,白手起家成为亿万富翁,一个能改善人类命运且极富远见的人;更令人耳目一新的是,她是一位女士。她的脸庞出现在了当期杂志封面上:黑色睫毛围绕着深蓝色的眼睛,黑色高领毛衣让人联想到史蒂夫·乔布斯,她有着金色的头发,嘴唇上涂着明亮的口红。随附的文章介绍了她创立的一家独角兽初创企业,这家公司将通过一种新的血液检测技术彻底改变医疗保健行业。《时代周刊》很快就将这位年轻的创始人列为世界上最具影响力的人之一,哈佛医学院也邀请她加入地位崇高的特设委员会,甚至连时任美国总统奥巴马都任命她为创业大使。

仅仅一年多之后,也就是2015年10月,这个故事变得黑暗了起来。最初是《华尔街日报》的一项调查,揭示了这家名为"血液诊疗"(Theranos)的独角兽公司存在欺诈行为。调查称该公司声称的具有革命性的验血机是一个骗局,它所承诺的便宜且准确的检验方法只会误导患者。随着更多的调查结果披露出来,血液诊疗陷入诉讼的泥潭,公司价值从90亿美元跌至零。公司的创始人伊丽莎白·霍尔姆斯（Elizabeth Holmes）也在等待法庭审判，这位曾与乔布斯相提并论的创业偶像正面临着牢狱之灾。

血液诊疗和霍尔姆斯的垮台不可避免地被看作对硅谷发起控诉的重要依据，硅谷因此被视为"邪教之地"，而霍尔姆斯本人作为"邪教"中最具代表性的"女祭司"也已经名誉扫地。霍尔姆斯一开始是斯坦福大学的本科生，那里是硅谷的大本营。在学校里，她说服了工程学院的院长为其背书，还从斯坦福大学的胡佛研究所招募了一批资深政治家担任血液诊疗的董事，为她徒有虚表的公司增添了权威的光环。凭借谷歌和Facebook的先例，她将有利于创始人的策略运用到了极致：她所持有的血液诊疗股票每股有100个投票权，进而规避了董事会对她行为的所有监督检查。霍尔姆斯的这种不诚实甚至反映了硅谷的文化。从GO的惨败开始，甚至更早，创业者们已经开始粉饰其技术创新所面临的挑战，他们的做法是"一直制造假象，直到真正成功"。霍尔姆斯显然相信，在未来的某天，她的验血设备一定能取得她宣称的一切成果。与其说她在撒谎，不如说她说的是"未实现的事实"，而这也是硅谷的一贯说辞。

过去，人们认为，硅谷之于科技创新的作用类似佛罗伦萨之于文艺复兴，而霍尔姆斯从神坛跌落引发了人们对这座"新佛罗伦萨"的广泛批评。如今，富豪们已经不再对那些创造了搜索引擎和苹果手机的科技极客怀有偏见和不满，然而，正因为硅谷蓬勃发展的势头太猛了，突破边界的行为势必会引起反噬。这个地区充满了不合常理的年轻人，同时他们又幸运地获得了不合常理的财富。但这些年轻人并不关心那些可能会被他们伤害的民众，比如隐私可能会受到侵犯的人，毕竟现在数字信息成了新的石油资源，隐私可以被拿来获取利益，再比如工作可能会被信息化技术和人工智能所取代的人，又或者希望依靠血液诊疗技术检验疾病的人。这座"新佛罗伦萨"与其说是启蒙中心，不如说是一个险恶的阴谋集团，一小群精英自以为是地塑造着社会，他们利用技术迅速创造或毁灭自己对社会的愿景，最终这种做法会让普通大众受到伤害。无论这桩丑闻的最终结局如何，血液诊疗的垮台都不可避免地会让硅谷的创业者们不寒而栗。一方面，它展示了这个国家对于科技创业的热情可以迅速转变；另一方面，它传递了关于风险投资行业微妙而双面的信息，它既是一次辩护，也是一个警告。

血液诊疗事件之所以是对风险投资行业的辩护，是因为霍尔姆斯筹集的资金几乎没有来自沙丘路的投资人的。她曾与一个名为"医疗创投"（Med Venture）的风险投资公司洽谈合作，这家公司专注于医疗设备行业，然而那次谈话以霍尔姆斯的突然离席告终，因为她无法回答投资人的问题。霍尔姆斯也接触了蒂姆·德雷珀，这位投资人曾试图投资雅虎但没有成功。由于家族上的联系，德雷珀投了天使轮，但数额有限。霍尔姆斯厌倦了持怀疑态度的专业投资人们，于是决定从硅谷以外的亿万富翁那里筹集资金，她成功了：因沃尔玛而名声大噪的沃尔顿家族投资了 1.5 亿美元，传媒大亨鲁伯特·默多克投资了 1.21 亿美元，零售业的德沃斯家族和传媒业的考克斯家族各投了 1 亿美元；墨西哥的卡洛斯·斯利姆（Carlos Slim）、希腊裔的美籍富商安德烈亚斯·德拉科普洛斯（Andreas Dracopoulos）和南非的奥本海默家族合计投资了 8 500 万美元。这些投资人中没有一个对霍尔姆斯的设备的效果进行交叉检验，或者要求其提供能证明验血设备有效的证据。令沙丘路感到欣慰的是，业余投资人失败了，而专业投资人置身事外。

但血液诊疗事件也发出了警告。尽管风险投资行业躲过一劫，但这一丑闻揭示了一些独角兽公司是怎样的肆无忌惮，能导致数十亿美元的账面财富瞬间蒸发。经验丰富的风险投资人会希望避免类似的灾难，但他们并没有非常靠谱的方法。2014 年，安德森-霍洛维茨公司领投了两轮对于在线保险初创企业泽尼菲特（Zenefits）的投资，这家公司曾是安德森-霍洛维茨公司的最大投资仓位之一，安德森-霍洛维茨公司也推动了该公司的成长。之后，公司创始人听到了来自安德森-霍洛维茨公司的董事会成员的咆哮："别再管你们手头的破事儿了，你们必须开始专注于做大做强！"随后公司通过一切可能的方式扩张，在短短一年之后泽尼菲特的估值就达到了 45 亿美元。但到 2016 年，公司偏离了正常发展轨道，收入远低于目标，且被报道违反了至少 7 个州的保险法。在尴尬与丑闻中，公司估值被腰斩，从 45 亿美元锐减至 20 亿美元。

泽尼菲特的故事对风险投资而言确实有一个可取之处。作为一家真正的风险投资机构，安德森-霍洛维茨公司在泽尼菲特的法律问题浮出水面时，就迅速赶走了其创始人。随后，安德森-霍洛维茨公司任命了一位新的首席执行官，公司的标语也从"准备，瞄准，射击"（ready, aim, fire）变成了"诚信经营"（operate with integrity）。但是，受以上案例启发，我们很容易想象出一种混合型的投资模式，即由亲力亲为的风险投资人与采取被动策略的出资人共同投资。被动的出资人可能是血液诊疗案例中的那种业余的局外人，也可能是尊重创始人的专业人士。但无论如何，都可能会出现亲力亲为的风险投资公司发现其所投资的公司偏离了正常的轨道，却发现被动投资人不愿意解决这个问题的情况。早期阶段的投资人可能是明智的，但后期的结果可能会一团糟，因为后期的投资人可能会对所投资的公司过于放任自流，无法尽职尽责地进行监督。果不其然，在泽尼菲特爆发丑闻后的下一年，这种危险就被证实不仅仅是理论上的预测了。

WeWork 在资本哄抬中恶性膨胀

在血液诊疗和泽尼菲特陷入泥潭的时候，基准资本的布鲁斯·邓利维正全神贯注于一家名为 WeWork 的独角兽公司。基准资本在 2012 年首次投资 WeWork，主要是因为它魅力四射的联合创始人亚当·诺伊曼（Adam Neumann），一个身高 180 厘米左右、头发像人猿泰山的以色列前海军军官。WeWork 的业务看起来平平无奇，主要是出租短期工作场所，并提供水果、水、免费咖啡等福利，偶尔也会举办冰激凌派对。但是诺伊曼有办法升华他的商业愿景，他声称 WeWork 要出售的是一种"未来的工作环境"，或是"资本主义的集体农场"，抑或是"实体社交网络"。在基准资本进行投资的时候，诺伊曼富有创意的营销策略让他的玻璃隔间里挤满了客户，但是他夸大其词的雄心壮志在相信指数法则的投资人看来无异于天方夜谭。

在与基准资本的一次谈判中，诺伊曼曾一度要求基准资本提供高得离谱的估值。"你现在只拥有3栋建筑。"邓利维拒绝道。"你说什么？"诺伊曼反击道，"我有几百栋建筑，只是它们还没有被建造出来而已。"

基准资本的合伙人喜欢诺伊曼这个尚未实现的"事实"，并且他们对他的"赌注"很快被证实是正确的。他们在2012年的时候投资了1 700万美元，那时WeWork的估值还不到1亿美元，仅用了不到一年的时间，WeWork的估值就突破了4.4亿美元。接下来的三轮融资在2015年的夏天达到巅峰，把WeWork变成了一家独角兽公司，然后又使之成为一家估值达到100亿美元的"十角兽"公司。诺伊曼打造的砖墙裸露的"城市庙宇"似乎契合了时代精神中的某种强大的力量，那就是新一代"打工人"的审美，即充满创业灵感、时尚、创意和变化。到2016年血液诊疗和泽尼菲特崩盘的时候，基准资本所持有的WeWork股权已经为其创造了数亿美元的账面利润。

然而，在这个过程中，一些重要的东西一直发生着改变。在基准资本领投WeWork的A轮融资之后，一家名为DAG创投（DAG Ventures）的风险投资公司领投了WeWork的B轮融资，WeWork又在接下来的三轮融资中引入了一些共同基金和投资银行的资金。但这些银行家与风险投资公司的关系尤为紧张，因为他们的目标不仅仅是进行价值投资，还要建立有利可图的关系。摩根大通的老板杰米·戴蒙（Jamie Dimon）把他们的科技投资人比作海豹突击队，认为其工作就是与科技创业者建立联系，抢占金融的滩头阵地。一旦合作关系建立，摩根大通就会派出大部队去提供银行开户、财富管理和上市辅导等服务。承销IPO将是最终奖励，因为投资银行会从中赚得巨额佣金。

摩根大通与WeWork的关系揭示了戴蒙的策略。2013年底，摩根大通参与了WeWork的融资，随后在2015年给予了这家初创企业6.5亿美元的授信额度，并于2016年为诺伊曼提供了1 160万的个人贷款用于购买纽约市附近一处240多平方米的房产。2017年，它又借给诺伊曼2 100万美元用于购买一栋曼哈顿的房产，并且组建了一个贷款财团，为 WeWork 在曼哈顿收购罗德与泰勒百货旗舰店提供资金。由于这些巨额贷款，摩根大通毫无疑问地成为 WeWork 进行 IPO 时的首席承销商。培养这种关系成为摩根大通的首要考虑，当诺伊曼抱怨他个人银行账户的某个问题时，摩根大通会派出一位职位不低于副董事长级别的人物出面保证这件事情会得到顺利解决。

风险投资人与银行家的紧张关系在 2014 年 10 月开始显现。在批准融资的董事会电话会议上，WeWork 的现有投资人被告知，作为交易的一部分，诺伊曼持有的每股股票将获得 10 票的投票权，这让诺伊曼能够完全压倒本应该监督他的投资人。作为一个负责任的风险投资人，布鲁斯·邓利维投出反对票，他认为如果创始人偏离正轨，基准资本应该拥有足够的投票权进行强制改变，正如安德森-霍洛维茨公司对泽尼菲特所做的那样。然而，由于 WeWork 需要资金，此时邓利维也并不想冻结融资。权衡了这些考虑之后，邓利维礼貌地表达了反对意见，他认为超级投票权不仅对于投资人来说是个错误，对于诺伊曼自己也是如此。"绝对权力会导致绝对腐败。"他这样提醒他的董事会同事们。

电话会议里没有人支持邓利维的疑虑。银行、对冲基金和私募投资人热衷于从热门的初创企业那里获取高额回报，这让创始人有权利要求他们想要的东西。对于像 WeWork 这样充满活力的初创企业来说，创始人获得超级投票权是件司空见惯的事情。并且，像摩根大通那样的银行把对被投公司的治理视为次要问题，他们很愿意给予创始人超级投票权，因为他们只想与创始人建立特殊关系。不到 10 分钟，董事会便驳回了邓利维的疑虑，诺伊曼被授予了对公司的绝对权力。

正如邓利维所担心的那样，腐败问题很快出现了。在公司治理结构变革的前一年，也就是 2013 年，诺伊曼个人计划购买芝加哥一栋建筑 5% 的股权，当时这栋建筑正在与 WeWork 商谈租约。这是一个典型的自我交易案例：通过购买建筑的股权，诺伊曼可以让自己从公司的租金中获利。WeWork 的董事会发挥了监督者的职责，阻止了这项交易，但在诺伊曼获得超级投票权之后，他重新推动了这个芝加哥计划，现在已经没有人能够阻止他了。他从 WeWork 租赁的 5 栋建筑物的租金中积累了一笔个人财富，有时候他通过出售自己在 WeWork 的一小部分股权来支付建筑物的股权费用。在每笔交易中，诺伊曼都有效地将他的个人财富与公司利润脱钩，而将其与公司的租赁成本挂钩，这让诺伊曼的利益与股东利益之间的鸿沟越拉越大。

不足为奇的是，公司治理上的混乱令 WeWork 的财务状况也随之恶化。在基准资本最初进行投资的时候，这家初创企业有着一个切实可行的商业模式，它用廉价的长期租约来租赁建筑，并加价短租出去。依靠这种方式，WeWork 在 2012 年便实现了盈利，但为了向银行和共同基金证明公司被高估的价值是合理的，WeWork 不得不以极快的速度增长。为了做到这一点，它降低了向租户收取的租金，结果与老虎环球基金所看重的增量利润恰恰相反，WeWork 的收入每增加 100 万美元，其亏损就会增加超过 100 万美元。2015 年，该公司的销售额翻了一倍多，但与此同时，它的亏损增加了两倍。

为了保住投资人对他的信任，诺伊曼创造出大量硅谷式的陈词滥调。他声称，WeWork 是办公室租赁领域的"先行者"，它不是一家公司，而是一个"平台"。它拥有"蓬勃发展的生态系统"和"数字化增强型服务"，同时具备"可扩展性"，它也将从"网络效益"中获益。对于不倾向于做批判性思考的观察者来说，这听起来或许很有说服力，毕竟，硅谷的大型企业，比如谷歌和 Facebook，在担心利润之前就已经把自己扩大到了惊人的规模。然而事实是，办公空间租赁公司运用不到数字化的技术，所谓的网络效应也很弱，[1] 就算在纽约公园大道新增了 WeWork 的租户，这也并不会改善附近第五大道的 WeWork 租户的体验。

---

[1] WeWork 希望通过允许用户在出差时使用 WeWork 在世界各地的设施来吸引更多用户。然而，这种形式的网络效应与奉行客户忠诚计划的全球连锁酒店相当，这不是一种科技式的网络效应。

2016年初，基准资本遇到了一个难题。起初，它在魅力四射的创始人亚当·诺伊曼身上下了一笔合理的创业"赌注"，这位创始人也让公司实现了盈利：WeWork的估值飙升了100倍，从1亿美元飙升至100亿美元。但由于后期投资人的粗心大意，公司正在亏损，利益冲突也不断累积，唯一的安慰就是一堆虚假的科技承诺。WeWork过高的估值将会使其真实的价值坍塌，不仅基准资本看到了这个风险，2014年投资WeWork的基金管理公司普信集团也看到了。"我们发现估值不断推高，但公司治理情况却在逐渐恶化。"普信集团的一位高管回忆说，这意味着，普信集团的2 100万美元账面利润可能会蒸发。

大约10年前，面临这种风险的投资人会有明显的补救措施。如果被高估的公司是上市公司，投资人只要卖掉股票就可以规避风险，而如果被高估的公司是私有公司，投资人就会利用其投票权强制改变公司业务，使其能够支撑起估值。但现在，由于充足的资本增长让独角兽公司可以继续保持私有，这两种补救措施都无济于事。WeWork不是一家上市公司，所以它的股权很难出售，而WeWork的创始人被授予了超级投票权，这让其他股东很难要求其进行改变。2015年底，诺伊曼有一次竟然向潜在投资人喷洒灭火器中的白色泡沫，来展现他对投资人的"尊重"。而就像被踢后仍然摇尾乞怜的小狗一样，投资人在下一年继续向WeWork注入资金，将其估值推高至160亿美元。

孙正义挥斥近千亿资本"捕猎"独角兽

面对WeWork所谓的估值与其创始人的鲁莽行为所带来的日益扩大的深坑，基准资本无奈地试图改变诺伊曼的态度。2017年，5位合伙人组成的代表团飞往曼哈顿拜访其在当地投资的公司。在与诺伊曼团队的会议上，代表团对公司的亏损和创始人销售个人股票的行为表示强烈不满，但合伙人们知道，他们并没有什么话语权。在当时的金融泡沫环境下，诺伊曼能够灵活地从别人那里融到资金，所以他没有义务听取那些要求他严于律己的风险投资人的话。诺伊曼并不准备向基准资本卑躬屈膝，而是要去拥抱最终的出资人。

这位出资人正是孙正义,他现在正忙于第二次闯进美国的科技股牛市。2016年,孙正义利用一次鼓舞人心的推介会,从沙特阿拉伯和阿布扎比那里募集了600亿美元。次年,他发起了所谓的愿景基金(Vision Fund),并开始"捕猎"独角兽公司。孙正义的资金最终达到986亿美元,这是迄今为止规模最大的风险投资基金所拥有的资金的30多倍。孙正义认为,庞大的资金规模将给他带来优势。早在20世纪90年代,能开出1亿美元支票的能力使他大大推动了雅虎的发展,而现在,他必须开出更大的支票,才能令对手们震惊和敬畏,但是巨额支票背后所蕴含的投资原理并没有改变。此外,只要牛市持续下去,孙正义通过加快完成资本布局,会比风险投资老兵们赚到更多的钱。他可以不问理由地向独角兽公司挥斥资本。又是原来的剧本,只是现在他的"胳膊"比以前更加粗壮。

孙正义的巨额基金震惊了整个风险投资行业。在红杉资本,迈克尔·莫里茨自2012年卸任以来第二次干预公司的战略。他早些时候坚持要求红杉资本不放弃对冲基金的业务,现在他敦促合伙人筹集一只超大型的成长型基金。他认为,红杉资本必须武装起来,以对抗自己在雅虎经历过的、来自软银的强势欺凌。凭借近千亿美元的资产,孙正义将扭曲科技投资市场,把一些公司的价值推高到可能会崩溃的地步,这将摧毁其他被迫与他的资本竞争的风险投资公司。红杉资本不得不改变其行动计划,因为孙正义以暴力违反了规则。"正如拳王迈克尔·泰森曾经说过的,'每个人都有一个计划,(但)直到拳头打到他们脸上(他们才发现为时已晚)。'"莫里茨写道,"是时候去咬耳朵了。"

在莫里茨的推动下,红杉资本筹集了一只80亿美元规模的成长型基金,这成了其应对孙正义巨额基金的重要方式。如果它投了A轮的公司发展到需要大量资金的地步,红杉资本可以自己开出支票,而不是让它落入软银的怀抱。但其他传统风险投资公司无法做出与莫里茨相同的举动,他们避开了成长型投资业务,忠实地坚持自己的小作坊式业务,他们没有能力向有限合伙人索要数十亿美元的资金。作为风险投资"小而美"风格的最杰出践行者,基准资本就是一个很好的例子,它的投资风格也即将经受检验。

2017年，在曼哈顿，孙正义在诺伊曼所拥有的一栋建筑中拜访了他。孙正义迟到了一个半小时，他看了一眼手表，告诉诺伊曼自己最多可以陪他12分钟。两人短暂地参观了WeWork的办公场所，诺伊曼很热情地炫耀自己所谓的研发中心。该中心配备了连接到灯和门的触摸屏，可以远程控制它们的开关，还有一张可在用户轻扫ID时自动调整到合适高度的智能办公桌。很难说这些小工具到底有多少实用性，但是孙正义被打动了，并在12分钟后邀请诺伊曼和他一起上车。

两人坐到了一辆豪华轿车的后座，孙正义开始快速点击他的平板电脑，不一会儿，他将一份"软银将向WeWork投资44亿美元"的提案递给了诺依曼。这是一个惊人的数额，比基准资本在其整个22年的历史中筹集的资金总和还要多。

诺伊曼在孙正义的红色签名旁边，用蓝色墨水签下了自己的名字。半小时后，孙正义给他发了一张投资意向书的照片，根据刚才那段时长为28分钟的互动，软银对WeWork的估值为200亿美元。与金融领域的许多创新一样，尤里·米尔纳的成长型投资公式被拉到了危险的极端。然而，如果孙正义对WeWork的直觉是正确的，那么他就会重复自己在雅虎的壮举，而这一次的规模是上次的好几倍。

对于早期投资人而言，孙正义的投资结束了他们与WeWork创始人的争端，因为现在他们比以往任何时候都更不可能控制它的创始人了，孙正义的资本明确指引了诺伊曼在狂妄自大的道路上越走越远。"孙正义没有告诫诺伊曼'我需要你成为这些钱最谨慎的管家'，"WeWork的一位高管回忆道，"这就等于说'我需要你的扩张变得更疯狂、更快、更大'。"于是，诺伊曼开始了疯狂的全球性扩张。他成为纽约最大的租赁商，还挥霍6 300万美元买了一架飞机，并声称要建设众居公寓楼、众培学校、众银银行、众航航海公司和众眠航空公司。不过，尽管孙正义消除了惩罚诺伊曼的可能性，但同时他也为其他股东的逃离打开了一扇窗，让他们有机会出售WeWork的股权。在2017年和随后的一轮融资中，孙正义很高兴地买断了早期投资人的部分持股，从而使非流动的股权具有了流动性。

普信集团抓住了这个机会，一位高管回忆道："我们能卖多少就卖了多少。"基准资本也减持了大约 20% 的 WeWork 股权，据基准资本内部人士称，收益锁定在其原始投资的 15 倍回报。

这只是一次部分退出，基准资本仍保留了 80% 的 WeWork 股权，但获得了很划算的保险：多亏孙正义让他们所持的股权流动起来，基准资本才知道它至少会以良好的回报倍数脱身。但所有观望的风险投资人面临的问题是，这种脱身是否能成为常态。如果他们支持一家有前途的 A 轮公司，高兴地见到它蓬勃发展，然后眼睁睁地看着它的良好治理被后期投资人摧毁，他们该怎么办？他们能设法在清算之前套现吗？

基准资本领投优步的 A 轮融资

2011 年 2 月，也就是投资 WeWork 的前一年，基准资本领投了网约车服务初创企业优步的 A 轮融资。与血液诊疗不同的是，优步的"魔力"是真实的：按一下按钮，一辆汽车就来了，整个过程没有任何花招。与 WeWork 不同的是，优步正好是基准资本最喜爱的类型：它是一家西海岸初创企业，由一位身经百战的创业者创立，其发展的核心推动力是技术。不同于 WeWork 大放烟幕弹——自称是具有"网络效应"的"平台"，优步的平台属性和创造的网络效应是货真价实的。随着优步的发展，将会有更多的司机为其提供服务，还会让大众享受到更短的打车等待时间以及在多个城市打车的便利性。

基准资本投资优步的主要推动者是比尔·格利，他在 1998 年，也就是基准资本成立三年后加入该公司。他很快就适应了基准资本的文化，这是因为在聘用他时，当时的基准资本成员会刻意挑选与他们相似的人。最初的基准资本成员身高都超过 182 厘米，而格利身高约 206 厘米，像门框一样高高矗立；最初的基准资本成员喜欢篮球，自比芝加哥公牛队，而格利获得过美国全国大学体育协会一区学校的篮球奖学金；最初的基准资本成员无论是在智力和体力上都很出色，在请格利进门面试之前，他们对他进行了一番讨论，并从他身上看到了同样的品质。一个人评论道："他乐于分享见解。""而且好奇心旺盛。"另一个人附和道。"我们可以和他一起去看篮球赛。"第三个人提议道。一段时间后，基准资本的一位合伙人带格利去打猎，格利在陡峭的斜坡上追赶一头野猪，"他充满了野性。"合伙人感叹说，另一个人也由衷地说道："我喜欢这种特质。"

格利对优步的投资是明智的，也可以称得上是 A 轮投资的典范。在加入基准资本之前，斯坦福大学教授布莱恩·阿瑟（Brian Arthur）关于网络型商业模式的著作令格利印象深刻。**阿瑟认为，具有网络效应的公司扭转了一个基本的微观经济规律：他们面临的不是边际收益递减，而是边际收益递增。**在大多数行业，生产者增加某种商品的供给会导致价格下跌，数量更丰富就意味着价格更便宜。相反，在网络型商业模式中，随着网络服务的扩展，消费者体验将得到改善，因此生产商可以为其产品收取额外费用。此外，由于网络效应下规模经济的建立，生产成本下降，消费者的体验将同样得到改善。正如基准资本在投资 eBay 时所发现的那样，投资网络型商业模式公司的回报可能是巨大的。

与基准资本签约后，格利将 eBay 的概念从产品扩展到服务。他的第一个成功投资是一家名为 Opentable（开桌）的初创企业，该公司致力于将食客与餐厅联系起来。与 eBay 一样，Opentable 改善了买家和卖家之间的匹配机制，它允许食客按价格、位置和食物类型浏览餐厅，极大地改善了预订体验。让格利感到兴奋的是，通过 Opentable 的案例，网络效应被证明与理论预测的一样强大。随着越来越多的餐厅签约，更多的食客访问该网站，这反过来又吸引了更多的餐厅签约。一天，在审视 Opentable 的发展进度时，格利注意到一个异常现象，一位销售代表正在大量签约新的餐饮场所。原来，这个代表的业务范围覆盖到了圣弗朗西斯科，而 Opentable 已经在那里建立起强大的网络。"哦，天哪，这确实行得通！"格利回忆道。

在 Opentable 获得成功后，格利开始寻找在其他领域也能做到同样事情的企业。"我们开始在内部讨论这个问题,"他回忆道,"如果用户可以获取完美的、无所不包的信息,还有哪些行业会因此发生转变?"通过使用 Opentable,用户可以搜索下星期一晚上 7 点圣弗朗西斯科南部的哪家亚洲美食店有座位,并指定价格范围。这是一种全新的、高效的体验,要是在以前,你可能需要花一个小时打电话才能获得这些信息来做决定。当格利和他的合伙人考虑其他可以推广类似软件的行业时,他们选择了出租车和"黑车服务"。目前,乘客与司机的匹配非常低效,他们不禁思考,有没有什么方式可以让匹配更高效?格利想起了一段经历,他在西雅图一座摩天大楼里参加了一次董事会会议,会议结束后,他找不到自己预订的车了。他回忆道:"我在街区里跑来跑去,没能按时赶到机场,当然,这可能是因为西雅图的街区有点绕。"沿着这一思路,格利设想了一家新的创业公司,一个用于叫车服务的 Opentable,他的下一步是寻找能够将概念变为现实的创业者,最终,他以同样的努力完成了这一任务。他听说弗吉尼亚州有一家名为"出租车魔术"(Taxi Magic)的初创企业,于是多次跨越整个美国去讨论这笔潜在的投资。但是,他仔细考虑过这种商业模式并清楚地知道应该如何去实现它,而这种实现方法与出租车魔术的做法不同。出租车魔术的创始人推出了一款应用程序,允许乘客叫一辆出租车并通过手机付款,但在格利看来,这是一条死胡同,因为出租车费是受管制的。为了使网络效应发挥作用,新进入网络的服务商需要使价格降低,并使规模扩大。这家东海岸的公司与受监管的出租车业务密切相关,并对影响网络效应的因素视而不见,它其实违背了格利最初考虑交通行业的原因。几个月后,格利放弃了投资出租车魔术。

2009 年,格利听说优步正在寻找天使投资人。令他高兴的是,优步的策略是聚焦于不受监管的黑车。"我们必须立即与这些人会面。"格利回忆道,但他再次表现出能够控制自己兴奋的自律。当他遇到优步的创始人加勒特·坎普(Garrett Camp)和特拉维斯·卡兰尼克时,他的印象并不算好,因为他得知两人都不会全职投入优步的经营。他们聘请了一位名叫瑞安·格雷夫斯(Ryan Graves)的年轻首席执行官,而格雷夫斯在发展初创公司方面不够成熟。无论格利多么渴望看到将网络效应应用于交通行业的具体实践,他还是放弃了投资,因为他不会在二流的企业上冒险。

然而，仅仅在一年多之后，优步就重新出现在了格利的视野中。这一次，公司正在寻找 A 轮投资人，并且情况发生了变化：年轻的瑞安·格雷夫斯转任一个较低的职位，特拉维斯·卡兰尼克成了全职首席执行官，这让优步焕然一新。卡兰尼克之前曾创办过两家初创企业，他有一种非常好斗且不拘一格的性格，可以跨跃最艰巨的障碍。如果有人有胆量改变城市交通系统，直面大城市的监管机构和现有的豪华轿车车队，那个人一定是卡兰尼克。

格利感到自己与卡兰尼克产生了良好的化学反应。一方面，这位创始人并没有自满到不能拿他开玩笑的地步。在卡兰尼克准备在基准资本的办公室进行宣讲的那天，一位合伙人打开了优步的应用程序，看到一辆黑车在红杉资本总部的附近等候。在优步的发展早期，黑车稀缺，合伙人猜测就是这辆车把卡兰尼克带到了红杉资本，而且卡兰尼克应该打算乘同一辆车从红杉资本来基准资本。这位合伙人觉得这是个恶作剧的好时机，而且他想向卡兰尼克展示自己很了解优步，就用自己的智能手机叫了一辆车，很快屏幕上显示出一个黑色的小图标，正从红杉资本停车场驶出。果然，卡兰尼克只能步行到达基准资本的办公室，他迟到了，而且满身大汗。那天晚上，基准资本送了他一份礼物：一双跑鞋。

在商谈投资期间的一个星期日深夜，卡兰尼克打电话给格利，要求在圣弗朗西斯科的一家酒吧与他见面。尽管酒吧距离格利在伍德塞德市的家有约 48 千米的车程，但这个电话正是格利梦寐以求的。在家人熟睡时，格利驱车北上，与卡兰尼克聊到凌晨。终于，他触碰到了一直在追逐的"星星"，他找到了一家能够抓住他想象中的机会的初创企业，一家能够以正确的方式和拥有合适的首席执行官来做这件事的公司。

第二天，基准资本向卡兰尼克提交了一份投资意向书。经过一番折腾，基准资本领投了优步的 A 轮融资，以 1 200 万美元的价格获得了其 20% 的股权。格利在网约车领域找到了他的 Opentable。他对这家初创企业的愿景是，它可能会与 Opentable 相媲美，并在适当的时候以大约 20 亿美元的估值上市。

后期投资人在独角兽牌局中肆意妄为

在故事的这个阶段，优步没有遇到什么麻烦。与伊丽莎白·霍尔姆斯不同，卡兰尼克是一位久经考验的成年人，并且格利给一位投资过卡兰尼克以前创立的公司的朋友打了个电话，仔细询问过他的情况。与基准资本不顾对真实情况的怀疑而押注了 WeWork 不同，格利对优步的市场和商业模式有着深刻的理解。更重要的是，随着卡兰尼克使用基准资本的资本开始行动，他的表现超出了格利的预期，这位风险投资人看到卡兰尼克在纽约黑车市场的严密规则中奋力前行。卡兰尼克并没有触犯法律，但他无情地规避了法律监管，直到他设法说服市长让优步的车获得牌照。与此同时，格利很赞赏卡兰尼克实施的一个精妙但不受欢迎的想法：动态定价。优步不收取固定且可预测的费用，而是根据客户需求改变价格。当高峰时段订单数量飙升时，优步会提高用车价格来吸引更多司机，防止车辆短缺。批评者抱怨优步在敲竹杠，但卡兰尼克坚持了这一政策。

对于卡兰尼克的这一坚持，亚马逊的杰夫·贝佐斯在和格利谈话时对他赞不绝口："特拉维斯是一位真正的企业家。""你为什么这么说？"格利问道。"因为他没有屈服于大众对动态定价的批评。"贝佐斯回答。

到 2011 年底，卡兰尼克已准备好进行 B 轮融资。由于贝佐斯都称赞了他的坚韧，想投资他的人络绎不绝。贝佐斯本人承诺投资 300 万美元，高盛也承诺加入投资。当他四处寻找风险投资基金来领导这一轮融资时，卡兰尼克的首选是安德森-霍洛维茨公司。他特别尊重安德森-霍洛维茨公司的合伙人杰夫·乔丹（Jeff Jordan），他是 Opentable 的前首席执行官，也是爱彼迎的董事。乔丹了解如何将旧产品和新的信息技术相结合，并且他曾担任 Paypal 的总裁，知道如何扩大初创企业的规模。如果优步可以同时拥有乔丹和格利作为投资人，那么它将拥有硅谷最好的风险投资建议。

在与安德森-霍洛维茨公司谈判时,卡兰尼克认为同时与其他的潜在投资人接洽也没有什么坏处。在其他潜在投资人中,投资意愿最坚定的人是门罗风险投资公司的新员工谢尔文·皮谢瓦尔(Shervin Pishevar),门罗是悠游网络的投资方之一。皮谢瓦尔与乔丹或格利不是一类人,他块头很大,有自我推销的天赋,三年前因为一篇奇特的文章引起了人们的注意,人们称赞他"对创业精神的描绘漫无边际、反应滞后、半梦半醒但十分出色"。"Facebook 内部的人必须充分知晓其崇高的使命和事业,并以此作为自己的驱动力。"皮谢瓦尔在一个段落中写道,"他们应该肩负起创新和延展扎克伯格的才能这一使命,使 Facebook 变得更优雅、更有价值、更个性化和更鼓舞人心。"爱听这种谄媚废话的巨头们会倾向于认为皮谢瓦尔是敏锐的甚至是睿智的,而卡兰尼克也享受他的奉承。但很快,马克·安德森表示,安德森-霍洛维茨公司已经准备好将优步的估值定在 3 亿美元左右,这是基准资本不到一年前估值的 5 倍。

卡兰尼克对安德森-霍洛维茨公司提出的估值感到满意,他打电话给皮谢瓦尔,说他不会拿门罗的钱了。"嘿,伙计,"皮谢瓦尔回忆起卡兰尼克的话,"我真的很想和你做这笔交易,但为了公司的利益,我必须和另一家公司合作。"

"我仍然记得那一刻,"皮谢瓦尔后来说,"我可以做出情绪化的反应,比如哀求说'请不要这样'。"相反,皮谢瓦尔选择了不同的语气,他很有男子气概地对卡兰尼克说:"恭喜你!只管前进吧!如果在尽职调查过程中出现任何问题,你要记住我永远百分之一千地支持你。所以,在谈判中表现得强硬些吧,你有我这个后援。"

通过选择安德森-霍洛维茨公司,卡兰尼克拿到了与硅谷其他成功故事相似的剧本。在从一位强大的投资人那里筹集到 A 轮融资后,他准备从同样强大的投资人那里筹集到 B 轮融资。如果他继续沿这条路走下去,后来损害 WeWork

的公司治理问题就不会困扰优步。

但随后历史转向了一个意想不到的方向,安德森放弃了向卡兰尼克承诺的3亿美元估值。在与卡兰尼克共进晚餐时,这位风险投资人宣称,鉴于优步的客户数量和收入,目前的估值过高,他把报价削减了25%。卡兰尼克试图说服安德森给出个折中的价格,但安德森没有让步。几天后,卡兰尼克接受了降价,然后前往爱尔兰参加了一个科技会议。估值问题仍然困扰着他,他再次给安德森发了封电子邮件,要求一个更高的报价,希望估值介于目前的2.2亿美元和最初的3亿美元之间,但安德森拒绝改变立场。

卡兰尼克生气了,他给皮谢瓦尔打了电话。接到电话时,皮谢瓦尔正在阿尔及利亚参加一个会议。他看了一眼屏幕,令他恼火的是,他不知道这是谁的电话,来电显示功能在阿尔及利亚失效了。犹豫了片刻,皮谢瓦尔还是决定接电话。

"嘿,伙计。"一个熟悉的声音响起,皮谢瓦尔感到肾上腺素激增。"发生什么事儿啦?"他回应道。"呃,你对我说的话还算数吗?"卡兰尼克说道。皮谢瓦尔兴奋地回答:"当然!肯定算数!毫无疑问!""你能来都柏林和我见一面吗?"卡兰尼克问。"我立刻搭下一班航班赶过去。"皮谢瓦尔保证道。皮谢瓦尔向北飞越欧洲,在爱尔兰首都找到了卡兰尼克。两人走在鹅卵石铺就的街道上,在一家酒吧停下来,点了几杯吉尼斯啤酒,随后,卡兰尼克开始充满魅力地描绘优步的无限潜力。"那个时候我才真正弄明白了,"皮谢瓦尔后来说,"他正在讲一桩数万亿美元的生意!"

回到酒店后,皮谢瓦尔给卡兰尼克发了一条短信,给优步估值2.9亿美元,这比安德森-霍洛维茨公司降价后的报价高出近30%。皮谢瓦尔焦急地等待着卡兰尼克的回应,他曾经和这个人关系很好,结果在上一次的磋商中却发现这个人已经和一个更有声望的风险投资公司达成了交易。

但这一次，卡兰尼克并没有同时与另一个风险投资公司谈。相反，他在与人讨论风险投资本身，他正在给一位老朋友打电话，描述他面临的困境。他和他的公司面临着一个棘手的选择：是接受一名鲜为人知的投资人的慷慨报价，还是接受一名著名投资人的吝啬出价。他应该选哪个，是门罗的谢尔文·皮谢瓦尔还是安德森-霍洛维茨公司的杰夫·乔丹？他最需要的是高估值带来的巨额资金还是高价值的帮助？

"你不再需要著名风险投资人的认可了，"这位朋友说，"你已经度过那个阶段了。"按照卡兰尼克朋友的看法，优步需要巨额资金才能在全国范围内推出其服务。"这是为了尽可能获得最便宜的资本，资本就是力量。你拥有的资本越多，你能做的事就越多。"他的朋友敦促他。

皮谢瓦尔在等待的过程中变得越来越焦虑，他再次给卡兰尼克发短信，将他的报价提高到 2.95 亿美元，这一次，卡兰尼克立即回复了他。2.9 亿美元的报价就足够了，他很乐意接受。"就这么定了，赶紧签字吧。"卡兰尼克坚定地说道。皮谢瓦尔打印了一份投资意向书，并把它带到了卡兰尼克的酒店房间，两个人在那里签了字。尽职调查完成后，门罗以 2.9 亿美元的估值正式投资了 2 500 万美元，获得了优步 8% 的股份，贝佐斯、高盛和其他一些投资人也投入了 1 200 万美元。

独角兽的公司治理彻底崩溃

事后看来，皮谢瓦尔的投资预示着优步未来的一系列麻烦。卡兰尼克认为金钱就是力量，风险投资专家的指导是可有可无的。与此同时，尽管投入的资金规模很大，皮谢瓦尔还是成了一名无投票权的优步董事会观察员，而不是一名正式的董事。毕竟，他被选中并不是因为他有能力提供监督，所以观察员的身份似乎是合适的。事实上，皮谢瓦尔在优步的主要职责是担任"啦啦队长"。他把公司标志剃到头发上，安排说唱歌手杰斯（Jay-Z）投资，并举办了一个派对，邀请了一位后来成为卡兰尼克女朋友的音乐家参加。多亏了谷歌、Facebook 和 "年轻人的反叛"，对创始人展现友好态度几乎成了风险投资人的必备素质，但皮谢瓦尔将这种风格推向了极致，他充当了伙伴和 "贴身男仆" 的角色。有一次，当卡兰尼克飞往洛杉矶时，皮谢瓦尔派了一辆车去机场接他，车后座上则放着为卡兰尼克准备的新西装。

时代精神中不仅有对创始人的奉承。卡兰尼克优先考虑廉价资本的决定也是时代的标志之一，因为它显示出网络型商业模式存在的缺陷。在互联网行业中，令人兴奋的是赢家大赚特赚，而不利的一面则是失败者可能一无所有。此外，互联网行业中的赢家不一定是制造出最好产品的公司，相反，它可能是首先实现规模化，使网络效应发挥出来的公司。为了在竞争对手挑战它之前扩大规模，优步将不得不大手大脚地补贴叫车服务。它必须进行 "闪电式扩张"，这是个后来席卷硅谷的术语。早在 2005 年，保罗·格雷厄姆就曾抱怨风险投资行业将太多的钱塞给初创企业，就像农民给鹅塞食料来做鹅肝一样。但在互联网业务中，资本确实可以等同于权力，如 Paypal 与 X.com 的对决，美团与大众点评的对决。科技公司竞争的代价极为高昂，因为胜者的奖励是如此地丰厚。

果然，在优步进行 B 轮融资的一年后，出现了两个挑战者。到 2012 年底，阿克塞尔支持的一家名为招车（Hailo）的公司在波士顿和芝加哥推出了一款叫车应用程序，试图在比昂贵的黑车市场大得多的叫车市场抢占先机，这对优步产生了威胁。优步下定决心不让招车领先，也推出了自己的出租车叫车服务。接下来，一家名为杰姆莱德（Zimride）的初创企业开始尝试一项名为 "来福车"（Lyft）的低价服务，允许非专业司机接载乘客。起初，卡兰尼克预计监管机构会禁止来福车，他坚信，没有商业保险的、未经认证的业余司机肯定达不到公共安全标准。除了避开监管机构的常规做法，优步游说加利福尼亚州公共事业委员会关闭其竞争对手的服务，并指出自己的专业黑车司机已获得执照，但是，加利福尼亚州监管机构为来福车开了绿灯。这时，卡兰尼克没有再等待，用自己的业余司机服务优步 X（UberX）进行反击。

不可避免地，街道上的竞争变成了金钱的竞争。2013 年上半年，招车筹集了 3 100 万美元的 B 轮融资，并准备在纽约推广服务。来福车筹集了由彼得·蒂尔的创始人基金领投的 1 500 万美元，然后在又一轮融资中获得了安德森－霍洛维茨公司领投的 6 000 万美元，现在，安德森－霍洛维茨公司后悔错过优步了。但从基准资本的角度来看，好消息是优步仍然遥遥领先，如果这是一场赢者通吃的比赛，那就来吧，因为优步很可能是赢家。2013 年 8 月，卡兰尼克通过筹集 2.58 亿美元的 C 轮融资来宣示自己的领跑者地位，该轮融资由谷歌著名的风险投资部门领投。似乎是为了强调自己的领跑者地位，卡兰尼克还安排了私募股权巨头、全球领先的另类资产管理公司得克萨斯州太平洋集团（Texas Pacific Group，下简称"TPG"）参与这笔交易。投资协议中的一项条款让 TPG 可以选择在未来 6 个月的某个时间点额外投资 8 800 万美元，这是对竞争对手的警告，它表明优步可以在资金上超越任何人。

到了此时，格利已经看出，优步远远不止"网约车市场的 Opentable"那么简单了。价格低廉的优步 X 服务表明，该公司可以占领一个更大的市场，将用户从地铁和公共汽车上"抢走"，甚至影响到人们是否购买私家车的决定。此外，在皮谢瓦尔投资后，格利曾对优步潜在的公司治理问题感到担忧，而现在这种忧虑得到了缓解。谷歌的风险投资部门是受人尊敬的参与者，而且格利非常重视即将加入优步董事会的 TPG 创始合伙人大卫·邦德曼（David Bondeman）。格利和他的合伙人对优步感到非常乐观，因此他们在优步后续的 C 轮融资中又投资了 1 500 万美元。鉴于基准资本仅有 4.5 亿美元的资金，这是一项重大且慎重的投资：哪怕从优步当前的 35 亿美元估值开始计算，公司也有机会产生基准资本所一直追求的 10 倍以上的回报。

在接下来的 18 个月里，格利一直保持着乐观。由于招车没能使网络的"飞轮效应"运转起来，其挑战最终化为泡影，另一个名为"边车"（Sidecar）的挑战者一无所获。只有来福车奋起反抗，而优步则稳稳占据主导地位。2014 年春天，来福车筹集了 2.5 亿美元的 C 轮融资。几星期后，卡兰尼克以 D 轮融资反击，融到了 12 亿美元的巨额资金。来福车和优步都将资金用于补贴乘客，但格利对此并不担心。随着来自各类投资人的资金涌入硅谷，基准资本在其投资的其他公司里也面临着类似的筹资竞赛。"资金消耗的速度太夸张了，"格利回忆道，"消耗资金的似乎不是一项叫车服务，而是一项移动整个地球的服务。"

无论优步资金消耗的速度如何，它都在创造惊人的股东价值。2014 年 6 月，优步在 D 轮融资中的估值达到 170 亿美元后不久，一位名叫阿斯瓦斯·达莫达兰（Aswath Damodaran）的纽约大学教授写了一篇评论文章，认为优步的真实价值远低于估值。他估计，全球出租车市场的规模为大约 1 000 亿美元，并得出结论认为优步的公允价值可能为 59 亿美元，这还不到 D 轮融资估值的一半。格利在他的博客上发表了一篇文章进行回击，认为出租车市场将因优步的低价而扩大，他引用卡兰尼克的话说："这与存量市场无关，而与我们正在创造的增量市场有关。"但无论你对这些论点有何看法，令人震惊的事实是，即使是优步的主要批评者也认为该公司的价值高达 59 亿美元，这比不到一年前其在 C 轮融资时的估值足足多出 24 亿美元。

然而，在其价值飙升之际，优步也在显现出 WeWork 式令人担忧的转变，卡兰尼克正以牺牲投资人的利益为代价，缓慢而稳定地巩固着自己的权力。除了拒绝皮谢瓦尔担任有投票权的董事职位外，他还在 B 轮融资中，从一个惹怒过他的天使投资人手中夺取了董事会投票权。在 2013 年的 C 轮融资中，卡兰尼克又为他自己、他的联合创始人和他的早期投资人设置了超级投票权，其结果是，在 C 轮和 D 轮融资中提供了大量资金的投资人并没有相应的话语权。原则上，基准资本不喜欢这一点，就像它不喜欢一年后 WeWork 设置超级投票权一样。但基准资本本身凭借其 A 轮投资拥有了超级投票权，而且由于优步有望成为该风险投资合伙企业历史上最大的投资胜利，所以格利不会和后期进入的投资人一起制造麻烦。此外，格利与卡兰尼克保持着良好的关系，他的建议也似乎能发挥作用。格利有一张门禁卡，可以让他进入位于圣弗朗西斯科市场街的优步总部，他觉得无论正式投票权如何变化，他都能影响公司。

然而，到了 2014 年底，格利开始感觉到他的影响力正在减弱。随着数亿美元资金涌入优步，卡兰尼克成了名人，基准资本作为享有盛誉的 A 轮投资人，其重要性不可避免地被淡化了。更糟糕的是，卡兰尼克似乎不再对格利的建议感兴趣，尤其是当这些建议与卡兰尼克的想法冲突时。卡兰尼克希望维持优步在创业之初的好斗的文化，格利则强调纪律性。格利希望卡兰尼克聘请一位有经验的首席财务官，为现在的大型业务建立适当的控制和监督机制，他也敦促卡兰尼克寻找一位强大的法律顾问，特别是在优步的领导人展现出了与大型公司标准不符的行为方式之后。2014 年 10 月，一位名叫莎拉·莱西（Sarah Lacy）的硅谷评论员指责卡兰尼克宣扬贬低女性的"兄弟"文化，因为卡兰尼克开玩笑说他的公司令他桃花运大增，应该被称为"妞步"。在莱西威力巨大的抨击发表之后不久，卡兰尼克的副手给他挖了一个更深的坑，副手建议他挖掘莱西个人生活的污点来恐吓她。格利喜欢卡兰尼克的创业进取心，但有些界限是不能跨越的，而优步没有适当的制度来告诉创始人"进取"和"越界"的区别。每次格利向卡兰尼克提出这一点，这位创始人都对他的建议置若罔闻。卡兰尼克给这位高大的风险投资人取了一个绰号："小鸡"①。

格利开始感到陷入了困境，就像邓利维发现自己被 WeWork 困住了一样。他构思了一项聪明的投资，耐心地等待它开花结果，并为他的公司赚取超过 10 亿美元的利润，但所有这些利润都只停留在账面上。优步没有上市，所以格利不能出售他的股票；同时优步董事会授予了卡兰尼克超级投票权，所以格利不能强迫他听从建议。如果优步选择了一个强大的 B 轮投资人，格利可能会有一个志同道合的盟友，但卡兰尼克选择了一个"啦啦队长"式的人。C 轮的主要投资人则帮不上什么忙，卡兰尼克让来自谷歌的董事会成员靠边站，因为谷歌正计划开发可能与优步有竞争关系的无人驾驶汽车。只有 TPG 的邦德曼成为格利的主要支持者，但两票不足以影响董事会，卡兰尼克不会受到有效的监督。

---

① 小鸡（Chicken Little）是动画形象，一只胆小的鸡。卡兰尼克借此形容格利在公司发展策略上的胆小。——译者注

2015年初，格利开始表达他的不满。他在博客上发表了一篇精心设计的长篇文章，文中他阐述了独角兽公司推迟上市将会带来的问题。虽然格利没有提到优步的名字，但他的读者明白，文中的独角兽公司正是优步。

格利的文章指出了三个问题。第一个问题，独角兽公司被高估了。与其他硅谷投资人不同，格利准备有话直说，他直言不讳地宣布，后期科技投资轮已成为"竞争最激烈、最拥挤和泡沫最大的阶段"。涌入硅谷的新资金是造成这种现象的原因。银行、共同基金公司、私募股权公司和对冲基金，各种各样的科技投资新手对向初创企业投入1 000万美元几乎没有兴趣，他们只想开出1亿美元的支票，这样才能给其资金规模达数十亿美元的投资组合带来显著的影响。因此，大量缺乏经验的资金通过后期融资涌入科技公司，推高了这些公司的估值。

第二个问题与金融工程有关。非硅谷投资人经常坚持保护条款，这进一步模糊了独角兽公司的整体估值。例如，投资人可能会要求"清算优先权"，即如果公司清算，他们将有权在其他股东得到任何东西之前获得特定的回报。显然，获得这种保证的投资人将为他们的股票支付额外费用，而这种溢价将推高公司的表观估值。而早期投资人由于没有获得清算优先权，他们的股票在逻辑上价值就较低。与此同时，后期资金以100亿美元的估值进行投资，其实并不意味着最初的风险投资公司对独角兽公司的估值也这么高。事实上，如果将拥有超级投票权的A轮投资人的每股股票价值计为1个单位，那么对C轮投资人来说，每股的价值要低于1单位，因为他们的发言权较小；而对已拥有清算优先权的E轮投资人来说，每股的价值要更高。由于这些复杂性的存在，独角兽公司的真实价值几乎无法确定。

第三个问题是前两个问题的后果。后期估值的不合理膨胀助长了科技创始人的狂妄自大，由于超级投票权的存在和迎合创始人的惯例，他们已经有失控的危险。其结果是，创始人们越来越为所欲为。他们很少披露其业务的真实状况，并且经常故意误导投资人，普遍采用特殊的会计技巧。①缺乏经验的投资人涌入硅谷，想要糊弄他们实在太容易了。独角兽公司在治理层面的平衡就这样被打破了。

在他发表这篇文章时，格利对优步的主要担忧来源于中国。卡兰尼克决心在亚马逊、谷歌和几乎所有其他美国科技巨头都失败的地方取得成功，他下定决心要打入中国市场。从2014年开始，他在与中国网约车行业主导者滴滴和快的（后合并为滴滴出行）的竞争中投入了成千上百万美元。这种大胆的赌博之所以成为可能，是因为优步可以以高估值筹集数亿美元，并且卡兰尼克温顺的董事会不会阻止他。而格利所能做的只有表达愤怒，正如他反复向卡兰尼克强调的，向中国网约车市场投入资金与在来福车的竞争中投入资金有着根本的不同。在网络化的行业，如果你很有可能获胜，那么在竞争中投入大量资金是合理的，但如果你获胜的机会很小，那这一行为就太鲁莽了。

在邦德曼的支持下，格利敦促卡兰尼克考虑合并优步中国和滴滴，这是风险投资对毁灭性价格战的经典应对方案。2015年1月，卡兰尼克同意与滴滴的领导层展开会谈，提出放弃中国市场以换取滴滴的少量股权，但他想要的价格高得离谱，卡兰尼克要求获得滴滴整整40%的股权。滴滴对此嗤之以鼻，而且其不仅在中国，还在世界范围内对优步展开攻势。它向优步的竞争对手来福车注入了1亿美元，并宣布与优步在印度和东南亚等其他地区的对手建立技术共享联盟。"闪电战"已经席卷全球。

格利和邦德曼非常愤怒。他们认为，卡兰尼克的工作是巩固他在核心市场的霸主地位，而不是在竞争对手的地盘上烧钱。这位首席执行官在中国的拿破仑式冒险正是董事会传统上会阻止的那种过度扩张，但优步董事会的权力已经被"阉

---

① 例如，一家电商平台公司可能会强调其平台流通过的支付总额，但没有提到至少80%的现金流向了提供商品或服务的外部企业。

割"了。正如格利在他的文章中所预见的那样,优步的资金条件是如此充裕,即使卡兰尼克将资金投入一场他不可能获胜的战斗中,他所获得的收益也将不断上涨。2015 年底,优步以 625 亿美元的非凡估值筹集了 G 轮融资,几乎是其在 C 轮融资中的 18 倍,当时基准资本追加了一倍对该公司的投资。

2016 年 4 月,格利发表了对独角兽公司的第二篇评论,这篇文章轰动一时。这一次,他瞄准了一个特殊的威胁,他指出由于清算优先权的存在,后期投资独角兽公司的投资人们将受到破坏性的激励。① 并且,由于他们的下行空间受到保护,他们没有理由不敦促独角兽不计后果地发展。例如,面对是否要在中国大肆挥霍的选择时,后期投资人可能会鼓励独角兽公司出手,因为清算优先权的存在,他们无论如何都能拿回本金,所以他们有充分的理由去豪赌一把。格利从他喜欢的得州扑克中借用了一个比喻来总结这种危险。他说,典型的后期投资人"会在牌桌上表现得像一个放松而激进的玩家"。

接下来的一个月,卡兰尼克变成了格利最可怕的噩梦。他派了一名副手去融资,对象是牌桌上最"放松"的玩家:拥有 3 000 亿美元资金的沙特阿拉伯主权财富基金公共投资基金(Public Investment Fund)。面对这种情况,格利所能做的只有痛苦地呻吟,因为沙特人的巨额资本加注只会稀释基准资本的股份,而这笔钱将消失在与滴滴的竞争中。与此同时,与滴滴作战似乎变得比以往任何时候都更糟糕。到 2016 年 5 月,这家中国公司在本土市场上已经遥遥领先,与此同时,它又将一只脚伸进了硅谷,从苹果那里筹集了 10 亿美元。就优步而言,它在从纽约到孟买的所有地方都在为补贴战而挥霍无度。现在,它需要的不是资本,而是清醒。

---

① 在享受清算优先权的同时,后期投资人可能会在 IPO 时得到承诺获得免费的额外股票补贴(所谓的实物支付股息)或保障性的收益。这是为了减少他们所承担的风险,使公司得以自由追求更大的目标。

即使格利已经从悲观的角度预测了优步的未来，也没想到接下来会发生的事情。沙特阿拉伯的公共投资基金提出向优步投资 35 亿美元。作为交易的一部分，沙特方面要求将董事会席位从 8 个扩大到 11 个，并授予卡兰尼克指定额外三名董事的权力。这个提案的发起者想必是卡兰尼克和他的团队，他们显然是想破坏格利对公司仅存的微弱影响力。

与 WeWork 的邓利维一样，格利现在面临着一个不可能的困境。除非否决这 35 亿美元的注资，否则他无法阻止卡兰尼克增加董事会席位。他怀疑这 35 亿美元是否会被明智地使用，当然，他有可能是错的，可能这笔巨大的新资金将使优步买下更多的市场份额，而在一场全球闪电战中，花费最多的人将赢得难以想象的财富。格利权衡着他对公司治理的信念和对网络效应的重视，陷入了犹豫：也许卡兰尼克称他为"小鸡"是对的？"我们都相信网络效应，但有没有人愿意损失 20 亿到 30 亿美元，仅仅是为了留在董事会桌前？"格利沉思道，"即使你邀请了沃伦·巴菲特、杰克·韦尔奇或任何其他人加入优步董事会，他们也不知道面对当下这种局面该怎么做。"

明白没有办法阻止卡兰尼克后，格利同意了沙特方面的投资，吞下了三个额外董事会席位的苦果。但当他回顾优步的传奇故事时，他承认对自己的决定感到后悔。"回想起来，如果能重新来过，这可能是我最希望改变的事，"他说，"我本可以反对这笔交易，告诉他们优步需要做出改变。"

那年夏天还是发生了一件好事。感到事情不妙后，卡兰尼克要求与中国的竞争者停战。2016 年 8 月，在沙特注入资金两个月后，他将中国市场让给了滴滴，并接受了竞争对手 18% 的股份作为回报。相对于卡兰尼克 18 个月前要求的 40% 的股份，这是一个适度的和解，同时优步在中国蒙受了约 20 亿美元的损失。尽管如此，滴滴 18% 的股份价值接近 60 亿美元。能谈下来这个体面的退出安排，在很大程度上要归功于优步的"沙特金钱大炮"的潜在威胁。

尽管松了一口气，但格利仍然感到自己被困在一家他无法出售股票且创始人很少听从他的建议的公司中。他所能做的就是尽快促使卡兰尼克成熟起来，尤其是摆脱不成熟的创业文化。格利劝说卡兰尼克，在某些业务上四平八稳地去操作才是最好的。"拥有更具创新性的财务计划和法律计划，以及重塑董事会构成并不能带来胜利。在这些领域，经验承载了很多。"格利曾对卡兰尼克这样说道。当卡兰尼克拒绝倾听时，格利接受了在 MBA 课程上演讲的邀请，并利用这些机会引导学员们讨论他的困境。如果这些目光敏锐的商科学生被置于一个不受控制的独角兽公司的董事会中，他们会怎么做？格利发现他们谁也说不出来。"我们能想到的唯一答案是，只有公开市场可以更好地使公司承担其应有的责任。"他感叹道。

2017 年 2 月，卡兰尼克的荒诞行为暴露无遗，他也因此付出了代价。一名名叫苏珊·福勒（Susan Fowler）的前雇员详细描述了优步一再发生的性骚扰事件，她的控诉在网上疯传。卡兰尼克试图道歉并对公司内部进行重组，还聘请了两家著名的律师事务所进行调查。但在 2 月结束之前，两个新的危机爆发了。优步挖走了谷歌一名关键科学家，谷歌对此深感愤怒，并起诉优步窃取其无人驾驶汽车技术。之后，一段卡兰尼克的视频开始流传，有力地证实了许多人的怀疑：优步的首席执行官是个混蛋，而且优步是个混蛋公司。

这段视频由优步汽车仪表盘上的摄像头记录下来，显示卡兰尼克坐在后座，随着音乐难看地扭动着身体，他身旁坐着两名女性。认出卡兰尼克后，司机开始抱怨优步为了增加乘客量而降低了叫车费。"因为你，我损失了 97 000 美元，"司机说，"因为你，我破产了。""一派胡言！"卡兰尼克反驳道，"听着，有些人不喜欢为自己的烂事儿负责，他们把生活中的一切不顺都归咎于别人。"

除了性骚扰指控之外，关于卡兰尼克的这个视频也让优步的名声一落千丈。谷歌、爱彼迎、Facebook 甚至来福车都开始招徕优步士气低落的员工。到了 2017 年 3 月，坏消息仍在继续。《纽约时报》报道了一种名为"灰球"（Greyball）

的极具侵略性的反监管策略。在网约车服务没得到法律授权的城市，优步工程师们秘密构建了优步应用程序的影子版本，并将其推送给执法人员。然后，当执法人员试图叫一辆优步汽车并进行扣留时，不会有汽车响应他们。与此同时，硅谷的科技媒体《信息网》（*The Information*）报道了卡兰尼克前往韩国旅行的故事。卡兰尼克和几位优步韩国公司的经理去了一家提供色情服务的酒吧，虽然卡兰尼克没有做出格的事，但他的一些同事却这么做了。在这些令人反感的披露中，格利了解到优步汽车租赁部门的巨额财务损失。正如他反复说过的那样，优步缺乏财务控制是一场灾难。

尽管格利已经预料了这些情况，但他丝毫没有感到宽慰。"在风险投资中，做到'正确而无用'毫无价值。"他后来说。相反，巨大的压力开始对他产生影响，这位充满活力的人渐渐变得体重超标，心情低落，甚至无法正常入睡。当他在凌晨醒来时，感到对"风险投资史上最大的一笔未能实现的财富"抱有责任。他们持有优步13%的股份，现在价值85亿美元，但账面上的收益与实际能获得的收益之间的巨大差距，几乎要把他生吞活剥。如果优步走上了泽尼菲特或血液诊疗的老路，他该怎么办？基准资本的许多有限合伙人已经假定优步的收益实现了，比如捐赠基金的投资人员已经拿了奖金，买了汽车和房子，并且已将部分收益捐给了大学和基金会。如果格利在优步的胜利变成失败，后果将波及大学中依赖基准资本收益建造的演讲厅和实验室。那时，人们会怎么评价格利呢？他纵容了卡兰尼克的扩张，也未能有效应对公司治理的恶化，在他手上，一项完美的投资演变成了一场灾难。

优步还要再承受一次冲击，格利才能等到他的逃生舱。2017年6月，这两家律师事务所结束了对优步不良文化的调查。调查结果比委员会想象的还要糟糕：调查报告厚达数百页，详细描述了包括性骚扰和其他暴力冲突在内的各种事件。律师事务所建议解雇卡兰尼克的一名关键副手，提议在董事会中增加一名独立董事，并建议卡兰尼克暂时休假。

格利和他的盟友邦德曼感到他们的机会来了。到那时为止，卡兰尼克都太强势了，没有谁能阻止他，但现在，律师事务所的报告改变了权力格局。卡兰尼克可能被要求休假，如果幸运的话，他永远不会再回来了。

"坦率地说，特拉维斯，我无法想象没有你的公司，但是我也无法想象有你存在其中的公司。"邦德曼告诉卡兰尼克。卡兰尼克认为退一步才能更好地前进，因此同意了律师事务所的休假建议。他表示，是他自愿选择此时离开的，因为他的母亲最近在一次划船事故中去世，他需要离开休息一段时间。与此同时，他在给员工的信中写到，他仍然可以参与"战略上的重要决策"。"不久之后见。"他愉快地对他们说。

格利明白了他的意思。卡兰尼克很快就会回到优步，除非格利采取措施阻止他。当律师事务所的建议在全体员工会议上公布时，格利站起来向听众发表了讲话。"这家公司无疑是硅谷历史上最成功的创业公司。"他热情地说。但随后，他将话题转向了面前的困难，他声称这些困难只有在一种情况下才能得到解决，那就是问题严重到已经成为优步黑暗面的代名词的负责人必须离开。格利说："我们被认为是世界上最大、最重要的公司之一，我们的自身行为和企业行为都必须与这种期望相称，否则将遇到更多问题，我们的声誉也将受损。"他继续说道，"你可以读到一些公众对我们的评价，并对负面评价感到不平，但只是感到不平并没有任何作用。"

卡兰尼克用他那愉快的"不久之后见"，表明他不打算辞去掌舵人的职务。而格利就优步的声誉危机发表演讲，表明他正在准备摊牌。

卡兰尼克被驱逐，优步得到挽救

格利对卡兰尼克的进攻涉及三个策略，每一个都非常出色。总的来说，这个过程的戏剧性令人震惊。几十年前，赶走思科的公司创始人就引起了很大争议，而现在，格利将试图直接推翻硅谷的狂热习俗——对创始人的个人崇拜。

格利首先开始召集盟友。优步的两位天使投资人开始认为，卡兰尼克威胁到了他们股权的价值，他们愿意与格利一起阻止他从"流放"中归来。门罗风险投资公司也加入了格利的团队，那个时候，谢尔文·皮谢瓦尔已经换了职位，他的位置已经被一个不那么谄媚的投资人取代了。接下来，格利为他的团队招募了专家，他与一位专门研究公司治理和商业诈骗的教授进行了头脑风暴，还聘请了律师，并让一家危机公关公司做好准备。

很快，格利就有了一个计划。他的股东联盟仍然没有足够的选票迫使卡兰尼克永久辞职，但它会向卡兰尼克提出这一要求，如果卡兰尼克拒绝悄悄地离开，联盟就会威胁将最后通牒泄露给媒体。大多数风险投资机构都竭力将丑陋的人事斗争排除在公众视线之外，但基准资本威胁说要直播这场较量，他们盘算着这种向媒体泄露的威胁将使更多优步的投资人反对卡兰尼克。

尽管违反了硅谷的行事规范，格利还是召集了他的盟友，并对他们说："我认为我们站在了正确的一边。"

2017年6月20日，格利发起了攻击。他的两个合伙人飞到了芝加哥，而卡兰尼克正在那里准备面试一名候选人，作为自己重返优步后的副手。与此同时，格利在基准资本的会议室做好了准备，并通过电话会议召集了他的盟友。这一次，他没有以"历史的审判"开场，而是援引了一部好莱坞电影。

根据《纽约时报》作家迈克·艾萨克（Mike Isaac）的精彩描述，当时格利向他的盟友们提出了一个问题："大家看过电影《异星觉醒》（*Life*）吗？就是以太空为背景，主人公是瑞安·雷诺兹（Ryan Reynolds）的那部。人们抓获了一个带有黑色黏液的外星人，但外星人逃走了，以某种方式离开了盒子，并最终杀死了宇宙飞船上的每个人。随后它将前往地球，目的是杀死那里的所有人。一切的一切，都是因为它逃出来了。"电话里头传来了阵阵笑声。"特拉维斯正像那个外星人一样，"格利接着说道，"如果我们让他逃出了盒子，他将摧毁整个世界。"

与此同时，在芝加哥，格利的合伙人马特·科尔勒（Matt Cohler）和彼得·芬顿（Peter Fenton）走进丽思卡尔顿酒店的金色电梯，卡兰尼克就住在酒店的顶层。科尔勒和芬顿一刻也没有耽误，他们告诉卡兰尼克，他们想让他辞职，然后递给他一封来自格利团队的信。

信中提到了那一年来发生的种种灾难：性骚扰调查、与谷歌的诉讼、灰球骗局等。"公众的看法是，优步从根本上缺乏道德感，没有正确的价值观。"信中说道，公司必须"从根本上做出改变"，为此，它需要更换首席执行官。看完信后，卡兰尼克开始在房间里踱步。"如果这就是你们想做的，那么接下来我就要给你们点颜色看看了。"他对来访者吼道。

科尔勒和芬顿通知卡兰尼克在下午 6 点之前做出决定，否则他们将公开这次冲突，这个故事甚至可能登上《纽约时报》的头版，这样一来，其他投资人将加入基准资本的阵营。他们告诉卡兰尼克，他可以选择有尊严地离开，或没有尊严地离开。卡兰尼克要求一个人静一静。芬顿和科尔勒离开了房间，并向格利汇报了情况。在基准资本的总部，格利给他的盟友们发了短信："卡兰尼克在拖延时间。"

卡兰尼克开始联系董事会成员和投资人，希望能打破格利与其他投资人的联盟。格利信中签了字的人代表了优步约 40% 的投票权，如果卡兰尼克可以让其中一两个反转立场，并防止其他人落入对面的阵营，他就可以保住职位。"我真不敢相信事情会闹到这个地步，"卡兰尼克绝望地向其中一位投资人恳求道，"我能改变！请给我个改变的机会！"这些请求被置若罔闻。优步的治理水平如此之低，至少有一部分董事会成员对他们放任自流的消极态度感到失望。那天晚上，卡兰尼克放弃了，并签署了辞职信。格利的三个策略中的第一个已经完美地得到了执行。

这出戏还没演完，因为卡兰尼克并没有完全消失。他仍然是董事会成员和大股东，拥有16%的投票权。就像史蒂夫·乔布斯被苹果公司开除后又重返公司一样，卡兰尼克也可以做同样的打算。事实上，在给自己放了一个短暂的假期后，卡兰尼克开始联系优步的高管们，就好像他从未离开过一样。但优步的14名高管组成的领导委员会威胁说，如果允许卡兰尼克回来，他们将集体辞职。因此，格利不得不阻止卡兰尼克的回归。

2017年7月，基准资本开始准备第二个策略。几个月前，孙正义曾支持过基准资本所投资的另一家陷入困境的独角兽公司WeWork。现在，基准资本的合伙人们认为，孙正义可能会为优步提供帮助。可以肯定的是，孙正义是一门"很放松的大炮"，但他在WeWork通过购买部分股权帮助了基准资本脱身，或许孙正义对优步的投资可以转化为重新调整公司治理结构的机会。通常，孙正义和其他后期投资人以对创始人友好的条款而闻名，但在优步的案例中，创始人已经被踢出局，孙正义可能反而对他的继任者友好。马特·科尔勒和彼得·芬顿飞往爱达荷州的太阳谷，去试探孙正义的想法。所幸的是，结果让他们感到乐观。

之后的那个月，基准资本公布了其第三个策略，这也是最激进的一次"赌博"。基准资本将对创始人的尊敬完全抛到一边，他们起诉了卡兰尼克，目的是打破他对优步董事会结构的控制。诉讼中，基准资本称如果其知道优步会做出诸如从谷歌窃取商业机密等行为，就不会同意卡兰尼克拥有任命三名董事的权力，因此，卡兰尼克是通过欺骗手段获得这三个董事会席位的。该诉讼旨在取消这三个董事会席位，并禁止卡兰尼克担任董事。

在接下来的几个星期里，基准资本同步推进着与孙正义的合作和诉讼官司。

孙正义似乎愿意以 400 亿美元至 450 亿美元的估值购买现有股东的股权，这比上次的估值低约 1/3，但仍然是让人满意的退出价格。与尤里·米尔纳的举动类似，孙正义还提出按照优步 680 亿美元的估值投资少量资金，来一定程度上挽回公司的面子。与此同时，尽管受到了优步高层管理人员和董事会的谴责，基准资本仍坚持推进诉讼。从基准资本的角度来看，这套组合拳是一把锤子，它吓坏了卡兰尼克。

9 月下旬，接任卡兰尼克担任首席执行官的达拉·科斯罗萨希（Dara Khosrowshahi）认可了接受孙正义投资的想法。正如基准资本所设想的那样，这与其说是为了筹集新资金，不如说是为了调整公司治理结构。作为交易的一部分，超级投票权将被取消，卡兰尼克的投票份额从 16% 降至 10%。科斯罗萨希将有权任命新的董事，从而进一步抵消卡兰尼克的影响力。实际上，科斯罗萨希和基准资本正在利用孙正义来扭转卡兰尼克在接受沙特投资时对基准资本所做的事情。

卡兰尼克竭力反抗。取消超级投票权涉及未实践过的法律机制，因此卡兰尼克试图与之抗争，但基准资本双管齐下的策略让他走投无路。孙正义的流动性"胡萝卜"让更多股东站在了格利一边，而诉讼的"大棒"则给了卡兰尼克与对手和解的动力。最终，在基准资本放弃诉讼的条件下，卡兰尼克同意了孙正义的投资和公司治理结构的变革。2018 年 1 月，孙正义的投资正式完成，卡兰尼克失去了他在董事会的控制权，基准资本则放弃了诉讼。

对于比尔·格利和基准资本来说，这是一次痛苦的经历。他们驱逐了卡兰尼克并挽救了公司，但是撕碎了正常的风险投资行为规则。芝加哥的最后通牒、利用孙正义作为攻城槌，以及提出诉讼，所有这些策略都是即兴设计出来的，因为在独角兽时代之前，这些策略都没有用武之地。

科技界渴望迎来转机

　　回顾 WeWork 和优步的过度扩张，人们也许很容易将风险投资描绘成罪魁祸首。正如《纽约客》文章的标题所言："风险投资是如何改变了资本主义的。"但是，就像血液诊疗丑闻之后的强烈批评浪潮一样，这些批评过于笼统，它们混淆了不同类型的科技投资人。WeWork 的资金绝大多数来自非传统风险投资人，包括银行、共同基金，然后是作为阿拉伯海湾资金通道的孙正义。在 WeWork 的故事中，在孙正义开出他的天价支票之前，WeWork 一共筹集了 17 亿美元，而知名的风险投资公司基准资本的布鲁斯·邓利维仅提供了其中大约 1% 的资金，所以将他列为一个重要的推动者有点牵强。此外，就邓利维发挥的具体影响而言，他曾用反对赋予诺伊曼超级投票权的行为，向其他投资人警告过绝对权力会导致腐败。同样，在优步的案例中，在 2016 年沙特投入巨额资金之前，基准资本仅提供了筹集资金总额的 0.33% 左右，而格利与卡兰尼克渐行渐远，正是因为他试图遏制卡兰尼克的一些过度行为。在格利之后，确实有一位"啦啦队长"式诌媚的风险投资人进行了投资，但优步最重要的支持者来自硅谷之外。

　　真相是，无论是在 WeWork 或优步的案例中，还是在很多其他独角兽公司的案例中，标准的风险投资人并不是发挥主要作用的"恶棍"。2014 年至 2016 年间，美国超过 75% 的后期风险投资来自非传统投资人，例如共同基金、对冲基金和主权财富基金。但这并没有改变风险投资行业正面临严峻挑战的事实，这个挑战是，独角兽公司的治理结构会被打破。格利在 2015 年那篇沉重的文章中，指出了最明确的解决办法：独角兽公司应该上市。公开上市将清除那些鼓励独角兽公司冒进的、性质上很扭曲的清算优先权，并将迫使傲慢的创始人听取审计师、银行家、监管机构和律师的意见，以弥补他们拒绝听取风险投资人意见的缺陷。

　　2019 年，优步和 WeWork 的 IPO 准备工作证实了格利文章中的论点，两家公司的问题得到了有效的清理。在优步，达拉·科斯罗萨希接受了格利敦促的控制措施：首席财务官的职位空缺被填补，一位新的首席学习官表示优步将认真对待道德规范。由于这次清理,优步的 IPO 进展相对顺利,该公司在 2019 年 5 月上市首日收盘时,估值为 690 亿美元。这一估值低于其私有化期间最高的 760 亿美元估值,但仍然是一个天文数字,基准资本也因此庆祝其在优步项目上投资回报率达到了 270 倍。

相比之下,在 WeWork,自大的亚当·诺伊曼不屑于科斯罗萨希式的改革,因此在 IPO 过程中他受到了适当的惩罚。WeWork 被要求在路演前夕发布其财务报告,它制作了一份文件,显示出其与邪教的惊人相似之处。"亚当是一位独特的领导者,他已经证明自己是一位富有远见者、运营者和创新者,同时他作为社区和文化的创造者不断向前迈进。"这份文件就是这样念咒般地赞美诺伊曼的。作为私人资本市场上的著名创业者,诺伊曼拥有一群渴望参与下一轮融资的后期投资"马屁精"投资人。但现在,他渴望将股权出售给公众投资人,这使他面临着更加严格的潜在投资人群体。金融记者嘲笑 WeWork 披露的文件,股票分析师不断在他的数据中挑漏洞,哈佛商学院教授诺里·格拉尔多·利茨(Nori Gerardo Lietz)谴责 WeWork 的"拜占庭式老旧的公司结构、持续的亏损、过多的利益冲突、完全没有任何实质效用的公司治理结构,以及它怪异的'新时代'用语"。由于公开市场投资人拒绝购买 WeWork 的股票,董事会取消了 IPO,并最终解雇了诺伊曼,虽然这已经太迟了。

格利的观点是对的。IPO 过程实现了糟糕的私人公司治理结构未能做到的事情,即给两家独角兽公司淋上一盆冷水。但问题在于,人们从这些案例中是否能吸取教训,以及科技界是否会迎来转机。在 WeWork 的丑闻发生后,独角兽公司治理结构的最大腐蚀者孙正义承认了他的错误,他说:"我的投资判断力很差。"为了"赎罪",孙正义承诺推动公司创造利润,而不是"更疯狂、更快、更大"地扩张。他保证,创始人将不再被允许获得邪恶的超级投票权,也不再被允许控制董事会的大多数投票权,并且软银本身将放弃不担任董事的被动做法。与此同时,长期推迟公开上市的独角兽公司从阴影中浮现,这可能使格利的批评获得更广泛的接受。2020 年,风险投资支持的创业公司通过 IPO 筹集了 380 亿美元,是迄今为止最大的数额。

但这些只是改变到来的一些前兆，血液诊疗和泽尼菲特式的风险仍然困扰着风险投资行业。孙正义是否会坚持他的新标准尚无定论，其他在公司成长阶段投资的专业机构，包括尤里·米尔纳的 DST，仍然拒绝占据董事会席位。IPO 热潮是个令人鼓舞的迹象，但特殊目的收购公司（Special Purpose Acquisition Company，简称"SPAC"）[①] 的出现降低了 IPO 热潮的积极意义。与此同时，金融环境助长了不负责任的行为：只要美联储保持低利率，大量廉价资本就会导致资本被随意使用。太多的钱被用来追逐太少的投资目标，而资金提供者几乎不得不放弃监督权，来获取对热门公司的投资资格。风险投资已将自己确立为创新型初创企业的最佳融资形式，但它无法阻止鲁莽的后期投资人在独角兽牌局中肆意妄为。

风险投资箴言

- 具有网络效应的公司扭转了一个基本的微观经济规律：他们面临的不是边际收益递减，而是边际收益递增。
- 只有公开市场可以更好地使公司承担其应有的责任。

T h e   P o w e r   L a w

[①] 一种避开传统 IPO 流程中涉及审查和披露的公开上市形式。——编者注

THE POWER LAW

结 语

风险投资，国家力量经久不衰的支柱

对任何创作过电影、图书、播客或歌曲的人来说，纪录片《寻找小糖人》（Searching for Sugar Man）一定让他们难以忘怀。这是一部关于底特律天才歌手兼词曲作者西斯托·罗德里格斯（Sixto Rodriguez）的影片，人们经常将罗德里格斯与鲍勃·迪伦和凯特·斯蒂文斯进行比较。20世纪70年代初，年轻的罗德里格斯发行了两张专辑，但都没有激起任何水花，唱片销量惨淡。于是唱片公司抛弃了他。为了谋生，他不得不当一名拆迁工人，进行破坏而不是创造。在接下来的30年里，罗德里格斯在一栋废弃的房子里渐渐步入垂暮之年，这栋房子是他在政府拍卖会上花50美元买下的。

与此同时，在世界的另一端，有些了不得的事情发生了，澳大利亚人和南非人发现了罗德里格斯的专辑并为之着迷。一家澳大利亚唱片公司将他的歌曲制成合辑，他的唱片的盗版版本在南非销售超过100万张，达到了白金级销量。他的一首歌成了反种族隔离的圣歌，但罗德里格斯本身对自己的明星身份一无所知。当我第一次通过纪录片看这位歌手在声名大噪的同时又默默无闻地生活时，我打了一通电话给南非的一位朋友，问他是否听说过罗德里格斯。他回答说当然。他知道每一首歌曲的全部歌词，那些歌曲是他成长过程中的背景音乐。

在21世纪的头10年里，有一位名叫马修·萨尔加尼克（Matthew Salganik）的博士生作为社会学家更仔细地研究了"小糖人现象"。毕竟，与罗德里格斯的故事相类似的各种版本在创意领域一再出现。例如"哈利·波特"系列作品，尽管最初被出版商拒绝，但它最终轰动一时。许多图书、歌曲和电影都足以让人成名，然而大部分的战利品还是被少数人收入囊中，萨尔加尼克想知道是什么原因造成了这些偏斜的结果。因此，他与一些合作者一起设计了一个实验，他的研究结果为我们评判风险投资提供了很好的参考。

萨尔加尼克创建了一个网站，人们可以在这个网站上听不知名艺术家的歌曲，然后选择将其中一些歌曲下载到自己的曲库。参与者被随机分配到不同的虚拟房间，这些房间完全处在"平行世界"，就如同20世纪70年代的美国和南非那样互不相干。不出所料，参与者更有可能选择其所在房间内的其他人已经下载过的歌曲，这意味着他们会对社会影响做出反应。随着最初的人气作品获得的关注如滚雪球般增长，每个虚拟世界都创造出了自己的超级热门歌曲，那首歌比其他歌曲更受欢迎，它的胜利看起来是必然的。但这种自然产生的优越的表象是有误导性的，在萨尔加尼克创造的实验世界里，不同的歌曲脱颖而出。例如，一首名为《禁闭》（Lockdown）的歌曲在一个世界排名第一，但在另一个世界的48首歌曲中排名第40，尽管两个世界中的歌单完全一致。萨尔加尼克总结说，引起轰动的作品在很大程度上都是随机产生的。

当然，这个结论鼓励明星风险投资人们谦逊处事。由于呈指数级增长的企业产生的反馈效应，一些风险投资人成为行业中的主导，可以筹集最大份额的资金，也最容易获得最热门交易，并产生最佳业绩。但与此同时，行业中的其他基金将举步维艰：如果统计1979年至2018年期间进行过募资的风险投资基金，我们会发现中位数基金的表现略逊于股市指数，而前5%基金的表现则远超股市指数。但是，至少从理论上讲，这场竞赛的赢家可能只是运气好，最初的成功会让网络的飞轮效应运转起来，可获得这场成功可能只是随机事件。如果我们能模仿萨尔加尼克的实验，让历史重来几次，也许"哈利·波特"系列作品的某些版本会默默无闻，也许凯鹏华盈会投资 Facebook 而不是交友网络，也许高盛集团的老板会继续持有阿里巴巴的股份，从而剥夺孙正义第二次复出的跳板。在历史的任何版本中，指数法则都会确保少数赢家成为超级明星，但谁是明星也受运气因素的影响。

美国国家经济研究局（National Bureau of Economic Research）在 2018 年发表的一篇研究报告直接在风险投资行业验证了这一逻辑，果然，作者证实了反馈效应的存在。报告中称，风险投资公司的早期成功会提高其后续成功的概率：风险投资公司的前 10 笔投资中每增加一笔 IPO，预示其后续投资的 IPO 率将提高 1.6%。在测试了各种假设后，作者得出结论：由于反馈效应，初始的成功会为后来的成功奠定基础。根据作者的说法，由于最初一两次的成功，风险投资公司的品牌会变得足够强大，能够赢得有吸引力的交易，特别是后期阶段的交易，那个阶段的初创企业已经表现良好，投资风险较小。此外，最初的一两次成功似乎并不能反映风险投资人的技能水平，相反，成功来自"在正确的时间出现在正确的地点"，换句话说，来自好运。就像萨尔加尼克用歌曲做的实验一样，运气和路径依赖似乎可以解释谁会在风险投资行业的竞争中获胜。

风险投资人的贡献不容低估

不同于以上观点，本书驳斥了随机性理论，强调风险投资技能的重要性，这主要基于以下四个原因。第一，路径依赖的存在并不能证明风险投资技能是不存在的，风险投资人需要运用技能才能参与其中：正如美国国家经济研究局所发布的研究报告显示，路径依赖只能影响众多技巧娴熟的参与者中何人会成为赢家。显然，路径依赖关系不能解释为什么一些熟练的经营者会赢过其他人。所投标的成功上市发行的风险投资公司的投资组合成员的未来 IPO 率会提高 1.6%，这一结果不够有力，而且本书所叙述的历史表明，路径依赖经常被打破。尽管阿瑟·洛克有着强大的声誉，但在投资苹果公司后，他的成功事迹大大减少。梅菲尔德风险投资公司是 20 世纪 80 年代的领头羊，但后来它也销声匿迹了。凯鹏华盈证明，即使一家企业已经主宰了硅谷 25 年，它的经营状况还是可能急转直下。阿克塞尔在早期取得了成功，但后来经历了一段艰难时期，然后才重新站稳脚跟。为了让自己保持多疑和警惕，红杉资本曾在一张幻灯片上列出了许多后来被他们称作"往生者"的风险投资合伙企业，这些企业都在经历一段时间的繁荣后失败了。

体现风险投资技能重要性的第二个方面在于一些风险投资合伙企业的起源。偶尔会有进入风险投资精英圈的新人证明技能显然很重要。凯鹏华盈成为行业的领导者是因为天腾电脑和基因泰克，这两家公司都是在凯鹏华盈内部孵化出来的，并由汤姆·珀金斯积极塑造成型，这与运气完全无关。老虎环球基金和尤里·米尔纳发明了后期风险投资的艺术，他们拥有一种真正新颖的科技投资方式，这种方式所带来的竞争远不止是像一首歌曲争取流行传唱一样简单。保罗·格雷厄姆在 YC 创造了新颖的种子期投资方法——批量投资方法。这一巧妙的创新，并非偶然的运气，它解释了为何格雷厄姆在风险投资史上拥有如此地位。

第三，认为风险投资人是借助其品牌优势而得以参与交易的观点可能被夸大了。红杉资本合伙人发现的交易也会被其他公司的竞争对手发现：在一个充满像家庭作坊一样的公司并且分散程度很高的行业中，并不缺乏竞争。通常情况下，赢得一笔交易不仅取决于风险投资公司的品牌，也取决于风险投资人所拥有的技能。这些技能可以帮助风险投资人充分理解目标企业的商业模式，从而在交涉过程中打动创始人，也可以帮助其判断什么样的估值才是合理的。一项严谨的统计得出的结论是，在最热门的交易中，新加入的或新兴的风险投资合伙企业获得了顶级交易中大约一半的收益，而且有无数的例子表明，著名的风险投资公司会搞砸投资机会。安德森-霍洛维茨公司错失了优步的投资机会，其品牌效应并不能挽回它。彼得·蒂尔是条纹支付的早期投资人，但他缺乏像红杉资本那样大量投资的信心。至于大品牌的风险投资合伙企业是否有参与本应风险较小的后期投资轮的"特权",每笔交易的情况都各有不同。独角兽公司的势头通常会转化为对其股票的极高估值,这在一定程度上提升了投资的风险。在优步和 WeWork 的案例中,一些后期投资人因此损失了数百万美元。

第四,否定风险投资技能重要性的观点低估了风险投资人对被投公司的贡献。诚然,这些贡献可能很难界定。从担任了英特尔董事会主席 33 年的阿瑟·洛克开始,大多数风险投资人都避开了聚光灯,他们担任的是类似教练的职务,而不是运动员。但本书挖掘的多个案例证明,风险投资人的指导对初创企业的发展起到了重要作用。唐·瓦伦丁将雅达利和思科从混乱中解救出来,恩颐投资的彼得·巴里斯预见了悠游网络能将通用电气信息服务部门的技术网络化的未来前景,约翰·杜尔说服谷歌员工与埃里克·施密特合作,本·霍洛维茨引导尼基拉公司和奥克塔公司度过了其成长阶段。可以肯定的是,风险投资人指导被投公司的故事可能夸大了风险投资人指导的重要性:至少在这些案例的一部分中,创始人可能可以在没有投资人建议的情况下解决自己的问题。但定量研究表明,风险投资人的指导确实能产生积极的影响。多项研究发现,由高水平的风险投资人支持的初创企业比其他初创企业更有可能成功。这些文献中有一篇奇妙的文章,探讨了当飞机航线让风险投资人更容易访问一家初创企业时会发生什么。结果显示,当旅程变得更简单时,初创企业的表现会更好。

正如西斯托·罗德里格斯的故事带给我们的启示,早期的运气和路径依赖在依照指数法则运行的行业中发挥着作用。当然,风险投资也不例外,有时运气比智力更重要,想想安东尼·蒙塔古,这位挥舞着牙刷的英国人抢到了一块"苹果"。但聪明才智仍然是影响业绩的主要因素,就像风险投资人在工作中所展现的其他品质一样:首先,风险投资人要努力地和冷淡的创始人建立联系。其次,风险投资人要拥有一颗坚韧的内心,才能让自己安然度过投入变成零时不可避免的黑暗时期。最后,风险投资人要依赖高情商去鼓励和指导有才能但不守规矩的创始人。伟大的风险投资人可以把自己变成调节创业者情绪波动的"工具"。

当被投公司进展顺利时，他们会问创业者一些探索性的问题，以免其滋生自满情绪；当情况不妙时，他们会团结整个团队，重新点燃团队成员对达成使命的热情。

风险投资是推动进步的力量，而非引发倒退的元凶

本书还提出了第二个论点。无论某个特定的风险投资合伙企业或单个风险投资人所掌握的技能如何，风险投资人作为一个群体对经济和社会都有积极影响。例如，苹果的融资显然不是证明风险投资人技能的典型案例。尽管独立个人电脑制造商发展的时机已经成熟，却仍有几位风险投资人犯了错误拒绝投资，但不管单个风险投资人犯了什么错误，风险投资人群体最终还是资助了史蒂夫·乔布斯。结果这家公司取悦了无数消费者，为员工创造了就业机会，也为投资人创造了财富。

正如本书对风险投资人个人技能的看法一样，社会对于风险投资人群体的质疑也有正当的理由。这些质疑可以分为三类：第一，风险投资行业更擅长填满自己的腰包，而不是发展对社会有用的企业。第二，风险投资行业由少数白人男性主导。第三，风险投资行业鼓励失控的颠覆者，而不考虑那些被颠覆的人。

这些质疑中最没有说服力的是风险投资行业支持的企业对社会没有用处。诚然，大型科技公司也有阴暗面。像亚马逊、苹果、Facebook 和谷歌这样的大公司有各种各样的社会影响，有些是好的影响，有些则不是，而政府取缔公司恶劣行为的做法是正确的。对隐私的侵犯、假新闻的传播，以及私营企业在信息传播方面的绝对权力，这些都是监管机构的合法目标。但这不该是对风险投资行业的控诉。当风险投资公司最初支持科技巨头时，他们是在帮助其创造对消费者有益的产品。现如今，没有人愿意再回到一个没有电子商务、个人电脑、社交媒体或网络搜索的世界。如果说这些科技巨头后来变得具有威胁性，那是因为它们已经变得太过庞大：在它们的发展轨迹中，风险投资的影响或者公司在初创阶段的初

心已经被远远抛在脑后了。我们也不能说，风险投资公司在这些公司还处于摇篮中的时候，不知怎么就把不负责任的行为方式灌输给了它们。事实恰恰相反：大多数风险投资公司倾向于让创业者更谨慎地对待法律和社会约束，而不是毫不关心。在 Facebook，阿克塞尔在肖恩·帕克破坏公司文化之前就将他驱逐了出去。在优步，基准资本最终将卡兰尼克扫地出门。与此同时，风险投资人已经投资了几十种明显有益处的技术，例如数字地图、在线教育、生物技术等。风险投资公司投资建立的公司更多的是推动进步的力量，而不是倒退的源泉。

风险投资公司也因其未能建立的公司业务而受到攻击，因为他们犯了遗漏的错误。这种攻击最常见的理由是，风险资本更多流向了琐碎的应用程序，而不是对社会有用的项目，尤其是应对气候变化的关键技术领域。但正如我们所看到的，这并不是因为风险投资公司对这些领域缺乏热情。2006 年至 2008 年，风险投资人向风能、太阳能电池板和生物燃料领域投入了数十亿美元，使流向清洁技术的资金数额增加了两倍。这些绿色风险投资基金的糟糕表现凸显了风险投资人对环境保护的热情：可以说，他们把自己的社会使命感置于对有限合伙人的责任之上，而这些有限合伙人中有很多是大学和慈善机构。此外，自 2018 年以来，风险投资人再次展示了他们对清洁技术的热情，他们将资金投入电动汽车项目、促进农作物可持续性发展的技术开发项目，以及帮助从回收到航运等各个领域提高能源效率的软件开发项目中。

或许风险投资人的初衷是好的，但他们的融资风格似乎并不适合清洁技术等资本密集型领域。这个怀疑在一定程度上是正确的，但同时也被夸大了。的确，清洁技术的高研发成本让风险投资公司承担了额外的风险，而需要多年开发时间的产品会降低风险投资公司的年化回报。一项研究结果显示，1991 年至 2019 年，风险投资公司在清洁技术上的年投资回报率仅为微不足道的 2%，与之相对的，软件领域的年投资回报率为 24%。但据此断定绿色项目"没办法被风险投资支持"过于武断。首先，有些项目既不需要大量资金，也不需要长期投资，例如能决定家用电器何时从电网中汲取电力的软件。其次，2010 年前清洁技术领域的失败，既是政府的失败，也是风险投资的失败。政客们屡屡提起要处罚或监管二氧化碳的排放，风险投资人基于这些信号采取了行动，而当政客们未能兑现承诺时，风险投资公司不出所料地蒙受了损失。2010年后，没有类似的政策冲击，清洁技术投资的表现反而更好。在2014年至2018年，绿色风险投资基金的年投资回报率略高于21%，而智能电网和能源储蓄初创企业的年投资回报率约为30%。最后，风险投资人无法管理一定数量的资本密集型企业的观点是没有历史依据的。本书中的早期故事展示了过去风险投资人是如何在昂贵的硬件项目中获得成功的，例如仙童半导体、英特尔、天腾电脑、3Com、思科和悠游网络。

在这个行业的前几十年里，风险投资人通过撰写恰当的投资协议来资助资本密集型项目。作为他们的耐心和充足现金的回报，他们要求在被投公司中占有很大的股权份额。在20世纪60年代，戴维斯-洛克公司曾希望拥有其投资的初创企业45%的股份。到了20世纪70年代和80年代，A轮融资的投资人通常期望获得所投资企业的约1/3的股权。然后，在20世纪90年代末，风险投资公司所获得的股权份额进一步下跌：红杉资本和凯鹏华盈向谷歌注入了一大笔资金，但只收购了该公司1/4的股份。最后，在低谷时期，阿克塞尔在2005年支持扎克伯格时只得到了Facebook公司1/8的股份。若在阿瑟·洛克的辉煌时期，他甚至会觉得这份额少得可笑。正如我们所看到的，风险投资人所获股权份额逐渐减少的趋势主要源于年轻初创企业创始人日益增长的自信。但这也反映了一个事实，即像谷歌和Facebook这样的软件初创企业只需要融到有限的资金，就可以向投资人承诺快速的、天文数字般的回报。难怪风险投资人会满足于只拥有它们的少量份额。如今，如果风险投资人要为资本密集型项目融资，他们需要回顾一下过去。如果初创企业允许他们拥有大部分股份，他们未尝不可提供大量资本。

过去25年来，互联网、智能手机和云计算的迅猛发展创造了一个传说，即风险投资行业只与软件公司有关。由于许多由风险投资行业支持产生的公司都是家喻户晓的名字，在公众眼中极具存在感，以至于不起眼的技术变得不可见，所以这个传说变得更加可信。但风险投资行业"只能"支持软件公司的说法是大错特错的。要知道，软件公司几乎涉及每一个行业，即使只支持软件公司的说法是准确的，它也很难证明风险投资仅限于一个狭窄的领域。更重要的一点是，与普遍看法相反，风险投资行业在前互联网时代投资资本密集型项目的传统如今仍然可行。

2007年，一家名为"拉克斯资本"（Lux Capital）的风险投资合伙企业募集了其首只基金，并明确要求在投资时避开那些热门行业。其联合创始人乔什·沃尔夫（Josh Wolfe）解释说："我们不投互联网、社交媒体、手机、电子游戏这些其他每个人都在投资的领域。"相反，拉克斯在医疗机器人、卫星和核废料处理等领域进行了投资，结果证明，这些资本密集型的挑战并非风险投资行业所无法企及的。截至2020年，拉克斯资本拥有强劲的回报，管理着价值25亿美元的投资项目。在2021年上半年，拉克斯资本成功从9家被投公司退出，其合伙企业又筹集了15亿美元。

旗舰创投（Flagship Pioneering）是资本密集型技术如何获得风险投资行业支持的另一个例子。那是一家总部位于波士顿的风险投资公司，专注于投资雄心勃勃的医学突破领域。旗舰创投证明了如果风险投资公司拥有足够的优势，高风险高成本的"登月式"冒险也可以获得回报。与凯鹏华盈对基因泰克的做法一样，旗舰创投在内部孵化初创企业，在向其他公司寻求资金之前消除白热化风险。因此，当旗舰创投的项目成功上市时，它通常能保留大约一半的股权，使得该公司的有限合伙人获得极高的利润。旗舰创投孵化的创业公司，生物技术公司莫德纳（Moderna）发明了一种针对新冠病毒疫苗。几乎没有比这更能证明风险投资效用的例子了。

当然，风险投资行业也有疏忽、遗留的错误，但没有金融专业人士能解决所有问题。涉及基础科学领域时，政府支持的实验室所提供的帮助总是必不可少的。但对于估值超过50亿美元的公司来说，股票市场可能会提供更好的公司治理结构。举个极端的例子，当谈到高度资本密集型的投资时，投资一家最先进的半导体工厂，财力雄厚的风险投资公司更合适。更引人注目的是，风险投资所投资的阶段范围极其广泛，包括种子投资和成长型投资，它是估值从数百万美元到数十亿美元不等的雄心勃勃的创新型初创企业融资的主要来源。只要初创企业瞄准的是利润丰厚的市场，并有机会向投资人提供 10 倍以上的收益，其所处的行业真的不重要。例如，不可能食品公司可以发明新品种的汉堡肉，沃比帕克公司（Warby Parker）提出新的眼镜销售方式，服装零售公司（Stitch Fix）和服装租赁网站（Rent the Runway）提出新的时尚概念，Oculus（复眼）制造虚拟现实头盔，萤比健康（Fitbit）制造健身追踪设备、小米提供价格实惠的智能手机，酸橙单车进行电滑板和自行车租赁服务，23andMe 提供基因检测服务，Auris Health（奥瑞斯医疗）制造医疗机器人，Lyra Health（莱拉医疗）提供心理健康服务，条纹支付、方盒支付提供商户支付服务，变革银行（Revolut）、蒙佐银行（Monzo）提供消费银行服务。不可避免地，总会有批评人士不认同风险投资人配置社会资源的方式，他们认为还有更好的选择。但这些批评人士主观的优先次序也可能受到质疑，而且似乎并非所有没得到风险投资支持的企业都是正直的。在投资能够盈利的产品时，风险投资行业至少尊重了数百万消费者的选择。

人们提出质疑的第二方面是：风险投资行业是否由来自少数精英大学的白人男性主导。相比第一种质疑，公众提出的这一质疑更有说服力。截至 2020 年 2 月，女性在风险投资公司的投资合伙人中所占比例是低得惊人的 16%，但也高于 2016 年的 11%。与之相对的，律师和医生中女性占比分别为 38% 和 35%。诚然，风险投资行业正在努力改善这一情况，2019 年，美国风险投资公司任命的新合伙人中有 42% 是女性，行业内的性别歧视出现了一些减弱的迹象。同时，几位因性骚扰而出名的风险投资人名声扫地，而男性也更有可能因为失礼的言论而被点名批评。在 2020 年的一篇论文中，研究人员报告了关于厌女症的测试，他们发送了 8 万封电子邮件，向 2.8 万名风险投资人介绍有前途的虚构初创企业。假装由女性企业家发送的推销信，比来自男性企业家的同样的推销信收到的感兴趣回复多 9%。但令人失望的是，这种充满希望的态度转变，没有对资金最终流向产生决定性的影响。2020 年，只有 6.5% 的风险投资交易选择仅由女性创业者建立的初创企业，至少有一位女性创始人的初创企业得到投资的比例略高一些，为 17.3%。

在种族问题上，改善的进展更为缓慢。公正地说，风险投资行业对亚裔投资人是开放的。数据表明，约 15% 的风险投资合伙人是亚裔，是其占美国劳动人口总数比例的两倍多。然而，消极的一面是，尽管美国黑人占美国劳动人口总数的 13%，但只有 3% 的风险投资合伙人是黑人，而且黑人企业家筹集到的风险投资资金不到总额的 1%。风险投资行业中这种黑人的低比例现象与其他精英职业的情况相似，但更糟糕的是：根据一个可信的基准数据，财务经理中的黑人比例为 8.5%，几乎是风险投资人中黑人比例的 3 倍。[1] 同时，拉丁美洲裔美国人的比例甚至更少。他们只占风险投资合伙人的 4%，然而他们在美国劳动人口总数中占 17%，在财务经理中占 11.4%。这不仅不公平，而且限制了经济发展。有才华的人被剥夺了为创新做出贡献的机会。据估计，如果这一问题得到解决，美国的 GDP 将比现在高出 2% 以上。

2020 年，安德森－霍洛维茨公司设立了一个项目，培训和资助少数具有非典型背景的创始人。这对搭档坚定地说："在法律面前人人平等，但在执法面前却不平等，这很残酷。"优步的种子投资人之一首轮资本（First Round Capital）宣布，其下一个合伙人会是黑人。谷歌风险投资公司宣布任命曾在 Twitter 工作的黑人特里·伯恩斯（Terri Burns）为合伙人。但这些举措不过是一个开始，就目前的情况而言，该行业会被指控在不够多元化方面有罪。这里完全是毕业于少数精英大学的白人男性的天下：在拥有 MBA 学位的风险投资人中，有 1/3 的人毕业于斯坦福大学或哈佛大学。在某种程度上，风险投资行业由精英统治。这也是批评者所称的"镜像政治"[2]。

人们提出质疑的第三方面是：风险投资鼓励失控的颠覆者。这类批评往往针

---

[1] "财务经理"是美国人口普查局使用的术语，指的是创建"财务报告、指导投资活动以及为其组织的长期财务目标制订计划"的员工。

[2] 人们喜欢和与自己类似的人一起工作的现象。——译者注

对的是优步等公司的"闪电式扩张"。"闪电式扩张"这个词是由里德·霍夫曼创造的，他是格雷洛克的风险投资人，也曾是领英的创始人。这个词最初指的是被迫而不是主动选择的行为：在网络行业，赢家通吃的逻辑迫使初创企业要比竞争对手更快达到一定规模。但在轻率的投资人手中，"闪电式扩张"的意思无非是"快速致富"，这个词常与其他声名狼藉的口号放在一起，如孙正义的口号"更疯狂、更快、更大"，或马克·扎克伯格所呼吁的"快速行动，打破局面"。就连那些获得了大规模战备资金的被投公司也开始叫停这种行为了。2019年，企业家贾森·弗里德（Jason Fried）宣称，风险投资"杀死的企业比帮助的企业更多"，因为在管理者知道如何明智地花钱之前，庞大的风险投资资金会带来支出压力。"当你播下一粒种子时，它的确需要水，但如果你把整桶水倒上去，就会淹死它。"弗里德直言不讳地说。企业家蒂姆·奥莱利（Tim O'Reilly）注意到许多风险投资支持的公司都失败了，他提出了一个颇具挑衅意味的观点："闪电式扩张并不是真正的成功秘诀，而是伪装成策略的生存偏差。"

然而，奥莱利的批评与其说是对风险投资行业的控诉，不如说是对创始人的警告。如果创业的目标是自己当家做主，创业者必须明白接受风险投资是有条件的。如果创业者想要以适度的速度发展他们的公司，风险投资很可能会给他们带来不必要的压力。然而，尽管缺乏经验的创业者可能需要被告知这些事实，但风险投资人对这些事实太了解了：他们是第一批宣称谨慎的创业者应该到其他地方融资的人。2019年1月，比尔·格利在社交媒体上写道："绝大多数创业者都不应该接受风险投资。"首轮资本的乔希·科佩尔曼表示赞同："我是卖航空燃油的，但有些人其实并不想造飞机。"正如这些言论所表明的，风险投资也许有能力支持各个领域的公司，但从另一个意义上说，他们的能力是有限的。风险投资只适合少数雄心勃勃、想要冒险、快速成长的人，而风险投资人尤其明白这一点。因为如果他们强行向不合适的公司注入资金，他们将失去投入的资金。

然而，从某种微妙的角度来看，奥莱利的批评确实揭示了一个关于风险投资的棘手问题。这个问题不是关于那些试图快速成长然后失败的创始人，因为他们自愿接受风险投资，想必知道其中的风险。相反，这个问题事关那些快速成长并取得成功的创始人，因为这些创始人会改变现有公司员工的生活。当然，为了技术进步，混乱通常是合理的代价；更重要的是，这种代价所带来的"破坏"是创造性的。但是，如果混乱不是源于技术，而是源于技术金融，那么评价可能会有所不同。当风险投资人投入大量资金进行闪电式扩张时，就会出现一大批能够以低于成本的价格出售商品的独角兽公司，它们颠覆现有公司并不一定是因为拥有技术上的优势，而是因为得到了风险投资的补贴。例如，在网约车领域，风险投资人们人为地为乘客提供廉价车费，迫使现有的出租车运营商在扭曲的市场环境中竞争。如果市场是公平的，那么即使竞争非常激烈，这在道德和法律上也都是合理的；但如果市场被操纵了，那么它就失去了合法性。

没有任何一种经济体系能够完全不存在扭曲，因此问题在于闪电式扩张造成的扭曲是否会达到有害的程度。如果有证据表明得到补贴的独角兽公司正在挤掉更有效率的既有公司，那么闪电式扩张可能会损害整体经济效率。在2018年闪电式扩张狂热的最高潮，两位学者试图做出这样的断言，他们写道："亏损的公司可以比以往更长久地继续运营，并与现有公司进行竞争。可以说，这些公司正在破坏经济价值。"事实上，虽然这个论点在某些时候和某些行业可能是正确的，但在绝大多数情况下，几乎可以确定是错误的。

该论点之所以错误的一个理由在于市场竞争的本质。再重复一遍，没有任何一种经济体系能完全避免扭曲，因为现有企业通常具有强大的优势。它们享有规模化经济效应和强大的品牌效应，它们参与政府法规的制定，并与分销商和供应商建立了关系。考虑到现有公司的这些优势，帮助初创企业进行闪电式扩张可能是一种平衡，而不是一种扭曲。例如，在网约车领域，现有的出租车运营商与市政监管机构关系良好，而廉价的风险投资资金平衡了这种本不公平的形势。"你可以这样说，如果优步、来福车和爱彼迎没有迅速扩大规模，它们就会被官僚主义的繁文缛节所束缚，它们试图打造的未来不只是会出现得更缓慢，而是永远不会发生。"奥莱利评论道。从理论上讲，风险投资的巨额资金可能代表着一种过度调整。当像孙正义这样的投机者在设定步调时，反对闪电式扩张的批评可能是有价值的。但是，投机者式的快速扩张并不是风险投资通常会犯的错误。回想一下，比尔·格利曾对优步烧钱的速度感到恐惧；在经历 WeWork 的耻辱失败之后，就连孙正义也声称自己受到了惩罚。

关于闪电式扩张还有最后一点值得注意，即闪电式扩张的目标是建立市场力量，使公司更加接近垄断地位。这可能会以三种方式危害社会：实力强大的公司可能会给供应商和工人支付过低的酬金，向消费者收取过高的费用，并扼杀创新。针对这些问题，正确的解决方式是在垄断出现时对其进行监管，而不是惩罚风险投资。毕竟，风险投资就是要颠覆根深蒂固的企业权力，它是垄断企业的敌人。例如，亚马逊面临的挑战来自风险投资支持的年轻公司，像光彩美妆等新兴消费品牌在条纹支付等新兴公司的帮助下也能够自己收取用户的账款。同样，Facebook 面对的挑战来自下一代社交媒体平台，例如红杉资本支持的 TikTok（海外版抖音）或安德森 - 霍洛维茨公司投资的 Clubhouse。尽管 Facebook 吞并了 Instagram 和 WhatsApp 这两家过去的主要竞争对手，但 Facebook 面对的挑战依然存在。一方面，竞争监管机构对大型科技公司的怀疑态度日益增长，他们可能会阻止 Facebook 收购未来的挑战者。另一方面，Facebook 为 Instagram 和 WhatsApp 支付的高价，为风险投资提供了强大的动力，让他们为下一轮的竞争者提供资金。

任何像沙丘路的居民一样变得富有和强大的小集团都应该受到严格的审查。但在上文提到的三种质疑中，只有一种是有价值的。风险投资行业确实是一个小圈子：白人太多，男性太多，哈佛大学或斯坦福大学的毕业生太多。一个对未来格局影响如此之大的行业应该更加认真地对待多样性。但说风险投资不适合清洁技术等对社会有用的行业，这是不对的。"要么做大，要么回家"的闪电式扩张心态通常也不会极端到损害经济效率的程度。随着技术渗透到生活的每一个角落，从垄断的出现到假新闻的传播，再到对隐私的损害，民众有理由担心它的弊端，但这些威胁来自成熟的科技巨头。风险投资非但不会巩固这些平台，反而很可能颠覆它们。

与此同时，为了对风险投资人作一个整体的评估，我们也必须承认他们的优点。商学院和金融学教授们已得出结论，风险投资支持的公司对财富创造和创新具有不成比例的影响。在美国，只有1%的公司得到风险投资的支持。但乔希·勒纳（Josh Lerner）和拉玛纳·南达（Ramana Nanda）在一项涵盖1995年至2019年这25年的研究中发现，风险投资支持的能够进行IPO的公司数量占美国非金融类企业总数的47%；换句话说，风险投资支持的公司比没有风险投资支持的公司更有可能上市。此外，由风险投资支持的上市公司往往比没有风险投资支持的同行做得更好，产生的创新也多得多。因此，尽管风险投资支持的能够上市的公司数量占非金融类企业总数的47%，但在研究结束时，它们占非金融类上市企业市值的76%，它们的研发支出也占非金融类上市企业整体研发支出的89%。另一项研究证实，更多的风险投资会激发更多的专利申请，而且风险投资支持企业的专利的重要性高于平均水平：在风险投资支持企业的专利中，有22%的专利都位列被引用数最多的专利的前10%。这些知识成就为经济中的其他部分带来了生产率溢出效应。一家公司创造的技术可能对其他公司有用，而他们创造的创新产品可以在全球范围内提高个人和企业的效率。

风险投资支持的一些公司取得了毋庸置疑的成功，但通常有一个问题：是风险投资创造了成功，还是他们只是出现在有成功公司的地方？但是，我们已经看到另一项研究表明，具有风险投资指导优势的初创企业比同行表现得更好，本书也涉及了多个风险投资对被投公司产生积极影响的相关案例。此外，即使风险投资的技能完全在于挑选交易，而不是指导初创企业，这种技能仍然是有价值的。明智的交易选择增加了最值得投资的初创企业获得所需资金的机会，它确保社会储蓄得到有效分配。

此外，我们在分析这种以金融为中心的风险投资案例时也应该从社会学的视角考虑。多亏了安娜莉·萨克斯尼安的研究，人们从20世纪90年代起就认识到，硅谷之所以能取代波士顿成为创新中心，是因为它的人际网络质量：相比马萨诸塞州封闭的企业，人才和思想在加州的小型初创企业中能够更自由地流动。本书进一步推进了此观点：萨克斯尼安所强调的丰饶网络首先是由风险投资人培育出来的。在启动加利福尼亚州的创新飞轮的过程中，阿瑟·洛克的重要性不亚于斯坦福大学的存在或大量的国防资金的投入。在赶超波士顿的过程中，硅谷依靠的是风险投资团队。就像3Com公司的故事所说明的一样，这家以太网公司曾寻求东海岸的融资，但最终它意识到西海岸的风险投资是不可替代的。值得注意的是，中国的崛起也可以追溯到风险投资的影响。与硅谷自身的发展类似，中国互联网公司的起步一定程度上受到美国或在美国接受了培训的风险投资人的帮助。风险投资对应用科学商业化的贡献是显而易见的。

这一贡献在不断发展，并将继续增加。从1980年到2000年，风险投资支持的公司在美国IPO企业中所占比例已经很高，达到35%。在随后的20年里，这一比例跃升至49%。由于经济的根本性转变，未来风险投资将进一步发展。在过去，大多数企业投资都是有形的：资金用于购买实体商品、机器、建筑、工具等。但如今很多公司的投资是无形的：资金用于研发、设计、市场研究、业务流程和软件。现在对无形资产的投资正好是风险投资最擅长的：早在1962年解释风险投资时，洛克就说他所投资的是"知识账面价值"。相比之下，对无形资产的投资对其他类型的金融机构构成了挑战。一般情况下，银行和债券投资人试图通过担保"抵押品"来保护自己免受损失，这些"抵押品"通常是借款人的资产，可以在借款人违约时被没收和出售。但是无形资产显示了其沉没性：一旦投资完成，金融机构就没有实物可以通过拍卖来收回资本。同样，传统的股权投资人在评估公司时，部分依据的是财务报表中清楚显示的实物资产的合计价值。但无形资产更难衡量，它们避开了标准的会计准则，而且它们的价值是不透明的：例如，要评估一个软件开发项目，你必须了解这个技术。在这个令人眼花缭乱的世界里，有形资产正在被无形资产所取代，只有亲力亲为的风险投资人才能够更好地配置资本。

因为风险投资特别适合为无形资产融资，所以它在地理上的扩展也就不足为奇了。硅谷仍然是这个行业的中心：在美国境内，2/3的美国风险投资合伙人住在硅谷，加利福尼亚州在美国风险投资募资中的份额从2004年的44%跃升至2019年的62%。然而，与此同时，这里的投资人越来越愿意支持位于其他州的公司。风险投资行业内的资金呈爆炸式增长，使得大量资金流向硅谷之外的风险投资合伙企业。最大的受益者是传统金融中心波士顿和纽约，但资金也流向了强大的工业城市，如洛杉矶和西雅图，甚至流向了更令人惊讶的地方，例如，由两名红杉资本前员工领导的驱动资本（Drive Capital），在俄亥俄州的总部管理着价值12亿美元的风险投资基金。随着2020至2021年新冠肺炎疫情流行期间远程工作的出现，一大批技术精英放弃了交通拥堵的硅谷，寻找税收和租金更低的地方，得克萨斯州奥斯丁市和佛罗里达州迈阿密市成为两个热门目的地。一家名为8VC的风险投资合伙企业的负责人乔·朗斯代尔（Joe Lonsdale）认为，他搬到奥斯丁也是押注创新可以在任何地方发生。他写道："有才华的人正在全国各地建立顶尖的技术公司，我们打赌美国的未来将建在这个国家的中部，在这个有良好的政府管理和合理的生活成本的地方。"

风险投资中心在美国以外地区的发展，凸显了风险投资在为未来产业融资方面的优势。从2009年到2018年，风险投资排名前10的城市中有4个来自美国以外：北京、上海、深圳和伦敦。以色列、印度和东南亚等其他国家和地区都出现了有前途的风险投资集群。就连通常在数字领域处在落后地位的欧洲，在2015年至2019年的5年里，风险投资公司数量也翻了一番。2021年，有3名拉丁美洲人登上了《福布斯》的最佳创投者名单，这是该地区首次有人上榜。总的来说，美国在全球风险投资中所占的份额已经从2006年至2007年的约80%下降到2016年至2019年的不到50%。上一代的科学家和工程师认为美国是唯一适合开办公司的地方，但如今，他们发现机会无处不在。

全球对风险投资的广泛接纳证实了我们之前的论点：该行业的吸引力远远超过其所谓的缺点。作为个人，风险投资人确实展现出其技能；作为一个群体，他们资助最具活力的公司，创造不成比例的财富和研发成果，并将推动知识经济的丰富网络连接在一起。未来，随着无形资产逐渐超越有形资产，风险投资人亲力亲为的风格将为社会的繁荣做出更大的贡献。当然，有许多社会问题风险投资行业无法解决，有时还可能火上浇油，例如不平等问题。但对不平等问题的正确回应是，不要怀疑风险投资的重要性，或者在它的齿轮上撒沙子。解决方法应该是向那些在上一代人中暴富的幸运儿征税，包括那些作为风险投资人发家致富的人。

政府对风险投资的支持，往往会引发两极分化的争论。一方面，技术自由主义者认为国家干预对激发创新没有任何帮助的观点是错误的。正如我们所看到的，互联网起源于五角大楼的国防项目，而马克·安德森是在政府支持的大学实验室工作时制造了第一个网络浏览器。1980年前后，美国政府的两项政策改变——取消养老基金注资风险投资的限制，以及降低资本利得税，有力地推动了资金流入美国风险基金。另一方面，相信政府产业政策的人也同样错误地掩盖了政府干预的反复失败。20世纪60年代，美国政府对SBIC的支持基本上是一种浪费；事实证明，SBIC远不如私人有限合伙企业高效。在20世纪80年代，政府对美国半导体行业的纳税补贴与该行业的复苏关系不大；私营企业从芯片制造向创新芯片设计的转变更为显著。同样，在中国，国家对科学教育和研究的投资也促进了相关领域的发展。

其他国家的案例则明确显示，政府行为并不天生就具有好或坏的影响，效果取决于设计细节。1993年，以色列领导人发起了有史以来最成功的风险干预之一：用一只名为尤兹玛集团（Yozma Group）的1亿美元的政府基金补贴愿意在以色列设立公司的外国风险投资：如果私人投资人向一只基金投入大约1200万美元，尤兹玛集团将以慷慨的条款再投入800万美元，共同承担前期投资风险，并限制尤兹玛集团对未来利润的要求。这只优惠基金与监管措施相结合：外国投资人被允许使用有限合伙企业结构，以获得最大限度的自由并尽量避税。通过"聚集"技术娴熟的风险投资人，以色列将其丰富的科学人才储备变成了蓬勃发展的初创企业集群。在尤兹玛集团成立前，以色列只有一只活跃的风险投资基金。10年后，以色列政府停止了对该行业的补贴，60家私人集团管理着约100亿美元的资产。到2007年，以色列的风险资本在GDP中的占比高于其他所有国家。

作为对比,我们来看看欧盟的风险投资干预措施。2001年,欧盟委员会拨款超过20亿欧元用于风险投资补贴。但它未能将这笔资金与支撑以色列成功的设计特色结合起来。欧洲不承认有限合伙企业合法,没有解决累赘的劳动力市场监管,也未能建立有利于初创企业的股票市场以促进风险投资的退出。结果,欧盟的干预措施并没有让风险投资人蜂拥而至,而是把他们排挤出去了:由于欧洲的创业机会有限,风险投资合伙企业没有兴趣与政府资助的投资人竞争。更糟糕的是,由于政府资助的投资人比私人投资人缺乏技能和积极性,这种替代降低了欧洲风险投资的质量:交易选择和投后指导情况恶化。从风险投资行业建立之初到2007年底,欧洲风险基金的平均回报率为-4%。

综上所述,这些错综复杂的政策实验为促进风险投资提供了一个警示和四个教训。警示是,以色列是不同寻常的;新加坡和新西兰是少数几个成功效仿它的国家。不幸的是,在大多数情况下,将纳税人的钱注入风险投资基金被证明是无效的。

理论上,通过补贴资本成本来促进创业的想法是合理的:这样政府在帮助创业者的同时,会认识到风险投资人更擅长选择初创企业,更重要的是,风险投资人也更擅长从缺乏竞争力的企业撤资。但受政府补贴的风险投资企业有时也会呈现出政府的某些特质:官僚主义、不奏效的激励机制、任人唯亲。2009年,哈佛商学院的乔希·勒纳发表了一篇权威专著,阐述政府为推动风险投资付出的努力,他称之为"碎梦大道"。

鼓舞人心的一面是,关于促进风险投资的第一个经验教训是,减税比补贴更有效。政府为风险投资人提供资金补贴行为可能会使风险投资人的决策变得草率,因为投资失败的一部分损失将由纳税人与之共同承担。而税收优惠既能降低投资于初创企业的资金成本,也会创造更健康的激励机制。投资人必须为最初投资的每一美元自掏腰包,他们有理由深思熟虑后再选择是否承担风险。与此同时,减税确保了如果投资顺利进行,风险投资人将保留更多的上行空间。这加强了对风险投资的激励，促使他们做出最明智的投资，并为投资组合公司付出额外的努力。

美国最成功的风险投资税收减免机制体现在有限合伙企业上。除其他优点外，这种结构避免了公司被征收双重税负。美国政府对普通公司的利润，通常首先在公司层面征税，然后在公司将利润作为股息支付给股东后，在股东层面征税。相比之下，有限合伙企业被归类为"传递实体"：他们将成功投资的收益免税传递下去；合伙人在收到分配的利润后只需缴纳一次税款。自戴维斯－洛克时代以来，有限合伙企业一直主导着美国的风险投资行业，而其他一些国家随后也接受了这种结构。然而，一些国家仍然不允许设立传递式的合伙企业，因为他们不希望富有的投资人逃税。这是可以理解的，但这也是不理性的，政府可以想办法让富人支付他们应付的份额而不损害创业激励。例如，风险投资的税收优惠可以与更高的遗产税相结合。

第二个政策经验是，对风险投资人的税收减免应该与对初创企业员工的激励相结合。为初创企业工作可能是残酷的：一项研究发现，几乎 75% 的由风险投资支持的企业在关闭时根本没有挣到任何钱。将精力投入这些企业的人才还有其他选择：他们可以在大公司任职挣得高薪。为了吸引人才远离舒适的安全区，奖励必须很丰厚，而且社会也应该希望如此，因为充满活力的初创企业会产生积极的溢出效应。因此，政府应该支持员工获得股票期权激励，这已成为现金匮乏的初创企业吸引世界级干将的最佳手段。然而，尽管英国、加拿大、中国、以色列和波罗的海国家等已经采纳了保障员工期权可行的法律和税收规则，但其他国家却拒绝这样做。在一些欧洲国家，法律不承认不带投票权的股票授予；因此，要使用期权，初创企业就会变成治理噩梦。在其他地方，股票期权在授予时征税。例如，比利时对获得期权的员工征收 18% 的税，即使期权最终可能毫无价值。2020 年，法国为让员工期权可行而修订了法规，德国财政部长承诺会跟进。但该地区还有很多工作要做。美国初创企业的员工拥有的公司股票数量是他们欧洲同行的两倍。

除了提供低成本的资本和员工股票期权外，政府还可以通过激励发明来鼓励科技初创企业。第三个政策经验是，政府必须投资于科学——包括培养年轻科学家以及支持与商业化相去甚远而无法吸引风险投资资金的基础研究。对大学实验室的投资必须与允许将由此产生的成果商业化的法律规定相结合。在美国，1980年的《贝多法案》(Bayh-Dole Act) 允许大学为在联邦政府研究拨款的资助下产生的发明申请专利，并将这些专利授权给初创企业使用。因此，许多美国大学建立了先进技术转让办公室，将发明家与风险投资人联系起来。正如产业集群依赖于资本和人员的快速循环一样，知识产权必须被释放以寻求其最有效的用途。

最后一项政策经验是，政府应该放眼全球。他们必须通过大方地发放签证来吸引外国科学家和企业家。接受国际公认的税收规定和国外风险投资人满意的法律形式。如果国内股票市场不发达，他们应该鼓励年轻公司在国外市场上市，不应该以牺牲开放的全球竞争为代价来为本国公司提供特权。一个国家与其他经济体的联系越多，风险投资人寻找初创企业的动力就越大：更大的潜在消费市场会带来更大的投资机会。以色列蓬勃发展的部分原因是其初创企业从一开始就旨在制造其他国家的人会购买的东西。讯佳普和声田等非常成功的企业就是通过从国外风险投资公司那里获取资金并面向国外消费者而做大做强的。

综上所述，在大多数情况下，四个简单的步骤将带来更多回报：鼓励成立有限合伙企业，鼓励初创企业员工获得股票期权，投资于科学教育和研究，同时，放眼全球。

本书充分论证了风险投资充满活力的秘诀：如果其他人被一个问题吓倒了，那么机会就在那里。宁可尝试后失败，也不要不敢去尝试。最重要的是，请记住指数法则的逻辑：成功的回报将远远大于失败的代价。这一令人振奋的法则已将风险投资变成了国家力量经久不衰的支柱。

THE POWER LAW
致 谢

和我写之前几本书的时候一样，我最需要感谢的是美国对外关系委员会（Council on Foreign Relations），十多年来那里都是我的专业之家。感谢委员会主席理查德·哈斯（Richard Haass）以及研究项目负责人詹姆斯·林赛（James Lindsay）和香农·奥尼尔（Shannon O'Neill），让我能够在这个项目上投入四年时间，这项特权使我进行了约300次采访，并收集了各种资源，包括口述历史、电子邮件宝库、YouTube视频和财报文件。哈斯、林赛、奥尼尔是手稿的早期读者，委员会任命的三位优秀的匿名审稿人也是如此。他们严厉的评论让我挣扎着改出了第二稿，改稿过程中，我再一次经历了愤怒、疲惫、感激这三个阶段。

像风险投资人一样，非虚构小说家也需要人际网络。委员会成员尼克·贝姆（Nick Beim）、史蒂夫·丹宁（Steve Denning）和奥伦·霍夫曼（Auren Hoffman）在硅谷的早期介绍方面提供了帮助。在委员会之外，我的朋友，钟塔集团（Clocktower Group）创始人史蒂夫·德罗普尼（Steve Drobny）为我介绍了在硅谷和中国的风险投资人。我在北京和上海的采访得到了钟塔集团王凯文的帮助，他的翻译技巧和分析建议非常宝贵。在香港，查理·施（Charlie Shi）将我介绍给他的中国观察家朋友。钟塔技术创投（Clocktower Technology Ventures）的经理本·萨维奇（Ben Savage）邀请我参与他的基金顾问委员会，让我有机会从内部窥探风险投资的工作过程。毋庸置疑，钟塔技术创投及其任何被投公司都没有出现在本书中。尽管如此，与创业者一起参加钟塔技术创投的推介会议，以及与有限合伙人进行投资组合审查的机会加深了我对这个行业的认识。

几位学术专家也慷慨地提出了建议。芝加哥大学的史蒂文·卡普兰（Steven Kaplan）帮助我理解风险投资业绩数据的细微差别，他曾解释说，一家杰出的合伙企业展示其回报的方式简直"令人发指"。哈佛商学院的乔希·勒纳（Josh Lerner）和斯坦福大学的莱斯利·柏林（Leslie Berlin）对部分章节提供了精彩的评论。沃顿商学院的彼得·康迪-布朗（Peter Conti-Brown）让我第一次意识到网络理论与风险投资主题的相关性，斯坦福大学胡佛研究所的尼尔·弗格森（Niall Ferguson）展示了网络如何为历史分析提供信息。芒廷维尤计算机历史博物馆的玛格丽特·龚·汉考克（Marguerite Gong Hancock）组织了一个专家研究小组，审查我的第一章稿件。哈佛商学院贝克图书馆的劳拉·利纳德（Laura Linard）和她的同事帮助我浏览了关于早期东海岸风险投资人的论文。我还要感谢委员会成员乔·胡日德（Joe Hurd）、史蒂夫·塔南鲍姆（Steve Tananbaum），以及我的朋友马拉·高恩卡（Mala Gaonkar）和埃里克·赛拉诺·贝恩特森（Erik Serrano Berntsen），他们对我的手稿提出了深思熟虑的建议。与此同时，数十名风险投资人、企业家、科技高管、初创企业律师和捐赠基金投资人参加了多次长时间采访。他们允许我浏览内部通信、投资备忘录和业绩数据，他们会在骑自行车、远足，甚至在驾驶飞机的同时对我讲述其与风险投资的渊源。在可能的情况下，我已经在注释中写明了这些来源。不可避免地，有些人更愿意保持匿名。

在过去四年里，我最亲密的合作者是在委员会与我一起工作的才华横溢的研究助理们。玛雅·蒙奇诺（Maiya Moncino）帮助我确定故事的形式，并花了两年时间吸收有关风险投资早期历史的资料，从仙童半导体的融资到苹果的IPO。吉贝丽·格林伯格（Gybele Greenberg）帮助我了解中国数字经济的兴起，读了所有关于硅谷与中国企业家互动的文章。伊斯梅尔·法鲁基（Ismael Farooqui）负责整理硅谷后期的信息，特别深入地探讨了 YC 的故事、悠游网络的融资以及独角兽公司的治理问题。一系列出色的实习生和自由撰稿人填补了许多空白：詹姆斯·戈贝尔（James Goebel）、刘艾伦（Alan Liu）、亚伦·佩朱诺（Aaron Pezzullo）、埃瓦德妮·帕特（Sabriyya Pate）、扎伊布·拉苏尔（Zaib Rasool）、詹妮·塞缪尔斯（Jenny Samuels）、以斯拉·施瓦茨鲍姆（Ezra Schwarzbaum）、乔·斯威达尔（Jo Stavdal）、罗伯特·维克斯（Robert Wickers）和亚里克斯·耶金（Alex Yergin）。接近项目尾声时，阿里夫·哈里亚纳瓦拉（Arif Harianawala）帮忙整理了附录中的图表。我还要感谢托比·格林伯格（Toby Greenberg）在插图方面所做的工作；企鹅出版社的米娅·康叟（Mia Council）在整个写作过程中为手稿提供指导；还有，企鹅出版社的编辑奇才们，他们有鹰一样锐利的眼睛。

当然，我把最好的留到了最后。我非常感谢和感激我的经纪人克里斯·帕里斯－兰姆（Chris Parris-Lamb）以及我的企鹅出版社编辑，纽约的斯科特·莫耶斯（Scott Moyers）和伦敦的劳拉·斯蒂克尼（Laura Stickney）。让我写写风险投资史是莫耶斯的主意。事实上，尽管我可能不应该承认，我的 5 本书中 3 本的主题都是由莫耶斯提议的，他未能激发我写作另外两本书的灵感只是因为当时我们还不认识彼此。凭借对前沿项目的关注和使叙述保持正轨的第六感，他是出版界最好的"风险投资人"。与此同时，克里斯是第一个提出指数法则可以成为本书核心关键词的人。劳拉对恰到好处的内容剪裁有着神奇的眼光。一次又一次，她让我组织出恰当的文段。能与这支梦之队共事我深感幸运。

THE POWER LAW
译者后记

此书之所以能出版，要感谢湛庐总编辑董寰女士和吴悦琳、陆林颖两位编辑的支持。她们亲赴我办公室详细沟通，精心策划并反复雕琢，终使本书得以顺利出版。同时，我也要感谢我的研究团队成员赵影、黄兆君、隗玮和王一出，他们为本书的翻译做出了很多辛勤、基础性的努力。本书的翻译和出版得到了国家自然科学基金委（项目号71825002，71790591）和北京市"卓越青年科学家"项目（项目号BJJWZYJH01201910003014）的资助。

在翻译过程中，为了在保证表述流畅的同时保留作者戏剧化的叙事风格，我对原著的内容进行了反复验证和调整。希望本书在准确传达英文原版书内容的基础上，能够更加符合中国读者的阅读习惯。当然，由于个人水平十分有限，也并非翻译科班出身，况且本书也仅是我的第二本译作，所以，翻译过程中定有错漏不足之处，望乞读者海涵。

THE
POWER
LAW

附 录

图 A-1　美国风险投资表现前 5%、25%、50%、75% 的基金

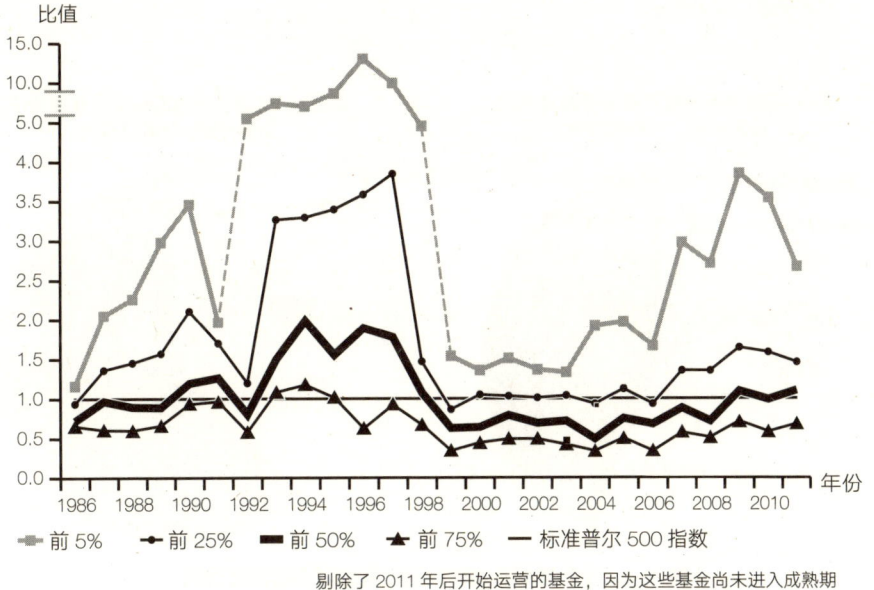

剔除了 2011 年后开始运营的基金，因为这些基金尚未进入成熟期

注：Y 轴表示风险投资基金扣除管理费的收益与标准普尔 500 指数含再投资股息的收益之间的比值。

X 轴表示基金开始运营的年份。

资料来源：Steven N. Kaplan; Burgiss data。

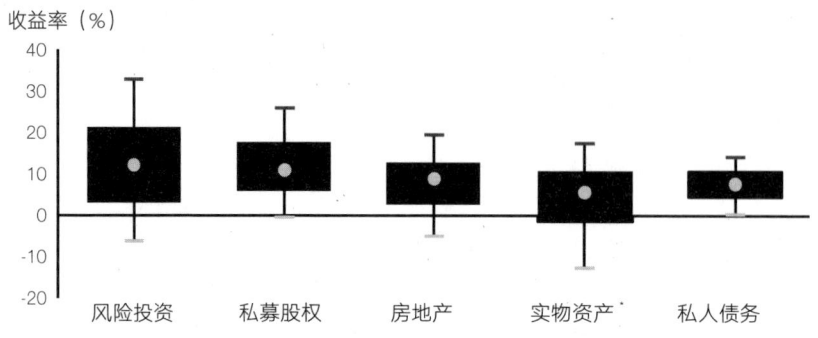

图 A-2　2004 年至 2016 年开始运营的各类投资策略的内部收益率

注：实物资产包括自然资源、基础设施、木材、金属等。

资料来源：PitchBook。

2004 年美国各州的风险投资募资情况
总募资额：170 亿美元

- 加利福尼亚州 44%
- 马萨诸塞州 14%
- 康涅狄格州 11%
- 其他 11%
- 得克萨斯州 5%
- 纽约州 5%
- 华盛顿州 4%
- 华盛顿特区 3%
- 宾夕法尼亚州 3%

2019 年美国各州的风险投资募资情况
总募资额：505 亿美元

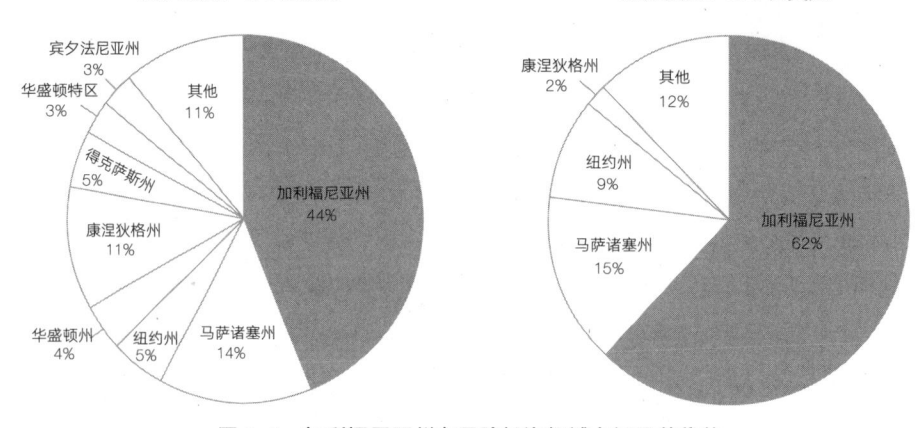

- 加利福尼亚州 62%
- 马萨诸塞州 15%
- 其他 12%
- 纽约州 9%
- 康涅狄格州 2%

图 A-3　加利福尼亚州在风险投资领域占据显著优势

注：按风险投资基金或风险投资合伙企业所在州划分。

资料来源：NVCA Yearbook; Data Provided by PitchBook。

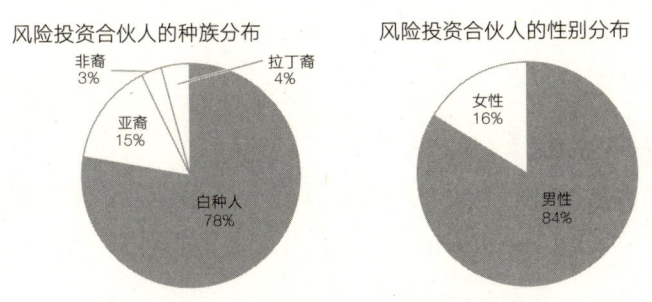

风险投资合伙人的种族分布
- 非裔 3%
- 拉丁裔 4%
- 亚裔 15%
- 白种人 78%

风险投资合伙人的性别分布
- 女性 16%
- 男性 84%

风险投资合伙人取得 MBA 学位的商学院分布
- 其他大学 66%
- 哈佛大学 22%
- 斯坦福大学 12%

图 A-4　风险投资合伙人多样性不足

资料来源：VC Human Capital Survey, Deloitte, NVCA, Venture Forward, 2021; Gompers and Wang, "Diversity in Innovation," 2017。

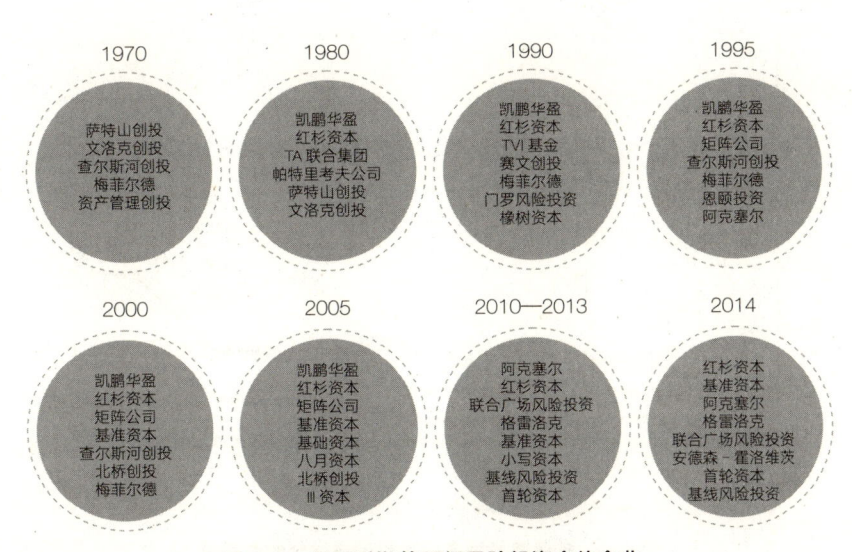

1970
萨特山创投
文洛克创投
查尔斯河创投
梅菲尔德
资产管理创投

1980
凯鹏华盈
红杉资本
TA 联合集团
帕特里考夫公司
萨特山创投
文洛克创投

1990
凯鹏华盈
红杉资本
TVI 基金
赛文创投
梅菲尔德
门罗风险投资
橡树资本

1995
凯鹏华盈
红杉资本
矩阵公司
查尔斯河创投
梅菲尔德
恩颐投资
阿克塞尔

2000
凯鹏华盈
红杉资本
矩阵公司
基准资本
查尔斯河创投
北桥创投
梅菲尔德

2005
凯鹏华盈
红杉资本
矩阵公司
基准资本
基础资本
八月资本
北桥创投
Ⅲ资本

2010—2013
阿克塞尔
红杉资本
联合广场风险投资
格雷洛克
基准资本
小写资本
基线风险投资
首轮资本

2014
红杉资本
基准资本
阿克塞尔
格雷洛克
联合广场风险投资
安德森 - 霍洛维茨
首轮资本
基线风险投资

图 A-5　不同时期的顶级风险投资合伙企业

资料来源：Joe Dowling, Brown University Investment Office; Trusted Insight。

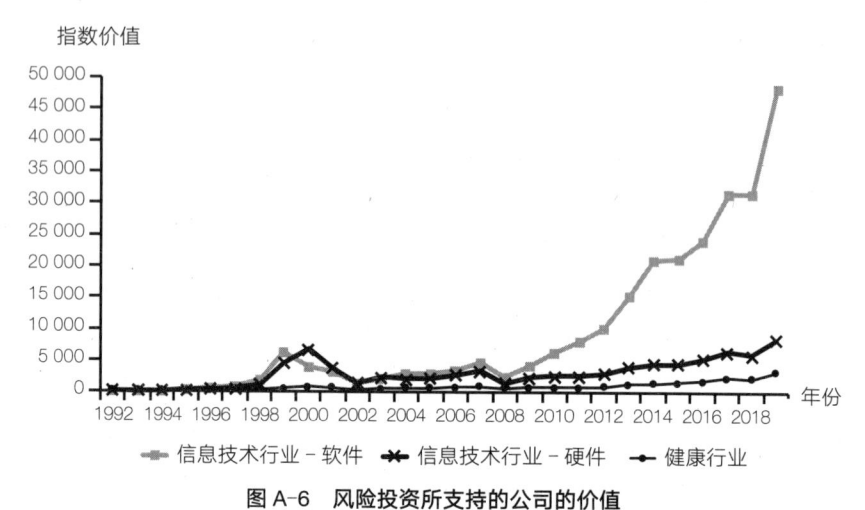

图 A-6　风险投资所支持的公司的价值

注：指数价值依据 33 000 家由风险投资支持的公司各轮次估值计算。

资料来源：Sand Hill Econometrics。

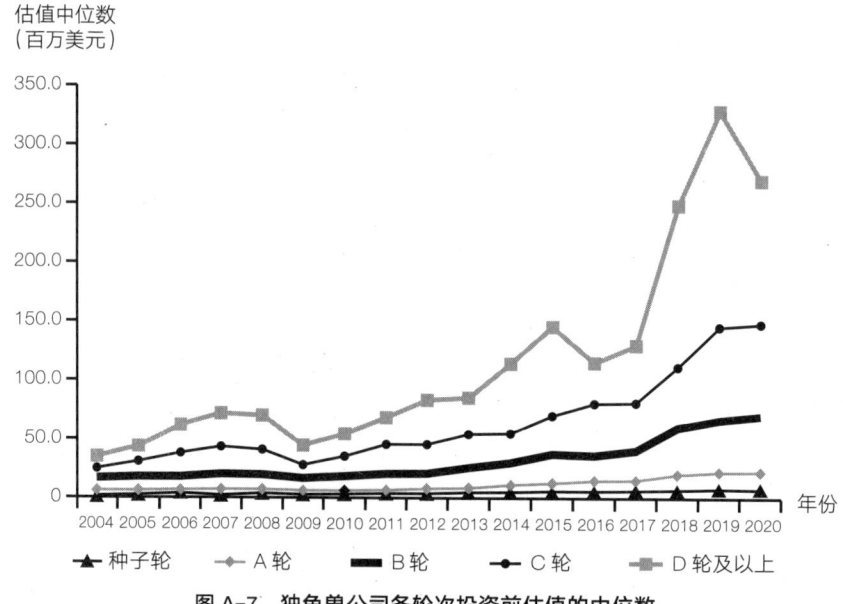

图 A-7　独角兽公司各轮次投资前估值的中位数

资料来源：Cambridge Associates; PitchBook Data。

未来，属于终身学习者

我们正在亲历前所未有的变革——互联网改变了信息传递的方式，指数级技术快速发展并颠覆商业世界，人工智能正在侵占越来越多的人类领地。

面对这些变化，我们需要问自己：未来需要什么样的人才？

答案是，成为终身学习者。终身学习意味着永不停歇地追求全面的知识结构、强大的逻辑思考能力和敏锐的感知力。这是一种能够在不断变化中随时重建、更新认知体系的能力。阅读，无疑是帮助我们提高这种能力的最佳途径。

在充满不确定性的时代，答案并不总是简单地出现在书本之中。"读万卷书"不仅要亲自阅读、广泛阅读，也需要我们深入探索好书的内部世界，让知识不再局限于书本之中。

湛庐阅读 App: 与最聪明的人共同进化

我们现在推出全新的湛庐阅读 App，它将成为您在书本之外，践行终身学习的场所。

- 不用考虑"读什么"。这里汇集了湛庐所有纸质书、电子书、有声书和各种阅读服务。
- 可以学习"怎么读"。我们提供包括课程、精读班和讲书在内的全方位阅读解决方案。
- 谁来领读？您能最先了解到作者、译者、专家等大咖的前沿洞见，他们是高质量思想的源泉。
- 与谁共读？您将加入优秀的读者和终身学习者的行列，他们对阅读和学习具有持久的热情和源源不断的动力。

在湛庐阅读 App 首页，编辑为您精选了经典书目和优质音视频内容，每天早、中、晚更新，满足您不间断的阅读需求。

【特别专题】【主题书单】【人物特写】等原创专栏，提供专业、深度的解读和选书参考，回应社会议题，是您了解湛庐近千位重要作者思想的独家渠道。

在每本图书的详情页，您将通过深度导读栏目【专家视点】【深度访谈】和【书评】读懂、读透一本好书。

通过这个不设限的学习平台，您在任何时间、任何地点都能获得有价值的思想，并通过阅读实现终身学习。我们邀您共建一个与最聪明的人共同进化的社区，使其成为先进思想交汇的聚集地，这正是我们的使命和价值所在。

CHEERS

湛庐阅读 App
使用指南

读什么
- 纸质书
- 电子书
- 有声书

怎么读
- 课程
- 精读班
- 讲书
- 测一测
- 参考文献
- 图片资料

与谁共读
- 主题书单
- 特别专题
- 人物特写
- 日更专栏
- 编辑推荐

谁来领读
- 专家视点
- 深度访谈
- 书评
- 精彩视频

HERE COMES EVERYBODY

下载湛庐阅读 App
一站获取阅读服务

The Power Law by Sebastian Mallaby

Copyright © 2022 by Sebastian Mallaby

Simplified Chinese translation copyright © 2022 by Cheers Publishing Company. All rights reserved.

本书中文简体字版由 Sebastian Mallaby 授权在中华人民共和国境内独家出版发行。未经出版者书面许可，不得以任何方式抄袭、复制或节录本书中的任何部分。

版权所有，侵权必究。

图书在版编目（CIP）数据

风险投资史 /（英）塞巴斯蒂安·马拉比
(Sebastian Mallaby) 著；田轩译. -- 杭州：浙江教
育出版社，2022.11（2024.10重印）
 书名原文：The Power Law
 ISBN 978-7-5722-4599-2

Ⅰ. ①风… Ⅱ. ①塞… ②田… Ⅲ. ①风险投资－经
济史－世界 Ⅳ. ①F830.59-091

中国版本图书馆CIP数据核字(2022)第196456号

浙江省版权局
著作权合同登记号
图字：11-2022-189号

上架指导：风险投资

版权所有，侵权必究
本书法律顾问　北京市盈科律师事务所　崔爽律师

风险投资史
FENGXIAN TOUZISHI

[英]塞巴斯蒂安·马拉比（Sebastian Mallaby） 著
田　轩 译

责任编辑：童炜炜
美术编辑：曾国兴
责任校对：周嘉宁
责任印务：刘　建
封面设计：张志浩

出版发行	浙江教育出版社（杭州市环城北路177号）
印　　刷	唐山富达印务有限公司

开　本：710mm×965mm 1/16	插　页：2
印　张：29.75	字　数：450千字
版　次：2022年11月第1版	印　次：2024年10月第5次印刷
书　号：ISBN 978-7-5722-4599-2	定　价：129.90元

如发现印装质量问题，影响阅读，请致电010-56676359联系调换。